KB274125

트럼프 시대의 미국과 세계정치

트럼프 시대의 미국과 세계정치

이춘근 지음

북앤피플

2025년 1월 20일 트럼프 대통령의 두 번째 임기가 시작된 이후 세계 정치의 급변하는 모습은 현기증을 일으킬 정도로 속도도 빠르고 폭도 넓다. 트럼프 취임 1년 정도가 지난 이즈음, 세계는 트럼프 이전과 트럼프 이후로 구분해도 될 정도로 대폭 변했다. 트럼프는 스스로 미국의 황금시대를 만들겠다는 목표로 열심히 일하고 있으며 그 결과 미국이 진정으로 되돌아왔다(America is so Back)는 사실을 자부하고 있다. 미국이 되돌아왔다는 말에 많은 진리가 숨어 있다. 즉 트럼프는 미국은 과거에 황금시대를 누렸었지만 최근 수십 년 동안 미국은 미국의 지위를 잃어버렸었다는 것이다. 트럼프는 자신의 노력으로 미국의 황금시대가 다시 시작되었다고 말하는 것이다.

실제로 트럼프의 놀라운 정책들은 미국 역사에서 전혀 새로운 것들은 아니다. 2026년 1월 3일 세계를 놀라게 한 미국 특공대가 베네수엘라의 마두로 대통령을 생포한 놀라운 작전은 지난 100년 이상 나타났던 미국의 전통적인 외교정책이 다시 반복된 것이지 트럼프가 그 같은 일을 했던 최초의 미국 대통령은 아니다. 마두로를 생포해 오는 날 트럼프 대통령은 미국은 그린란드를 차지할 것이라고 말했는데 그 역시 트럼프가 최초로 한 말과 행동이 아니다. 이미 1946년 트루먼 대통령은 금 1억 달러어치를 줄 터이니 그린란드를 미국에 넘기라고 덴마크 정부에 요구한 적이 있었다. 그린란드가 미국의 영토가 되지는 못했지만 1940년 이래 그린란드 영토를 실질적으로 지배한 나라는 미국이었다. 1940년 독일군이 덴마크를 점령하자 덴마크 망명 정부 인사는 미국에게 그린란드를 지켜달라고 호소했고 미국군은 그린란드에 진입했다. 그린란드의 미군기지는 연합군이 2차 대전을 승리로 이끄는데 혁혁한 기여를 했다. 그 이후 미국 군부, 미국의 전략이론가, 그리고 미국의 역대 대통령들이 모두 그린란드는 미국의 국가안보에 사활적으로 중요하다고 생각하고 있었고, 궁극적으로 그린란드를 미국 영토로 만들고 싶어 했다. 다만 그 말을 누구도 차마 공개적으로 할 수 없었을 뿐이다.

트럼프는 누구도 차마 말을 못 하고 있던 전략적 진실을 용감하게 말할 수 있다는 점에서 분명히 미국 역대 여느 대통령들과 다르다. 남들이 하고 싶어도 못 하는 말을 할 수 있는 대통령이 트럼프이며 그래서 트럼프는 미국과 세계를 변화시켜 나갈 수 있는 것이다

이 책은 저자가 20년 이상 집필을 준비해 왔던 책의 유사(類似) 버전이라고 말할 수 있는 책이다. 미국이 소련을 물리치고 유일 패권국이 된 이후의 세계정치는 당연히 팍스 아메리카나(Pax Americana)의 시대가 되었고 저자는 팍스 아메리카나 시대의 미국의 힘의 본질과 대전략을 관심을 가지고 연구해 왔다. 트럼프 1기가 끝나는 2020년 가을 무렵 원고의 초안 《불멸의 대국 아메리카: 미국 국력의 본질과 대전략(가제)》을 대략 완성한 후 트럼프 2기가 시작되는 대로 간행할 예정이었던 저자의 계획은 2020년 대선에서 바이든이 당선되는 것으로 나타나는 바람에 무기한 지연되었다. 저자는 바이든이 과연 팍스 아메리카나의 시대를 지속시킬 수 있는 지도자일지에 대해 의심했으며 미국의 압도적인 패권을 기본 가정으로 삼은 책을 간행한다는 일이 적합할지에 대해 회의적인 생각을 가졌었다.

2024년 미국 대선기간 중 저자는 트럼프의 재선을 확신했고 그동안

내버려 두었던 원고를 다시 정리하기 시작했다. 2024년 미국의 대통령 선거가 너무나도 다이내믹하게 진행되었고 이 같은 놀라운 상황을 헤쳐 나가는 트럼프라는 인물에 초점을 맞춘 책을 먼저 집필해야 하겠다는 생각이 들었다. 트럼프는 다시 미국을 패권국으로 만들 것이 분명하지만 미국이라는 초강대국을 연구 주제로 삼기보다는 트럼프라는 인물을 주인공으로 삼는 책을 집필하고 싶었다.

생각보다 일이 잘 진척되지 않았다. 트럼프가 온갖 파도를 헤쳐 나가는 미국정치와 세계정치를 독자들이 읽기 쉽게 요약 정리한다는 일이 간단한 일은 아니라는 사실을 알게 되었다. 출판사 대표와의 약속이 차일피일 미루어졌다. 일이 쉽지 않았던 이유 중에는 저자의 능력 부족 및 천학비재(淺學非才)와 더불어 트럼프가 바꿔 나가는 미국과 세계정치의 변화가 너무나도 빨리 진행되고 있었다는 현실이 있었다. 쉬지 않고 국내적, 국제적 사건을 터뜨리는 트럼프의 일거수일투족을 따라가는 것은 정신이 없을 정도로 바쁜 일이었다. 어떤 주제에 관한 집필이 마무리되었다고 생각하면 같은 주제의 새로운 일들이 터지곤 했다.

2025년 12월 중순을 기준으로 초고 집필을 마치자마자 트럼프의 새로운 해군 전략(황금함대 전함 건조 계획)이 발표되었고 마두로를 생포해 오는 사건이 발발했다. 이 책이 간행될 즈음 얼마나 더 많은 미국 및 세계정치의 변혁이 이루어질지조차 가늠하기 힘들 정도다. 트럼프 대통령의 임기가 끝나는 2029년 1월 세계는 정말로 확연히 달라져 있을 것이다. 저자는 그때 미국은 트럼프가 바라던 완전 패권을 성취한 상태가 될 것이라고 예상하고 미국의 국내 정치도 현재의 미국보다는 대폭 보수화된 모습의 미국이 될 것 같다고 생각한다.

트럼프의 2차 임기가 끝날 때까지 기다려야 이 책의 제목에 합당한 책을 출간할 수 있을 것이지만 진행되는 사건의 큰 줄기를 분석하는 일도 의미가 있다고 생각되어 집필을 서둘렀고 그 책이 지금 독자님들이 보시고 계시는 저자의 졸저(拙著)다.

이 책은 진행 중인 미국 및 세계정치를 분석했기 때문에 이 책의 시사 자료는 일단 2025년 12월까지의 것으로 제한했다는 한계를 양해해 주실 것을 부탁드린다. 완성본이 결코 아니라는 말이다. 또한 이 책은 미국 정치와 세계정치를 14개의 장으로 나누어 분석했는데 써야 할 글을 모두 다 쓰면 책의 크기가 한정 없이 불어날 것 같아 과감히 뺀 부분도 많음을 고백한다. 혹시 반드시 포함되어야 할 사인들이 누락 되었을까 두렵다. 독자들의 제언과 차후 바로 잡을 수 있는 꾸짖음을 부탁드린다.

또한 이 책을 단숨에 읽으실 독자들에게 부탁드리고 싶은 말씀은 같은 내용들이 반복된 곳들이 많다는 사실을 양해해 달라는 것이다. 예를 들어서 미국의 무역 정책을 논할 때 인용되었던 사례들이 미국의 대중국 정책을 설명하는 장에서 다시 인용된 경우가 여러 곳 있다. 앞의 장에 나온 이야기가 뒤의 장에서 반복된 경우들도 많다. 중복되는 부분들이 있음을 알면서도 각각의 장을 독립적으로 읽을 수 있도록 하기 위해서 일부러 삭제하지 않고 그냥 놔두었음을 미리 말씀드린다.

그동안 8권의 단독 저서를 출간했지만 언제라도 책을 쓰는 일은 저자의 능력을 넘는 일이었다. 스스로 불만족스런 책을 발간할 때마다 저자는 박사학위 지도교수 R. 해리슨 와그너(R. Harrison Wagner) 박사가 해준 말을 인용하며 만용을 부리며 위안을 받는다. 저자가 학위논문을 최종 통과시켜 준 와그너 교수님 앞에서 쭈빗거리며 "초고 수준에 불과한 학위논문"이라고 말하며 고마움을 표시했더니 교수님은 "우리는 누구도 완성본을 쓸 수는 없네"라며 앞으로 독립적인 학자의 길을 잘 걸으라며 격려해 주셨다.

초고에 불과할지도 모를 책을 또 한 권 세상에 내놓지만 많은 분들이 도와주셔서 그나마 가능한 일이었다. 저자가 책 제목을 이야기한 후 벌써 7-8년도 더 지난 것 같다. 그 책 빨리 써서 간행하자며 격려해 주신 북앤피플 김진술 대표의 독려와 [보이지 않는] 독촉이 없었다면 저자는 분명히 차일피일 노트북을 두드리며 헤매고 있는 중일 것이다. 김진술 대표는 저자가 가장 아끼는 책 중 하나인 《전쟁과 국제정치》도 출판해 주신 분이다.

저자는 대학교에서 전임으로 근무하지 않았기에 조교가 없었다. 그러나 책을 간행할 때마다 아내는 무급 조교 역할을 충실히 해 주었다. 저자가 번역한 책까지 포함하면 28권째가 되는 이 책은 아내가 조교 노릇을 열심히 해주어서 간행되는 26번째 책이다. 아내는 26권의 책을 출간할 때마다 그 책들을 제일 먼저 읽은 독자였고, 교정의 궂은일을 마다하지 않았다. 아내에게도 고맙다는 말을 드린다.

제일 감사한 분은 저자가 적지 않은 나이에 이르렀음에도 불구하고 늘 책 읽고, 자료 정리하며, 글 쓰고, 강의할 수 있는 학문의 호기심과 열정을 잃지 않게 해 주시고, 이를 능히 감당할 수 있는 건강을 주신 하나님이시다. 모든 지혜의 근원은 하나님을 경외하는 데서 나온다는 진실을 절절하게 느끼며 학자의 삶을 살고 있다는 사실에 감사드린다.

이 졸저가 격변의 세월을 살고 있는 한국의 독자들에게 세상의 흐름을 이해할 수 있는 작은 안내서 역할을 할 수 있기를 기대한다.

2026년 벽두에

이춘근

차례

제1장

서론: 트럼프 시대의 미국과 세계정치

미국 역사상 두 번째로 2대(45대, 47대)를 역임하게 된 트럼프

2024년 10월 5일 트럼프는 미국 제47대 대통령에 당선, 미국 역사상 두 번째로 2대에 걸쳐 대통령을 역임할 인물이 되었다. 첫 번째 인물은 미국 22대 대통령에 당선 4년간(1885-1889) 재임했던 민주당 출신 그로버 클리블랜드(Grover Cleveland) 대통령으로 그는 1888년 대선에서 공화당의 벤자민 해리슨(Benjamin Harrison)에게 패배, 4년간 백악관을 떠나있었지만 1892년 선거에서 다시 벤자민 해리슨에게 승리, 24대 대통령을 역임(1893-1897)했었다.

트럼프가 2017년 1월 20일 대통령에 취임했을 때 그는 미국 역사상 45대 대통령이었지만 인물로는 44번째였다. 2021년 1월 20일 석연치 못한 승리를 거둔 바이든이 미국 46대 대통령에 취임한 후 4년 만에 트럼프는 바이든의 부통령이었던 카멀라 해리스 후보를 꺾고 47대 대통령에 당선되었다. 미국 대통령을 역임한 사람은 45명이지만 대통령의 대수로는 47대 대통령이 탄생한 것이다.

2024년 11월 5일의 승리로 트럼프는 미국 학생들이 역사를 공부할 때 아주 흔히 접하게 되는 모든 미국 역대 대통령들의 얼굴을 한 장의 종이에 모아 놓은 교육용 자료에 자신의 사진을 두 번 올리게 된 역사적 인물로 기록되게 되었다. 본래 미국 대통령은 임기 제한이 없었다. 2차 대전 당시 미국의 대통령이었던 프랭클린 루스벨트 대통령은 1933년 3월 4일 취임한 이후 현직 대통령으로 재임하던 중 1945년 4월 12일 사망할 때까지 무려 4번이나 대통령 선거에서 당선된 기록도 있었다.

그러나 1951년 2월 27일 발효된 제22차 미국 헌법 수정안은 미국 대통령의 임기를 두 번으로 제한했다. 22차 수정안은 '누구도 대통령에 두 번 이상 당선될 수 없다. 누구도 다른 사람이 당선되었던 대통령직 혹은 대통령 대행직에 2년 이상 재임했던 경우 한 번 이상 당선될 수 없다'고 임기를 제한했다.[1] 헌법상 트럼프는 두 번 당선되었기 때문에 이번 임기(2025-2029)가 마지막 임기가 될 것이다. 트럼프의 인기가 너무 좋아 다시 출마할 수 있다고 주장하는 사람도 있지만(예를 들어 트럼프의 측근 전략가 스티브 배넌 같은 인물) 법률적으로 올바르지 못하고 1946년 6월생인 트럼프 대통령은 임기 마지막 해인 2028년 82세가 되기 때문에 연령상으로 보아도 타당하지 못한 주장이다.

트럼프 대통령의 재선과 주류 언론들의 망신(亡身)

세계가 손에 땀을 쥐며 지켜보았던 2024년 미국 대선은 트럼프 대통령의 압승으로 끝났지만 미국의 주류 언론의 거의 대부분, 그리고 이를 앵무새처럼 받아쓰는 한국의 주류 언론 거의 대부분에게 트럼프의 당선은 불가능한 일 혹은 있을 수 없는 일이었다. 실제로 트럼프 대통령은 취임 연설 중 미국인들에게 불가능은 없다고 말하면서 자신이 대통령에 재선되어 취임 연설을 하는 그 자체가 미국인들에게 불가능이 없다는 사실을 증명하는 것이라고 말했을 정도다.

세계의 대통령 혹은 자유세계의 리더라고 불리는 미국 대통령직을 놓고 대결을 벌인 트럼프와 해리스는 자질(資質) 면에서 보았을 때 비교 자체가 말이 안 되는 두 인물이었다. 원고도 없이 몇 시간씩 연설을 할 수 있는 도널드 트럼프와 텔레프롬프터가 없이는 연설을 전혀 할 수 없는 카멀라 해리스의 싸움이었다. 사실 카멀라 해리스는 대선 후보가 된 이후 선거 당일까지 제대로 된 언론 인터뷰를 단 한 번도 갖지 않은 미국 역사상 가장 열등하고 무능한 후보 중 하나였다.

각종 다양한 정책들을 교육 수준이 그다지 높지 않은 시민들 모두가 알아들을 수 있는 쉬운 말로 설명하며 특히 바이든의 실책을 노골적으로 욕설을 섞어가며 비난하는 트럼프에게 미국 시민들이 열광했다. 지난 4년간 삶이 팍팍해졌다고 느낀 압도적인 숫자의 미국인들은 '미국을 다시 위대한 나라로 만들자'라는 트럼프의 구호를 열렬히 지지했다. 정상적인 국민들이라면 누구라도 자기 나라를 다시 위대하게 만들자는 구호를 비난할 수 없을 것이다.

트럼프를 향해 '나쁜 인간' 혹은 '히틀러 같은 독재자' '민주주의의 파괴자'라는 비현실적인 비난만 해대며 자신을 대통령으로 뽑아달라고 호소한 해리스는 애초부터 트럼프의 적수가 되기 힘들었다. 카멀라 해리스는 자신이 왜 미국 대통령이 되어야 하는지를 미국 국민들에게 설득력 있게 설명하지 못했다. 트럼프보다 나이가 어리다는 사실로 '세대 전환'을 이야기했지만 40대에 당선된 대통령이 즐비한 미국에서 60세의 여성 후보가 자신이 신세대라고 말하는 것도 웃기는 일이었다.

이렇게 말하는 것은 결과를 보고 하는 말이 아니다. 저자를 비롯한 한국의 극소수 미국 정치 전문가들은 카멜라 해리스가 정식 후보가 된 2024년 7월 이후 줄곧 트럼프가 해리스를 누르고 당선될 것이라고 역설해 왔었다. 저자는 미국 민주당이 바이든을 쫓아내고 바이든보다 나을 것이 별로 없어 보이는 해리스를 후보로 선정한 것을 보고 '아! 미국 민주당은 이번 선거는 포기했구나'라고 생각했을 정도였다. 미국 민주당이 이번에는 더 좋은 후보를 아껴 두고 소모품이 되어도 좋은 카멜라를 내세운 것이라고 생각했었다. 트럼프 취임 이후 미국 민주당의 전략가 제임스 카밀은 카멜라 해리스를 미식축구 경기중 가장 최후에야 겨우 내세울 수 있는 7번째 쿼터백에 비유했다.[2]

사실 카멜라 해리스가 바이든을 대체하기 몇 달 전, 미국의 주류 언론들은 카멜라 해리스가 바이든의 부통령 후보가 되는 것이 과연 바이든의 재선에 유리한 일일 것인가를 고민하며 역사상 최악의 부통령으로 지목되는 해리스를 다른 사람으로 교체해야 한다고 주장했다.[3]

바이든의 노망기를 온 미국 국민들이 분명하게 알게 되었을 때 주류 언론들이 지명한 민주당의 구세주는 오바마 대통령의 부인인 미셸 오바마였다. 바이든이 때 이른 대통령 토론회에서 그의 '정신 박약'을 여지없이 미국 국민들 앞에 노출했을 때 미국 민주당과 언론은 오직 미셸 오바마 만이 트럼프를 압도할 수 있는 유일한 인물이라고 내세웠다. 그것도 무려 50:39로 말이다.[4]

저자는 이 같은 뉴스를 보며 미국 주류 언론의 지독한 장난질에 배후가 있는 것 같다고 의심했었다. 바이든은 자신만이 트럼프를 격파할 유일한 민주당원이라며 버텼다. 그러나 7월 13일의 트럼프 암살 미수 사건은 미국 민주당이 더 이상 바이든의 후보직을 고집할 수 없는 상황으로 몰고 갔다. 민주당 간부들은 바이든을 사퇴하라며 몰아붙였다. 거부할 경우 수정 헌법 25조, 즉 대통령이 직무를 수행할 수 없을 때 몰아낼 수 있는 법안까지 발동하겠다며 바이든을 위협했다. 바이든은 사퇴 하루 전날까지도 자신이 최고의 후보라고 버텼지만 누가 작성했는지 그 진위를 알 수 없는 편지 한 장을 남기고 2024년 대선전에서 물러나지 않을 수 없었다. 그동안 말로만 들어왔던 미국 정치의 진정한 배후 실세 딥스테이트(Deep State)의 존재를 확인할 수 있게 한 사건이었다.

바이든이 물러난 직후 약 1주일 동안 민주당 실세 중 하나인 전 대통령 오바마는 정당한 절차를 거쳐 민주당 대선 후보를 뽑아야 한다고 주장하는 한편 카멀라에 대한 지지를 거부하며 버텼다. 미국 공화당의 전략가들이 익히 예상한 대로 미국 민주당을 움직이는 거대한 정치 기계(political machine)는 카멀라 해리스를 민주당 후보로 선정했다. 카멀라는 국민들의 득표를 통해 후보로 선출(elected)되지 않았다. 민주당의 실세들에 의해 선발(selected)되었을 뿐이다. 미국 대통령 후보가 그래도 되는 것인지에 대해 수많은 의문이 제기되었다.

카멀라 해리스가 민주당 대선후보로 선발된 이후 미국의 소위 주류 언론들이 총동원되었다. 카멀라 해리스는 곧바로 미국인의 신데렐라, 미국 민주당의 잔 다르크로 둔갑했다. 미국의 주류 언론들은 8월이 되자 카멀라 해리스가 트럼프를 압도하고 있다는 여론 조사 자료들로 미국의 보통 시민들을 융단 폭격하기 시작했다. 카멀라 해리스는 '범죄자' 트럼프를 잡아넣을 '검사님'으로 포장되었다.

미국 주류 언론의 대표인 뉴욕 타임즈, 워싱턴 포스트는 국제정치학도인 저자에게 오랫동안 최고의 자료집이고 최고의 지침이었다. 그 어떤 자료보다 권위 있고 신뢰성 높은 미국의 주류 언론이 언젠가부터 민주당 혹은 미국 급진 좌파의 선전원으로 타락해 버렸다. 카멀라 해리스에게 불리한 내용을 보도하면서 눈물을 글썽이거나 아예 울기까지 하는 기자나 앵커 우먼이 과연 '언론인'으로서의 자격을 갖춘 사람들인지 묻고 싶었다. 한국 사람들이 최고로 쳐주는 CNN은 Clinton News Network 혹은 Communist News Network의 약자라고 부르는 사람도 있을 정도다. 너무나도 좌파적이고 너무나도 민주당 편향적이라는 의미다.

놀라운 것은 이번 미국 대선 기간 중 대한민국의 주류 언론들이 CNN, 뉴욕 타임즈, 워싱턴 포스트와 논조가 거의 같았다는 사실이다. 좋은 자료와 좋은 이론(Theory and Data)은 훌륭한 설명과 예측을 가능하게 한다. 미국의 주류 언론은 이제 더 이상 좋은 자료도 아니고 좋은 이론도 아니게 되었고 그것을 그대로 베껴 보도한 한국의 주류 언론들도 마찬가지였다.

대한민국의 주류 언론들 거의 모두는 2024년도 트럼프의 선거 과정을 보도했던 사실들과 결과에 대해 일말의 책임을 져야만 한다. 선거 후 개표가 이루어지는 동안에도 TV에 출연해서 카멀라가 이기고 있는 중이라며 자신의 '소망'을 피력했던 수준 낮은 한국의 정치 평론가들도 대단히 많았다. 이들은 트럼프가 당선된 후 그의 정책을 비난하기에 바쁘다. 상황을 객관적으로 전달하는 대신 자신의 편견에 따라 상황을 해석하려 했던 엉터리 전문가들은 지금 트럼프의 정책들을 비난하는데 급급하다. 트럼프를 나쁜 후보라고 평가했으니 대통령으로서 트럼프가 하는 행동들을 좋은 행동이 아니라고 분석해야 그나마 알량한 일관성이라도 유지할 수 있기 때문일 것이다.

이 책의 목적

미국의 주류 언론들은 물론 한국 언론 대부분이 트럼프에 대한 비판적인 언급을 쏟아 놓고 있는 상황에서 트럼프 대통령이 미국과 세계에 미치는 영향을 정확하게 분석할 수 있는 한국의 보통 사람들은 그렇게 많지 않을 것이다. 미국의 객관적이고 학술적인 수준 높은 정보들을 직접 섭취하며 트럼프 시대의 세계정치가 격변하는 모습을 있는 그대로 객관적으로 파악할 수 있는 전문가들도 그다지 많지 않다. 이 같은 상황에서 트럼프 대통령의 재선이 미국과 세계에 어떤 변화를 초래할 것인가에 관한 가능한 한 객관적인 사실들을 제공하고 그 사실들에 대한 해석을 제시하기 위한 것이 이 책을 집필하는 첫 번째 목적이다.

한국의 주류 언론 대부분은 트럼프가 취임한 후 급변하는 세상의 모습을 트럼프의 침략적, 공격적, '또라이적' 기질로 인해 망가져 가는 세상처럼 보도하지만 사실 미국 국민들은 트럼프의 정책들에 대해 대단히 긍정적인 입장을 보이고 있다. 일부는 열광하기도 한다.

트럼프에 대해 대단히 적대적 입장을 견지하는 미국의 주류 방송인 CBS가 2025년 2월 5일부터 7일간 행한 여론 조사에 의하면 미국 국민들 중 53%가 트럼프의 행동과 정책에 찬성하고 있었다. 반대는 47%였다. 트럼프가 대통령 선거 당시 했던 약속을 잘 수행하고 있는지 여부에 관한 질문에서는 70% 미국 국민들이 그렇다고 대답했고 아니다는 30%에 불과했다. 트럼프 대통령의 기질 평가에서는 터프(Tough, 강력)하다 69%, 정력적(Energetic)이다 63%, 초점을 잘 맞추고 있다(Focused) 60%, 효율적(Effective)이다가 60%로 미국 국민들은 트럼프 대통령에게 대단히 긍정적인 점수를 주고 있다.

트럼프 정부의 상징적인 대표 정책인 불법 이민자 추방 작전에 관해서는 미국 국민의 59% 가 동의했고 41%가 반대했다. 멕시코와 미국국경 지역에 군대를 파견한 데 대해서는 64%의 미국 국민들이 잘한 일이라고 응답했고 36% 만이 잘못된 일이라고 응답했다.[5]

국제정치적인 측면에서도 트럼프의 행동에 대한 미국 국민의 지지는 대단히 높다. 트럼프 당선 이후 15년 만에 미국 육군 지원율이 최고로 높아졌다는 자료는 미국인들이 미국의 국제정치적 위상에 대단한 자부심을 다시 느끼기 시작했다는 사실을 반영한다. 트럼프가 당선되었지만 취임하기도 전인 2024년 12월, 미국 육군은 15년 만에 최다 숫자의 미국 청년들이 미국 육군에 지원했다는 사실을 발표했다.[6]

이처럼 트럼프 시대가 시작된 직후 미국에서 일어나고 있는 사실들에 대한 객관적인 소식들이 적어도 오늘의 대한민국 주류 언론들을 통해서는 정확하게 전달되고 있지 못하다는 우울한 현실 역시 책을 출간하는 중요한 동기 중 하나가 되었다. 하나의 예를 들어보자. 트럼프 대통령이 44세의 젊은 폭스 뉴스 앵커인 피트 헥세스(Pete Hegseth)를 국방장관으로 내정하자 한국 언론은 헥세스를 무능하지만 오직 트럼프에게만 충성을 바치는 예비군 장교라고 부정적으로 소개했다. 헥세스는 미국의 명문 프린스턴대학 정치학과를 졸업하고 하버드대학 행정대학원에서 석사를 받은 인재다. 하버드대학이 좌경화되었다는 사실에 분노, 학위를 반납한 미국의 보수적 애국자이기도 하다. 우리나라 언론이 '겨우' 소령출신이 국방장관이 되었다며 비하했지만 미국은 군 경력자보다는 민간인을 국방장관으로 선출하는 전통이 있는 나라다. 더 나아가 헥세스는 2024년 미국 국방부의 개혁안이라고 말할 수 있는 좋은 책을 저술했다.[7] 이 책 이외에도 헥세스는 미국군, 애국심, 전쟁에 관한 4권의 책을 더 출간한 바 있는 미국 국방 분야의 전문가라고 평가되어야 마땅하다. 헥세스는 미국 상원 인준 청문회에서 50:50으로 겨우 통과되었다. 찬반 동수일 경우 상원 의장직을 갖는 부통령이 결정권을 갖는데 부통령 J.D. 밴스가 헥세스를 지지, 51:50으로 국방장관에 취임할 수 있었다. 장관으로 취임한 직후 헥세스가 단행하고 있는 국방개혁은 그의 2024 저서에서 그 청사진이 제시되었던 내용이라고 보면 될 정도다. 트럼프는 자신에게 충성만 바칠 사람이 아니라 능력 있고 열정 있는 젊은 애국자를 국방장관으로 선발한 것이다. 2024년 간행된 헥세스의 책을 읽었을 트럼프는 헥세스를 국방개혁의 적격 인물로 판단했을 것이다.

대한민국 국민들 대부분은 미국을 소중하게 생각하고 좋게 생각한다. 2021년 12월 즉 2022년 대선을 불과 3개월 정도 앞둔 시점에서 대한민국의 대표적인 사회과학 연구기관[8]에서 조사했던 자료에 의하면 대한민국 국민들은 미국과 한미동맹 관계에 대해 압도적으로 우호적인 생각을 하고 있었다. 미국에 대한 호감도를 한반도 주변국에 대한 호감도와 비교하여 살펴본 결과 한국인들은 10점을 기준으로 미국 6.97점, 러시아 4.83점, 중국 4.32점, 일본 4.31점, 북한 3.67점의 순으로 선호하고 있었다. 한국 국민의 압도적 다수가 주변국 중 미국만을 긍정적으로 인식하고 있었다. 소위 엘리트를 자처하는 한국인들이 미국에 대해 일견 삐딱한 생각을 가지고 있는 것을 무슨 자랑이나 되는 것처럼 잘난체하는 것과 달리 대한민국 일반시민들의 대 미국관은 대단히 긍정적이다.

현재 한국의 안보에 가장 도움이 되는 국가를 질문하였더니 미국이 85.7%로 다른 국가에 비해 도저히 비교될 수 없을 정도로 압도적으로 높게 나타났다. 5년 후를 가정해도 여전히 미국이 한국의 안보에 가장 도움이 된다는 응답이 81.7%로 나타났다. 경제에 관련해서도 마찬가지 결과가 나왔다. 한국 경제에 가장 도움이 되는 국가는 미국이라는 응답이 가장 많았다. 응답자 중 75.9%가 현재 한국 경제에 가장 도움이 되는 국가로 미국을 꼽았고, 응답자 중 64.8%가 5년 후에도 경제에 가장 도움이 되는 국가로 미국을 꼽았다. 현재와 미래 모두 한국 국민의 안보 및 경제적 기대가 가장 높은 국가는 미국이라는 점을 재차 확인할 수 있었다.

한국 국민들은 정치성향 여부와 관계없이 거의 대부분이 한미관계를 소중하게 생각하고 있다는 사실도 보여주었다. 윤석열 후보가 대통령 후보였던 국민의힘 당 지지자의 96.4%, 더불어민주당의 이재명 후보를 지지한다는 국민의 93.9%가 한미동맹이 필요하다고 대답했을 정도다.

2024년 12월 이후 탄핵 사태가 진행되던 동안 탄핵을 지지하던 모임을 지원했던 가수 등이 반미, 친중, 친북인사라는 명목으로 보수적인 유튜버에 의해 미국 중앙정보국(CIA)에 신고되었다는 사실이 알려진 후 탄핵 찬성 집회에 참가하는 사람들의 숫자가 현저하게 줄어들었다. 미국 입국을 두려워한 친야당 성향의 한국 국민들이 탄핵 찬성 집회에 참여하기를 꺼린다는 사실, 그래서 탄핵 찬성 집회 참가인원이 탄핵 반대 집회 참여 인원보다 훨씬 적어졌다는 놀라운 사실이 노정되고 있었는데 이는 대한민국 국민들이 마음과 머리가 얼마나 따로 돌고 있는지를 잘 알려주는 씁쓸한 현실이다.

한국의 대표적인 반미주의자들이 자식들을 대거 미국에 유학시키고 있다는 사실은 어제 오늘 알려진 일은 아니지만 반미적인 행동이 미국 입국 불허의 조건이 될 수 있다는 사실에 경악한 사람들이 대한민국에는 예상보다 훨씬 많았다.

이 책의 집필은 이 같은 이율배반적인 상황에서 한국인들에게 미국에 대한 올바르고 정확한 정보를 제공하고 미국의 행동과 정책에 관한 학문

적으로 올바른 해설을 제시해야 한다는 학자로서의 사명감도 이 책을 집
필하는 하나의 작은 동기가 되었다.

트럼프 당선과 미국의 회복

이 책은 제목 그대로 트럼프 시대의 미국과 세계정치에 관한 책이다.
트럼프는 당선되자마자 세계를 바꾸어 놓기시작했다. 트럼프가 당선
된 지 며칠밖에 되지 않았을 때 멕시코에서 물밀듯이 미국의 남부 국경
을 향해 행진하던 대열이 와해되었다. 미국 사람들은 이 대열을 캐러밴
(Caravan)이라고 부르는데 수천 명 이상이 떼지어서 미국을 향해 걸어가
는 불법이민자들의 대열을 의미한다. 트럼프는 이들을 인간적으로 비하
하는 언급을 그동안 늘상해왔다. 그들을 강간범, 도둑놈, 마약쟁이, 테러
리스트, 깡패 등에 비유했다. 남미 각국에서 모여든 그들은 멕시코를 남
북으로 가로질러 미국국경을 사실상 무사통과했다. 바이든 집권기 동안
미국의 남부 국경은 없는 것이나 마찬가지였다. 트럼프는 국경이 없는
나라는 나라가 아니라는 말로 바이든 정부를 비난했다.

미국을 입국한다는 것은 합법적인 서류를 다 갖춘 여행자들에게도 그
리 간단하거나 유쾌한 일은 아니다. 미국 공항에서 입국수속을 할 때마
다 이것저것 시비성 질문을 해대는 세관 관리들을 보면 짜증이 나는 경
우가 한두 번이 아니다. 미국 여행 비자가 거부당하는 경우 그 이유를 물
으면 미국 정부는 그 이유를 설명해 줄 의무가 없다는 식으로 고압적으
로 반응한다고 한다. 저자의 오래된 미국인 친구 윌리엄슨(Dr. Clerance
Williamson) 박사는 미국에 입국하기 가장 좋은 방법을 알려주겠다며 서울
에서 멕시코까지 비행기 타고 온 후에 미국 남부 국경을 걸어서 통과하

는 것이 가장 편한 방법이라며 농담반 진담반의 이야기를 해준 적도 있었다.

민주당 당세가 대단히 강한 뉴욕주 같은 곳에서는 불법 이민자들에게 5성급 호텔의 숙박을 지원하기도 하고 미국 시민보다 더 융숭하게 대해 주기도 했다. 허리케인이나 산불로 인한 피해를 당한 미국 시민들에게는 불과 수백 달러 단위의 돈도 제공하지 않았던 바이든 행정부는 불법 입국자들에게는 수천 달러의 후원금을 지급하기 일쑤였다. 트럼프 취임 후 불법입국 금지 행정명령에도 불구하고 뉴욕의 특급호텔에 5,900만 달러를 제공, 불법 이민자들을 재워주겠다는 계약을 체결한 미국 국토안보부 공무원 4명이 해고당했다는 뉴스도 놀라운 일은 아니다.[9]

아마도 멕시코 정부가 수천, 수만 명의 불법 이민자 대열에 모종의 지원을 하지 않았더라면 수천 명이 떼지어 미국으로 행진할 수는 없었을 것이다. 아무튼 트럼프가 무서워서였는지 미국을 향하던 불법 이민 대열이 급격히 줄어들었다.

트럼프가 당선되자마자 탈레반은 미국과 협상할 용의가 있다고 밝혔고 중국의 시진핑은 미국과 평화적으로 공존할 의도가 있다고 밝혔다. 러시아의 푸틴은 언제라도 미국과 대화할 용의가 있다며 트럼프의 당선을 축하했다. 하마스와 카타르도 미국과 잘 지낼 수 있다고 밝혔다. 비트코인도 대폭 상승했고 주가도 폭등, 사상 최고치를 기록했다. 불법 이민자를 특별히 우대해 주던 뉴욕주는 더 이상 불법 이민자들을 좋은 호텔에서 재워주지 않겠다는 결정을 내렸다. 미국에 사사건건 반항적이던 유럽연합(EU)도 미국산 가스를 수입하겠다며 트럼프에게 우호적인 입장을 보였다.[10]

바이든 시대의 미국은 국제적으로 쇠퇴하는 나라였다. 비록 트럼프 대통령이 당선된 후인 2024년 11월 17일 벌어진 일이기는 하지만 그래도 현직 대통령인 바이든이 페루의 수도 리마에서 열린 APEC 정상회담에 참가, 각국 정상들이 함께 단체 사진을 찍을 당시 뒷줄 거의 맨 끝에 자리를 배정받았다는 사실은 어떤 미국 대통령도 당해보지 못한 수모였다. 아마도 트럼프가 그 같은 변두리 자리에 배정받았다면 그는 자리를 박차고 사진을 찍지 않은 채 나왔을 것이 확실하다. 페루 정부는 ABC 순으로 자리를 배정하다 보니 그렇게 되었다고 해명했지만 바이든을 우습게 보았기 때문에 그처럼 자리 배정을 했던 것이다. APEC 정상 사진 촬영에서 미국 대통령이 바이든과 같은 위치에 서서 사진을 찍는 모욕을 당한 적은 없다. 미국 시민들은 있을 수 없는 모욕을 당한 바이든을 '지진아(Dunce)'라고 부르며 조롱하고 분노했다. 허약하고 늙은 바이든이 통치하는 미국은 세계 각국 국가원수들이 인식하기에 결코 두려움의 대상은 아니었다. 몇몇 독재자들은 바이든을 테스트하기 위해 이것저것 나쁜 짓들을 벌였다.

미국인들의 62%는 트럼프가 대통령이었다면 우크라이나 전쟁은 애초에 발발하지 않았을 것이라고 대답했었다.[11] 트럼프 대통령이 재임했던 4년(2017.1-2021.1) 동안 미국은 새로운 전쟁이 발발하지 않은 세상을 꾸려갈 수 있었다. 즉 진행되는 전쟁들은 있었지만 트럼프는 단 하나의 새로운 전쟁도 시작하지는 않았다. 그래서 트럼프 대통령은 2024년 대선을 준비하며 'Four Years, Zero War(4년 임기 0회의 전쟁)'라는 구호도 만들었다.

바이든의 임기 중 바이든을 우습게 보는 독재자들에 의한 대규모 전쟁이 두 개나 발발했었다. 러시아의 침공으로 시작된 우크라이나 전쟁과 하마스의 기습공격으로 시작된 이스라엘-하마스 전쟁은 이들 정권들이 패권국인 미국을 우습게 보지 않는 한 일어날 수 없는 전쟁들이었다.

트럼프는 아랍국가들에 대한 적대적인 성향을 노골적으로 드러내었고 뚜렷한 대이스라엘 지원정책을 전개했었지만 트럼프 1기 동안 중동은 2차 대전 후 가장 평온한 시기를 보냈다. 이스라엘과 중동 국가들 사이에도 비교적 평화로운 시기가 지속되었다. 그러면서도 트럼프 대통령은 강력한 이스라엘 지지 정책을 밀어붙였다. 동시에 이슬람에 대해 강경했다. 자국민을 화학무기로 살해한 시리아 대통령을 향해 가장 큰 재래식 폭탄(MOAB, Mother of All Bomb)을 투하했고 이스라엘 수도가 예루살렘이니 예루살렘으로 미국 대사관을 이전 하는(2018. 5. 14) 과감한 조치도 취했다. 1995년 미국 의회가 예루살렘을 수도로 인정한 후에도 미국 대통령들은 중동 평화를 파괴할까 두려워 감히 미국 대사관을 이스라엘 수도인 예루살렘으로 옮길 엄두를 내지 못하고 있었다. 그것을 트럼프가 해낸 것이다. 트럼프는 2018년 5월 8일 오바마가 협상했던 이란과의 핵협상을 과감하게 폐기해 버렸다. 이란에게만 유리한, 결코 이란의 핵 보유를 막을 수 없는 바보 같은 정책이라고 생각했기 때문이다.

바이든 시대의 미국의 국력이 트럼프 시대보다 줄어든 바는 없다. 역시 트럼프가 제2차 임기를 시작한 지 얼마 되지 않은 시점에서 트럼프의 미국이 바이든의 미국보다 훨씬 강할 바도 없다. 그러나 바이든의 미국은 세계 방방곡곡에서 무너져가는 패권국의 수모를 감당하지 않을 수 없었다. 이번 대선에서 트럼프가 아니라 민주당의 카멀라 해리스가 승리했더라면 아마도 중공은 대만을 공격할 수 있는 결정적인 시기가 왔다고 생각하고 행동했을 것이다. 트럼프의 당선은 세계의 독재자들로 하여금 조심하지 않으면 안 될 것이라는 생각을 하게 만들었다. 트럼프는 자신이 재임하는 동안 시진핑은 결코 대만을 공격하지 못할 것이라고 말했는데 그 이유는 시진핑이 '자신을 존경하기 때문이며 시진핑은 자신이 미친놈이라는 사실을 알기 때문에' 대만 침공을 자제할 것이라고 말한 적이 있었다.[12]

힘을 사용할 의지가 있는 지도자로서의 트럼프의 출현은 세계를 이미 변화시키고 있다. 트럼프는 자신이 취임하는 날까지 하마스가 이스라엘과의 휴전에 합의하지 않을 경우 지옥문이 모두 열리게 될 것이라고 경고했다.[13] 결국 하마스는 트럼프의 협박에 굴복, 트럼프 취임 하루 전 이스라엘과 하마스 간에 휴전이 이루어졌고 하마스는 이스라엘 및 미국인 인질을 석방하기 시작했다. 그러나 하마스의 인질 석방이 지지부진하자 트럼프는 2025년 2월 11일 최후통첩을 보낸다. 2월 15일 토요일 낮 12시까지 인질을 전원 석방하라고 다시 협박했다.[14] 역시 이번에도 트럼프는 모든 지옥문에 열리게 될 것이라고 경고했다.

미국인들은 트럼프가 특히 하마스 같은 부류의 인간들도 알아듣기 쉬운 언어를 사용한다며 트럼프의 입장을 두둔했다. 트럼프는 이란을 결코 핵보유국이 될 수 없도록 하겠다고 강조하며 그러기 위해서는 두 가지 방법이 있는데 하나는 폭격(Bomb), 다른 하나는 종이 쪼가리에 글을 씀으로써라고 말했다. 자신은 종이에 글을 씀으로써, 즉 협상을 통해서 이란의 핵 문제가 해결되기를 원하며 이란도 그런 방식을 원하기를 바란다라고 언급했다.[15] 2기 임기 시작 4개월째인 2025년 6월 트럼프는 폭격작전으로 이란 핵계획을 제거해 버렸다.

이 책의 내용

2024년 11월 선거에서 트럼프 대통령이 당선된 후 트럼프의 재선이 미국과 세계에 어떤 의미를 가지고 있는지에 관한 책을 내는 것이 좋겠다는 생각이 들었다. 트럼프라는 특이한 인물이 초래할 국제정치의 변화는 생각보다 훨씬 크고 깊은 것이라는 생각이 들었기 때문이다. 그래서 《트럼프 시대의 미국과 세계정치》라는 제목의 책을 간행하는 것도 의미가 있는 일이라는 생각이 들었다.

무엇보다도 우리나라 많은 식자들과 일반 시민들이 인간 트럼프, 정치가 트럼프에 대해 심각한 수준으로 부정적인 편견과 오해를 하고 있다는 사실을 광정(匡正)시켜야 하리라는 생각이 들었다. 수많은 한국의 엘리트들이 트럼프를 막말꾼, 욕쟁이, 심지어는 개자식이라고 말했다. 영어를 잘 알아듣지 못하는 사람들이 트럼프를 욕쟁이, 막말꾼이라고 말하는 것은 옳지 못하다. 또한 트럼프가 대통령에 재선되면 대한민국은 마치 큰일이나 날 것처럼 해설하는 엉터리 전문가들이 너무나 많았다. '방위비'와 '주한 미군 주둔 비용'도 구분할 줄 모르는 사람들이 트럼프가 당선되면 우리나라 경제가 큰일 날 것처럼 호들갑을 떨었다. 그리고 그들은 카멀라 해리스가 당선되어야 하며 당선될 것이라고 말했다.

이 같은 어이없는 상황이 개선되지 않을 경우 대한민국의 국가안보와 통일전략에 심각한 하자가 발생할 것이다. 미국과 협력하지 않은 채 한국의 안보와 통일을 논한다는 것은 불가능한 일이기 때문이다. 트럼프에 대한 오해를 푸는 일이 무엇보다도 시급한 일 같아 보였다. 그래서 이 책은 우선 한국 국민들에게 만연된 트럼프에 관한 몰이해를 바로 잡기 위한 책이라고 말해도 된다.

다행스러운 일이라고 말할 수 있는 것은 2024년 12월 3일 윤석열 대통령의 계엄과 그 이후 진행된 한국 사회의 탄핵 정국을 거치면서 적어도 한국의 자유주의 보수세력은 미국과 트럼프에 대해 상당히 긍정적인 생각을 가지기 시작했다는 점이다. 트럼프는 한국의 자유시민들로부터 자유주의의 수호자, 부정부패를 척결할 인물로 재평가되기 시작했다.

트럼프가 앞으로 이룩할 정치적 업적은 1차 임기 당시 완수하지 못한 정책과 목표들을 완성하는 것이다. 지난 4년 동안 전임 대통령으로 재야에 머물면서 트럼프는 혹독한 정치적인 탄압을 받았다. 바이든의 민주당 정권과 민주당에 의해 장악된 CIA, FBI 등 정보 및 권력기관은 트럼프를 박해하고 모멸했다. 민주당 선전원이라고 보아도 될 정도로 극단적으로 민주당 편향적인 미국의 주류 언론은 트럼프에게 보통의 인간이라면 참을 수 없는 인간적인 모멸과 수치심을 쏟아 부었다. 모든 수치와 모욕과 탄압을 딛고 역사적인 대승리를 거둔 트럼프는 이제 거칠 것이 없다. 1차 임기 당시보다 훨씬 막강한 추진력으로 미국과 세계정치를 대폭 변화시킬 것이다.

이 책은 제목 그대로 앞부분은 트럼프가 변화시킬 미국 정치, 뒷부분은 그가 초래할 세계정치의 변화를 미국의 대외정책이라는 관점에서 분석하게 될 것이다. 트럼프가 지난 8년간 대통령으로서 그리고 '단임 대통령'이라는 조롱을 받아가며 지낸 세월은 향후 트럼프의 국내외 정책을 결정하는 데 큰 영향력을 미치는 심층동인(深層動因)[16]이 될 것이다.

그래서 이 책 앞부분에서는 트럼프가 와신상담하며 재선에 도전하고 당선되는 과정에 대한 분석을 시도했다. 억만장자 재벌이며 나이도 70대 후반인 트럼프는 좋아하는 골프나 치면서 편안한 노후를 지낼 수 있었겠지만 대권에 도전함으로써 민주당으로부터 극단적인 핍박을 감내해야만 했다. 47대 대통령에 취임한 후 폭스뉴스의 숀 해니티(Sean Hannity) 앵커와의 인터뷰에서 트럼프는 "백악관을 떠난 후 4년간의 삶은 지옥과 같았다"고 회고했을 정도다.[17]

트럼프의 인물과 사상, 그의 성격상의 특징 등도 논의에 포함하고자 시도했다. 다음으로 트럼프가 변화시키고자 하는 미국의 망가진 현상에 대한 분석도 중요하다. 미국이 망가졌다는 사실을 확신하기 때문에 트럼프는 미국을 '다시' 위대하게 만들겠다는 구호(MAGA)를 들고나왔고 미국 국민들의 지지를 얻을 수 있었다. 미국을 '다시 위대하게'라는 구호는 단순하고 분명한 의미를 갖는 것이지만 MAGA라는 선거 구호는 철학적 정책적인 측면에서 나름대로의 체계를 갖추고 있는 정책적 가이드 혹은 독트린(doctrine)이라고 볼 수 있는 것이다. 이미 여러 전문가들이 MAGA 독트린을 해설한 저술들을 출간했고 저자는 이들을 기초로 삼아 트럼프가 만들겠다는 위대한 미국은 구체적으로 무엇이며 그것을 위한 정책은 무엇인지를 설명하려고 한다.

트럼프는 대통령에 취임하자마자 번개 같은 속도[18]로 그리고 엄청난 에너지로 미국 정치와 사회의 거의 모든 것을 바꾸어 놓고 있다. 문자 그대로 모든 것을 바꾸고(changed everything) 있는 중이라고 말할 수 있을 정도다. 트럼프는 자신이 시도하는 변혁의 구체적인 내용들을 과거 어떤 대통령의 경우보다 훨씬 자세하게 백악관 홈페이지에 기록, 누구라도 쉽게 접근해서 읽을 수 있도록 하고 있다. 트럼프의 백악관이 혁신적으로 바꾸어 놓은 백악관 홈페이지는 트럼프 대통령이 앞으로 만들어 나갈 미국과 세계가 어떤 모습일 지에 대한 정확한 청사진들을 완벽할 정도로 잘 정리해 놓고 있다. 백악관 홈페이지는 저자가 이 책을 집필하며 참고한 자료의 보물창고라고 말할 수 있다.

이 책의 후반부는 미국의 대외정책에 관한 것이다. 트럼프의 경제 및 무역정책, 트럼프의 군사 및 외교 안보 정책 등이 후반부를 구성하는 주요 내용들이다. 미국 대외정책의 기본적인 내용을 기술한 후 트럼프의 외교정책의 실제를 지역별로 나누어 분석하고자 한다. 특히 트럼프의 미국은 훨씬 막강한 모습으로 되돌아온 글로벌 파워(Global Power)이기 때문에 트럼프의 정책은 당연히 세계 방방곡곡을 향하는 것이다. 취임 직후부터 트럼프가 단행하는 '충격과 공포의 국가전략(Strategy of Shock and Awe)'의 개관을 설명하고 이들이 적용될 세계의 각 지역을 나누어 분석하고자 한다.

충격과 공포의 국가전략이란 저자가 트럼프의 외교정책을 관찰하며 붙여본 이름이다. 트럼프의 정책들은 그 발상이 정상적인 관점에서 보았을 때 상궤(常軌)를 벗어나는 기가 막히는 것들이 많다. 그래서 트럼프 정책의 대상이 되는 당사자들은 물론 제3의 관찰자들조차 충격과 공포에 휩싸이지 않을 수 없다. 게다가 트럼프 정책들은 진행 속도가 빠를 뿐만 아니라 그의 말투가 투박하다는 점에서 이해하기도 쉽다. 트럼프가 사용하는 언어는 전통적인 외교적 수사(外交的 修辭)들이 아니다. 문자 그대로 해석하면 될 아주 쉬운 언어들이다.

우선 미국이 자신의 뒷마당처럼 생각하는 남북아메리카 대륙으로부터 유럽, 중동 지역에 대한 트럼프의 외교 안보 전략을 분석한 후 트럼프 외교의 궁극적 목표라고 말해도 될 트럼프의 대중국 전략에 큰 비중을 두어 분석할 것이다.[19] 트럼프의 대(對)중국 정책의 성공 여부는 트럼프의 상표인 미국을 위대하게라는 구호의 성공 여부와 직결된다. 트럼프가 말하는 '미국을 다시 위대하게'는 결국은 '중국의 붕괴'를 상정한 바탕 위에서 가능한 것이기 때문이다.

물론 우리들의 가장 중요한 관심은 트럼프 대통령의 대북한 및 대한국 전략이 아닐 수 없다. 저자는 우리나라 식자들의 일반적인 견해와는 대단히 다른 관점을 오랫동안 견지하고 있었는데 바로 트럼프의 대전략은 우리가 어떻게 활용하느냐의 여부에 따라 대한민국에게 결정적으로 유리한 결과를 가져다줄 기회로 작동할 것이라는 생각이었다. 저자는 민주당의 카멀라 해리스보다 트럼프의 재집권이 대한민국의 국가안보, 통일, 번영에 훨씬 더 양호한 국제상황을 만들어 주게 될 것이라고 확신하고 있었다. 왜 그렇게 생각할 수 있을지에 관한 자세한 설명들이 미국의 대중국, 대북한 및 대한국 정책분석에서 제시될 것이다.

우리들의 대전략 목표는 자유민주주의 기치 아래 통일된 대한민국을 건설하고 통일을 이룩한 대한민국을 더욱 풍요하고 안전한 나라로 크게 성장 발전시키는 일일 것이다. 저자는 트럼프야말로 우리의 대전략을 현실로 만들어 줄 수 있는 변혁적 지도자(Transformative Leader)라고 보고 있다. 트럼프의 미국은 우리나라가 통일 강대국으로 갈 수 있는 지름길을 제공할 수 있다고 믿는다.

그래서 저자는 트럼프 대통령이 당선되기를 확신하고 있었고 그의 당선을 위해 직-간접적인 노력을 기울이기도 했다. 이제 우리들은 트럼프의 리더십을 한국의 미래를 위해 결정적으로 유리하게 활용할 수 있는 방법을 찾아야 한다. 이 책이 바로 그 같은 노력에 작은 보탬을 줄 수 있는 지적인 작업이 될 것을 희망한다.

제2장

MAGA란 무엇인가?(What is MAGA?)

트럼프는 2016년 선거전에서 '미국을 다시 위대하게 만들자(Make America Great Again, MAGA)'라는 구호를 들고나왔다. 그러나 MAGA는 다른 한편 그 구체적인 내용이 무엇인지를 잘 모르는 사람들이 많다. 다시 위대하게 만들자는 것인데 어떻게 만들 것인지 혹은 위대하다는 것이 구체적으로 무엇인지 애매모호할 수도 있었다. 그럼에도 불구하고 MAGA 구호는 수많은 미국 국민들의 마음을 움직였고 2016년 대선에서 트럼프가 놀라운 승리를 이룩하는 계기가 되었다.

2016년 대선에서 트럼프는 미시간주와 위스콘신주에서 승리했다. 이는 레이건 대통령이 1980년 민주당의 소위 푸른 방벽(Blue Wall)을 뚫었던 이후 최초의 일이었다. 블루월이란 미국 중서부 지방의 핵심적 공업지대를 일컫는 말이다. 이 지역에 거주하는 공장 노동자와 그들 가족들은 전통적으로 민주당을 지지하는 계층이었다. 전통적 민주당 지지 계층이 공화당을 지지했다는 점에서 2016년 트럼프의 승리는 미국 정치사에서 위대한 회귀(greatest comeback)라고 불린다. 2016년 트럼프의 승리는 클린턴 마피아를 붕괴시켰다는 사실과 더불어 힐러리 클린턴이 구축해 놓았던 신자유주의적 네오콘(Neoliberal Neocon)을 붕괴시켰다는 의미가 있었다.

클린턴을 지지하는 주류 방송 중에서도 가장 적극적으로 클린턴을 지지하는 방송이자 친기존 세력(Pro Establishment) 친엘리트(pro-Elite channel)인 CNBC에 출연, 트럼프의 편에 서서 그들을 논리적으로 격파한 하버드대학 경제학 박사인 피터 나바로 교수는 MAGA, 즉 미국을 다시 위대하게(Make America Great Again)라는 트럼프의 대표적인 구호를 체계적으로 설명할 수 있는 몇 안 되는 인물이다. 그는 2024년 MAGA 독트린을 잘 정리한 서적도 출간했다.

MAGA 운동에 대한 공격과 오해

나바로 박사의 저서 추천 서문에서 트럼프의 일급 참모인 스티브 배넌(Steve Bannon)은 미국의 과거 역사, 특히 바이든 시대를 상징하고 있던 미국의 잘못된 정치 경제 사회 문제를 일거에 해결하기 위한 것이 트럼프의 MAGA 운동의 목표라고 말한다.

스티브 배넌은 "북경은 중국의 대만에 대한 군사적 봉쇄를 미국이 결코 허락하지 않을 것이라는 사실을 잘 알기 바란다"라는 말을 함으로써 마가 독트린은 단순히 미국의 국내 정치 문제만이 아니라는 사실도 분명히 했다.

배넌은 "MAGA의 시대가 다가왔다. 트럼프는 1기 임기 중 평화와 번영을 가져왔을 뿐만 아니라 그 기반을 어떻게 확장, 강화시켜 나갈 것인가에 관한 청사진을 제시했다. MAGA를 통해 미국과 세계는 한층 수준 높은 세상을 맞이하게 될 것이다"[20]고 단언했다.

배넌은 2024년 11월 5일 압도적인 표차로 카멀라를 물리치고 대통령에 당선된 트럼프는 1기 임기 시절과 마찬가지로 미국에 평화, 번영, 안전 보장을 가져다주게 될 것이다라고 확신한다. 그러나 트럼프의 2기는 1기보다 트럼프 및 그의 각료들에게 더욱 어려운 시절이 될 것이라고 예상한다. 트럼프의 과업을 정지시키기 위해 노력하는 특수 이익집단들이 떼를 지어 모여들고 저항할 것이기 때문이다.

미국을 오랫동안 지배해 왔던 특수 이익집단들이 많다. 이들 특수 이익 집단들의 예는 뉴욕의 금융 중심지인 월가(Wall Street)에 자리 잡고 있는 금융회사들, 대규모 제약회사들, 그리고 워싱턴 K가(街, K Street)의 로비스트들, 사악한 코흐 네트워크(Koch Network)의 검은돈 들이다. 이들은 조 바이든 재임 중 미국을 더욱 망가트렸던 보이지 않는 세력들이었다.

미국의 경제를 죽이고 있었던 바이든의 스태그플레이션(stagflation),[21] 미국 중산층의 붕괴, 노후 연금의 파탄, 살던 집에서 쫓겨나야만 했던 미국의 보통 시민들, 더 이상 국경이라고 말할 수 없이 완전히 뚫려버린 엉망진창의 남부 국경, 전 세계적인 차원에서 야기되었던 깡패 국가들의 도전, 그리고 그들이 벌이는 각종 전쟁들은 미국이 당면한 심각한 문제가 아닐 수 없었다.

게다가 바이든 정권의 FBI, CIA는 극좌파들의 무기화 된 정치적 도구가 되어버렸다. 이들은 수많은 미국 국민들을 종교적 견해, 혹은 정치적 견해가 다르다는 이유로 감옥에 처넣고 있었다.[22] 배넌은 이같이 미국을 망치고 있는 당면한 문제들을 일거에 척결하고 미국을 다시 정상적인 국가로 만드는 일이 바로 MAGA 운동이라고 말하며 나바로 박사의 책을 추천하고 있다. 특히 배넌은 MAGA 운동은 미국의 공화당이 해야 할 정책적 과업이라며 구체적 행동강령을 제시해 주었다. 그러나 MAGA 운동에 관한 미국 국민들의 정확한 이해 부족은 트럼프 1기에 보다 큰 성공을 가져다주지 못했음을 지적한다.

배넌은 우선 2022 중간선거에서 미국의 공화당은 상·하원을 확실하게 장악할 수 있는 황금 같은 기회를 놓쳤었다고 진단한다. 많은 정치평론가들이 붉은 파도(Red Wave) 즉 공화당의 돌풍을 이야기했었지만 실현화되지 못했다. 배넌은 그 이유를 다음의 4가지 요인 때문이라고 정리하고 있다.

(1) 대법원이 Roe vs Wade[23]를 번복했고 그것이 민주당 사람들이 들고 일어나는 계기를 마련했다는 것이다. Roe v. Wade 판결은 1973년 미국 연방대법원이 여성의 낙태 선택권을 헌법상 권리로 인정한 역사적 판례였다. 이 판결은 미국 사회에서 낙태를 둘러싼 법적·윤리적 논쟁의 출발점이 되었으며, 이후 수십 년간 미국 정치와 사회를 깊게 갈라놓은 사건이었다. 그런데 트럼프에 의해 보수화된 미국 대법원은 여성의 낙태권을 다시 제한하는 조치를 취했고 이것이 수많은 미국 리버럴들을 분노케 했다는 것이다.

(2) 공화당내의 내분(internecine warfare)이 문제라고 지적한다. 전통적으로 기업과 월가의 지지를 등에 업고 있는 전통적 공화당 세력을 제압하지 못했다는 것이다. 이들 전통적 공화당원 중에는 '트럼프는 결코 않되'라고 외치는 사람들이 많다. 이들을 'Never Trumpers'라고 말하는데 트럼프 1기 중 트럼프의 대중적 경제적 민족주의(Popular Economic Nationalism)는 전통적 공화당 지지세력들의 세계주의(Globalism)와 싸워야만 했다. 이 같은 공화당 내부의 싸움은 상·하원 의원 선거에서 공화당에게 불리한 결과를 도출하고 말았다.

(3) 민주당의 우수한 선거전략은 더 많은 시민들을 투표장에 불러낼 수 있었다. 배넌은 공화당의 선거 당일 전략(Republican Game Day Strategy)

에 문제가 있었으며 그 결과 공화당은 붉은 파도를 일으키지 못했다고 본다.

(4) 민주당은 MAGA를 극단주의(극우) 혹은 국내 테러리즘과 일체화시키는 데 성공했다. 즉 마가를 미국 국민들에게 정확하게 설명하지 못했음을 말하고 있다.

배넌은 2024년 대선에서 승리하기 위해 공화당과 마가 진영은 위의 4가지 요인들을 유념해야 한다고 말한다. 피터 나바로는 미국 국민들에게 MAGA가 무엇을 의미하는지 정확하게 이해시키기 위해서 책을 저술했다고 볼 수 있다.

나바로 박사는 MAGA 운동의 기원을 1980년 레이건 대통령이 디트로이트에서 행했던 공화당 대선후보 수락 연설에서 찾는다. 레이건 당시 공화당 대선후보는 "기술이 없는 사람들에게 기술을 가르칠 것입니다. 일할 기회가 없는 사람들에게 우리는 새로운 일자리의 창출을 자극할 것입니다. 특히 그들이 살고 있는 도시 내부에서 그렇게 할 것입니다. 희망을 포기한 사람들에게 우리는 희망을 되찾아주고 그들이 미국을 다시 위대하게 만드는 위대한 국가적 십자군의 대열에 참여할 수 있도록 그들을 환영할 것입니다"라고 연설했다. 미국의 중산층 노동자들이 레이건 연설의 주제였던 것이다.

또한 레이건 후보는 "직장과 가족은 우리들 삶의 핵심이며 자유인으로서 우리가 가지는 긍지의 기반입니다. 우리가 시민들이 번 것을 빼앗는 경우, 혹은 그들의 직업을 빼앗는 경우, 그것은 그들 삶의 긍지와 가정을 파괴하는 것입니다. 직업이 없을 때 우리는 가정을 돌볼 수 없습니다; 그리고 시민들이 투자할 돈과 투자하려는 신념이 없을 경우 우리는 직업을 가질 수 없는 것입니다"라고 말했다. 미국인의 상황에서 직장과 가족의 중요성과 그들이 풍요한 삶을 누릴 수 있어야 한다는 사실을 강조했던 것이다. 이처럼 중산층, 가정, 직장, 여유있는 경제 상황을 강조한 마가 운동은 민주당과 좌파적인 세력들에 의해 왜곡되었다.

특히 바이든은 마가 운동을 지속적으로 극단주의로 몰아붙였다. 2022년 9월 1일 바이든은 MAGA 공화당원들을 미국 민주주의에 대한 '분명한 현재적 위험(clear and present danger)'이라고 규정했다. 바이든은 공화당을 분할 지배(divied and conquer)하기 위한 전법을 구사했다. 바이든은 모든 공화당원이 MAGA는 아니다. 마가는 미국의 민주주의를 위협하는 세력이다라고 말했다. 바이든과 민주당 그리고 미국 좌파들의 MAGA 공격은 상당한 성공을 거두었다.

2022년 9월 7일의 로이터 입소스(Reuter Ipsos) 여론 조사는 58%의 미국 국민들이 MAGA를 미국 민주주의의 근간을 위협하는 것이라고 응답한 것으로 나타났다. 공화당을 지지하는 사람들의 1/4 정도조차 그렇게 대답했다.[24] 나바로는 이 같은 현실을 지적하면서 트럼프가 2024년 대선에서 승리하기 위해서는 MAGA가 진정 무엇을 의미하는지 미국 국민들이 더 잘아야 할 필요가 있다고 말한다.

MAGA 운동의 내용과 본질

마가는 트럼피즘(Trumpism) 혹은 트럼프주의의 근본

나바로 박사는 MAGA는 트럼프 사상 혹은 트럼프주의라고 번역될 수 있는 트럼피즘(Trumpism)의 근본(Essense of Trumpism)[25]이라고 말했다. 그리고 트럼피즘은 트럼프가 주장하는 대중적 경제적 민족주의(Popular

Economic Nationalism)는 3가지 요소로 구성되어 있다고 정리한다.

첫째 기둥은 미국의 제조산업 및 방위산업을 강화하는 일이다. 이를 가능케 하는 것은: 중국에 대한 엄청난 관세 부과(hefty tariffs)를 통해서 그리고 미국상품 구매 정책 및 미국상품 구매 운동을 통해 이루어질 수 있다. 미국 중산층과 노동자들에게 양호한 급여를 지급할 수 있는 일자리를 제공하는 일, 미국의 국가안보를 위해 공급망을 국내로 가져오는 일 등은 모두 중국 공산당과의 대결을 통해 해결될 수 있는 문제들이다. 마가 운동의 첫째 기둥은 마가 운동이 미국의 중산층을 위한 운동임을 말해준다. 이를 위해 중국과의 경제전쟁은 피할 수 없는 일이 된다.

두 번째 기둥은 국경을 보호하는 일 즉 안전한 국경(Secure Border)을 갖는 일이다. 바이든 재임 기간 동안 미국의 남부 국경은 완전히 무너졌다, 바이든 임기 4년 동안 불법 입국자 숫자가 2,000만에 달한다는 주장도 있을 정도다. 역사적으로 미국에 유입되는 불법 이민자들의 90%가 멕시코, 과테말라, 엘살바도르, 온두라스에서 왔다. 불법 입국자들의 50% 이상이 8학년 이하의 교육밖에 받지 못한 사람들이다.

영어가 가능한 불법 이민자의 숫자는 25%에 불과하다. 미국에 불법적으로 유입된 이 같은 불법 이민자들은 미국 국민 중 가난한 육체노동자들과 경쟁하는 세력이 된다. 불법 이민자들은 낮은 임금을 마다하지 않고 일을 하기 때문이 이들은 미국 시민인 노동자들이 더 낮은 급여를 받게 하며 그들의 일자리를 빼앗아가는 원인이 된다.

미국 출생의 흑인 및 라티노(Latino)[26] 노동자들이 얼마나 심각하게 불법 이민자들에 의해 피해를 당하고 있는지를 이해하기 위해 별다른 경제 지식이 필요하지 않다. 누구나 알 수 있는 일이다. 사실 트럼프는 2020년 대선에서 2016년 대선 당시보다 훨씬 더 많은 숫자의 히스패닉과 흑인표를 얻을 수 있었다. 2024년에도 이 같은 일이 일어났고 트럼프는 당선되었다. 트럼프는 역대 어떤 공화당 후보보다 흑인(남성)과 히스패닉의 지지를 많이 받을 수 있었다. 두 번째 기둥은 마가 운동이 미국의 빈곤층을 위한 운동이라는 사실을 말해준다. 미국인 빈곤층을 위해 남부 국경을 차단해야 하는 일 역시 필수적인 일이 아닐 수 없다.

일론 머스크는 바이든 정부가 불법 이민자를 무한정 받아들인 이유 중 하나가 그들의 표를 통해 민주당의 영구 집권을 획책하려는 것이었다고 주장한다.[27] 불법 이민자들을 경합주들(Swing States)에 대거 투입, 민주당 우세주로 바꾸겠다는 계략이 있다는 것이다. 실제로 불법 이민자들의 80-90% 이상이 민주당을 지지하는 것으로 나타났다. 물론 미국 시민권은커녕 영주권도 없는 불법 이민자들에게 투표할 수 있는 권리를 주어야만 하는 일이다. 그래서 민주당은 선거 당일 투표인들의 신분증 제시를 의무화하자는 공화당의 제안을 극렬하게 반대하고 있는 것이다. 일론 머스크는 바이든 정권의 의도적 국경 개방을 이민자 한 명 한 명이 민주당의 고객이자 유권자가 되는 거대한 '유권자 수입 사기극'이라고 주장했다.

세 번째 기둥은 미국의 끊임없는 전쟁을 중지(Ending America's Endless War)시키는 일이다. 미국은 1990년 냉전이 종식된 이래 약 30년 동안 공개적으로 혹은 은밀하게 세계의 모든 주요 전쟁들에 개입해 왔다. 이같이 끊임없는 전쟁의 배후에는 전쟁을 통해 막대한 금전적 이익을 취할 수 있는 글로벌 엘리트들이 있었다. 동시에 신보수주의(New Conservativism)자들도 배후에 있었다. 본시 좌파 출신들로 특히 부시(43대) 대통령 시절 공화당을 지배했던 네오콘(Neo Con)들은 세계의 우환을 미국이 해결해야 한다는 십자군적 국제정치관을 가진 인물들이었다. 이들은 독재국가가 다 없어지게 되면 세계평화는 가능하다. 그러니까 세계최 강인 미국은 독재국가들을 제거해야 하는 사명감을 가져야 한다고 보았 다. 그 결과 냉전 시대가 미국의 승리로 끝난 이후 미국의 대통령이 민주 당이나 공화당을 불문하고 미국은 세계 도처의 전쟁들에 끊임없이 개입 하기 시작한 것이다.

MAGA의 관점에서 세상을 보는 트럼프주의자들은 미국이 끊임없 이 개입하는 전쟁들을 '무늬만 공화당(RINO, Republican In Name Only)'일 뿐 인 부시와 체니 같은 네오콘 전쟁광들에 의해 도발된 것들이라고 본다. MAGA는 실제로는 나약한 인간들임에도 불구하고 강력한 사람처럼 보 여지길 원하는 민주당의 오바마와 바이든 같은 인간들에 의해서도 전쟁 이 지속된다고 보며 당연히 전쟁은 불필요한 일이라고 주장한다. 1990 년 이후 유일 패권국이 된 미국이 벌이고 있던 전쟁들은 불필요한 일뿐 만 아니라 비도덕적인 일이다. 과거 미국이 개입한 전쟁들은 도덕적으로 정당화될 수 있었다. 1차 세계대전과 2차 세계대전의 사례가 그랬다.

트럼프 팀은 미국 내의 제조업과 방위산업의 기반을 강하게 구축하 고, 국경을 안정적으로 지키고 불필요한 전쟁을 종식시킴으로써 평화, 안전, 번영을 누릴 수 있는 강한 미국을 건설할 수 있다고 본다. 트럼프 가 보기에 MAGA란 결국 하나님을 경외하고 조국(미국) 그리고 가족을 안 전하고 풍요하게 만드는 일이다.

이상 트럼피즘의 기본이 되는 대중적 경제적 민족주의의 세 가지 기 둥을 논한 후 나바로 박사는 MAGA의 목표를 달성하기 위해서는 끊임없 는 행동이 필요하다고 주장하며 행동을 위한 구체적인 이유와 방안들을 제시한다. 문제점과 행동 방안을 제시하기 위해 나바로는 221페이지에 불과한 작은 책의 각 장들을 37개의 장으로 쪼갰다. 각 장의 제목만 보아도 MAGA 운동이 의미하는 것들이 무엇인지를 이해할 수 있다.

마가 독트린의 행동 강령들

1-2장에서 MAGA의 큰 의미를 설명하고 행동해야 할 이유를 제시한 나바로는 3장-37장까지 구체적인 MAGA의 행동강령들과 미국인들이 알고 있어야 할 내용들을 제시한다. 아래는 나바로가 그의 책에서 제시한 내용들을 간략하게 정리한 것들이다.

- 미국 사람들은 미국 물건을 사용하자. 또한 미국의 기업가들 혹은 소규모 상공인들은 미국 시민을 우선적으로 고용하자.

- 미국을 우선으로 하는 재정정책을 시행하자. 그렇게 되면 미국은 재정절벽에서 벗어날 수 있을 것이다.

- 트럼프 대통령은 바이든 경제학의 바보 같은 정책들을 폐기해야 한다. 사회주의적 정책이 아니라 보다 자유주의 시장경제 원칙에 의거한 정책을 취하라는 것이다.

- 공정하고, 균형잡힌, 그리고 상호주의적인 무역을 통해 미국인들의 일자리를 보호할 것.

- 사기(詐欺)가 만연한 중국 공상당과 미국 경제의 관계를 끊을 것 (decoupling).

- 미국의 연기금과 IRA는 당장 중국의 군대에게 돈을 대주는 일을 정지하라. IRA(Individual Retirement Account)는 미국 개인들이 은퇴에 대비해서 마련한 적금을 말하는 것이다. 중공이 이들 기금에 접근을 했다. 중국이야말로 미국의 생존에 대해 최대의 위협으로 보는 나바로 교수는 미국의 기금들이 중국에 투자되어 중국의 군사력을 키워주는 일이 되면 절대

안 된다고 말하고 있는 것이다.

- 바이든 경제학은 미국의 에너지 상황을 노예로 만드는 전략이다.

- 미국의 전략적 전력 우위(Strategic Electricity Dominance) 확보는 결정적으로 중요한 일이다.

- 당신이 운전하고 있는 볼보(Volvo) 자동차는 중국의 간첩일 수 있다. 볼보 자동차는 스웨덴 자동차가 아니라 이제는 중국이 보유하고 있는 회사이며 멕시코 공장에서 만들어지는 볼보 자동차는 중국의 간첩질에 활용된다고 본 것이다. 트럼프 대통령은 멕시코에서 만들어진 볼보 자동차에 200% 관세를 부과할 것이라고 경고했다.

- 합리적인 연방소유 국토 관리정책을 요구하며 전략적 에너지 우위 정책으로 돌아가라.

- 미국의 남부 국경선은 위태로운 상태다.

- 미국의 국경 안전을 확보하라. 이제 미국의 모든 마을들은 국경마을이 되고 말았다.

- 중국의 치명적인 마약 펜타닐의 미국 유입을 막아라.

- 마약 카르텔, 어린이 유괴 납치범들에 대한 전쟁을 선포하라

- 완전히 정치 전쟁의 도구가 되어 버린 법무부와 FBI를 무장해제 시켜라.

- 2024년 대선의 결과를 트럼프를 사면한 판결로 간주하라.

- 미국의 헌법을 수호하라.

- 1월 6일 사건(J-6)으로 투옥된 사람들을 석방할 것.

- 자유롭고, 정직하며 공정한 선거를 보장할 것. 부정선거를 없앨 것.

- 백신의 강제 접종을 폐기할 것. 주류언론의 거짓 보도들에 책임을 물을 것.

- 대학에서 DEI를 추방할 것. 즉 능력이 아니라 인종, 다양성 등에 근

거한 입학, 고용 등의 정책을 폐기할 것.

- 트럼프 대통령은 중국 공산당과 안토니 파우치(전 미국 질병청장)에게 코로나 19 관련 책임을 물을 것.

- 초중등 학교 교과과정에 깨시민(Woke) 교육을 폐기하고 읽기, 쓰기, 산수 교육을 강화할 것.

- 아동들의 학교를 선택할 수 있는 부모들의 권리를 보호 강화할 것.

- 어린이들의 성전환 수술을 절대 반대할 것.

- 트럼프 대통령은 여성 스포츠를 보호할 것. 여자로 성전환했다는 남자들이 각종 여성 스포츠에서 금메달을 쓸어가고 있었다.

- 트럼프 대통령은 미국을 다시 건강한 나라로 만들 것(America Healty Again).

- 빅 테크 회사들을 분리하고 수십억 달러에 이르는 과두제를 정리할 것.

- 사기성 조악한 상품으로 미국을 침몰시킨 전자 상업거래(E-Commerce)를 중지하라.

- 미국회사들이 채용하고 있는 깨시민 전쟁(Wokefare)을 중지할 것. 도덕적 기독교적 가치로 돌아가라는 말이다.

- 트럼프 대통령은 미국의 모든 것을 지우려 하는 캔설 컬쳐(Cancel Culture)를 미국의 유치원에서부터 고등학교, 초급대학, 대학에 이르는 전 과정에서 폐지하라.

- 중공의 사이버 공격은 필히 전쟁으로 간주하고 대처해야 한다.

- 대만이 미국에 대해 가지는 전략적 가치를 보호해야만 한다.

- 트럼프 대통령은 '미국제일주의' 독트린을 외교정책에 다시 도입해야 한다.

- 미국은 공산 중국의 달빛 아래에서 졸고 있으면 결코 안 된다(America Shall Not Sleep by the Light of a Communist Chinese Moon).

찰리 커크가 말하는 MAGA 독트린

앞에서 서술한 것처럼 마가 독트린은 다양한 행동강령들로 구성된다. 2020년 MAGA란 무엇인가를 소개한 탁월한 책을 저술한 미국의 청년 보수 정치 운동가며 기독교 청년 지도자였던 찰리 커크(Charlie Kirk) 역시 MAGA 관련 양서를 출간했다.[28] 찰리 커크는 MAGA 독트린을 미국의 미래를 구할 유일한 이념이라고 주장한다. 찰리 커크는 MAGA를 미국적 전통에로의 회기, 혹은 미국의 회복이라고 본다. 미국의 전통적 가치란 자유시장(Free Market), 헌법적 민주주의, 그리고 미국적 예외주의(American Exceptionalism)이다.[29]

미국은 세계 역사상 최초로 왕이 없는 나라로 출범했고, 평민이 통치하는 나라, 민주주의의 나라, 자유의 나라로 건설되었다. 지금 미국적 가치들이 대단히 많이 훼손된 상태다.

커크는 자유주의 시장 덕택에 지난 200년간 세계는 빈곤에서 탈피할 수 있었고 수 많은 사람들이 교육을 받게 되었고 민주주의 국가에서 살 수 있게 되었다고 말한다. 모두가 다 맞는 사실들이다. MAGA 운동의 기본 원칙이 자유시장 경제의 충실한 이행인 이유가 여기 있다.

미국 정치사의 이단아인 트럼프를 적극 지지하는 커크는 트럼프는 미국의 쇠퇴를 막을 수 있는 인물이며 미국은 미국 제일주의를 통해 다시 위대해질 수 있다고 본다. 또한 커크 역시 끊임없는 전쟁을 종식시키는 것이 이 시대의 주요한 과업이라고 말한다.

미국의 경제를 다시 활성화시키는 것, 그리고 미국이라는 나라는 위대한 역사를 가지고 있다는 자부심을 다시 찾아오는 것, 미국의 정의를 되찾는 것 등을 MAGA의 기본이라고 설명한다.

트럼프는 마가의 행동강령을 충실히 이행하고 있다

1기 재임시보다 훨씬 막강한 상태로 백악관에 되돌아온 트럼프의 정책들은 모두가 문자 그대로 MAGA 원칙에 입각하고 있다. 미국의 중산층과 하층 계급을 살리고 심각하게 병든 미국의 기득권 세력과 그들이 만들어 놓은 구조들과 문화를 파괴하는 것이 트럼프의 일이다.

2기 임기가 시작된 지 1년 정도 지난 시점이지만 트럼프의 MAGA 정책들은 궤도에 올랐다. 미국 시민들 다수가 트럼프의 MAGA 운동을 지지하며 트럼프의 국가 개혁, 트럼프의 외교정책에 지지를 보내고 있다.[30]

미국의 동맹국인 대한민국은 트럼프의 '미국을 다시 위대하게' 독트린의 주요 표적이 시진핑의 중국몽(中國夢)이라는 사실에 유념, MAGA 독트린을 대한민국의 국가 대전략 목표인 통일을 달성하는 절호의 기회가 될 수 있도록 잘 활용해야 할 것이다.

제3장

미국의 대통령 선거제도

2024년 대선에서 트럼프가 세운 진기록(珍記錄)들

2024년 11월 5일 치러진 미국의 대선에서 도널드 트럼프(Donald J. Trump)가 압도적인 승리를 거두고 당선되었다. 2016년 11월 8일 치러진 선거에서 당선되어 미국 제45대 대통령으로 2017년 1월 20일부터 2021년 1월 20일까지 4년 동안 재임했던 트럼프 대통령이 4년 만에 다시 미국 대통령으로 당선된 것이다. 미국 역사상 재선에 실패했던 현직 대통령이 세 번째 대선에 도전해서 당선된 사례가 한 번 더 있다. 22대 글로버 클리블랜드(Glover Cleveland) 대통령이 23대 벤자민 해리슨(Benjamin Harrison)에게 패배, 현직에서 물러난 후 4년 만에 다시 정권을 탈환, 24대 대통령으로 봉직한 적이 있었다. 트럼프는 클리블랜드 대통령에 이어 미국 역사상 두 번째로 2대의 임기(45대, 47대)를 차지한 대통령이 되었다.

미국 헌법상[31] 대통령에는 두 번 당선될 수 있기 때문에 트럼프 대통령은 2028년 대선에는 출마할 수 없다. 이미 2016년과 2024년에 당선되었기 때문이다.

미국 대통령의 대수 계산 방식이 특이하다. 한 대통령이 두 번 연속 당선되어 8년간 재임할 경우 그 대통령은 1대를 역임한 것으로 간주한다. 4년 재임한 후 다시 도전하지 않은 경우도 1대로 간주한다. 예로서 지미 카터 대통령 혹은 레이건 후임 부시 대통령은 4년의 단임 임기를 마치고 물러났지만 각각 미국의 39대, 41대 대통령으로 기록된다. 트럼프는 45대 대통령으로 4년간 재임한 후 낙선, 단임 대통령이 되었고 46대 대통령으로 조 바이든이 봉직했다. 트럼프는 2024년 다시 출마, 당선됨으로써 미국의 제47대 대통령이 되었다.

상상이지만 만약 2024년 선거에서 카멀라 해리스가 당선되었다면 카멀라 해리스가 47대 대통령으로 기록되었을 것이다. 2024년에 낙선되었다 치고 만약 트럼프가 2028년 선거에 출마 당선된다면 트럼프는 미국의 제48대 대통령으로 기록될 것이다.

2024년의 대선에서 트럼프는 선거인단 숫자는 물론, 전 국민 득표수에서도 민주당의 카멀라 해리스(Kamala Harris) 현직 부통령을 압도했고 상원과 하원 그리고 주지사 선거에서도 모두 공화당이 승리하는 기록을 세웠다.[32] 공화당 대통령이 전 국민 투표수(popular vote)에서 민주당 후보를 제압한 것은 2004년 부시(George W. Bush, 43대)가 민주당의 존 케리(John Kerry) 후보에게 승리한 후 20년 만의 일이었다. 미국의 대통령은 건국시부터 선거인단에서 승리한 사람이 대통령에 될 수 있도록 규정되었기 때문에 전국민 득표수가 적었지만 대통령에 당선된 사례들이 자주 있다. 2000년, 2016년 공화당의 부시, 트럼프 후보는 민주당 후보들인 앨 고어(Al Gore), 힐러리 클린턴(Hilary Clinton)보다 전국민 득표수는 적었지만 선거인단을 더 많이 확보, 대통령에 당선되었다.

2024년 선거에서는 민주당이 승리를 거둔 주들에서도 트럼프와 공화당의 약진 현상이 뚜렷하게 나타났다. 미국 50개 주 전체에서, 단 한 주의 예외도 없이 트럼프와 공화당에 대한 지지율이 증가된 것이다. 미국의 정치 지형이 트럼프 효과로 인해 전반적으로 보수화의 방향으로 진전하고 있음을 보였다.

트럼프 대통령은 2025년 1월 20일 취임한 후부터 4년 임기를 채운 후 2028년 대선에 다시 출마할 수 없고 2029년 1월 20일 미국 제48대 대통령에게 권력을 이양하고 야인으로 돌아가야만 한다.[33] 미국 초대 대통령인 조지 워싱턴(George Washington)은 2차에 걸쳐 8년 재임하는 불문율의 전통을 세우기는 했지만 미국 대통령의 2번 임기는 1951년까지는 법적인 강제성이 있는 것은 아니었다. 실제로 루스벨트(Franklin D. Roosevelt) 대통령은 1932년, 1936년, 1940년, 그리고 1944년의 선거 등 4번 연속 당선되는 기록을 세운 바 있었다.

미국의 대통령 선거인단(Electoral College) 제도

미국의 대통령 선거제도는 외국인들은 물론 미국인들이 보기에도 간단하지 않다. 미국 헌법은 매 4년마다 11월의 첫째 월요일 다음의 화요일에 대통령 선거를 시행한다고 명기하고 있다. 이 같은 규정을 따르면 미국 대통령 선거는 4년마다 11월 2일부터 8일 사이에 치러진다. 첫 번째 월요일은 11월 1일부터 7일 사이 중 하루가 될 것이 분명하기 때문이다.

미국 대통령은 대한민국과 달리 국민 전체가 투표해서 한 표라도 더 득표한 후보가 당선되도록 되어 있지 않다. 미국의 대선은 미국의 각주마다 따로 투표하며 자기주에서 더 많은 득표를 한 후보에게 자기주에 할당된 선거인단 숫자만큼의 표, 즉 선거인단을 제공한다.

각주가 보유한 선거인단의 숫자는 모든 주에 동일하게 할당된 상원의원 2명 더하기 인구비례로 정해지는 각주의 하원의원 숫자를 합한 것과 같다. 2024년 선거에서 캘리포니아주는 상원의원 2명, 하원의원 52명으로 총 54표의 선거인단 수를 보유하고 있었다. 텍사스주는 상원의원 2명 더하기 하원의원 28명으로 총 30표의 선거인단을 보유하고 있다.

선거인단의 숫자 변화는 인구 변동에 따라 각 주가 워싱턴 DC로 보내는 연방 하원의 의석수가 변하기 때문이다. 예로서 레이건 대통령이 두 번째 당선되던 1984년 대선 당시 뉴욕주는 36표, 캘리포니아 47표, 텍사스 29표 등이었지만 40년 만에 치러진 2024년 대선 당시 뉴욕주는 28표, 캘리포니아주 54표, 텍사스주 30표 등으로 선거인단 숫자에 상당한 변화가 있었다.

최근 인구가 빠른 속도로 늘어나고 있는 텍사스주와 플로리다주가 미국 대선에서 차지하는 비중은 선거인단 숫자의 증가와 함께 더욱 커질 것으로 예상된다.

미국의 중부, 동북부에 있는 주들 중에는 인구가 아주 적거나 혹은 영토의 규모가 아주 작은 주들이 있다. 미국에서 인구가 가장 적은 주는 와이오밍주인데 2025년 기준 587,618명에 불과했다. 인구밀도도 2.28명/km²로 매우 낮다. 반면 미국에서 인구가 제일 많은 주는 캘리포니아주로서 2025년 기준 39,663,800명에 이른다. 같은 미국의 1개 주라 할지라도 와이오밍주의 인구는 캘리포니아주 인구의 1.5%에도 미달한다. 즉 캘리포니아의 인구는 와이오밍 인구의 67.5배에 이른다. 재미있는 사실은 와이오밍주처럼 인구가 척박한 주라도 상원의원의 숫자는 캘리포니아주와 마찬가지로 2명이라는 점, 그리고 하원의원은 상원의원의 숫자보다 적은 단 1명이라는 점이다. 그래서 인구가 아주 적은 주들은 하원 한 명, 상원 두 명 즉 3명의 선거인단을 가지고 있는데 현재 와이오밍, 버몬트, 델라웨어주 등이 3명의 선거인단을 가지고 있다.

워싱턴 DC는 특별히 3명의 선거인단을 보유하고 있지만 50개 주(州)와 같은 법적 지위를 보유한 것은 아니다. 미국의 선거인단 총수는 상원의원 100명, 하원의원 435명, 워싱턴 DC 3명 등 총 538명이며 선거인단 숫자의 절반을 초과하는 270명 혹은 그 이상을 확보한 후보가 대통령으로 당선된다.

미국의 대통령 선거를 이해하기 위해서 반드시 알아야 두어야 할 사항 중의 하나는 미국 대통령의 당락을 결정하는 요인이 미국 전체 국민의 득표수(popular vote)가 아니라는 것이다. 2016년 트럼프 대통령은 전 국민 득표수에서는 힐러리 클린턴보다 적었지만 선거인단 득표수에서는 306:232로 압도하여 승리를 거두었다. 트럼프는 미국민 62,985,106명(45.9%)의 지지를 받았고 힐러리 클린턴은 65,853,625명(48.0%)의 지지를 받았었다. 어떻게 이런 일이 있을 수 있는지를 의아해하는 사람들이 많이 있다.

실제로 미국의 역사와 정치를 잘 모르는 미국 국민들, 특히 대중적인 표를 더 많이 획득하고도 선거인단 득표에서 패배하여 대통령에 낙선하는 경우가 왕왕 있는 민주당 사람들은 미국의 선거제도가 잘못되었다며 불만을 터뜨린다. 2000년의 부시 대통령, 2016년의 트럼프 대통령 당선은 전 국민 득표수에서 밀렸지만 선거인단 득표수에서 승리했기 때문에 대통령이 될 수 있었던 불완전한, 그리고 정통성이 결여된 대통령인 것처럼 말하는 사람들도 있다. 실제로 총득표수에 이기고 선거인단 숫자에서 패배함으로써 낙선한 경우가 미국 대통령 역사상 5번이나 있었다. 그러나 그렇기 때문에 미국의 대통령 선거제도가 잘못된 제도라고 말하는 것은 그 같은 제도를 창출하게 된 미국 정치사와 연방국가로서의 미국 건국의 본질을 오해한 데서 유래하는 말이다

미국은 문자 그대로 United States, 즉 합중국(合衆國)이다. 50개의 국가(state)들이 합쳐져 한 나라를 이루고 있는 연방국가(Federal)인 것이다. 미국의 대통령은 50개 전체를 대표하는 직책이다. 각각의 주들은 자신이 원하는 사람을 미국의 대통령으로 투표하는 것이다.

예를 들어 보자. 2024년도 대통령 선거에서 애리조나주 주민들은 트럼프에게도 투표하고 해리스에게도 투표했다. 결과를 보니 투표한 사람들 중 52.2% 즉 1,770,242명이 트럼프에게 표를 던졌고 카멀라 해리스에게 투표한 애리조나 주민들은 투표한 주민의 47.7%인 1,582,860명이었다. 즉 애리조나 주민은 미국의 연방 대통령으로 트럼프를 택한 것이다. 애리조나주의 선거인단이 11명 이어서 트럼프는 11표의 선거인단을 애리조나에서 확보한 것이다.

반면 투표에 참여한 콜로라도 주민들 중 54.1%인 1,728,159명이 해리스에게 투표했다. 콜로라도 주민들 중 트럼프에게 투표한 사람은 투표 참석자의 43.2%인 1,377,441명이었다. 즉 콜로라도 주민들은 미국의 대통령으로 카멀라 해리스를 택한 것이고 카멀라 해리스는 콜로라도주에 할당된 10표의 선거인단을 확보한 것이다.

설명을 위해 위에서 예로 삼은 애리조나와 콜로라도 두 개 주의 득표 현황을 비교해 보자. 아래의 표는 두 개 주에서 트럼프와 헤리스의 득표 상황을 보여준다. 두 개 주는 모두 미국의 남서부에 위치한 주로서 미국 내에서 차지하는 정치 경제적 비중이 비슷한 주들이다. 애리조나와 콜로라도는 각각 미국 대통령 선거 선거인단 11명과 10명을 가지고 있어 대

통령 선거에서 미치는 영향력도 비슷하다.

애리조나와 콜로라도주의 대선 결과

주명	트럼프 득표	해리스 득표	선거인단 숫자	승자
Arizona	1,770,242	1,582,860	11 석	트럼프
Colorado	1,377,441	1,728,159	10 석	해리스
2 개주 총득표수	3,148,683	3,311,019		

애리조나와 콜로라도주에서 트럼프와 해리스는 각각 승리를 거두었고 그 결과 트럼프는 선거인단 11석, 헤리스는 선거인단 10석을 확보했다. 그런데 두 주에서 트럼프가 얻은 총득표수는 3,148,683표였고 해리스가 두 주에서 얻은 표는 3,311,019표였다. 즉 해리스는 두 주를 합치면 트럼프보다 162,336표를 더 얻은 것이다. 그러나 선거인단 수에서는 트럼프는 11표, 해리스는 10표를 얻은 결과가 나타났다. 그렇다면 이 같은 선거제도는 잘못된 것인가? 그렇지 않다. 선거인단 제도가 택해지게 된 대단히 합리적인 역사적 근거가 있기 때문이다.

선거인단(Electoral College) 제도의 기원

미국은 현재 50개 주로 이루어진 인구 3억 3,500만(2023년 현재 기준), GDP 29조 1,677억 7,900만 달러(IMF, 추정 2024년)로서 세계 제1의 강대국이지만 미국의 시작은 보잘 것 없었다. 2024년 미국의 GDP는 세계 전체 GDP 100조 471억 900만 달러의 29%에 이르는 나라이지만 미국은 건국 당시 약소국에 불과한 나라였다.[34]

선거인단 제도는 초기 미국의 13개 주 모두가 미국의 헌법에 조인하도록 하는 타협의 결과 만들어진 것이었다. 사실 미국의 헌법은 세계

정치사에 나타난 초유의 혁명적인 조치로서 인류 역사상 처음으로 왕이 없는 나라, 인류 역사상 최초의 진정한 민주공화국을 건설하는 토대가 된 문건이었다. 미국의 헌법과 미국의 탄생은 이해관계가 저마다 다른 13개의 주들이 서로 타협하지 않는 한 불가능한 일이었다. 규모가 큰 주도 있었고 규모가 작은 주도 있었다. 노예제도를 유지하고 있는 주(slaveholder states)도 있었고 그렇지 않은 주(free states)들도 있었다.

이처럼 이해가 다른 주들은 자신들이 미국이라는 새로이 건설되는 연방공화국에 가입하게 될 경우 얻게 될 이익과 잃게 될 손실이 무엇인지를 따져 보지 않을 수 없었다. 작은 주들은 미합중국에 편입될 경우, 큰 주들에 비해 연방 내에서 상대적으로 약한 지위를 갖는 것을 원치 않았을 것이다. 물론 큰 주들은 연방 내에서 작은 주들보다 우월한 지위를 확보하고자 했을 것이다. 13개 주 모두를 연방에 포함시키기 위한 타협안이 나왔다. 선거인단 제도는 연방이 성립되는 과정에서 택해진 타협의 산물이었다.[35]

큰 주는 당연히 인구비례에 의거 하나의 의회를 건설하기 원했고, 작은 주는 연방 의회에서 동등한 대표권을 달라고 요구했다. 타협안이 나왔다. 타협안이 없었다면 헌법회의는 와해 될 것이었다. 헌법회의가 와해되는 것을 막기 위해 미국 건국의 아버지들은 대타협안을 도출해 내었다. 코네티컷주의 로저 셔먼(Roger Sherman)과 올리버 엘스워스(Oliver Ellsworth)가 타협안을 제안했다.[36]

이들의 제안은 인구가 많은 주인 버지니아(Virginia)와 인구가 적은 주인 뉴저지(New Jersey)의 제안을 합쳐서 만든 것이었다. 타협안의 골자는 의회를 두 개 만들자는 것이었다, 즉 상원(Senate)과 하원(House)을 만들자는 것이었다. 각각의 주들이 차지하게 될 연방 하원의원의 숫자는 인구

비례로 결정하기로 했다. 즉 인구가 많은 주는 더 많은 수의 하원의원, 인구가 적은 주는 더 적은 하원의원 의석을 가지게 될 것이었다.

두 번째 국회인 상원(Senate)은 인구 숫자와 관계없이 모든 주가 2명씩 의원을 보유한다. 처음에 상원의원은 각 주의 의회에서 뽑았지만 1913년 17차 헌법 수정 이후 상원의원들도 각주 주민들의 직접 선거를 통해 선출하게 되었다.

당시 이루어진 대타협이 오늘날 미국의 상하 양원제도를 수립하게 된 기본이 되었고 오늘 날 대통령 선거를 결정하는 선거인단의 근간이 되었다. 1787년 7월 23일 여러 가지 난관 끝에 합의가 이루어졌던 결과다.

이 같은 상하원 숫자에 근거, 각주의 선거인단 숫자가 만들어지게 되었다. 2024년의 대선에서 인구가 제일 많고, 하원의원 숫자도 제일 많은 캘리포니아주는 하원의원 숫자 52명, 상원의원 숫자 2명을 합친 54명의 대통령 선거인단을 보유하고 있다. 인구가 두 번째로 많은 텍사스주는 하원의원 38명, 상원의원 2명을 합쳐 40명의 선거인단을 갖고 있다.

미국 전체의 선거인단 숫자는 하원의원 전체 숫자인 435명에 상원의원 100명을 합친 후 워싱턴 DC에 특별히 할당된 3명을 더해 총 538명이다. 미국의 대선후보들 중 538명 선거인단의 절반인 269명보다 1명 많은 270석을 확보한 사람이 대통령에 당선되는 것이다. 대통령 선거가 있는 해 12월의 두 번째 수요일 다음의 화요일(2024년의 경우 12월 17일) 각 후보가 확보한 선거인단이 모여 투표를 하고 대통령 선거가 있던 다음 해 1월 6일 의회에서 선거인단 득표수가 최종 계수되어 대통령 당선이 확정된다.

이처럼 미국 건국의 아버지들이 타협의 산물로 만들어 놓은 제도에 불만을 표시하는 주장들이 나오고 있음이 현실이지만 미국이 연방국가라는 특성상 이같은 제도가 바뀌기는 힘들다. 미국 대통령은 미국을 구성하는 각각의 주에 의해 선출되는 것이지 국가 전체를 하나의 단위로 하는 미국 국민이 선출하는 것은 아니기 때문이다. 좀 더 현실적으로 말하자면 미국의 대통령은 미국의 전체 국민을 대표하는 인물이기보다는 미국합중국을 구성하는 50개 주를 대표하는 인물인 것이다.

앞에서 애리조나주와 콜로라도주의 예를 들었지만 더욱 심각한 경우를 예로 들어보자. 미국 최대의 인구를 가진 캘리포니아주는 2024년 대선에서 54명의 선거인단을 가지고 있었다. 미국에서 인구가 가장 적은 주인 와이오밍주는 주 전체 하원의원이 1명이고 상원의원이 2명으로 2024년 대통령 선거에서 총 3명의 선거인단을 가지고 있었다. 캘리포니아주는 2020년 인구 조사 당시 3,924만 명이었고 와이오밍주는 58만 명이었다. 즉 캘리포니아주는 와이오밍주보다 인구가 67.8배에 이르는 상황인 것이다. 그런데 대통령 선거에서 차지하는 영향력은 캘리포니아가 와이오밍의 18배에 불과하다(선거인단 숫자 54:3=18:1). 인구수가 아주 적은 주들 12개 주의 선거인단 숫자를 모두 다 합치면 캘리포니아와 같은 숫자의 선거인단을 확보할 수 있는데 인구수가 적은 주 12곳의 인구를 전부 합쳐도 캘리포니아 인구의 60% 정도에 불과하다.

이 같은 이유 때문에 전국 득표수에서는 소수를 획득했을지라도 선거인단을 많이 확보한 후보들이 당선된 경우가 미국 선거 사상 5회나 가능했던 것이다. 특히 민주 공화 양당제도가 확립된 1860년대 이후 그 같은 경우가 4번 있었는데 4번 모두 소수 득표자가 공화당 후보[37]였다는 점에서 민주당은 선거제도를 바꿔야 한다며 불만을 터뜨린다.

그러나 전체 득표수로 대통령 선거인단 제도를 대체하자는 주장은 미국 건국 당시 작은 주들이 연방에 합류하도록 한 타협의 정신을 위배하는 것이며 만약 인구가 많은 민주당 성향의 주들이 선거인단 제도를 폐지하겠다고 한다면 인구가 비교적 적은 공화당 성향의 주들은 연방에서 탈퇴하겠다고 위협할 수도 있을 것이다. 이는 사실상 불가능한 상황이다.

그러나 2024년 대통령 선거에서 트럼프 대통령은 선거인단 숫자는 물론 전체 득표수에서도 카멀라 해리스의 민주당을 압도 함으로써 선거인단 제도의 불합리성 논쟁을 당분간이나마 잠재울 수 있게 되었다.

이처럼 미국은 각 주별로 약간씩 상이한 선거제도를 가지고 있는데 이는 미국의 각 주들은 본질적으로 독립적으로 존재하는 정치조직이며 합중국의 일원이기는 하지만 각주들이 궁극적으로 본질적인 권력을 소유한다는 원칙 때문이라고 말할 수 있다.

한국 전문가들 중에 미국 대선 선거인단 제도를 '승자독식'의 원칙이란 말로 표현하는 경우가 있는데 이렇게 말하는 것은 어폐가 있다. 우리나라 대선에서 단 한 표라도 득표수가 많은 사람들이 승자가 되는 것은 당연하다. 이것을 승자독식이라고 말하지 않는다. 마찬가지로 미국의 각 주들은 자신이 원하는 대통령을 선출하는 것이며 한 표라도 더 많은 표를 얻은 후보를 대통령으로 선출한다. 2024년 대선에서 캘리포니아주는 카멀라 해리스를 대통령으로 선출했고 텍사스주는 트럼프를 대통령으로 선출했다. 트럼프를 선출한 주의 선거인단 숫자와 해리스를 대통령으로 선출한 주의 선거인단 총수를 계산, 트럼프가 최종 승자로 결정된 것이다.

물론 미국의 주들 중에서 득표 비례에 의거 후보에게 선거인단 표를 배분해 주는 경우도 있다. 2024년 선거에서 네브래스카주는 총 5표의 선거인단을 가지고 있었는데 상원 2명을 반영하는 2표는 전체 승자인 트럼프에게, 네브래스카주에 할당된 하원 3지역 중 트럼프가 승리한 2지역의 2표는 트럼프에게, 해리스가 승리한 하원구역 1구역의 표는 해리스에게 배분했다. 즉 네브래스카주는 4표를 트럼프에게 1표를 해리스에게 배분했다.

선거인단을 배분하는 또 다른 주인 미국 동북단의 메인주는 총 4표의 선거인단을 보유하고 있는데 상원 2명을 대표하는 2명의 선거인단은 주 전체 승자인 카멀라 해리스에게 주어졌고, 2개 하원 선거구 중 트럼프가 승리한 지역 1지역의 표 1석은 트럼프에게로, 헤리스가 승리한 1곳의 선거인단은 해리스에게 주어졌다. 메인주는 트럼프 1표, 해리스 3표로 선거인단을 배분했다.

프라이머리와 코커스(Primary and Caucus)

미국의 대통령 선거는 거의 1년 이상 각주별로 복잡한 과정을 거쳐서 실행된다. 선거가 있는 해 1월 중순 미국 아이오와주에서 아이오와 코커스(Iowa Caucus)라는 행사가 열리고 며칠 있다가 뉴햄프셔 프라이머리(New Hampshire Primary)라는 행사가 열린다. 미국의 각 주들이 프라이머리, 코커스 등 약간씩 상이한 방식으로 자기 당의 대통령 후보를 선출하는 과정이 복잡하기도 하고 재미있기도 하다. 선거의 해가 되면 미국 시민들은 자기가 지지하는 정당의 후보가 누가 될지를 결정하는 선거의 해 초반부터 중반 이전에 치러지는 각주별 선거를 지켜보면서 마치 운동 경기를 즐기듯이 손에 땀을 쥐곤 한다.

코커스는 위원회라고 번역되며 프라이머리는 문자 그대로 예비선거라고 번역되지만 결국 두 가지 형식 모두 각 당의 대통령 후보를 결정하는 예비선거이다. 예비선거를 통해 선정된 각 당의 후보는 선거가 있는 해의 여름에 행해지는 각 당의 전당 대회에서 공식 후보로 지명되며 11월 초에 있게 되는 본선을 위해 열띤 선거운동을 벌인다.

전당대회는 항상 민주당, 공화당의 경합주의 도시들에서 열리는데 각 당은 전당대회를 마치 크고 즐거운 파티처럼 각색해서 미국 국민들을 열광시킨다. 50개 주에서 온 각 정당을 대표하는 전국의 대의원들은 대규모 체육관을 가득 채울 정도로 수천 명 이상 모이는데 전당대회가 있는 동안은 흥분의 도가니가 된다. 각주를 대표하는 대표들은 자신들 주에서 열린 선거 결과를 발표하고 마지막 날 저녁은 후보로 지명된 후보가 화려한 동시에 장황한 연설을 함으로써 예비선거는 막을 내리고 치열한 본선이 시작된다. 각당은 예외 없이 자기 당의 후보를 소개할 때 "다음번 미국 대통령 누구누구를 소개합니다!"라고 말한다. 이미 당선된 것처럼 말하며 분위기를 한껏 띄우는 것이다.

대부분 미국의 주들은 대선이 있기 전 6~9개월 전에 예비선거를 실시한다. 예비선거시 주민들은 자신이 원하는 후보에게 비밀 투표를 한다. 예비선거를 치른 각주는 선거결과를 발표하고 어떤 후보가 몇 표를 얻었는지를 발표한다.

상대적으로 적은 수의 주가 코커스(위원회) 제도를 택하고 있다. 코커스는 각 정당들이 운영하는 모임으로써 군, 지방, 관할 선거구(precinct) 레벨에서 열린다. 어떤 위원회는 후보를 비밀 투표로 정하기도 하고, 또 다른 경우 같은 후보를 지지하는 사람들끼리 나뉘어서 토론을 벌이기도 한다. 아직 지지 후보가 결정되지 않은 사람들은 자기들끼리 모임을 따로 구성하기도 한다. 이 같은 위원회를 거친 후에 어떤 후보가 몇 표를 얻었는지를 발표한다.

주별로 혹은 정당별로 예비선거와 위원회는 공개적(open)이기도 하고 비밀(closed)이기도 하다. 두 가지 방식이 적절하게 섞인 혼합(hybrid) 형식도 있다. 공개적인 예비선거 혹은 위원회의 경우 주민들은 사전에 정당별로 등록할 필요가 없이 자유롭게 투표에 참여할 수 있다. 비밀 혹은 폐쇄된 위원회 혹은 예비선거를 채택한 주일 경우 특정 정당에 투표하겠다고 사전 등록한 주민만이 투표에 참여할 수 있다.

두 가지가 혼합되어 Semi-Open, Semi-Closed 위원회와 혹은 예비선거를 택한 주들도 있는데 모든 주는 자기만의 고유한 방식으로 예비선거 혹은 위원회를 운영한다. 결국 두 가지 제도는 전당대회에 참석한 대의원을 결정하는 것이다. 대의원을 가장 많이 획득한 후보가 자기 정당의 공식적인 대선후보가 되는 것이다. 주로 열성 당원, 지도자급 당원들이 대의원으로 선출된다.

다시 정리한다면 프라이머리(Primary)는 일반 유권자가 투표소에서 비밀 투표로 후보를 선택하는 방식이고, 코커스(Caucus)는 당원들이 모여 공개 토론과 투표를 통해 후보를 결정하는 방식이다. 미국 대통령 선거는 각 정당의 후보를 결정하는 경선(primary election) 과정을 거치며, 이때 주마다 프라이머리 또는 코커스 중 하나를 채택하는데. 두 방식은 운영 주체, 참여 방식, 투표 절차 등에서 차이가 있다.

프라이머리의 운영 주체는 주 정부의 선거관리위원회이며 투표 방식은 일반적인 선거처럼 비밀 투표로 진행된다. 대부분의 경우 등록된 유권자(정당별로 제한 가능)들이 투표에 참가하며 자기 당이 아닌 정당의 후보에게도 투표할 수 있다. 2024년 예비선거 과정에서 트럼프와 경쟁한 니키 헤일리는 민주당 주민들이 자신에게 표를 던질 것을 기대했었다. 뉴욕, 캘리포니아 등 대부분의 주가 프라이머리 방식을 택하고 있다.

　코커스(Caucus)의 운영 주체는 각 주의 정당 조직이며 투표 방식은 공개 토론 후 지지 후보를 향해 모이거나 손을 들어 투표한다. 참여 대상은 해당 정당의 등록된 당원으로 제한된다. 당원 간 활발한 토론이 가능하다는 장점이 있지만 절차가 복잡하고 참여율이 낮다는 단점이 있다. 아이오와(Iowa), 네바다(Nevada) 등 소수의 주가 택하고 있지만 아이오와 코커스는 대통령 선거가 있는 해에서 제일 먼저 열리는 예비선거라는 점에서 유명하며 후보 선정의 정치적 풍향계 역할을 한다. 아이오와 코커스는 미국 대선의 시작을 알리는 상징적인 이벤트로 유명하다.

제4장

트럼프가 치른 세 번의 대통령 선거: 첫 번째 2016 미국 대선

트럼프의 대선 도전

많은 사람들이 그 모습을 보고 어이없어했음에도 불구하고 트럼프는 2015년 6월 16일 뉴욕 맨해튼에 자리하고 있는 자신의 호화로운 빌딩 트럼프 타워(Trump Tower)에서 2016년 공화당 대선후보 경선 전에 출마할 것임을 공식적으로 선언했다. 그는 트럼프 타워의 호화로운 금장 에스컬레이터를 타고 내려와 출마 선언을 하는 모습을 연출, 마치 영화의 한 장면과 같은 극적인 분위기를 미국 국민들에게 보여주었다. 그날 트럼프의 모습은 차후 트럼프의 등록 상표가 되었다. 1946년 6월 14일 출생한 트럼프가 69세 생일을 맞이한 후 이틀째 되는 날 일어난 일이었다.

트럼프의 대선 도전은 미국의 주류 사회로부터 조롱거리가 되었지만 그는 출마 선언 이후 몇 달도 지나지 않은 시점에서 자신이 대통령에 출마하게 된 이유와 자신이 대통령이 될 경우 시행할 정책들을 알기 쉽게 정리한 책을 출간했다. 책 제목은 《불구가 된 미국》이며 부제는 '미국을 어떻게 다시 위대하게 만들 것인가'[38]로 되어 있었다. 초판의 겉표지에는 트럼프 자신의 눈을 찡그리며 인상을 쓰는 불쾌한 모습의 얼굴 사진이 들어 있는데 트럼프는 자신은 웃는 모습의 좋은 사진들도 많이 있지만 당시의 미국의 제반 상황들이 도무지 웃는 모습을 하고 있을 수 없는 상황이기에 표지 사진으로 우울한 모습의 찡그린 사진을 사용할 수밖에 없었다고 설명했다. 트럼프는 책의 표지 사진을 선정하는 일조차 세심하게 고려하며 선거운동을 벌이는 귀재(鬼才)의 모습을 보여주었다.

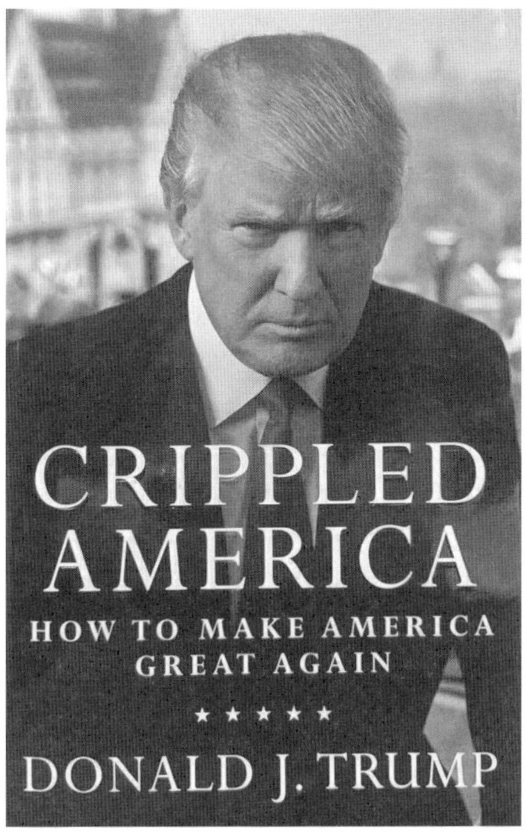

2015년 1월 1일 출간된 책으로 트럼프 당시 후보가 대통령이 된다면 미국 을 어떻게 이끌어 갈 것인가에 대한 정책들 이 잘 정리되어 있다. Simon & Schuster 출판사, January 1, 2015.

2016년 당시 미국의 공화당 대선 후보는 트럼프 포함 17명이나 되었지만 '정책 공약집'에 해당하는 대중적인 책을 출간한 사람은 트럼프 외에는 없었다. 물론 각 후보들은 자신의 이미지를 선전하는 자서전 혹은 전기(傳記)적인 책들을 출간하기는 했다.

트럼프는 대선 출마를 공식적으로 선언하기 4년 전인 2011년 자신의 대통령 출마를 암시하는 책을 간행했었는데 책의 제목은 Time to Get Tough, 즉 미국이 터프(tough)해 져야 할 때'였고 부제는 '미국을 다시 1등으로 만들기'[39]였었다. 미국의 정치 지도자들이 유약해서, 혹은 겁쟁이라서 중국에게 미국의 우월한 지위를 빼앗기고 있다며 미국의 최근 지도자들을 비난하는 이 책에서 트럼프는 놀랍게도 '중국은 미국의 적(China is Our Enemy)'[40]이라고 말하고 있었다.

당시 오바마 대통령이 중국의 비위를 상하게 하지 않기 위해 중국을 기껏해야 그것도 마지못해 '전략적 경쟁자(Strategic Competitor)' 정도로 표현하고 있을 때 트럼프는 노골적으로 거리낌 없이 중국을 적(敵)이라고 표현했던 것이다, 대통령에 당선된 이후에도 중국에 대한 적대적인 발언을 멈추지 않았다. 2011년 간행된 Time To Get Tough는 미국을 위대하게 만들자(MAGA, Make America Great Again)라는 트럼프 독트린의 지적(知的) 기원이라고 평가되고 있는 책이다.

트럼프는 이처럼 미국 역대 대통령들의 정책들을 비판하고 자신의 정책 대안을 제시한 책들을 출간함으로써 미국 대통령에 출마하겠다는 준비 작업을 오랫동안 치밀하게 진행해 왔던 인물이었다.

우리나라에서 트럼프가 최초로 미국 대통령이 될 수도 있는 인물로 소개된 것이 언제인지는 불확실하지만 1988년 5월 15일자 한겨레 신문 창간호에 트럼프가 1987년 생애 최초의 저서로 출간했고, 1987년 후반기 미국의 독서계를 휩쓸었던 논픽션 부분 베스트 셀러였던 Art of the Deal(거래의 기술) 한국판 책 광고가 실렸었다. 흑백으로 된 상당히 큰 광고에 쓰여진 글자들이 재미있다. 젊은 시절의 트럼프 사진이 함께 들어 있는 이 광고는 트럼프를 미국 재계의 새 희망이며 아이아코카(Lido Anthony Iacocca)[41]를 능가하는 42세의 사업 천재라고 말한 후 '미국의 대통령감으로 지목받는 트럼프'라고 묘사하고 있었다. 트럼프가 이 광고를 보지는 않았겠지만 실제로 이 광고가 게재된 후 28년 만에 트럼프는 진짜 미국 대통령에 당선되었다.

1988년 5월 15일, 한겨레 신문에 실렸던 트럼프의 거래의기술 광고. "아이아코카의 명성을 앞지르는 42세의 사업천재, 미국의 대통령감으로 지목 받는, 도널드 트럼프!" 출간이래 현재까지 뉴욕 타임즈 18주 연속 베스트셀러 1위. Trump는 70세 때인 2017.1.20. 45대 대통령에 취임

　　우리 나라에서는 이 광고가 있은 후에도 미국의 정치에서 차지하는 트럼프의 존재가 그다지 널리 알려지지는 못했지만 미국 사회 내에서 잠

재적인 대통령감으로 트럼프가 차지했던 정치적 입지는 미국 대통령이 되기 위한 전 단계라고 말해도 될 주지사, 혹은 상원의원을 역임한 인물들을 능가했다.

미국의 주류언론들과 정통파임을 자랑하는 미국의 지식인들이 트럼프를 어디서 굴러온 돌이냐며 어리둥절했을지는 모르지만 트럼프는 오랫동안 미국 대통령의 꿈을 꾸고 있었던 인물이었다. 그리고 트럼프는 자신의 꿈을 놀라운 방식으로 실현했던 것이다.

2016년 공화당 대선후보 경선 과정: 16명의 정상적 인물과 한 명의 악동(惡童)

트럼프는 정치 신인이었지만 트럼프가 상대해야 할 공화당의 경선 후보 16명은 문자 그대로 알아주는 일류급 정치가들이었다. 공화당 경선 출마 선언을 했던 사람들 17명 중에서 5명은 예비선거가 시작되기 이전에 후보직에서 사퇴했는데 그들의 면면도 쟁쟁했다. 조지 파타키(George Pataki) 뉴욕주 주지사, 린지 그레이엄(Lindsay Graham) 사우스캐롤라이나 상원의원, 바비 진달(Bobby Jindal) 루이지애나 주지사, 스콧 워커(Scott Walker) 위스콘신 주지사, 릭 페리(Rick Perry) 텍사스 주지사 등이 예비선거 시작 전 사퇴한 인물들이었다.

경선 후보들은 경선을 포기할 때 자신이 지원하는 후보를 발표했는데 이들 5명의 후보들 중 트럼프를 지지한다는 후보는 단 한 명도 없었다. 이들은 경선을 포기하면서 플로리다 연방 상원의원 마르코 루비오(Marco Rubio), 텍사스주 연방 상원의원 테드 쿠르즈(Ted Cruz), 그리고 플로리다 주지사를 역임한 젭 부시(Jeb Bush) 등을 지지했다.

본선에서 트럼프와 경합을 벌인 공화당 후보들은 테드 쿠르즈(Ted Cruz) 상원의원, 마르코 루비오(Marco Rubio) 상원의원, 존 케이식(John Kasich) 오하이오 주지사, 유명한 흑인 의사 밴 카슨(Ben Carson), 아칸소 주지사를 역임한 존경 받는 목사인 마이크 허커비(Mike Huckabee), 의사이기도 했던 랜드 폴(Rand Paul) 켄터키주 연방 상원의원 등이다.

유일한 여성 후보였던 칼린 피오리나(Carly Fiorina)는 트럼프, 벤 칼슨과 더불어 직업 정치인이 아닌 후보였고 유명한 전자 회사 휴렛팩커드(HP) 사장 출신의 경영인이었다. 크리스 크리스티(Chris Christie)는 뉴저지 주지사로 이름이 널리 알려진 정치인이었고, 짐 길모어 (Jim Gilmore)는 버지니아 주지사였다. 릭 샌터롬(Rick Santorum)은 펜실베이니아 상원의원이었다. 이처럼 트럼프가 상대해야 할 공화당 후보들 중 만만한 사람은 아무도 없었다. 그래서 미국의 평론가들 중 그 누구도 트럼프가 공화당의 후보가 될 것이라고는 상상조차 하지 않았다.

17명의 공화당 경선 후보들 중에서 가장 막강한 후보라고 인식되었던 인물은 41대 부시(George Herbert Walker Bush) 대통령의 아들이며 43대 부시(George W. Bush) 대통령의 친동생인 젭 부시(Jeb Bush)였다. 대부분 평론가들은 젭 부시가 2016년 미국 공화당의 후보가 될 것이라고 예상했었다. 그럼에도 불구하고 경선 시작 불과 4개월여가 지난 2016년 5월 공화당의 후보가 될 가능성이 가장 높은 사람은 도널드 트럼프였고 민주당의 압도적인 대선후보는 힐러리 클린턴으로 사실상 결정되었다.

저자는 2016년 미국 대선의 예비선거 과정을 과거 어떤 미국 대선보다 흥미진진하게 지켜보았다. 트럼프라는 미국의 정계에서는 상상 불가의 인물이 나타나서 미국의 정치판을 들었다 놓았다 하며 엉망으로 만들어 놓았고, 수많은 점잖은 정치가들이 쩔쩔매며 나가떨어져 버리는 모습은 어느 코미디 쇼보다도 더 재미있었기 때문이었다.

공화당의 대통령 후보가 무려 17명이나 되었다는 사실, 전혀 예상을 뒤엎는 결과가 속출했다는 사실, 그리고 민주당이든 공화당이든 소위 주류라고 불리는 후보들이 탈락하거나 예상치 못했던 고전(苦戰)을 치르고 있다는 사실들은 정상적인 미국정치 분석가 누구라도 도무지 예상할 수 없었던 놀라운 일들의 연속이었다. 미국정치에 이변(異變)이 일어난 것이다. 그리고 2016년 미국 대선을 이변으로 만들었던 장본인은 부동산 재벌 출신 트럼프였다. 그는 스스로 주연 배우가 되었고 미국의 언론들은 그에게 초점을 맞추지 않을 수 없었다. 언론인들은 트럼프를 우습게 보았지만 오히려 언론들이 트럼프의 전략에 걸려들었다.

미국의 주류임을 자부하는 미국 언론과 미국 지식인들, 미국 정치가들, 그리고 이들의 견해를 무비판적으로 추종하는 미국 시민들은 어이가 없었다. 그들은 애초 트럼프를 농담의 대상으로 취급했다. 너무 근엄하면 재미가 없을 터인데 트럼프 같은 "또라이(freak)"가 나와 줘서 정치판을 재미있게 만들고 있다며 웃었다.

2015년 5월 20일 상대적이나마 다른 언론보다는 보수적인 폭스 뉴스(Fox News) 방송이 트럼프의 출마를 알리는 인터뷰를 했다. 앵커우먼 메긴 켈리(Megyn Kelly)가 진행한 방송에서 메긴 켈리는 트럼프의 출마를 하나의 재미있는 장난 혹은 쇼로 취급했다. 트럼프의 출마를 알리는 방송에서 폭스 뉴스는 미국 공화당원 655명을 상대로 행해진 여론 조사 결과를 배경 화면으로 제시했다. 여론 조사의 설문은 "이 사람(트럼프)을 진정한 대통령 후보로 생각하십니까?"였다. 여론조사 결과는 '심각하게 고려하고 있다'가 9%, '고려할 수도 있다' 26%, '결코 아니다' 62%, '잘 모르겠다'가 3%였다. 트럼프를 심각한(serious) 후보라고 생각하느냐고 묻는 설문 자체가 트럼프를 농담거리로 취급하는 것이었다. 공화당 후보가 되기까지 1년 동안 트럼프의 모습은 미국 공화당 주류가 보기에도 그야말로 '웃기는' 존재였을 뿐이다. 트럼프가 좌충우돌하며 공화당 후보 자리를 거머쥐는 과정이 2016년 미국의 정치드라마였다.

트럼프가 공화당 대선 경선에서 결정적 승기를 잡은 계기는 폭스 뉴스(Fox TV)가 주관하는 공화당 후보들 간의 첫 번째 토론회가 열린 2015년 8월 6일이었다. 토론회 사회를 담당한 앵커는 트럼프의 대선 출마 선언 당시 인터뷰를 진행했던 바로 메긴 켈리였다. 공격적이며, 싸늘하고, 도도한 외모를 가진 메건 켈리는 토론회에서 트럼프를 무시하고 모욕하는 질문을 쏘아 대었다. 켈리는 트럼프가 과거 여성들에 대해 언급했던 상스러운 비하 발언들을 들춰내며 공격했다.

분노한 트럼프는 '정상적인 정치가'라면 도무지 할 수 없는 말로 켈리의 질문을 되받아쳤다. "당신(메긴 켈리)의 눈에는 핏물이 고여 있어! 당신(켈리)이 몸 다른 데서도 피를 흘리고 있는 중인지는 잘 모르겠지만…" 소위 "정상적인" 정치가가 트럼프처럼 대꾸했다면 아마 그는 그날로 정치 생명을 접어야 했을 것이다. 수백만 명 이상이 청취하는 공중파 방송에서 날카로운 질문을 쏘아대는 여성 앵커에게 '네 눈에서는 피눈물이 나고 있어… 네 몸 다른 곳에서도 피를 흘리고 있는지는(생리중인지는) 잘 모르겠지만…' 이라는 무지막지한 말을 해댈 수 있는 정치가는 세상에 트럼프 외에는 없을 것이다.

놀라운 일이 벌어졌다. 트럼프의 인기가 하늘로 치솟았다. 8년 후인 2024년 대선 과정에서도 놀라운 일이 벌어졌다. 폭스 뉴스를 떠나 개인 방송[42]을 운용하는 메긴 켈리가 적극적인 트럼프 지지자로 변해 있었던 것이다.

힐러리를 여론 조사에서 거의 앞서지 못한 트럼프

　세월이 지나 우리들은 2016년의 승자가 트럼프였다는 사실을 다 알고 있지만 2016년 트럼프의 승리를 예언한 사람은 거의 없었다. 각종 여론 조사들은 힐러리 클린턴의 승리를 확신케 했고 성급한 잡지사 중에는 힐러리의 당선을 예측, 특집호 표지에 힐러리 클린턴 사진을 게재하고 마담 프레지던트(Madame President)라는 글자까지 인쇄했다가 거두어들인 경우도 있었다.[43] 이 같은 오보 특집호 주간지는 호사가들이 수집하는 잡지(collectible)가 되기도 했다.[44]

2016년 11월 8일 미국 대선에서 힐러리 클린턴의 당선을 확신한 Newsweek지는 Madame President라는 특집호를 간행했다. 이 잡지는 거두어 들여졌지만 호사가들의 수집품이 되어 비싼 값에 팔리고 있다.

2024년 경우에도 마찬가지였지만 미국의 주류언론들은 2016년 대선 당시 중립적인 보도자의 역할을 담당하지 않았다. 그들은 오히려 좌파 민주당의 선전원 역할을 했다고 말해야 할 정도로 민주당을 편파적으로 응원했다.

한국인들이 미국 최고의 뉴스 TV라고 알고 있는 CNN은 너무나도 클린턴에게 유리한 편파적인 방송을 해대었다는 의미에서 미국 공화당 사람들은 CNN을 Clinton News Network이라고 불렀다. 미국 지식인들 중에는 CNN이 너무나도 좌파적이라는 의미에서 Communist News Network이라고 부르는 사람들도 있었다.

2016년 대통령 선거 직전 미국 여론 조사 기관 중 정확하기로 정평을 자랑한다는 Five Thirty Eight는 2016년도 대통령 선거 당일인 11월 8일 발표한 자료에서 힐러리 클린턴 당선 확률은 71.4%, 트럼프 당선 확률은 28.6%라고 발표했다.[45] 뉴욕 타임즈도 선거 당일 힐러리 당선 확률 85%, 트럼프 당선 확률 15%라고 보도했다.[46] 주류언론 중에서는 그래도 중립적이라 평가되던 10월 4일자 월 스트리트 저널(Wall Street Journal)은 힐러리 클린턴이 여론조사에서 트럼프를 14% 앞서고 있다고 보도했다. 중립적이라고 알려진 월 스트리트 저널조차 62:38 정도로 힐러리 클린턴에게 유리한 기사를 많이 게재하였다.

주간지인 Time은 선거 일주일 앞두고 간행된 잡지 표지에서 트럼프가 완전히 폭망(Total Meltdown)했다는 투의 그림을 게재하며 트럼프를 모욕했다. 이처럼 거의 모든 여론 조사들은 클린턴이 승리할 확률을 적어도 70% 이상 최대 99%라고 예측했다.

민주당과 공화당을 번갈아가며 지지하는 주라는 의미에서 스윙 스테이트(Swing State)라고 불리며 그중에서도 특히 격전지인 펜실베이니아, 위

스콘신주에서도 힐러리 클린턴이 승리할 것이라고 예측되었다.[47]

2016.8.22 Time 표지.
트럼프가 2016년 8월 공화당 후보로 확정된 직후 타임지 표지 사진.
트럼프는 언론들과 싸워 이겼다고 말해도 과언이 아니다.

버지니아대학의 정치학 연구센터(Center for Politics) 소장인 래리 사바토 (Larry Sabato)의 유명한 크리스탈 볼(Crystal Ball, 미래를 들여다보는 점치는 사람들의 수정구슬)은 클린턴이 322표, 트럼프가 216표의 선거인단을 획득할 것이라고 예측했었다. 그는 미국 상원 역시 민주당이 장악할 것이라고 예측했다.[48] 당시 미국의 신문사 중 240곳이 힐러리 클린턴을 지지한다는 사설을 게재했었고 트럼프를 지지한 사설을 게재한 신문사는 단 19곳에

불과했다.[49]

그러나 트럼프는 간발의 차이이기는 했지만 위스콘신과 펜실베이니아주에서 승리, 선거인단 수 306:232로 대승을 거두었다.[50] 총득표수에서는 힐러리 클린턴이 65,853,625표(48.0%), 트럼프는 62,985,106표(45.9%)로 힐러리가 286만 8,519표 앞섰으나 미국 헌법상 총득표수는 그다지 큰 의미를 갖지 못하는 숫자다. 최근 미국 대선에서 민주당 후보들이 전국 득표수에서 앞섰으면서도 선거인단 숫자에서 패배, 낙선한 경우가 있지만 미국의 건국 과정과 미국의 연방제도를 이해하면 선거인단 제도의 합리적인 성격을 알게 될 것이다.[51]

선거비용 측면에서도 힐러리 클린턴은 트럼프를 압도했다. 힐러리는 총 5억 8,100만 달러를 소비한데 반해 트럼프는 자신의 개인 돈 6,600만 달러를 포함 총 3억 4,000만 달러를 소비했다 한다. 트럼프와 힐러리 클린턴의 선거에 동원된 선거운동원의 숫자 역시 힐러리가 5:1로 우세했다.[52] 트럼프는 그만큼 효율적인 선거운동을 벌였던 것이다. 정치가와 기업가의 차이를 분명하게 보여 준 사례다.

2016년 대선: 미국 정치사의 경험에 의거할 때 힐러리 당선은 불가능했다

2016년 대선은 전혀 미국의 주류라고 볼 수 없는 흑인 대통령 오바마(Barak Hussein Obama, 1961.8.4 출생)가 8년의 임기를 마치는 해에 치러지는 선거였다. 오바마는 미국 정치의 극적(劇的)인 실험이었다. 2016년 진행되는 대선에서 오바마와 같은 정당인 민주당 출신이며 게다가 여성이기에 미국 정치의 결정적인 소수파인 힐러리 클린턴(Hilary Rodham Clinton,

1947.10.26 출생)이라는 정치가가 당선된다는 것은 경험적인 측면에서 미국 정치의 대이변(大異變)이 아닐 수 없었다.

미국 대통령 임기가 두 번으로 제한된 1951년 이후[53] 미국 대통령 선거 사상 같은 정당 소속의 후보가 3번 연거푸 당선된 적은 단 한 번밖에 없었다. 2차 대전을 치르면서 4번 연속 대통령 선거에 당선된 프랭클린 루스벨트(Franklin D. Roosevelt. 1882-1945)의 장기 집권 이후, 미국은 1951년 대통령 임기를 두 번으로 제한하는 수정헌법 제22조를 도입하게 된다.

루스벨트 대통령은 1933년 3월 4일부터 1945년 4월 12일 지병으로 서거할 때까지 4번 당선되었으며 12년 1개월 이상 대통령직에 재임했었다. 루스벨트 이전 미국의 대통령들은 모두 최대 8년의 임기를 채우고 물러났었는데 이는 법적인 규정에 의한 것이 아니라 초대 대통령 조지 워싱턴이 두 번의 임기를 마치고 스스로 물러나며 수립한 전통을 따른 것이었다.

미국 의회는 1951년 대통령의 임기를 법적으로 제한하는 법률안을 제정하게 되는데 수정헌법 22조가 그것이다. 수정헌법 제22조는 "No person shall be elected to the office of the President more than twice…" 어떤 사람도 대통령직에 두 번 이상 당선될 수 없다"고 규정하고 있다.

대통령 임기 제한 조항이 헌법에 추가된 이후 같은 정당의 후보가 3번 연거푸 대통령 선거에 당선된 단 한 번의 사례는 공화당 소속 레이건(Ronald Wilson Reagan 1913-2006) 후보가 1980년, 1984년 연속 당선되어 8년간 대통령 임기를 마치는 마지막 해인 1988년에 치러진 대선이었다. 1988년 대통령 선거에서 공화당 후보는 레이건 대통령 임기 8년 내내 부통령을 역임한 부시(George Herbert Walker Bush, 1924-2018)였고 그가

1988년 대선에서 당선됨으로써, 공화당 후보가 연거푸 3번의 대통령 선거에서 당선된 사상 최초의 기록을 세웠었다. 1988년 공화당은 대통령 선거 3연승을 기록했고 한 정당이 백악관을 12년 동안 연속적으로 차지하는 역사상의 대기록을 세웠다.[54]

레이건은 1984년 선거에서 50개 중 49개 주에서 승리, 미국 역사상 최대의 승리를 거두었다. 레이건은 8년 재임 중 소련을 붕괴시키고 냉전을 끝냈다는 찬사를 받았으며, 인기 있는 배우 출신의 미남 대통령이요, 국민과의 소통 능력이 탁월한 대통령이었다. 레이건은 미국 국민들이 여야를 불문하고 정말로 좋아했던 대통령이었다. 레이건과 함께 소련 붕괴 작전을 직접 진행했던 부시 부통령은 냉전을 마무리할 수 있는 적격의 인물이었다.

부시 부통령이 레이건을 이어받아 공화당이 12년 집권하게 된 상황을 터프츠(Tufts) 대학의 국제정치학 교수 팔츠그라프(Robert L. Pflatzgraff)는 '레이건의 세 번째 임기(Reagan's Third Term)'라고 표현했다. 1988년 대선 당시 공산권을 총체적으로 붕괴시키고 있었던 레이건의 인기는 아직도 하늘을 치솟고 있었고, 미국 국민들은 부시(41대) 대통령을 레이건의 세 번째 임기라고 생각하며 투표에 임했다.

저자가 2016년 힐러리 클린턴의 낙선과 트럼프의 당선을 예측하게 한 첫 번째 이유는 우선 오바마가 레이건처럼 인기가 높은 대통령은 아니었다는 사실이었다. 많은 미국 사람들은 흑인을 대통령으로 뽑았다는 사실에 경탄하기도 했고 경악하기도 했었다. 그러나 오바마는 미국 국민들을 열광시키지 못했다. 오바마가 재임하는 동안 미국의 경제는 침체되었고 미국의 국제정치적인 위상은 훼손당했다. 막강한 대제국 미국의 지위가 흔들렸다. 무엇보다도 오바마의 사회 정책과 도덕 정책들은 기독교

도덕주의의 미국, 자유주의적 시장경제를 추종하는 미국 시민들을 의심하게 만들었다. 오바마 재임 중 낙태가 만연했고 성적인 혼란이 야기되었으며 이슬람 세력이 미국 사회를 잠식하게 되었다. 기독교를 신봉하는 보수적인 빵집 주인이 남자 두 사람이 결혼하겠다며 남자 두 사람의 인형을 부착한 결혼 축하 케이크를 만들어 달라는 주문을 거부했다가 엄청난 벌금을 부과받아야만 했던 상황이 오바마 시대의 미국 사회상이었다.

2025년 여름 오바마가 '반역죄'로 기소될 위기에 처하고 있는 동안 미국의 평론가들 중에는 오바마가 능력보다는 피부색 때문에 연임 대통령이 될 수 있었다고 말하는 사람들도 있었다. 실제로 오바마는 재임 기간 중 미국 국민을 열광시키지도 못했고 훌륭한 업적을 내놓은 대통령으로 인식되지도 못했다.

저자는 인기가 그다지 좋지 않은, 게다가 미국 대통령 역사상 예외적인 흑인 대통령이 임기를 마치자마자 곧바로 같은 정당인 민주당 대통령, 그것도 미국 정치사상 또 다른 극단적 예외이며 위험한 실험일 수밖에 없는 여성이 대통령에 당선된다는 것은 대단히 어려운 일이라고 생각했었다. 결코 미국의 주류라고 볼 수 없는 흑인 대통령의 임기가 끝나는 해에 치러지는 대선에서 또 다른 극적인 실험이 성공한다는 것은 사실상 불가능한 일이라고 생각했다. 오바마의 8년은 미국 정치의 새로운 실험이었고 미국적 전통으로부터의 대일탈(大逸脫)이었다. 미국 대통령의 전통은 '백인남성'이 대통령직을 담당하는 것이다. 실제로 2016년 이전까지의 미국 대통령 42명 모두가 백인 남성들이었다. 2025년 현재까지 미국 대통령에 재임한 총 45명 인물 중 44명이 백인 남성이었다.

미국은 다인종 국가이긴 하지만 백인 인구가 70%가 넘는 나라다. 오바마 대통령의 일탈은 미국 정치에 신선함을 불러일으키기는 했지만 그의 대통령직은 성공적이지 못했다. 자신의 후임 대통령을 선출하는 선거에서 오바마는 전통을 어겼다. 부통령 조 바이든(Joe Biden) 대신 자신의 국무장관이었던 힐러리 클린턴이 민주당의 대선 주자가 된 것이다.

힐러리 클린턴이 대선후보가 된 것은 미국 정치사상 두 번의 일탈(逸脫)이 연속적으로 야기된 것이나 마찬가지 일이었다. 미국 정치에서 두 번의 일탈실험이 연달아 성공적으로 발생한다는 것은 극히 어려운 일이라고 생각했다. 미국 사람들이 연거푸 극단적인 정치적인 실험을 할 일은 없으리라 생각했기 때문이다. 미국 국민들이 흑인 대통령이라는 일탈에 이어 또 다른 일탈인 여성 대통령을 선택할지 의심스러운 일이 아닐 수 없었다. 게다가 민주당 후보가 세 번 연거푸 당선될 가능성도 별로 없다고 생각되었다.

힐러리는 여성이기는 했지만 미국 국민들에게 매력(魅力)을 주는 인물은 아니었다. 오히려 비호감도가 아주 높은 권력욕의 화신처럼 비추어졌다. 힐러리 클린턴은 레이건의 부통령이었던 부시처럼 자격과 능력을 겸비한 정치인으로 비추어지지 못했다. 남편인 클린턴 대통령을 사랑하지도 않으면서 자신의 정치적인 출세를 위해 이혼을 하지 않은 채 형식적으로 가정을 유지하고 있는 여인으로 인식되기도 했다.

그 결과 여성이지만 힐러리 클린턴은 미국의 연인(戀人, America's Darling)으로 인식되기는커녕 오히려 비호감의 대상이었다. 2016년 민주당 대선후보를 뽑는 민주당 전당대회가 열리는 필라델피아의 컨벤션 센터 앞 넓은 광장에는 '힐러리를 감옥으로'라는 글자가 새겨진 광고판과 철창 속에 갇혀 있는 모습의 힐러리 클린턴의 큰 그림을 부착한 대형 트럭이 며칠씩 주차하고 있는 모습도 보였다.

저자는 2016년 선거 직전, 워싱턴에서 열린 한미 해군 학술회의에 참석해서 현장의 분위기를 직접 관찰할 수 있었는데[55] 일부 제독급 해군 장교들이 힐러리 클린턴을 지지하는 모습을 보였지만 영관급 장교들은 압도적인 다수가 트럼프를 지지하고 있음을 직접 관찰할 수 있었다. 소령도 한 표, 장군도 한 표라는 민주적 선거제도라는 맥락에서 보았을 때 나는 트럼프의 당선을 더욱 확신하게 되었다. 학술회의에 참가하는 동안, 미국군은 전통적으로 공화당 대통령을 선호한다는 사실도 다시 확인할 수 있었다.

저자는 2016년 한국의 학자 혹은 언론인 등 지식인 중에서는 아마도 거의 유일하게 트럼프가 승리할 것이라고 주장했었던 것 같다. 2016년 선거에 대해 한국의 언론은 물론, 정치학자들 중에도 트럼프의 당선을 이야기하는 사람은 거의 없었지만 미국의 경우 선거 전략가들, 정치학 교수들 그리고 지식인들 사이에서 트럼프의 당선을 점치는 사람들이 소수나마 존재했다. 주류언론에 밀려 큰 영향력을 갖고 있지는 못했지만 나름대로 탄탄한 논리와 사실에 기반, 트럼프의 당선을 점치는 사람들이 존재했던 것이다.

예로서 뉴욕 주립대학교 정치학과에서 미국선거를 전문적으로 연구하는 헬무트 노포스(Helmut Norpoth) 교수는 2016년 10월 22일 행해진 폭스 뉴스와의 인터뷰에서 트럼프가 승리할 확률은 최소 87%라고 주장했던 것이다.[56] 거의 같은 날 한국 언론은 힐러리의 승리 확률이 95%라고 주장했다.[57]

저자는 한국 사회의 분위기가 온통 힐러리 클린턴의 당선을 기정사실처럼 여기는 상황에서 트럼프가 당선될 확률이 높다고 생각하고 그렇게 주장했다. 한국의 정치 사회적 분위기상 트럼프가 당선될 것이라고 주장하는 일은 심리적으로 상당히 부담스런 일이 아닐 수 없었지만 앞에서 논한 바처럼 미국 정치사의 경험에 근거한 학술적인 판단은 저자로 하여금 클린턴의 당선은 어려운 일이라고 생각할 수밖에 없게 하였다.

2016년 여름 미국 경제는 신통치 못했고 특히 초강대국으로서의 미국이 그동안 향유했던 압도적 국제적인 지위도 대폭 하락한 상황이었다. 1990년 소련이 붕괴된 이후 미국은 명실공히 유일 초강대국이었다. 그러나 오바마 재임 시절인 2008년부터 2016년 사이 미국의 세계적 지위는 대폭 약화 되었다.

미국의 실질적인 물질적 국력이 약화 되었다기보다는 오바마로 상징되는 미국의 이미지가 약화 되었다는 의미다. 오바마 시절 미국은 세계 각국으로부터 더 이상 경외와 두려움의 대상이 아니게 되었다. 중국 주석 시진핑(習近平)은 대놓고 오바마에게 중국을 미국과 동등한 대국으로 대우해 달라고 요구했다. 소위 '신형대국관계(新型大國關係)'를 오바마에게 거침없이 주문했던 것이다.

미국인들은 강한 대통령을 좋아한다. 오바마는 '군림'하지 않은 대통령으로 세계 각국의 좌파들로부터 환호를 받았을지 모르나 미국 국민들의 열정적 지지는 받을 수 없었다. 오바마는 세계 각국을 돌아다니면서 사과하기에 바쁜 대통령이라는 비난도 받았다.[58] 트럼프가 2016년 선거유세 중 오바마가 미국 해군을 1차 세계대전 이후 가장 허약한 해군으로 만들었다며 맹비난 했을 정도로 미국의 상대적인 군사력도 쇠퇴하고 있었다.

미국의 경제와 안보 정책 그리고 미국의 국제적인 지위가 신통치 않았다는 점 외에도 오바마의 혁신적인 정책들, 특히 오바마의 사회주의적 정책과 반기독교 정책들은 전통적인 미국인들로부터 의구심의 대상이 되었다. 오바마는 동성결혼을 찬성했고, 동성결혼에 반대하는 미국인들

은 때로 감당하기 어려운 법적 처벌을 감수하기도 했었다.[59]

트럼프는 오바마가 미국에서 태어났는지 여부가 불분명하다고 주장했고 만약 오바마가 미국 태생이 아니라면 오직 미국에서 출생한 사람만이 미국 대통령이 될 수 있다는 헌법에 위반이 될 일이었다. 2024년 대통령직을 탈환한 트럼프는 다시 오바마가 미국 출생인지에 대해 의문을 제기하고 있는 중이다.[60]

세월의 변화와 함께 미국도 많이 변했다고 할지라도 아직 미국은 기독교 보수주의자들이 주류를 이루고 있는 나라다.[61] 미국 국민들이 과연 힐러리 클린턴과 같은 개방적인 여성을 미국의 대통령으로 선출할 준비가 되어 있는지에 대해 저자는 심히 의심하고 있었다.

힐러리 클린턴의 선거를 망친 책 두 권

미국 사람들은 생각보다 독서를 많이 하는 편이다. 대통령 선거가 진행되는 해마다 민주 공화당의 후보를 지지 혹은 헐뜯는 책들이 여러 권 출간되기도 한다. 이런 책들 중에는 한 후보에게 치명타를 가하는 책들도 심심치 않게 존재한다. 2004년 43대 현직 부시(George W. Bush) 대통령과 경쟁했던 민주당의 존 케리(John Kerry) 후보는 자신의 선거운동을 결정적으로 파탄내는 책이 출간되는 바람에 결정적인 피해를 입었었다. 하버드대학 정치학 박사인 제롬 코르시(Jerome Corsi)와 존 오닐이 공저한 *Unfit For Command: Swift Boat Veterans Speak Out Against John Kerry*(통수권자의 자격이 없다: 고속정 동료들이 존 케리를 부정하는 언급들)[62]이라는 책은 대통령 선거전이 한참 절정에 오른 2004년 8월 15일 출간된 책으로서 존 케리의 선거를 망친 책이었다.

존 케리는 예일대학 재학 중 베트남 전쟁에 지원해서 참전했고 장교로서 베트남의 정글에서 전투에 참여했다. 존 케리는 전쟁터에서 3번이나 부상을 당함으로써 본국으로 귀환했던 역전의 용사로 알려졌던 인물이다. 부상당한 장병에게 수여하는 퍼플 하트(Purple Heart) 훈장을 3개나 받았다는 사실은 케리의 자랑이었다.

그런데 베트남 전쟁터에서 생사고락을 같이한 전우들이 케리는 결코 대통령이 될 수 없다, 결코 되면 안 된다라는 증언을 했고, 그러한 증언들을 모은 책이 코르시 박사에 의해 출간되었던 것이다. 스위프트 보트(Swift Boat)란 베트남 전쟁 당시 미국군이 메콩강 수역에서 베트콩들과 전투를 위해 사용했던 고속정을 말한다.

케리의 전우들은 케리가 베트남 전쟁에 참전한 것 자체가 훗날 자신의 정치적인 야망을 위한 것이었다고 말하며 케리는 전쟁터에 타자기를 들고 다니며 자신의 업적을 부풀려 기록했다고 증언한다. 특히 케리의 3번째 부상은 그 진실성이 의심스럽다는 증언은 충격적이다. 오지(奧地)의 전쟁터에서 미군 병사들은 일부러 상대방을 부상시켜주거나 스스로 상처를 만들어서 훈장을 받게 하는 경우도 있다고 하는데 세 번 부상을 당할 경우 그 장교 혹은 병사는 전쟁터로부터 안전한 곳으로 빠져나올 수 있다. 그런 상황에서 케리의 세 번째 부상이 적군에 의한 것이 아닐 수도 있다는 의문이 제기된 것이다.

케리와 함께 베트남 전쟁에 참전했던 동료 장교들은 케리가 상원의원 직책을 수행하는 것까지는 참아 줄 수 있었지만 케리 같은 인간이 대통령이 되는 것, 즉 군 통수권자가 되는 것은 용납할 수 없다고 증언했다. 케리는 미국의 군을 통수하는 사람 즉 대통령이 되기에는 부적격(Unfit for Command) 인물이라는 것이다. 이 책은 2004년 여름 베스트 셀러 목록에 올랐고 케리의 대선 가도에 찬물을 끼얹었던 책이었다.

이와 유사한 일이 힐러리 클린턴에게도 일어났다. 그렇지 않아도 미국 국민들에게 비호감의 측면이 더 강하게 부각되었던 힐러리 클린턴은 이 책들의 출간으로 인해 대선 가도에 적지 않는 부정적 타격을 받았다.

먼저 힐러리 클린턴의 인간성에 치명타를 가한 책을 살펴보자. 2016년 6월 28일 출간된 *Crisis of Character*(성품의 위기)라는 책인데 백악관의 비밀 경호원 출신인 게리 버니(Gary J. Byrne)가 쓴 책이다. 저자는 클린턴 대통령 재임 시 백악관에 근무하며 대통령의 침실 경호를 담당하기도 했던 인물로서 클린턴 대통령과 영부인인 힐러리의 관계가 얼마나 나쁜 관계인지를 폭로하고 있다. 일반인들은 도저히 상상할 수 없을 정도로 대통령과 부인의 관계가 정상적인 부부관계는 아니라는 사실을 노골적으로 까밝힌 책이다.

이 책의 제1장 제목이 꽃병(Vase)인데 저자 버니는 1995년 늦여름 대통령의 침실에서 일어났던 일을 상세히 기술하고 있다. 저자는 그날 백악관 대통령 집무실 바로 앞에서 보초를 서는 역할을 맡았다. 비밀 경호원이 위치하는 E-6 지점이라고 한다. 그날 밤 버니를 비롯, 백악관에서 근무하는 비밀경호 요원, 정복을 입고 근무하는 비밀 요원들은 물론 백악관에서 청소 등 잡일을 하는 모든 사람들이 힐러리 클린턴과 대통령인 빌 클린턴이 큰소리로 상대방을 욕하며 부부 싸움을 벌이는 소리를 들었다.

특히 힐러리의 앙칼진 목소리는 복도에서도 다 들을 수 있었다. 그러나 요원들은 움직이지 못하고 자리를 지킬 수밖에 없었다. 부부 싸움의 언쟁이 갑자기 쿵 소리와 함께 끝났다. 비밀요원들은 이 같은 상황에서 무슨 일이 일어났었는지를 알아내야 하고 그 원인을 찾아야 한다. 부부 싸움이 벌어진 다음 날 아침 청소부가 방 한켠에 놓여 있던 꽃병이 산산 조각 깨져 있었다는 사실을 발견했다.

대통령의 출근 시간은 들쭉날쭉했는데 다음 날 아침 9시경 출근한 빌 클린턴의 얼굴을 본 저자는 깜짝 놀랐다. 빌 클린턴의 한쪽 눈이 검은색 으로 부어올라 있었던 것이다. 저자는 자신의 눈을 의심했다고 했다. 버 니는 비밀경호원으로 하루 24시간 내내 대통령을 경호하는 임무를 담당 하는 요원이었지만, 그리고 자신은 대통령에게 특별히 충성을 바쳤지만 그날 자신은 임무를 다하지 못했다는 사실에 괴로워했다고 기술했다.

버니는 다음과 같은 생각을 하며 고뇌했다. 만약 힐러리 클린턴이 대 통령의 얼굴을 강력하게 후려친다면 어떤 일이 일어날까? 혹은 힐러리 가 집어던진 꽃병이 표적(대통령의 얼굴)에 정확히 맞았다면 어떤 일이 일어 났을까? 만약 빌 클린턴 대통령이 조리대의 귀퉁이에 머리를 부딪힌다 면 어떤 일이 일어날까? 이같은 상황이 진짜 벌어질 경우 비밀 경호원으 로서 그의 인생은 아무것도 하지 못한 물거품으로 끝나지 않을까?

저자는 대통령의 퉁퉁 부은 검은 눈을 보며 있을 수 없는 일, 결코 일 어나면 안 될 일이라고 생각했다. 대통령을 경호하는 일을 믿을 수 없는 영광스런 일로 생각하며 자부심을 가졌던 버니는 자신이 지키고 있어도 대통령의 신체에 위해(危害)가 가해질 수 있다는 사실에 좌절했다.

이상의 이야기는 대통령의 비밀 경호원이 자신이 지키는 대통령이 부 인에게도 살해당할 수도 있다는 현실에 좌절하고 있는 모습을 그의 진술 에 근거 요약한 것이다.[63]

나는 이 책을 읽고 힐러리 클린턴의 인간성에 대해 경악하지 않을 수 없었고 그런 인물이 대통령, 그것도 세계 최강 국가의 대통령이 될 경우 어떤 일이 일어날지를 생각하며 으스스한 기분을 느꼈다. 힐러리 클린턴의 비인간적인 모습을 적나라하게 묘사하고 있는 이 책을 읽은 그 누구라도 힐러리에 대해 환멸을 느끼지 않을 수 없을 정도로 험악한 내용들이 가득 찬 책이었다. 외국인인 나도 그렇게 생각했는데 자신의 대통령을 뽑아야 하는 미국 사람들이 이 책을 읽고 어떻게 생각했을지는 자명하다. 아무튼 이 책은 힐러리를 비호감 인물로 만드는데 그리고 힐러리를 낙선시키는데 일정한 기여를 했을 것이다.

아마도 힐러리 클린턴에게 더욱 치명적인 책은 클린턴 가문의 절친으로 무명의 빌 클린턴 아칸소 주지사를 대통령에 당선시키는 데 혁혁한 공을 세웠던 딕 모리스(Dick Morris)가 간행한 책일 것이다. 딕 모리스는 클린턴을 당선시킨 후 클린턴의 백악관에서 참모로 일했던 선거 전략가이다. 차후 공화당을 지지하며 트럼프 대통령의 복귀를 일찌감치 예언하기도 했던[64] 모리스는 2016년 6월 28일 힐러리 클린턴의 대선 가도에 정말 큰 찬물을 끼얹는 《아메겟돈: 트럼프는 어떻게 힐러리 클린턴을 격파할수 있는가》[65]라는 책을 출간한다.

당시 베스트 셀러의 반열에 올랐던 이 책을 읽은 저자는 힐러리 클린턴이 대통령에 당선될 수 없을 것이라는 확신은 물론 힐러리 클린턴 같은 사람이 미국의 대통령이 되어서도 안 될 것이라는 생각을 강하게 가지게 되었다.

딕 모리스는 240쪽 정도 되는 이 책의 약 1/3을 할애해서 힐러리 클린턴이 대통령이 되면 안 될 이유 12가지를 나열하고 있다. 간단히 요약하면 다음과 같다. 첫째, 힐러리는 국무장관 재임 시절 벵가지에서 발생한 테러 사건에 제대로 대처하지 못함으로써 군통수권자로서의 자질이 부족하다는 사실을 증명했다. 둘째 힐러리는 강박적, 병적인 성격을 가진 상습적인 거짓말쟁이로서 미국 국민들에게 진리를 말한다고 믿을 수 없는 인간이다.

셋째, 힐러리가 대통령이 되면 미국은 전쟁에 빠져들게 될 것이다. 넷째, 힐러리와 무슬림 형제단은 완전한 한 몸이다. 다섯째, 힐러리는 이랬다, 저랬다가 너무나 심한 인물이다. 여섯째, 힐러리는 언제나 부패한 인물로 항상 스캔들에 빠져 있다. 일곱째, 힐러리는 과도할 정도로 비밀에 집착하며 피해망상적이다. 여덟째, 힐러리는 미국 국민들이 어떻게 살고 있는지에 대해 아무런 감조차 잡지 못하고 있다.

아홉째, 힐러리는 미국이 당면한 가장 큰 문제인 경제를 모른다-중요한 것은 경제야 이 멍청한 사람아(It's Economy Stupid!)라는 구호로 당선되었던 남편 빌 클린턴과 대조적이다. 열째, 힐러리는 소수의 금융 귀족(Gurus)에 의해 조종당한다. 열한 번째, 그녀는 완고하며 고집불통이다. 열두 번째, 힐러리는 족벌주의자로서 그녀가 당선되면 클린턴 가문이 다해 처먹을 것이다.[66]

이처럼 힐러리가 대통령이 되면 안 되는 이유를 열거한 딕 모리스는 책의 나머지 부분에서 선거 전략가로서 어떻게 힐러리를 패배시킬 수 있느냐에 관한 자세한 방안들을 제시한다. 클린턴을 대통령으로 만든 공신 중의 하나로 클린턴 가문과 절친이었던 모리스는 힐러리의 대선 가도를 망치는 폭탄 같은 책을 출간한 것이다. 현재 딕 모리스는 대표적인 트럼프 지지자로 변신, 미국의 보수주의 진영에서 유명한 논평가로 활약하고 있다.

제5장

트럼프가 치른 세 번의 대선: 두 번째 2020 미국 대선

45대 대통령 트럼프 1기(2017.1.20-2021.1.20): 초보 대통령

미국 대통령들은 항상 재선을 염두에 두고 첫 번째 임기를 보낸다. 트럼프 역시 2017년 당선된 이후 4년 동안 2020년 선거에 당선되기 위해 노력했다. 그러나 트럼프는 2020년 11월 3일 대선에서 승리하지 못했다.[67] 2024년 11월 5일, 4년을 재야에서 지낸 후 다시 선거에 승리, 2025년 1월 20일 취임한 이후 트럼프의 행보를 보았을 때 우리는 트럼프의 행동이 첫 번째 임기와는 너무나도 다르다는 사실을 쉽게 발견할 수 있다. 물론 첫 번째 4년 동안 트럼프는 대통령으로서는 초보가 아닐 수 없었다.

정치적 경험이 없었고 정치적인 인맥도 없었기에 트럼프는 훗날 배반자가 된 사람들을 대거 내각 및 백악관의 보좌관으로 활용했었다. 트럼프의 장관들과 백악관의 보좌관들은 트럼프를 초보 취급하며 경멸하고 무시했다. 그들은 트럼프를 마치 어린애라고 말하면서 자신들을 트럼프 행정부의 어른들이라고 부르기도 했다. 트럼프를 무시하며 자신들을 어른들이라고 자부했던 이들 중에는 해병대 대장 출신으로 국방장관을 역임한 제임스 매트리스(James Mattis), CIA, 국방과 국무장관을 역임했던 마이크 폼페오(Mike Pompeo), 국가안보 보좌관을 역임한 존 볼튼(John Bolton), 트럼프 1기 UN 대사를 역임한 니키 헤일리(Nikki Haley) 등이 있다.

2024년 47대 대통령으로 당선된 트럼프는 아예 마이크 폼페오, 존 볼튼 등의 이름을 거명하며 그들은 결코 트럼프 2기 내각에서 함께 일하게 되지 않을 것이라고 공개적으로 말했다. 2024년 대선에서 트럼프와 경합하며 얄미운 짓을 했던 니키 헤일리 역시 트럼프 2기에서 함께 할 인물의 반열에서 탈락했다. 트럼프의 1기가 트럼프의 강력한 성격에도 불구하고 정책적으로 뚜렷한 성취를 이룩하지 못한 이유는 트럼프가 선택한 장관과 보좌관들이 트럼프와 호흡을 잘 맞추지 못했다는 사실에서 기인한다. 1기 재임 중 정치적으로 초보인 트럼프는 워싱턴에서 뼈가 굵은 노련한 정치적인 인물들을 상대하며 리더십의 한계를 느꼈고 배신의 아픔도 많이 느꼈다. 워싱턴의 전문 정치인들은 트럼프를 업신여겼고 배반했다.

그럼에도 불구하고 트럼프 대통령은 미국인들에게 선호가 너무나 뚜렷한 인물로서 호오(好惡)가 극단적으로 갈리는 분열적인 대통령이기는 했지만 경제적인 측면에서는 결코 실패한 대통령이라고 말할 수는 없었다. 미국의 보통 사람들은 트럼프 1기 재임 시 경제적으로 행복했다. 물가가 내려갔고 주가가 올랐다. 특히 미국 사람들이 직접 피부로 느끼는 물가인 휘발유 가격이 내려갔다. 트럼프가 낙마한 후 바이든 시절 미국 국민들은 거의 두 배에 달하는 휘발유 가격을 지불하며 살아야 했다.

트럼프 1기 임기 후반 코로나 팬데믹의 여파로 세계 경제와 함께 미국 경제도 침체되기는 했지만 미국 국민들이 대통령을 바꾸겠다고 결심할 정도로 심각한 것은 아니었고 또한 코로나 팬데믹으로 인한 손실은 트럼프가 전적으로 책임질 일도 아니었다.

미국의 민주당 편파적인 언론은 트럼프-펜스 공화당 대통령 및 부통령 팀이 민주당의 정부통령 후보인 바이든-해리스에 비해 열세인 것처럼 발표했지만 2020년 대선에서 트럼프가 당선될 확률은 2016년 트럼프가 당선될 때보다 훨씬 높았다. 현직 대통령의 이점도 있었고 미국의 선거 역사를 보면 정상적으로 4년의 임기를 마친 현직 대통령이 재선 도전에서 낙선된 적은 거의 없었다. 1945년 이후 현직 대통령 중에서 4년 단임으로 낙선된 경우는 1980년 선거에서 낙선한 지미 카터(Jimmy Carter)가 유일한 사례였다. 41대 조지 H. W.부시가 1992년 선거에서 낙선했지만 당시는 공화당이 이미 12년 동안 백악관을 차지하고 있었던 예외적인 상황이었다.

애리조나 민주당 유세가 있던 같은 날 공화당 유세장

2016년에도 그러했지만 2020년 당시는 2016년보다 모든 지표에서 트럼프가 당선될 확률이 높다고 생각했다. 우선 우리가 눈으로 관측할 수 있는 부분에서도 트럼프와 바이든은 상대가 되지 못했다. 트럼프는 코로나 바이러스가 창궐하던 기간이었음에도 불구하고 유세장마다 인산인해의 지지자들로 넘쳐났다. 반면 바이든과 해리스의 선거운동은 그야말로 볼품없었다. 코비드 19가 창궐하던 시절이었다고 해도 불과 수백 명에도 미치지 못하는 극소수의 지지자들만이 바이든의 유세장에 모습을 보였을 뿐이었다.

텅텅 빈 바이든-해리스 후보의 유세장 2020년 가을

2020년 미국 대선: 트럼프의 승리를 예측했던 근거들

저자는 2020년 미국 대선 당시 역시 트럼프가 당선될 것이라고 확신했었다. 그래서 2020년 선거기간 중 저자가 했던 미국 대선 관련 모든 강연들에서 항상 트럼프가 당선될 것이라고 강의했다. 물론 같은 논조의 글도 썼고 신문 인터뷰[68]도 했었다. 그러나 바이든이 당선되었고 트럼프는 낙선했다. 2021년 1월 20일 미국 제46대 대통령으로 취임한 조 바이

든이 2025년 1월 20일까지 4년간 미국 대통령으로 재임했다는 것이 역사의 사실이다.

우선 왜 저자는 2020년 미국 대선에서 트럼프의 승리를 예상했었는지에 대한 학술적 설명이 필요할 것 같다. 저자는 지금 다시 2020년의 상황이 된다 해도 트럼프가 당선될 것이라고 말할 것이다. 왜냐하면 미국 대선에 관한 여러 가지 정치학적 이론과 통계적인 기준들을 고려할 경우 트럼프가 당선될 것이 분명했었기 때문이다.

물론 대부분의 주류 언론들은 2020년에도 2016년과 마찬가지로 민주당 후보를 적극 지지했다. 주류 언론들은 대통령 선거를 객관적인 입장에서 보도한 것이 아니라 민주당 후보 바이든을 위해 선거운동을 벌였다. 월스트리트 저널은 2020 대통령 선거를 불과 2주 정도 앞둔 2020년 10월 20일 자 사설에서 '트럼프가 당선될 확률은 같은 장소에 번개가 두 번 내리칠 확률과 같다'고 조롱했다. 월스트리트라는 유명한 정론지의 사설에서 그런 투로 한 후보 그것도 현직인 대통령을 조롱할 수는 없는 일이었다.

놀라운 일이 벌어졌다. 월스트리트 저널의 사설이 나간지 이틀 후 같은 장소에 세 개의 번개가 내리쳤다. 시카고 다운타운에 있는 트럼프 국제호텔 타워(Trump International Hotel Tower)에서 일어난 일이다. 미국에서 7번째로 높은 고층 건물이자 21세기 초반 10년 동안 건설된 건물 중 최고 높이를 자랑한다는 트럼프 호텔은 높이가 423m에 이른다.[69] 바로 그 호텔에 3개의 번개가 내리쳤던 것이다.

물론 2020년 선거에서 미국의 공신력 있는 여론조사 기관들 모두가 편파적이지는 않았다. 선거를 약 1주일 앞두었던 10월 28일 라스무센 리포트는 트럼프가 바이든을 48:47로 앞서고 있다는 최종 여론 조사 결

과를 발표했다.[70] 라스무센 리포트는 플로리다(49:47)와 노스캐롤라이나
(48:47) 등 접전지에서 트럼프의 승리가 확실하다고 예상했다. 여러 전문
가들에 의해 2020년 대선은 플로리다주와 노스캐롤라이나주에서 승리
하는 후보가 확실하게 당선될 것이라고 예상되었던 선거였다.

월 스트리트 저널이 사설에서 트럼프가 당선 될 확률은 같은 장소에 번개가 두 번 내리칠 확률과 같
다고 조롱했다. 그리고 나서 이틀 후 같은 장소에 세개의 번개가 내리쳤다. Chicago에 있는 Trump
International Hotel에 말이다. 2020.10.22.

같은 무렵 중립적이던 폭스 뉴스(Fox News)는 미국 국민들이 바이든의 부패 상황을 인지하고 있다고 발표했는데 바이든은 36년 동안 미국 델라웨어주의 상원의원을 연임하며 수많은 부정부패 사건에 연루되어 있다는 의혹을 받고 있었다. 바이든은 미국의 딥스테이트(Deep State, 정치적 기득권 세력)를 상징하는 인물이었다. 트럼프는 억만장자임에도 불구하고 미국의 보통 시민들 특히 세계화로 인한 공장 폐쇄 때문에 직업을 잃게 된 수많은 러스트 벨트(Rust Belt) 지역의 노동자들을 대표하는 후보였다. 트럼프는 정치적인 부정부패의 의혹에서 바이든에 비해 훨씬 깨끗한 인물이었다.[71]

선거 직전 바이든의 아들 헌터 바이든(Hunter Biden)의 부정부패 사건 역시 2020년 대선의 중요한 이슈가 되었다. 헌터 바이든은 부통령이던 아버지의 후광을 입어 국제적인 이권에 개입했고, 우크라이나, 중국, 대만 등으로부터도 아버지의 권력을 이용한 부정 축재를 감행했다. 바이든은 아들의 마약 흡입 등 음란한 행동 등으로 인해 많은 보통 미국 시민들로부터 비난을 받고 있던 상황이었다.

미국의 언론기관들은 선거가 임박한 무렵 자신들이 지지하는 후보를 공개적으로 발표하는 전통이 있다. 압도적으로 민주당 주인 워싱턴주의 신문사 스포케인 리뷰(Spokane Review)지는 '트럼프는 하자가 많지만 그가 두 번째 임기를 담당할 자격이 없는 것은 아니다'라고 말하며 '트럼프가 바이든 보다는 국가를 더 잘 운영할 것이기 때문에 동 신문사는 트럼프를 지지한다고 발표했다.' 압도적으로 민주당이 지배하는 주의 신문사 중 하나가 트럼프에게 투표할 것을 권유하고 있었던 것이다.

보스턴 헤럴드(Boston Herald) 같은 전통적으로 민주당 지지 신문도 트럼프를 지지했다. 트럼프의 경제 정책에 대해 우호적이었기 때문이었다.

이처럼 민주당을 지지하는 주의 민주당 편파적이었던 언론사들이 트럼프를 지지했다는 사실도 트럼프의 당선을 확실히 믿을 수 있게 해 주는 미국 정치의 예외적인 현상이었다.

트럼프는 우선 최근 다른 어떤 대통령보다 미국의 경제를 살린 대통령이었다. 미국 대통령 선거의 결과를 결정하는 가장 중요한 변수는 전통적으로 경제, 특히 일반 시민들이 직접 피부로 느끼는 소위 장바구니 경제이기 때문에 트럼프가 재선될 수 있다고 보는 것은 당연한 예측이었다.

조선일보 송의달 기자와의 대담에서 저자가 트럼프가 당선될 가능성이 높은 이유로 제시했던 이유들은 다음과 같다. 우선 맞상대인 민주당의 바이든 후보가 너무 약체라고 보았다. 4년 전 힐러리는 예비 후보 시절부터 압도적 1위의 민주당 후보였다. 그러나 바이든은 사회주의자를 자처하는 버몬트(Vermont)주 샌더스(Bernie Sanders) 상원의원에게도 뒤지다가 간신히 민주당 후보가 되었던 약체의 인물이었다.

바이든은 민주당 당내 신뢰도와 지지 기반이 힐러리보다 못한데다 고령(高齡)인 점도 부담이었다. 그가 대통령이 될 경우 재임 기간 중 만 80세가 넘는다. 바이든에겐 기억력 상실증, 치매 같은 건강 문제도 있었다.

저자는 또한 2020년 9~10월 있을 세 차례 TV 토론이 바이든에게 치명타가 될 수 있다고 보았다. 그의 단점이 트럼프의 강점과 분명하게 대비될 것이기 때문이다. 바이든은 언변이 너무나도 어눌한 데 반해 트럼프는 미국 대통령 중 가장 달변가라고 말해도 될 정도로 말을 잘하는 사람이었다. 웅변이나 연설을 잘하지 못하는 정치가가 성공할 확률은 별로 없다. 특히 상대방과 뚜렷하게 대비되는 경우 그렇다. 바이든은 유세 기간 중 그의 정신 건강상태를 의심케하는 수많은 말실수들을 저질렀었다. "저는 180년 전에 미국 상원의원을 역임했고 10년 동안 부통령직에 있었습니다"라고 말하는 것을 듣고 보았던 미국 시민의 38%가 바이든의 치매를 의심했을 정도다.[72] 선거 직전인 10월 26일 바이든은 CNN과의 인터뷰에서 트럼프를 조지(George)라고 말하기도 했다.

미국 유권자들은 강력하고 건강한 대통령을 원한다. 바이든은 세계 최고의 강대국 미국을 대표하기에는 너무나도 유약한 인물이었다. 이미지와 실체 모두 허약한 인물이었다. 실제로 바이든은 대통령 재임기간 내내 질병과 허약함에 시달렸다.

마지막으로 트럼프는 '현직 프리미엄'을 활용해 '사건'을 만들어서라도 지지율을 높일 수 있는 위치에 있었다. 현직 대통령이 재선 선거에서 진 적이 별로 없었다. 미국 역사상 그런 경우가 4번 있기는 했지만 20세기가 시작된 1900년 이후 단 두 번(현직인 카터 대통령이 레이건에게 패배한 1980년과 현직인 부시 대통령이 클린턴에게 패한 1992년)일 정도로 현직 대통령이 재선될 확률이 높았다.[73]

2020 트럼프 승리의 '빼박' 증거 몇 가지

대선에 실패한 현직 대통령은 대체적으로 재임 당시의 경제상황이 아주 나빴다는 특징을 갖는다. 트럼프 1기 당시 미국의 경제 상황이 좋았다는 사실은 트럼프가 재선될 것이라고 볼 수밖에 없는 결정적 요인이었다. 미국의 여론 조사기관들은 현직 대통령에 출마할 경우 항상 "여러분들의 생활은 4년 전에 비해 나아지셨습니까?(Are You Better Off Than You Were 4 Years Ago?)"라는 질문을 한다.

미국 대선을 결정하는 최대의 변수는 경제, 특히 장바구니 경제다. 그래서 클린턴은 "중요한 것은 경제야 이 멍청아!(It's Economy Stupid!)"라는 구호로써 41대 부시 대통령을 제압하고 승리했다. 특히 레이건 대통령은 재선에 도전하는 카터 대통령을 지목하며 "국민 여러분 4년전 보다 생활이 더 나아지셨습니까?(Are you better off 4 Years ago?)"라는 구호로 현직인 카터 대통령을 단임 대통령으로 만들어 버렸다.

'4년 전보다 생활이 나아지셨습니까?'라는 '질문에 대해 40%의 미국 시민으로부터 '그렇다'라는 응답을 얻어낸 현직 대통령은 모두 재선에 성공했다. 미국 국민들은 40%라는 숫자를 현직 대통령의 당락을 판단하는 결정적인 숫자로 보고 있다. 지난 40년 동안 이 질문에 대해 레이건은 44%, 부시(43대)는 47%, 오바마는 45%의 미국 국민들로부터 '형편이 나아졌다'는 응답을 받은 대통령들이며 모두 재선에 성공했다. 44%의 긍정적 응답을 얻었던 레이건 대통령은 재선을 위한 1984년 대선에서 미국 50개 주 중 49개 주에서 승리하는 역사상의 대승리를 거두었다.

이 질문에 대해 재선에 도전하는 트럼프가 2020년 10월 선거를 불과 한 달 미만 앞둔 시점에서 얻었던 응답은 놀랍게도 56%였었다. 국민의 과반수가 넘는 56%의 응답자가 4년 전보다 형편이 나아졌다고 대답한 것으로 미국 역사의 기록이었다. 이같이 높은 수치를 획득한 트럼프 대통령이 재선에 실패한다고는 상상할 수 없었다.[74]

미국 대선은 역사상 민주, 공화 양당의 후보 중 하나가 당선되었기 때문에 각 당을 대표하는 후보가 당원의 지지율이 얼마나 높은가도 선거의 당락을 예측하는 중요한 지표가 된다. 2020년 대선 당시 트럼프는 공화당 후보 사상 가장 높은 지지율인 93%의 당원 지지를 받고 있었다. 2019년 11월 행해진 여론조사에서 미국 공화당 당원들 중 53%는 공화당 대통령의 아이콘임은 물론, 미국 역대 대통령 전체 중에서도 최고의 대통령으로 추앙받는 링컨 대통령보다 오히려 트럼프가 더욱 위대한 대통령이라고 응답할 정도로 트럼프를 좋아했다.[75]

트럼프 재임 4년 동안의 경제 호황으로 인해 예상 밖의 계층이 트럼프를 지지하는 현상이 나타나기도 했다. 2016년 대선에서 트럼프를 지지한 흑인은 8%에 불과했었는 데 반해 2020년 조사에서는 40% 이상의 흑인이 트럼프를 지지하고 있었으며 50% 이상의 남미계(Latino) 시민들이 트럼프를 지지하고 있었다. 전통적으로 민주당 지지자들인 재미 한국인들 중에서도 65%가 2020년 대선에서는 트럼프를 지지했다고 한다.[76]

이상과 같이 압도적으로 트럼프에게 유리한 자료들 외에도 여러 전문가들은 트럼프의 승리를 장담하게 했다. 2020년 9월 2일 뉴욕 주립대학교 스토니 부룩 캠퍼스의 헬무스 노포스(Helmuth Norpoth) 교수는 자신이 개발한 예비선거 모델(Primary Model)에 의거할 때 트럼프의 당선은 확실하다고 말했다. 그는 예비선거에서 75%의 지지를 받은 후보는 지난 27번의 대선 중 25번 대통령에 당선되었다는 사실을 발견했다. 즉 1912년 이후 대선에서 단 두 번밖에 틀린 적이 없는 이론이었다. 트럼프가 2020년 예비선거에서 얻었던 지지율은 무려 94%였다.[77]

마찬가지로 역시 유명한 라디오 방송 진행자였던 케빈 맥컬로(Kevin McCullough)는 10월 초순 선거인단 숫자에서 트럼프 330, 바이든 208로 트럼프의 압승을 예상했다.

미국의 정치 지형상 양적 측면에서는 언제라도 민주당이 우세를 보였다. 자신을 민주당과 일체화시키는 사람들이 공화당 성향이라고 말하는 사람보다 항상 더 많았다. 그러나 2020년 놀라운 일이 일어났다. 2004년 이래 처음으로 자신을 공화당과 일체화시키는 사람들이 민주당에 일체화시키는 사람들의 숫자를 능가했던 것이다.[78] 공화당은 전통적으로 양적으로는 민주당에 비해 열세인 정당이었다. 공화당 후보가 대통령에 당선되었을 경우에도 전체 득표수에서 밀린 경우가 여러 차례 있었다. 놀랍게도 2020년 대선기간 동안 미국 국민들 중에서 자신을 공화당이라고 생각하는 사람이 수적으로도 민주당을 능가했던 것이다.

평균적으로 대통령 선거가 한 달도 남지 않은 시점에서 발표되는 미국의 여론 조사들은 그다지 신뢰할 자료가 되지는 못한다. 언제라도 민주당 후보가 유리하다는 여론 조사가 압도적으로 많았다는 것이 일반적인 현상이었다. 그러나 2020년 선거 직전에는 보통의 경우와 달리, 특히 2016년과는 전혀 달리 트럼프가 이기고 있다는 여론 조사도 상당히 많았다.[79]

트럼프 1기의 미국이 중국과 패권을 놓고 싸우는 중이라는 사실도 트럼프의 재선을 예상하도록 한 좋은 조건이었다. 미국 국민들은 미국이 어떤 형태의 전쟁이라도 벌이고 있는 동안 대통령을 바꾸지 않는 것을 선호했기 때문이다.

트럼프에 도전한 부패하고 허약한 치매 노인 바이든?

트럼프의 승리를 예상한 사람들이 그 근거로 삼았던 여러 가지 이유 중 가장 중요한 이유는 민주당의 치부(恥部)라고 볼 수 있는 것이었다. 바이든은 물론 힐러리 클린턴과 오바마의 정치부패 의혹은 유명하다. 빌 클린턴과 오바마는 대통령이 되기 이전 미국의 중산층 수준의 재산밖에 보유하지 못했던 인물들이었지만 대통령을 역임한 후 두 사람은 모두 경제적으로 미국 최상층 계급, 즉 억만장자 대열에 진입할 수 있게 되었다.

1942년 11월생으로 보청기를 착용하고 있으며 걸음도 잘 못 걸으며 말도 어눌한 인물인 바이든은 재임 중 나이도 80이 넘을 인물이었다. 그 같은 바이든을 과연 미국 국민들이 대통령으로 선출할지는 정말 큰 의문이었다.[80] 미국 국민들은 언제라도 강한 대통령을 원한다. 바이든은 미국 역사상 외모나 신체적인 형상만 보았을 때에도 너무나 허약한 후보였다. 설령 당선된다 해도 재선에 도전하지 못할 대통령이 될 터인데 과연 민주당 지도부가 그 같은 상황을 원하고 있는지도 알 수 없는 일이었다.

게다가 바이든은 성격도 원만한 사람이 아니었다. 바이든은 성질이 과격하고 분을 참지 못하는 인물로 평가되고 있었으며 이미 치매를 의심할 수 있는 실수의 사례들도 넘쳐났다. 특히 바이든의 수 많은 말실수들은 미국 국민들이 그의 정신 상태에 대해 의심하지 않을 수 없게 했다. 2020년 여름 행해진 조사에서 미국 유권자 중 38%가 바이든이 노인성 치매(Senile Dementia)를 앓고 있는 것은 아닌지 의심하고 있었다.[81]

반면 트럼프는 총기가 넘쳤으며, 건강하며, 공격적이며, 기회를 잘 활용하는 인물이었다. 2020년 대선에서는 2016년과 비교할 때 트럼프 승리를 예측하는 전문가도 상대적으로 훨씬 많았다. 물론 2020년에도 미국의 주류 언론들은 압도적으로 민주당 후보 바이든을 지지했다. 권위 있는 소수 여론조사 기관과 언론인들은 트럼프의 재선을 장담하고 있었다.

바이든의 놀라운 승리와 이를 결코 받아들이지 않은 트럼프

2020년 선거를 20여 일 앞둔 10월 19일 민주당의 텃밭이라고 말해도 과언이 아닌 캘리포니아주 로스앤젤레스에서 병원을 운영하시는 저자의 선배 안우성 의학 박사님이 "미국 환자들과의 면담을 포함한 저의 길거리 여론조사로는 트럼프 대통령이 400석을 넘길 것 같습니다. 심지어 California도 이길 것 같습니다"라는 문자를 보내주셨다. 트럼프는 2020년 대선에서 재선에 실패한 후 백악관을 떠났다. 그러나 트럼프를 지지하는 사람들은 바이든이 대통령직을 수행하고 있던 2021년부터 2025년 1월까지 4년 내내 트럼프는 실제로 400석 이상으로 대승을 거두었었다고 주장하며 바이든 대통령직의 정당성을 인정하지 않았다.

이상의 근거들을 가지고 저자는 2020년 트럼프 대통령이 무난히 재선에 성공할 것을 확신했다. 그러나 트럼프 대통령은 패배했다. 선거 결과는 다음과 같았다. 선거인단 수 306:232로 바이든 승리, 총득표 숫자는 바이든이 51.3%인 81,284,666표, 트럼프는 46.9%로 74,224,319표를 얻었다. 트럼프의 득표수는 그때까지 공화당 대선 후보가 얻었던 최고의 득표였다. 바이든의 수치는 미국 역사상 어떤 대통령도 기록하지 못한 최고의 수치였다. 너무나도 그 숫자가 많아서 과연 바이든 같은 인물이 미국 국민 8,100만 명 이상의 지지를 받을 수 있는가에 대해 강한 의구심이 제기되었을 정도다.

대중적인 인기가 대단히 높았던 오바마가 얻었던 최다 득표가 대략 6,900만 표였었는데 별로 인기가 없었던 바이든이 8,100만 표를 얻을 수 있다고는 도무지 생각할 수 없었다. 2024년 대선이 치러지기 이틀 전 트럼프의 책사였던 스티브 배넌(Steve Bannon)은 "바이든은 결코 오바마보다 1,500만 표를 더 얻을 수 없다. 전혀 불가능한 일이다. 2020년 당시 공화당은 대통령 선거에서 패배하면서도 하원의원 수를 12명이나 더 늘였다는 게 말이 되지 않는다⋯ 바이든은 실제로 존재하지도 않는 사람들로부터 득표를 한 것이 분명하다"고 말하면서 2020년 바이든의 대선 승리는 완전히 부정선거 결과였다고 주장했다.[82]

2025년 10월 2기 임기를 이미 9개월째 수행하고 있는 트럼프 대통령은 또 다시 자신의 트루스 소셜에 "오바마에게 물어보라. 과연 바이든이 오바마보다 1,500만 표를 더 획득했다는 게 말이 되는 소리인지를…"이라며 노골적으로 2020년 대선이 부정선거였다는 의문을 다시 제기하고 있다.[83]

J-6 사건(January 6 Incident)과 트럼프에 대한 2차 탄핵소추

2020년 투표 결과에 강한 의심을 제기한 트럼프와 그를 지지하는 사람들은 대부분 바이든의 승리를 받아들이지 않았다. 바이든의 당선을 확정하기 위한 상하 양원 합동 의회가 열리는 2021년 1월 6일 의사당 앞에서 대규모 데모가 벌어졌고 이중 상당수가 의회로 진입했다. 미국 민주당은 이 사건을 미국 민주주의가 모욕받고 파괴된 날로 규정하고 이 사건을 'J-6(January 6)'라는 용어로 부르며 두고두고 트럼프를 비난하는 소재로 삼았다. 미국 민주당과 언론들은 트럼프를 미국 민주주의를 파괴한 주범이며 독재자라고 몰아붙였고 수많은 사람을 투옥했다. 트럼프는 미국의 내란을 주도했다는 이유로 임기를 불과 일주일 앞둔 시점인 2021년 1월 13일 탄핵소추마저 당했다. 대통령의 탄핵을 소추할 권한을 가진 하원은 1월 13일 본 회의에서 트럼프 대통령 탄핵 소추안을 표결에 부쳐 찬성 232명, 반대 197명, 기권 4표로 가결되었다. 민주당 의원 222명은 전원 찬성표를 던졌다. 공화당 의원 중 10명이 탄핵소추에 찬성하며 트럼프 대통령에게 반기를 들었다.

미국 연방수사국(FBI)은 바이든 대통령 당선인의 취임식을 앞두고 워싱턴 DC와 50개 주의 수도를 대상으로 무장 시위대의 의회 공격 가능성을 경고했다. 역시 트럼프에 대한 경고였다.

의회 표결 후 공개된 영상에서 트럼프 대통령은 지지자들에게 평화롭게 지내 달라고 촉구했지만, 자신이 탄핵당했다는 사실을 언급하지는 않았다. 트럼프는 영상에서 침울한 어조로 "폭력과 반달리즘(Vandalism, 기물 파괴)은 우리 국가, 그리고 우리의 활동에 절대로 설 자리가 없습니다"라고 말하며 "나를 진정으로 지지하는 사람들은 결코 정치적 폭력을 지지하지 않을 것입니다"라고 말했다.

트럼프 대통령은 의회 난입 사태가 벌어진 1월 6일 백악관 근처에서 행한 연설에서 선거결과를 뒤집기 위해서는 "힘을 보여줘야 한다", "지옥처럼 싸우지 않으면 다시는 나라를 갖지 못할 것이다" 등의 말을 하며 수천 명의 지지자에게 의사당으로 행진할 것을 촉구했다. 트럼프 대통령의 발언 이후, 그의 지지자들은 의사당에 난입했고 선거 결과를 인증 중이던 의원들은 대피해야 했다. 그날 의사당 건물은 폐쇄됐고 5명이 사망했다.

미국 하원을 장악하고 있었던 민주당은 탄핵 소추안에서 "트럼프 대통령이 대선 결과가 부정적이며 받아들여서는 안 된다고 주장하는 허위 성명을 반복적으로 발표했다"고 지적했다. 이어 "군중들을 향해 의도적으로 연설을 해서 고의적으로 그리고 예견할 수 있는 폭동을 조장해 폭력 사태와 인명 손실을 초래했다"고 비판했다.

탄핵 소추안에는 "트럼프 대통령은 미국과 정부 기관의 안전을 심각하게 위협하고, 민주 시스템의 무결성을 위협하며, 평화적인 정권 이양을 방해하며, 동등한 정부 지부를 위태롭게 했다"는 내용도 포함됐다.

트럼프의 숙적인 민주당의 낸시 펠로시(Nancy Pelosi) 하원의장은 탄핵 소추안 표결 전 토론에서 "미합중국의 대통령은 이 반란을 선동했다"라

며 "그는 우리가 사랑하는 나라에 명백하고 현존하는 위험"이라고 지적
했다. 민주당 하원의원인 줄리안 카스트로는 트럼프 대통령을 "대통령
집무실에 있었던 사람 중 가장 위험한 인물"로 비유했다.

공화당원 대부분은 트럼프 대통령의 발언을 옹호하지는 않았지만, 탄
핵이 통상적이었던 청문회를 건너뛰고 진행됐다며 국민 통합을 위해 민
주당에 이를 취하해 달라고 요구했다. 공화당 짐 조던(Jim Jordan) 하원의
원은 민주당이 정치적 복수를 하기 위해 나라를 무모하게 분열시켰다며
"이건 집착"이라며 민주당을 비난했다. 케빈 맥카시(Kevn McCarthy) 공화
당 하원 원내 대표도 "이렇게 짧은 시간 안에 대통령을 탄핵하는 건 실
수"라고 말했다. 그러면서도 "대통령의 과실이 없는 것은 아니다"라며
"폭도들의 의회 공격에 대한 책임은 대통령에게 있다"고 말했다. 대통령
탄핵에 찬성한 의원 중에는 공화당 3인자로 꼽히는 리즈 체니(Liz Cheney)
의원도 있었다. 딕 체니(DDick Cheney) 전 부통령의 딸이기도 한 체니 의원
은 앞서 국회의사당 폭동을 두고 "이보다 더 큰 미국 대통령의 직무와 헌
법에 대한 배반은 없었다"라고 언급했다.[84]

트럼프는 이처럼 일방적으로 매도당했다. 그러나 트럼프는 J-6 사건
이 민주당 간부들에 의해 사전에 잘 기획된 사건이라며 의문을 제기했
다. 트럼프가 주 방위군을 보내겠다고 했는데 하원의장인 낸시 펠로시가
이를 거절했고, 폭도들이 의사당에 난입하도록 유도했다는 의문이 제기
되었다. 평화롭게 시위를 벌이던 군중들을 폭도로 만든 계기도 의회 경
찰의 발포 때문이었다는 주장도 제기되었다. 발포 이전까지 시민들은 평
화적인 시위를 벌이고 있었다.

트럼프는 2019년 12월 18일 권력남용 및 의회 방해죄로 첫 번째 탄
핵소추를 당한 데 이어 임기 중 두 번씩이나 탄핵을 당한 기록을 세운 유

일한 미국 대통령이 되었다.[85] 미국 역사상 탄핵을 통해 해임된 미국 대통령은 한 명도 없었다. 1998년 빌 클린턴과 1868년 앤드류 존슨 대통령도 탄핵소추되기는 했으나 탄핵을 당하지는 않았다.

물론 트럼프는 자신이 아니라 오히려 민주당이 의회 난입 사건을 유도했다고 주장하고 선거는 부정선거였다는 사실을 계속 강조하고 있다. 트럼프가 유죄 판결을 받으려면 상원 재적의원 3분의 2의 찬성이 필요했다. 당시 의원 분포 상황을 따져보자면 최소 17명의 공화당 상원의원들이 찬성표를 던져야 했다. 뉴욕타임스지는 20명 정도의 상원 공화당원들이 찬성표를 던질 가능성이 있다고 보도했었다. 만약 유죄 판결이 나오면, 상원은 트럼프 대통령의 공직 재신임을 금지하는 투표도 실시할 수 있었다. 유죄 판결은 트럼프 재출마 금지로도 이어질 가능성이 있었던 것이다. 그러나 상원에서 탄핵안은 부결되었고 트럼프는 2024년 대선 재도전의 길을 차단 당하지는 않았다.

트럼프의 정치 경력은 2021년 미국 국회의사당 점거 폭동 이후 끝난 듯 보였다. 기부자들과 지지자들은 다시는 그를 지지하지 않겠다고 맹세하고 나섰고, 그와 가장 가까웠던 인물들조차 공개적으로 등을 돌렸다. 트럼프는 후임인 바이든의 취임식에도 참석하지 않았으며, 가족들과 함께 플로리다주로 이주했다. 그러나 여전히 충성스러운 팬들이 남아 있었기에 공화당 내에서 막강한 영향력을 유지할 수 있었다.

J-6 사건을 민주당이 유도한 자작극일지 모른다고 강한 의혹을 제시한 캐시 파텔(Kash Patel)[86]은 2025년 1월 트럼프가 47대 대통령으로 취임한 이후 트럼프 내각의 FBI 국장으로 임명되어 2020년 미국 대선이 과연 부정선거였는지 J-6 사건이 트럼프에 의한 민주주의 파괴였는지 혹은 민주당이 의도적으로 쳐 놓은 함정이었는지 문제를 파헤치고 있다.

　　J-6 사건은 트럼프가 다시 당선된 이후 중대한 사건으로 다시 검토되고 있는 중이다. 2025년 10월 한 기자가 낸시 펠로시 위원에게 왜 그날 트럼프가 군대를 보내겠다는데 거부했느냐고 묻자 낸시 펠러시 의원은 분노한 목소리로 "입닥쳐"라며 소리 질렀다.[87] 트럼프 2기 중 이 사건의 본격적인 수사가 진행될 예정이며 미국 정치 지형에 충격적 변화를 가져올 가능성도 높은 상황이다.

제6장

2024년 미국 대선

2020년 대선에서 패배를 인정하지 않았지만 트럼프는 2021년 1월 20일 백악관을 떠났다. 또한 그는 미국의 역사적 전통을 깨고 그는 후임자인 바이든의 취임식에 참석하지 않았다. 이러한 불참은 미국 정치에서 매우 이례적인 일이었다. 대부분의 대통령은 정권의 민주적 교체의 상징으로 후임자의 취임식에 참석하는 전통을 지켜왔다. 트럼프의 전임 대통령들 중에 후임 대통령의 취임식에 참석하지 않았던 경우가 3번 있었지만 트럼프처럼 후임 대통령의 당선 자체를 인정하지 않은 경우는 없었다.[88]

그러나 트럼프는 역사상 믿을 수 없는 정치적인 컴백에 성공했다. 트럼프가 백악관을 떠나면서 '모종의 방식으로 우리는 다시 만나게 될 것입니다'라고 말했을 때 대부분의 미국인들은 트럼프를 조롱했다. 특히 미국 민주당과 주류 언론은 트럼프를 완전히 끝난 인물로 취급했다. 트럼프를 감옥에 처넣어야 한다고 생각했던 사람들도 적지 않았다. 특히 트럼프가 물러난 뒤 민주당 정권은 트럼프를 정치적, 법적으로 완전히 죽여버리기 위한 온갖 술수를 부렸다. 민주당은 대선에서 패배한 트럼프 대통령을 임기 종료 겨우 일주일 전인 2021년 1월 13일 탄핵 소추했을 정도로 트럼프에 대해 적대적이었다. 민주당은 아예 트럼프가 다시는 공직에 출마할 수 없도록 하는 조치조차 취하고 싶어 했다. 물론 탄핵을 최종 심판하는 상원은 트럼프의 탄핵을 받아들이지 않았고 민주당의 트럼프 공직 불출마 시도도 이루어지지 못했다.

2021년부터 4년간 트럼프는 정치적인 형극의 길을 걸었다. 트럼프의 맏아들이 최근 간행한 책의 제목처럼 퇴임 후 트럼프의 4년은 '압류 상태(Under Seize)'[89]나 마찬가지였었다. 본 장에서는 2024년 트럼프의 대선 승리를 비교적 자세하게 논하고자 한다. 트럼프가 당했던 정치적인 고난이 바로 트럼프가 변화시켜 놓겠다고 벼르고 있는 미국 정치, 경제, 사회, 문화의 본질적인 모습이기 때문이다. 재임에 성공한 트럼프는 빠른 속도로 미국의 정치, 경제, 사회, 문화의 모습을 뿌리부터 드러내어 바꾸고 있는 중이다.

패배한 후에 결코 야인으로 돌아가지 않은 트럼프

철저한 승부사 기질을 가진 트럼프는 2020년 11월 대선 결과에 대해 결코 승복하지 않았다. 2021년 1월 20일 백악관을 비워주고 나오기는 했지만 그는 자신이 패배했다고 믿지 않았다. 그래서 그는 바이든의 취임식에 참석할 수 없었다. 2기 임기 재임 중에도 2020년 대선을 부정선거라고 믿고 있는 트럼프가 바이든을 축하해 준다는 것은 스스로 용납할 수 있는 일도 아니었다.

미국 대통령들은 백악관을 떠나는 날 아침 후임자에게 친필 손 편지를 쓰고 그 편지를 오벌 오피스의 대통령 책상인 레졸루트 데스크

(Resolute Desk) 서랍 속에 넣어두는 전통이 있다. 트럼프 역시 그 전통을 지켰다. 당시 인터넷에 떠돌아다녔던 소문에 의하면 트럼프는 조 바이든에게 "Joe You Know I Won(조 바이든 씨, 당신은 내가 이겼다는 사실을 알고 있지)"라고 써 주었다. 물론 이것은 확인된 사실은 아니지만 그만큼 많은 수의 미국 국민들이 바이든의 승리에 대해 의구심을 가졌다는 사실을 의미한다. 상당수 미국인들은 트럼프가 떠난다는 사실을 아쉬워했다.

대통령직에서 일단 떠나면 평범한 야인으로 돌아가 조용하게 세상을 살아가는 것이 미국 대통령들의 전통이다. 그러나 트럼프는 그 같은 전통을 완전히 거부하고 백악관 재임 시절 못지않은 활발한 정치 활동을 멈추지 않았다.

트럼프는 일단 플로리다주 팜비치(Palm Beach)시에 있는 자신의 대저택 마러라고(Mar-a-Lago)에 백악관보다 오히려 더욱 호화찬란한 사무실을 차렸다. 그리고 끊임없이 미국 국민들과 소통하며 정치 활동을 지속했다.

트럼프가 4년 동안 야인으로 지내며 사용했던 자신의 공식 메모지에는 '미국 45대 대통령'이라는 글자가 찍혀 있었다. 그가 만약 대통령에 재선되어 연임되었을 경우라면 그는 역시 제45대 미국 대통령이었다. 그가 미국 국민들을 향해 발송하는 각종 편지와 전자 메일은 마치 그가 현직 대통령인 줄 착각하게 할 정도로 사무적(official)인 말투로 쓰여졌다. 트럼프는 미국 국민들에게 자신의 건재함을 끊임없이 강조하고 있었다.

물론 미국의 주류 언론 거의 모두는 트럼프는 2020년 패배함으로써 그의 정치 인생이 완전히 끝났다고 보았다. 특히 2021년 1월 6일 트럼프 지지자들의 의사당 난입 사건이 있은 직후 영향력 있는 공화당의 지도급 인사 중 한 명인 뉴저지주 주지사 크리스 크리스티(Chris Christie)는 뉴욕 타임즈와의 인터뷰에서 "공화당원들은 트럼프와 결별할 때가 되었다. 나는 트럼프가 어제(1월 6일) 했던 일로부터 다시 회복될 가능성은 없다고 생각한다"고 말했다. 오랫동안 트럼프를 지지했던 스튜어트 바니(Stuart Varney) 폭스 비지니스 앵커 역시 1월 6일 사건은 더 이상 공화당이 트럼프를 지지할 수 없게 만들었다고 논평했다.[90]

2021년 1월 6일 바이든이 부정선거로 당선되었다고 생각하는 트럼프를 지지했던 수 많은 미국인들은 1월 6일 회의를 주재하는 당연직 상원의장인 트럼프 정부의 마이크 펜스 부통령에게 각주에서 보내온 선거인단 숫자의 승인을 거부할 것을 요구하고 기대했다. 부정선거가 의심되는 주들의 개표 결과를 반송할 것, 그럼으로써 바이든의 당선을 확정하지 말아 달라고 요구했던 것이다. 이를 기대하는 수 많은 시민들이 의사당으로 몰려들었고 의사당 내로 난입했다.

민주당은 1월 6일의 의사당 난입 사건을 트럼프가 주도한 내란으로 몰고 갔고 트럼프를 처벌하기 위한 중요한 건수로 활용했다. 2024년 대통령에 재선된 트럼프와 그의 팀은 2021년 1월 6일의 사건을 오히려 민주당이 계획하고, 유인함으로써 발생한 사건으로 간주하고 본격적인 수사를 계획하고 있는 중이라는 사실은 이미 앞에서 설명한 바와 같다.

트럼프 지지자들은 시민들이 의사당으로 진입하도록 길을 터 준 것도 경찰이며 시민들이 아직 폭동을 야기하기 전에 경찰이 먼저 총을 발사했다고 주장한다. 특히 트럼프 2기 내각에서 FBI 국장으로 임명된 캐시 파텔(Kash Patel)이 이 같은 주장을 갖고 있는 대표적인 인물이다. 현 미국 FBI 국장인 캐시 파텔은 민주당의 낸시 펠로시(Nancy Pelosi) 전하원의장을 J-6 사건의 사전기획자로 보고 있다.

이 문제 역시 2025년 이후 미국 정치의 가장 뜨거운 이슈 중 하나가 될 것이다. 1월 6일 사건이 뜨거워지는 상황에서 미국 의회는 2022년 선거인단 계수법(Electoral Count Act)을 수정했는데 이 수정안은 선거 다음 해의 1월 6일 미국 의회에서 행해지는 승인 절차를 단순한 요식행위로 만들었다. 이 회의를 주재하는 상원의장이 결코 아무런 이의 혹은 반론을 제시할 수 없도록 만든 것이다.[91] 2021년 1월 6일 트럼프 지지자들이 당시 상원의장인 펜스 부통령에게 기대했던 종류의 행동을 원천적으로 할 수 없게 차단 해 버린 것이다.

아이로니컬하게도 2025년 1월 6일 트럼프 당선을 확정 짓는 회의에서 선거 결과에 대한 아무런 부정적 견해도 발표할 수 없고 단순히 사회만 볼 수 있는 처지에 놓이게 된 첫 번째 인물은 트럼프에 패배한 카멀라 해리스 부통령이자 상원의장이 되게 되었다.

믿을 수 없는 복귀(Incredible Comeback)

2024년 11월 6일 트럼프의 당선이 확실시되자 영국의 BBC는 트럼프의 당선을 '믿을 수 없는 복귀(Incredible Comeback)'라는 타이틀로 보도했다. BBC는 트럼프의 복귀는 미국 정치사상 가장 극적인 복귀(This is surely the most dramatic comeback in US political history)라며 놀라움을 표시했다.[92]

그러나 미국 정치를 세밀하게 객관적으로 관찰했던 전문가들은 일찌감치 트럼프의 복귀를 예상했고 그가 2024년 대통령 선거에서 승리할 수 있을 것이라고 전망했다.

무명의 클린턴을 대통령으로 당선시키는데 혁혁한 공을 세웠고 클린턴의 백악관에서 대통령 자문 역할을 담당했던 미국의 유명한 선거 전략가 딕 모리스(Dick Morris)는 2022년 7월 이미 트럼프의 백악관의 재입성을 예상하는 책을 출간한 바 있었다.[93] 딕 모리스는 미국에서 트럼프 혁명(Trump Revolution)이 진행 중에 있는데 그 혁명이 완성되기 위해서는 트럼프의 존재가 반드시 필요하다고 전제한 후, 트럼프는 대선에 다시 출마할 것이며, 당연히 공화당 후보가 될 것이며, 선거에서 승리할 것이라고 예측했었다. 딕 모리스의 책은 미국 국민 중 다수가 트럼프 혁명을 지지하고 있다는 미국 정치 현상을 정확하게 이해하고 있던 전문가의 올바른 분석이라고 평가할 수 있겠다.

주류 언론의 조롱과 야유와 함께 시작한 트럼프의 3번째 대선 도전

트럼프는 2022년 11월 15일 자신의 마러라고 저택에서 2024년 대선에 출마할 것임을 공식적으로 발표했다. 2024년 대선이 11월 5일이었으니 장장 2년(정확히 720일)에 걸치는 선거운동을 벌이겠다고 선언한 것이다. 출마 선언에서 트럼프는 "미국은 몰락 중인 나라(we are a nation in decline)"라고 말하고 "지금부터 당장 미국의 회복이 시작될 것입니다(America's comeback starts right now)"고 말했다.

트럼프는 2020년 패배 이후 언제라도 대통령에 다시 출마할 것을 각오하고 있었지만 트럼프는 자신을 정치적으로 영원히 매장시키려는 민주당과 언론의 방해 공작으로 이미 만신창이가 되어 있었다.

트럼프가 3번째 대권 도전을 공식적으로 발표하는 날 그는 수십 개도 넘는 형사 및 민사소송에 휘말리고 있었으며[94] 공화당은 며칠 전 있었던 중간선거에서 예상외의 저조한 성적을 보였던 상황이었다. 트럼프가 과연 공화당을 장악하고 있는지도 불투명한 시점이었다. 우선 공화당의 공식적인 후보가 될 수 있을지의 여부조차 확실한 일이 아니었다.

언론들은 트럼프가 전혀 공화당을 장악하지 못한 것처럼 보도하고 있었다. 그러나 실제로는 전혀 그렇지 않았다. 재임 중 두 번이나 탄핵소추를 당했던 트럼프는 퇴임 후 2년이 지난 2022년 5월 현재 공화당원들 중 약 60% 지지를 받고 있었다.[95]

트럼프의 출마 선언 연설은 한 시간 정도 지속되었는데 그는 자신이 재임했던 시절 '미국은 황금시대(Golden Age)를 구가 했었다' '미국은 자신이 미국 국민들에게 큰 약속을 했었기 때문에 놀라운 미래(amazing future)를 향한 트랙에 올라가 있었다' '나는 미국의 다른 대통령들과 달리 약속을 지킨 대통령이었다'라며 자신의 업적들을 찬양했다. 트럼프는 '지난 2년 바이든이 재임하는 동안 미국 국민들 수백만이 고통과 어려움과 짜증과 절망의 시간을 보내야 했다'고 비난하는 동시에 미국은 승리할 수 있을 것이라고 말했다.

트럼프의 대선 도전을 소개하는 미국 주류 언론 중 하나인 ABC 방송은 "2020년 대선에서 패배했지만 패배를 인정하지 않고 지속적으로 2020년의 선거가 부정선거였으며 도둑맞은 선거라며 '거짓 주장'을 퍼뜨리고 있었던 트럼프는 지난 1년 동안 지속적으로 재선 도전을 말하고 있었다"는 멘트와 함께 트럼프의 출마 선언을 극단적으로 부정적으로 보도했다.[96] ABC는 트럼프를 "스스로를 MAGA-King이라고 자칭하는 자"라고 말하며, 결코 자신의 패배를 인정한 적이 없는 "전직 단임 대통령(former one term president)"이 미국 역사상 전례 없는 시점에 나타나서 다시 권력을 장악하고자 한다며 트럼프를 비난했다. "단임 대통령"이라는 용어는 미국에서 불명예를 상징하는 용어로 흔히 사용되는 단어다.

거의 모든 주류 언론들은 트럼프의 대선 출마를 객관적으로 보도하지 않았다. 오히려 야비하게 비난하는 편파적인 보도 일색이었다. 미국의 주류 언론들은 트럼프는 '대선에 출마함으로써 각종 범죄 때문에 당면하고 있는 소송 사건들로부터 방패막이를 하려고 한다'며 그의 출마 동기를 원천적으로 폄훼했다. 주류 언론들은 '트럼프의 대통령 선거 출마 선언은 그가 저지른 수 많은 범죄들로부터 그를 보호해 주는데 아무 소용이 없을 것'이라는 법률 전문가들의 견해를 동시에 소개하면서 트럼프 재단(Trump Organization)이 불법행위로 수사를 받고 있는 중이라는 사실을 오히려 더욱 중점적으로 보도했다.

이 같은 주류 언론의 편파적인 보도와 미국 민주당과 딥스테이트(Deep State)의 사활을 건 트럼프 저지 운동은 트럼프가 2년 동안 헤쳐 나가야만 했던 거대한 장애물이 아닐 수 없었다. 트럼프는 이 모든 난관을 다 격파하고 2024년 11월 5일 압승을 거두었고 2025년 1월 20일 미국 제47대 대통령에 취임했다.

현직 대통령처럼 2024년 예비선거를 치른 트럼프

트럼프의 3번째 도전은 마치 현직 대통령이 출마한 것 같은 모습이었다. 공화당이 야당이었지만 2024년 선거에서 공화당 대권 후보 자리에 도전장을 낸 후보는 4명밖에 되지 않았다. 트럼프 외에 플로리다주지사 론 드산티스(Ron DeSantis), 트럼프 대통령 1기 당시 유엔 대사를 역임한 사우스캐롤라이나주지사 출신인 니키 헤일리(Nikki Haley), 사업가 출신으로 일찍이 후보를 사퇴하고 트럼프를 지지한 비벡 라와스와미(Vivek Ramaswamy) 등 4명이 전부였다. 라와스와미는 현재 오하이오주지사 출마를 준비하고 있으며 당선될 확률이 대단히 높다고 알려졌다.

2024년 1월 15일 행해진 아이오와 코커스(Iowa Caucus)를 필두로 미국의 대선 레이스가 본격적으로 시작된 이후 트럼프는 대부분 여론 조사에서 현직인 바이든 대통령을 앞서고 있었다. 트럼프는 아이오와 코커스 사상 가장 큰 격차인 31% 차로 2위 후보를 앞서는 역사적인 기록을 세운 후, 곧바로 뉴햄프셔 프라이머리(New Hampshire Primary)에서도 1위를 차지, 1976년 이후 두 곳 모두에서 1위를 차지한 첫 번째 후보가 되었다. 트럼프는 2024년 1월 거의 대부분 여론 조사에서 현직인 바이든 대통령을 앞서고 있었다.

니키 헤일리 후보는 자신이 주지사를 역임했던 사우스캐롤라이나주에서 2024년 2월 24일 열린 프라이머리에 기대를 걸었지만 사전 여론 조사 평균치는 트럼프가 사우스캐롤라이나에서조차 무려 38% 정도 앞서고 있는 것으로 나왔다. 사우스캐롤라이나주 상원의원 2명 전부, 7명의 하원의원 중 5명이 트럼프를 지지했고 사우스캐롤라이나 현직 주지사, 부지사, 검찰총장 등이 트럼프를 지지하고 있던 상황이었다. 트럼프는 결국 니키 헤일리의 텃밭인 사우스캐롤라이나 예비선거에서 59.8%:39.5%로 20.3%의 격차를 벌이며 승리했다.

사우스캐롤라이나 패배 후 후보 사퇴가 예상되었지만 니키 헤일리는 사퇴하지 않고 버텼다. 2월 28일 시행된 미시간주의 예비선거에서 68.1:26.5로 트럼프는 대승을 거두었지만 역시 헤일리는 사퇴하지 않고 버텼다. 3월 5일 수퍼 튜즈데이(Super Tuesday)[97]에서도 트럼프가 압승을 거둔 후에도 열흘이나 버티다가 3월 7일 비로소 사퇴하고 말았다.

패배가 확실함에도 불구하고 니키 헤일리가 버틴 이유는 혹시 민주당이 행하는 사법전쟁(Lawfare)으로 인해 트럼프가 출마 자격을 박탈당할지도 모른다는 기대 때문이었다. 니키 헤일리 후보는 평소 자신만이 민주당 후보를 이길 수 있는 유일한 공화당 후보라며 버텼다. 결국 자신을 대선 후보급 정치가로 만들어 준 사람이 트럼프인데 헤일리는 트럼프를 노골적으로 배반하는 얄미운 행동을 멈추지 않았다. 헤일리는 경선 후보들이 사퇴하면서 특정 후보를 지지했던 전통적인 관례와 달리 홀로 남은 후보 트럼프를 지지한다는 말조차 하지 않은 채로 경선 후보에서 사퇴했다.

트럼프는 마지막 경쟁자 니키 헤일리의 사퇴로 말미암아 미국 대통령선거 사상 야당 후보로서 가장 단시간에 사실상의 후보로 확정된 사례가 되었다. 니키 헤일리는 경선 과정에서 민주당 당원들의 지지를 받는 촌극도 연출했다. 트럼프를 싫어하는 민주당원들이 공화당 경선에 참여, 트럼프를 낙선시키기 위한 방편으로 니키 헤일리에게 투표했던 것이다. 트럼프는 당선된 직후인 11월 10일 그토록 야비하고 배은망덕한 행동을 벌인 니키 헤일리에 대해 자신의 2기 행정부에서 아무런 직책도 부여받지 못할 것임을 공식적으로 발표했다.[98]

현직 대통령인 대선후보를 축출한 민주당

미국 역사상 2024년과 같은 드라마틱한 대통령 선거는 없었다. 대통령 후보들끼리의 토론회가 6월이라는 이른 시점에 열린 일도 역사상 없었던 일이었다. 2024년 6월 27일 공화당의 트럼프 후보와 현직인 민주당의 바이든은 둘 다 아직 '공식적'인 후보가 되기 이전이었다. 물론 두 사람은 8월로 예정되어 있던 공화 민주 양당의 전당 대회에서 후보직을 수여 받기 이전이라 아직 공식적인 후보는 아니었지만 당연히 민주 공화 양당의 후보가 될 것이 분명한 상황이었다. 그럼에도 불구하고 공식적인 후보가 되기 이전 대통령 토론회를 연다는 것은 예외적인 일이 아닐 수 없었다.

2024년 6월 27일 밤 애틀랜타(Atlanta) CNN 본사에서 진행된 첫 번째 대선 토론회는 무엇보다도 그동안 미국의 주류 언론이 숨겨왔던, 사실상 거짓말을 해왔던, 바이든의 육체적 정신적 건강 상태를 온 미국 국민들에게 노출시키는 계기가 되었다.

이미 2020년 대통령 선거 당시부터 바이든의 건강 문제는 중요한 이슈가 되었다. 1942년생인 바이든은 78세의 노령이기도 했지만 그의 육체적인 건강과 정신건강 상황은 같은 나이의 사람들보다 오히려 더욱 못한 상태였다. 많은 미국 국민들은 바이든이 치매를 앓고 있는 환자라고 의심했다. 토론회에서 바이든은 자신이 무슨 말을 하고 있는지도 몰랐고 같은 말을 되풀이하는 등 그의 인지 능력에 이상이 있다는 사실을 온 미국인들이 알게 되었다.

민주당과 주류 언론들은 그럼에도 불구하고 바이든이 토론회를 더 잘했다며 거짓말을 해대었다. 바이든의 부인 질 바이든(Jill Biden)은 마치 유치원 선생님이 어린이에게 말하듯 '참 잘했어요'를 연발했다. 바이든이 모든 질문에 대해 모두 다 대답했다는 사실을 칭찬했다. CNN이 민주당을 적극적으로 지지하는 편파적인 방송을 진행했음에도 불구하고 토론회의 결정적인 승자는 트럼프였다. 바이든에 우호적이고 트럼프에게는 적대적인 한국 언론들조차 33:67로 트럼프가 승리했다고 보도했을 정도였다.[99]

미국의 신흥 뉴스 채널이자 가장 보수적인 방송이라고 말할 수 있는 뉴스맥스(Newsmax) TV의 대표 앵커인 그렉 켈리(Greg Kelly)는 '트럼프의 완승(Complete and Total Victory)'이었다고 보도했다.[100] 상대적으로 보수적인 미국의 폭스 뉴스(Fox News)는 바이든의 재앙적 토론 이후 민주당은 공황상태(Panic Mode)에 빠져들었고 민주당 일각에서 바이든의 후보 사퇴를

요구하는 논란이 야기되기 시작했다고 보도했다.[101]

이처럼 대선후보 토론회 역사상 가장 빠른 시점인 6월 27일 행해진 대통령 후보 토론회 직후 트럼프의 대선 압승을 예상하는 분석들이 쏟아져 나왔다. 민주당은 과연 바이든 대통령으로 정권을 재창출할 수 있을지를 고민하기 시작했다. 그럼에도 불구하고 언론들은 바이든이 다음번 토론회에서는 더 잘할 수 있다면서 애써서 그의 인지능력에 문제가 있다는 사실을 감추려 하였다.

Jill Biden 여사가 대통령 전용기의 대통령 테이블에 앉아 작업하고 있는 모습 2021년 6월 9일.

바이든의 영부인 질 바이든 여사는 토론회 직후 잘 걷지도 못하는 바이든을 부축해 내려온 후 자기 남편을 칭찬했다. "참 잘했어요. 당신은 모든 질문에 다 대답했어요." 그렇지만 "트럼프가 한 말들은 모두 거짓말이에요!"라고 외치면서 후보 사퇴의 의지를 전혀 표시하지 않았다. 많은 미국인들이 질 바이든 여사의 권력욕 때문에 늙은 남편이 고생한다고 말했다. 미국의 각종 SNS에는 질 바이든 여사가 자기 남편의 대통령 테이블에 앉아 일하는 모습을 보여주며 바이든 여사의 명예욕과 권력욕을 질책했다.

트럼프의 후보 자격조차 박탈하기 위해 온갖 수단을 준비하고 있었던 민주당은 서서히 대체 후보를 물색하기 시작했다. 미국 의회의 민주당 상하 양원 의원들이 바이든의 사퇴를 요구하기 시작했다. 7월 10일 버몬트주 민주당 상원의원이 공식적으로는 최초로 바이든의 퇴진을 요구했다.[102] 트럼프의 피격 사건이 있었던 7월 13일에는 이미 민주당 상 하원 의원 20명이 바이든의 퇴진을 요구한 상황이었다. 트럼프의 피격 사건은 트럼프를 암살하는 대신 바이든을 정치적으로 죽이는 직접적인 계기가 되었다.

미국 민주당 정치의 황당함을 느끼게 해주는 현직 대통령을 향한 후보 박탈 사건이 일어났다. 바이든 탈락의 직접 원인이 그의 무능함 혹은 정신적 육체적 노쇠함보다는 트럼프의 암살 미수 사건이 트럼프의 당선을 사실상 확정시켰다는 민주당의 정치적 계산 때문이었다. 바이든은 강제적으로 민주당 후보직을 박탈당했다. 많은 사람들은 이 모습을 보면서 대통령보다 더 막강한 힘이 있다는 소위 딥스테이트(Deep State)에 관한 음모론을 믿지 않을 수 없게 되었다.

참으로 이해하기 어려운 일들이 많이 일어났지만 민주당의 실세들은 바이든을 협박했다. 스스로 물러나지 않을 경우 헌법 25조를 발동하겠다며 겁을 주었다. 미국 연방 수정헌법 25조는 대통령의 직무수행 불능과 승계에 대한 규정이다. 수정헌법 25조 3항은 대통령이 본인 뜻으로 대통령직을 넘길 수 있다고 규정하며 다음의 4항에는 대통령을 본인 의

사와 무관하게 자리에서 물러나게 할 수 있다는 내용이 들어 있다.

'부통령과 행정부 또는 연방 의회가 법률로 정하는 기타 기관의 주요 공직자들 과반수가 상원 임시의장과 하원의장에게 대통령이 그의 권한과 직무를 수행할 수 없다는 서면 성명서를 송부한 때에는 부통령이 즉시 대통령 권한대행으로 대통령직 권한과 직무를 맡는다'는 내용이다. 즉 이 조항은 부통령을 포함한 각료 과반수가 연방 의회에 현직 대통령을 면직시키겠다고 통보할 수 있다고 말하고 있다. 그래도 대통령이 자리에서 물러나지 않겠다는 뜻을 서면으로 밝히면 대통령직은 유지된다.

하지만, 부통령과 내각이 4일 이내에 상원 임시의장과 하원의장에게 대통령이 권한과 직무를 수행할 수 없다는 서면 성명서를 다시 보내면 상황은 달라진다. '연방 의회가 서면 성명서 수령 후 21일 이내에, 또는 회기 중이 아닌 경우 연방 의회가 소집 요구를 받은 후 21일 이내에 양원 3분의 2의 표결로 대통령이 대통령직의 권한과 의무를 수행할 수 없다고 결의하면, 부통령이 계속 대통령 권한대행으로서 그 권한과 직무를 수행한다'고 되어 있다.

미국의 민주당은 현직 대통령 바이든을 사실상 파면했다. 민주당 내부에 대통령보다 더욱 막강한 보이지 않는 권력이 있다는 사실이 증명되었다. 아래의 그림은 시저의 암살을 바이든의 퇴출과 비유해서 풍자한 것이다. 시저는 자신이 정말 믿었던 브루투스의 배반으로 암살당하게 되는데 '브루투스 너마저도!'라는 유명한 탄식을 남겼다. 바이든 역시 '너희들이 나에게 그럴 수 있어!'라며 분한 마음을 삭여야 했을 것이다.

그림에 나타나는 바이든에게 칼을 휘두르는 사람들은 오바마와 조지 소로스다. 부통령 카멜라 해리스, 대통령 후보 자리를 넘보고 있는 힐러리 클린턴, 역시 차기 미국 대통령을 꿈꾸고 있다는 당시 캘리포니아주지사 개빈 뉴섬(Gavin Newsome)이 바이든이 암살당하는 상황을 보며 뒤에서 웃고 있다.

"브루투스, 너마저?(라틴어: Et tu, Brute?)"는 로마 황제 율리우스 카이사르가 친구 마르쿠스 유니우스 브루투스를 포함한 무리에게 암살당하면서 브루투스를 보고 외쳤다는 말이다. 믿던 상대에게 배신당하였을 때 사용되는 인용문이다. 믿었던(?) 오바마와 조지 소로스에게 칼부림을 당하는 바이든. 뒤에서 카멀라 해리스, 캘리포니아 주지사 Gavin Newsome, Hilary Clinton 등 잠재적 민주당 대권 주자들이 웃고 있다.

트럼프 암살 미수사건

2024년 7월 13일 오후 트럼프는 2024년 대선 최고의 격전지였던 펜실베이니아의 시골 마을 버틀러에서 유세를 벌이고 있었다. 여름날이었기에 해가 길었다. 오후 6시 11분~12분 경 저격범의 총탄이 트럼프의 오른쪽 귀 상단 부분을 스치고 날아갔다. 청중들을 바라보고 유세하고 있던 트럼프가 연단에 설치된 큰 화면을 보라며 고개를 돌리고 있던 바로 그 순간이었다. 바이든 행정부 이민 정책의 실정을 보여 주는 자료 화면을 가르치며 고개를 돌리지 않았다면 총알은 트럼프의 머리를 관통했을 것이다.

미국의 여러 직업 중 가장 위험한 직업이 대통령이라는 말이 있다. 미국 대통령 45명 중 현직 재임 중 암살당한 대통령이 4명이다. 16대 에이브러햄 링컨 대통령(1865년), 20대 제임스 가필드 대통령(1881), 25대 윌리엄 맥킨리 대통령(1901), 그리고 35대 존 F. 케네디 대통령(1963) 등이 재임 중 암살당했다.

사망하지는 않았지만 피격을 당한 대통령도 많았다. 미국 역사상 최초의 대통령 암살 시도 사건은 7대 앤드루 잭슨 대통령을 향한 암살 시도였다. 26대 시어도어 루스벨트 대통령도 암살될 뻔했다. 재선에 도전하기 위해 1912년 위스콘신주 밀워키에서 선거 유세를 하고 있던 중이었다. 미국 역사상 유일한 4선 대통령인 32대 프랭클린 루스벨트 대통령은 대통령 당선인 신분일 때 암살될 뻔했다. 취임식을 불과 20일 앞둔 1933년 2월, 플로리다주 마이애미에서 연설하던 중 총격을 당했다. 루스벨트 대통령은 무사했지만, 옆에 있던 시카고 시장이 사망하고 여러 명이 다쳤다. 33대 해리 트루먼 대통령도 암살 위기를 모면한 대통령이었다. 경호원 1명이 숨지고 여러 명이 다쳤지만, 트루먼 대통령과 가족은 무사했다. 38대 제럴드 포드 대통령도 2번의 암살 위기를 당했다. 제40대 로널드 레이건 대통령도 취임 후 두 달 만에 암살 위기를 당했다.

대통령에 당선되지는 않았지만 유세 중 암살당한 유력 후보도 있었다. 35대 케네디 대통령의 친동생으로 법무장관이었던 로버트 케네디는 민주당 대선 경선 유세 중 로스앤젤레스에서 암살당했다. 로버트 케네디의 아들인 로버트 케네디 2세(Robert Kennedy Jr.)는 2024년 민주당 대선후보 경선에 출마, 바이든과 겨루다가 민주당을 탈당하고 무소속으로 선거전을 펼쳤다. 그러던 중 8월 23일 후보직을 사퇴하는 동시에 트럼프를 지지했고 현재 트럼프 행정부의 보건부 장관으로 일하고 있다.

바이든 정부는 비록 제3의 후보이긴 했지만 미국 국민들의 약 5% 정도의 지지를 받았던 로버트 케네디 2세 후보에게 별다른 경호를 제공하지 않고 있다가 7월 13일 트럼프 피격 사건이 있은 후 비로소 경호를 제공하기 시작했다.[103] 로버트 케네디 2세는 1963년 현직 대통령이던 삼촌 존 F. 케네디를 암살로 잃었고 1968년에는 민주당의 유력 후보로 대통령 경선 중이던 아버지 로버트 F. 케네디를 잃었다.

트럼프의 경우에도 바이든 정권은 경호를 소홀히 했다. 트럼프 피격 사건 이후에도 특별히 경호를 강화해 주지 않았다. 대부분 암살 사건들과 마찬가지로 트럼프 저격 사건 역시 그 진정한 의도와 시행자가 아직도 모호한 상태로 남아 있다.[104] 미국의 주류 언론들은 트럼프가 암살당할 뻔한 상황을 묘사할 때 '암살'이라는 용어를 사용하지 않으려 노력했다. 그냥 "트럼프 유세중 부상당하다" 식으로 보도했다.[105] 배후에 아무도 없는 "외로운 늑대(Lone Wolf)"가 야기한 단순한 범죄 사건인 것처럼 묘사했다.[106] 대부분 미국 주류 언론의 극좌파적 보도 행태의 표준적인 언급은 '트럼프의 전투적인 말들이 스스로 암살 시도를 초래했다'는 투였다. 트럼프를 싫어하는 유명 인사들은 '다음에는 사격 연습을 좀 더 하고 총을 쏘라'는 식으로 비아냥거리기조차 했다. 유명한 영화배우 조니 뎁은 '배우가 대통령을 암살한 마지막이 언제더라?'며 트럼프에 대한 노골적인 적대감을 표시했다.[107]

그러나 당일 현장에 있던 기자가 찍은 사진들은 2024년 미국 대선의 진행 방향을 완전히 바꾸어 놓았다. 얼굴에 피를 흘리는 트럼프가 주먹을 불끈 치켜들며 "싸우자! 싸우자! 싸우자!(Fight! Fight! Fight!)"라고 외치는 모습은 문자 그대로 트럼프의 당선을 결정짓는 계기처럼 보였다.

AP 통신의 Evan Vucci 기자가 찍은 사진 2024.7.13. Pennsylvania, Butler 유세 도중 암살미수 사건. 이후 트럼프 지지 폭등

그날 결정적인 사진들을 찍은 AP 통신의 에반 부치(Evan Vucci) 기자는 "얼굴에 묻은 피와 성조기 그리로 불끈 쥔 트럼프의 주먹은 내 사진을 더욱 극적(Dramatic)으로 만들었습니다"고 말했다. 미국 언론들은 2024년의 대선은 트럼프의 압승(landslide victory)이 될 것이라고 예상하기 시작했다. 한국의 언론들도 트럼프의 피격과 사진을 1면에 대서특필했다. 조선일보는 트럼프의 피격사건을 '신이 트럼프 구했다' '총알 탄 대세론'이라는 제목으로 보도했다.[108]

트럼프 암살 미수 사건은 미국인들의 기독교적인 심성을 다시 일깨웠다. 그동안 종교적인 심성이 많이 약화 되기는 했지만 마음 속 깊은 곳에 기독교적인 뿌리를 두고 있었던 많은 미국인들이 트럼프를 '하나님이 구해주셨다'고 생각하기 시작했다. 며칠 후 열린 공화당 전당 대회에서 총상 입은 귀에 사각형 붕대를 대고 나온 트럼프는 "전지전능하신 하나님이 계시지 않았다면 나는 이 자리에 서 있을 수 없었을 것입니다"고 말했다. 미국 사회는 이 사건을 보며 인간보다 큰 힘(GOD)이 존재한다는 사실을 다시 느끼게 되었다.

당일 트럼프 유세장에 왔던 한 미국의 중년 여성은 트럼프의 생존을 보고 "보이지 않는 힘이 미국의 앞날을 좋은 곳으로 이끌어 주고 있는 것 같다"며 인터뷰에 응했다.[109] 트럼프는 총상을 입었지만 7월 15일 시작될 예정이었던 공화당 전당대회 일정을 연기하지 않았다. 트럼프는 부연했다. "어제 있었던 믿을 수 없는 사건 때문에 나는 위스콘신에서 열릴 공화당 전당대회 참석을 이틀 정도 늦춰야겠다고 생각했었습니다. 그러나 나는 이 같은 방해 세력들이 우리 계획에 어떤 영향도 미치게 해서는 안 될 것이라고 결정했습니다." 트럼프는 78세의 적지 않은 연령의 후보였지만 암살 미수 사건을 통해 '강인한 대통령'의 이미지를 미국 국민들에게 심어 주었다.

트럼프 암살 사건 현장에서 트럼프 연설을 듣던 50세의 남성(Corey Comperatore)이 사망했다. 민주당 소속인 펜실베이니아주지사 조시 샤피로(Josh Shapiro)는 콤패라토 씨를 영웅이라고 치켜세웠다. 57세와 74세인 남성 두 명이 현장에서 부상을 당했다. 저격범인 20세의 쿠륵스(Thomas Matthew Crooks)는 비밀 경호원들에 의해 현장에서 사살당했다. 사건 직후 폭스 뉴스의 앵커맨 제시 와터스(Jessy Watters)는 "아직 사건의 전모를 알 수 없고 과연 미국의 FBI가 신뢰 있는 조사를 할지 알 수 없다. 이미 이 사건을 외로운 늑대의 단독 범행으로 몰아가고 있는데 미국의 언론이 그리고 현 정부(바이든 정부)가 언제까지 이 사건을 은폐(coverup)할 수 있을지는 두고 볼 일"이라고 의미심장한 논평을 했다.[110]

이란이 배후에 있다는 말도 나왔다. 그러나 이 사건의 진실은 백악관을 다시 탈환한 트럼프 행정부가 규명해야 할 일이 되었다.

암살 사건 후에도 민주당은 트럼프를 조롱했다

7월 13일 발생한 트럼프 암살 미수 사건 직후, 민주당 행정부는 트럼프 후보의 경호를 강화해 달라는 요구를 거부했다. 사건 직후 이란이 7월 13일 암살 사건의 배후라는 주장이 나오기 시작했다. CNN의 매튜 임펠리 기자는 미국의 국가정보 관리가 익명으로 제보한 이란 배후설을 보도했다.[111] 뉴스위크(Newsweek)도 같은 날 유사한 보도를 내보냈다. 모든 것의 발단은 6월 27일 바이든이 트럼프와의 대선 토론회에서 죽을 쑨 이후, 민주당이 공황 상태에 빠져들면서 야기된 일이라고 주장했다.

ABC TV 방송의 대표적인 민주당 성향의 앵커인 조지 스테파노풀르스(George Stephanopoulos)는 바이든이 4년을 더 일할 수 있으리라고는 생각하지 않는다고 말했다. 토론회가 끝난 다음 주 7월 5일 바이든 대통령은 스테파노풀르스가 위스콘신주의 메디슨시에서 진행한 'This Week'에 출연했었고 바이든과 대화를 나눈 스테파노풀르스는 바이든이 4년간 대통령직을 더 할 수 있다는 사실에 심각한 부정적 견해를 표시한 것이다. 그러나 스테파노풀루스는 암살 미수사건을 '트럼프의 폭력적인 언급들이 화를 불러일으켰다(Donald Trump Inspired Political Violence that Almost Cost Him His Life)'는 투로 말해서 여론의 뭇매를 맞았다.

폭력적 언급은 트럼프의 반대 세력이 오히려 더욱 극단적으로 해대고 있었다. 영국 BBC의 데이비드 아로노비치 기자는 2024년 7월 1일 "내가 바이든이라면 미국 국가안보에 대한 위협이라는 이유로 신속하게 트럼프를 암살할 것이다"는 글을 X에 올렸었다. 트럼프가 폭력을 부추겼던 결과 거의 자신의 목숨을 잃을 뻔했다고 말하는 깊은 병이 들어버린 병든 미국의 주류 극좌 언론들도 부지기수였다.

트럼프에 대한 중상모략과 악마화는 반트럼프 진영의 일상적인 모략이었다. 수많은 유명인사들이 트럼프가 당선되면 이민 가겠다는 말을 했고 트럼프를 미국 실존에 대한 위협이라고 말했다. 아직 후보 자격을 박탈당하기 전, 바이든 대통령은 트럼프가 지명한 런닝 메이트인 밴스 부통령 후보를 향해 "밴스는 노동자들 이야기를 하고 있다. 그러나 지금 그와 트럼프는 중산층의 세금을 올릴 것이다. 반면 그들은 부자들의 세금을 감면해 줄 것이다. 나는 그들이 당선되도록 하지 않을 것이다"라며 악담을 퍼부었다. 밴스는 미국의 깡촌 산골 마을에서 태어나 술주정뱅이 아버지, 마약쟁이 어머니의 가정에서 어려운 소년 시절을 보냈지만 할머니가 키워 주어 미국의 꿈을 이룬 젊은 정치가다.

그는 고등학교를 졸업한 후 해병대에 지원하여 사병으로 근무했다. 이라크 전쟁에도 참전했던 밴스는 오하이오 주립대학 정치학과를 우등으로 졸업한 후 예일대학 법과대학원에서 공부했다. 대학원 졸업 후 그는 변호사 활동을 하며 많은 돈을 벌었고 30대의 젊은 나이에 오하이오주의 상원의원에 당선되었다. 트럼프가 부통령 후보로 지명했을 당시 밴스는 아직 40세 생일을 맞이하지도 못한 젊은이였다. 자수성가해서 부와 명예를 이룩한 밴스 부통령 후보를 바이든은 부정적 의미의 '부자'처럼 폄훼하면서 인신공격을 해대었던 것이다.[112]

트럼프에 대한 두 번째 암살 시도가 트럼프가 공식적으로 공화당의 후보가 된 후에 일어났다. 2024년 9월 15일 트럼프 후보가 플로리다주 웨스트 팜 비치에 있는 자신의 골프장에서 골프를 치던 중 암살 시도가 사전에 발각되었다. 58세의 아얀 웨슬리 루스라는 자가 골프장 인근의 숲에서 트럼프를 향해 라이플을 조준하려던 시도가 사전에 탐지되었다. 범인은 현장에서 도망쳤지만 곧 체포당했다.

트럼프 저격 사건이 일어난 지 두 달 만에 다시 일어났던 일이다. 범인은 이미 연방법 위반으로 4번이나 기소당한 범죄 경력이 있는 위험한 인물이었다. 현재 재판 중에 있으며 루스 자신은 자신이 무죄라고 강변하고 있다. 이 사건 역시 루스가 혼자 일으킨 단독 범행 사건인지 혹은 배후에 다른 세력이 있는 것인지를 알 수 없다.

아무튼 트럼프를 두려워하는 세력들은 트럼프를 암살하겠다는 범법자의 행동마저도 정당화 시킬 정도로 트럼프가 다시 대통령에 당선됨을 막기 위한 온갖 수단들을 강구했다.

트럼프 낙선을 위한 민주당의 법적 전쟁(Lawfare)

트럼프가 2024년 대선 출마를 선언하자마자 트럼프는 민주당이 행한 모든 민사 및 형사사건의 피고가 되어 법원을 들락거리느라 정신없이 분주한 세월을 보내야만 했다. 민주당과 트럼프를 반대하는 미국 내 세력들은 트럼프에게 무려 90건이 넘는 민사 및 형사소송을 제기했다. 투표를 통해서는 도저히 트럼프를 꺾기 어렵다고 생각한 민주당은 트럼프를 법적으로 낙마시키기 위한 법률전쟁(LAWFARE)을 선포했던 것이다. 트럼프가 아예 대통령 선거에 출마할 자격조차 박탈하는 것이 그들의 목표였다. 트럼프를 향한 법적 전쟁은 크게 3가지 부류로 나누어서 분석될 수 있을 것이다.

첫째는 트럼프라는 이름 자체를 각주의 투표용지 명단에서 제외하는 방법이었다. 트럼프는 소송이 많이 걸려 있는 범죄자이기 때문에 대통령 선거에 출마할 자격이 원천적으로 없으니 아예 투표용지에서 트럼프라는 이름을 빼야 한다는 것이었다. 민주당 주들이 중심이 되어 야기한 법적 전쟁의 한 부분이었다

둘째는 트럼프에 대한 수 많은 민사소송들이다. 뉴욕주에서 보여진 것과 같이 트럼프가 과거 사업을 할 때. 혹은 트럼프의 여성 편력 들을 들춰내어 그를 모욕 주고 천문학적 벌금을 부과하는 방법이다. 트럼프를 잡범(雜犯) 취급함으로써 그를 모욕하고 선거가 있기 전에 트럼프의 유죄를 확정함으로써 사상 처음으로 범죄자 신분으로 선거를 치르게 하려는 노골적인 선거 방해 행위다.

셋째는 트럼프를 정치적인 형사범으로 엮는 것이다. 조지아주에서 행해진 것인데 트럼프가 2020년 대선 선거 결과에 불복하고 선거 결과를

뒤엎으려 했다는 사실에 근거한 재판이었다. 이 재판은 트럼프를 다른 형사범처럼 머그샷[113]을 찍게 하고 재판을 질질 끌면서 트럼프를 괴롭혔다.

1. 트럼프 이름을 투표용지에서 삭제하기

미국의 대통령 선거방식은 각 주들이 알아서 결정한다. 트럼프를 반대하는 미국의 민주당 주들에서 이 같은 움직임이 광범위하게 나타났다. 콜로라도주, 메인주, 일리노이주 등에서 트럼프라는 이름 자체를 자기들 주의 대통령 선거인 투표용지에서 제외한다는 주 차원의 사법적 결정들이 있었다. 이들이 자신의 행동을 정당화시키는 근거로 삼은 법은 수정헌법 제14조 3항이었다. 수정헌법 14조 3항은 "헌법을 지지하기로 맹세했던 공직자가 모반(謀叛)이나 반란(叛亂)에 가담하면 다시 공직을 맡지 못한다"고 규정하고 있다. 1860년대 남북전쟁 직후에 만들어진 법으로써 국가 반란에 동조한 사람들이 공직을 담당하지 못하게 하려고 만들었던 법안이다.

2021년 1월 6일 의회에서 대통령 선거인단 득표수 공식 계수를 진행하던 날 트럼프를 지지하던 사람들의 의사당 진입 사건을 내란사건으로 간주하고 트럼프는 그 사건을 배후 조종한 내란범이라고 본 것이다. 몇몇 민주당 주의 사법부가 주도한 법률전쟁이었다. 의회 난입 사건의 주모자인 트럼프는 당연히 모반죄 반란죄를 저지른 인물이니 당연히 투표용지에서 이름을 삭제해야 한다는 것이었다.

물론 트럼프 측은 자신들이 폭동을 부추기지 않았다며 방어했다. 오히려 트럼프는 흥분한 군중들에게 평화적으로 시위를 하고 집으로 돌아가라고 권유했었다. 지난 4년 동안 이 같은 주장은 전혀 먹혀들지 않는 주장이었다.

트럼프와 표 대결에서 승리하는 것이 현실적으로 어렵다고 생각한 민주당은 트럼프의 이름을 투표용지에서 아예 빼버리려는 노력을 시도했지만 생각처럼 되지는 않았다. 콜로라도, 메인, 일리노이주 등에서 제안되었었지만 콜로라도주의 국무장관이 이를 번복했으며 미시간, 오레곤에서는 주 대법원이 이를 거부, 트럼프의 이름이 투표용지에 남아있을 수 있게 되었다.

트럼프의 이름을 삭제하겠다는 민주당 주의 노력에 대항, 공화당의 일부 주들 중에서 트럼프의 이름이 정말로 민주당 주들에서 삭제될 경우 바이든의 이름을 공화당 주에서 삭제하겠다며 대항했다. 미주리, 플로리다, 텍사스 등 공화당이 지배하는 주들에서 나타났던 반동적 움직임이었다.

미국 연방 대법원은 2024년 3월 4일 대법관들의 판단 근거는 일부 달랐지만 만장일치로 결론을 내렸다. 연방 대법원의 결정으로 트럼프는 출마 자격에 대한 법적 시비를 완전히 해소하였다. 2025년 1월 12일, 트럼프의 취임을 10일도 남겨놓지 않은 시점에서 2021년 1월 6일의 사건은 오히려 민주당이 덫을 놓은 의도적 사건이라는 증거들이 쏟아져 나왔다. 이미 민주당 지휘부가 조작한 사건이라는 이야기가 광범하게 번진 상태였고 경찰이 먼저 폭력을 행사하지 않는 시민들을 향해 발포했다는 결정적인 증거도 나왔다.[114] 트럼프를 내란범으로 몰아간 민주당은 스티브 배넌의 말처럼 사냥하던 자(Hunter)에서 사냥당하는 자(Hunted)의 신세가 되고 말았다.[115]

2. 트럼프에게 모욕을 주기 위한 민사소송들

트럼프에게 가해진 다른 종류의 법적 전쟁은 트럼프를 모욕 주는 데 집중했다. 이 진 캐롤 (E. Jean Carroll)이라는 여인에 대한 명예훼손 사건이 그중 하나인데 트럼프는 무려 8,300만 달러라는 천문학적 금액의 벌금형을 추가로 선고받았었다. 2023년 5월 9일 뉴욕의 남부 지방법원은 트럼프가 캐롤을 성적으로 학대했고 명예를 훼손했기 때문에 배상금 500만 달러를 그녀에게 지급하라고 판결했다. 2024년 1월 동 법원은 트럼프가 1심 판결 이후 했던 말도 역시 캐롤의 명예를 훼손했다며 8,330만 달러를 추가로 지급하라는 명령을 내렸다. 2025년 가을 환율 기준으로 1,166억 2,000만 원에 해당하는 거금이다.

미국 주류 언론들과 그것들을 주로 베껴 쓰는 한국의 주류 언론들은 캐롤의 증언들을 모두 다 사실인 것처럼 보도했지만 캐롤은 트럼프가 강간했다는 날짜와 연도도 기억해 내지 못했고 제대로 말하지 못했다. 캐롤은 자신의 인터넷 계정에 '개가 짝짓기하는 모습을 보고 배운다'는 글을 올려놓는 등 성도착증 증세를 보이는 여성으로 조지 콘웨이 같은 민주당 운동원이 배후 조종하고 있는 것으로 알려졌다. 이 사건은 트럼프가 1기 대통령으로 재임 중이었던 2019년 사건이며 사건이 발생한 시점은 30-40년 전으로 거슬러 올라간다. 캐롤은 자신이 30-40년 전 뉴욕시 맨해튼의 한 백화점에 있는 옷 갈아입는 방(Fitting Room)에서 트럼프에게 강간당했다고 주장했다.

트럼프는 "나는 그 여자를 모른다"는 글을 트윗에 올렸고 2022년 말, 2024년의 대선에 출마하겠다는 발표를 한 이후 '캐롤 같은 여인은 내 취향이 아니다(Not My Type)'라고 말을 했다. 캐롤은 이 말에 대해 "그 말이나를 아프게 했다"며 트럼프를 공격했다. 골수 민주당 배심원들에 의한 트럼프 유죄 판결이 내려졌다. 물론 트럼프는 항고했지만 인격적으로 파탄 나는 모욕을 받지 않을 수 없었다. 미국 국민들이 이 판결을 진실한 판결이라고 믿었다면 트럼프는 원천적으로 미국 대통령이 될 수 없는 인물이어야 했을 것이다.

트럼프의 민사소송 중에는 3억 5,500만 달러 벌금 사건도 있었다. 죄목은 트럼프가 기업가 시절 부당한 대출을 받아 큰 이익을 취했다는 것이다. 트럼프는 자신의 부동산 가격들을 실제보다 크게 부풀림으로써 큰 돈을 은행으로부터 빌릴 수 있었고, 그래서 많은 돈을 벌 수 있었다는 게 죄목이다. 레티샤 제임스(Letitia James)라는 흑인 여성인 뉴욕 검찰총장이 기소했던 사건이다.

문제는 은행들이 알아서 대출을 해 준 것이고 트럼프는 기간 내에 이자를 붙여 빌린 돈을 모두 갚았다는 점이다. 즉 이 사건에서 1달러라도 손해를 본 사람은 아무도 없었다. 역시 반트럼프 민주당 계열 판사인 아더 엔고론(Arthur Engoron)은 트럼프에게 1심에서 한국 돈으로 약 4,970억 원에 이르는 3억 5,500만 달러의 벌금을 부과했다. 트럼프의 선거운동을 파탄내기 위한 것이었음을 알 만한 사람들은 다 알 수 있는 판결이었다. 이 같은 벌금 판결이 있은 후 포브스지는 트럼프의 재산이 2024년 현재 26억 달러(3조 6,400억원) 정도라고 추산했다.[116] 트럼프가 아무리 억만장자라고 할지라도 도무지 상식적으로 받아들일 수 없는 거액의 벌금을 물게 되어야 했던 것이다.

3. 트럼프를 향한 형사소송: 조지아주, 트럼프의 선거 불복을 형사 사건으로 기소

조지아주의 풀턴 카운티(Fulton County) 검찰총장인 파니 윌리스는 트럼프가 2020년 대선에서 조지아주의 대선 결과를 뒤엎으려 시도했다며 트럼프를 고발했다. 파니 윌리스는 흑인 여성이었으며 흑인 남성인 네이쓴 웨이드(Nathan Wade)를 트럼프를 기소할 담당 검사로 임명했다.

2023년 8월 24일 도널드 트럼프는 파니 윌리스 검찰총장의 고발에 스스로 응했고 애틀랜타 소재 풀턴 카운티 감옥에 출두해서 형사범들이 찍는 머그샷(Mug Shot)을 촬영했다. 그가 형사범으로 부여받은 번호는 BOOKING NO. 2313827이었다.

법적인 고난이 시작되었지만 트럼프는 이 상황을 오히려 선거에 적극적으로 활용했다. 트럼프의 머그샷 사진은 트럼프의 선거운동 소품들인 T셔츠와 컵에 인쇄되기 시작했고 트럼프는 정치적으로 고난받는 사람으로 인식되기 시작했다. 인구비례에 비해 머그샷을 찍힐 확률이 압도적으로 높은 흑인들이 트럼프를 자신들처럼 고난받는 사람으로 인식하기 시작했다. 머그샷을 찍힌 이후 흑인들 사이에서 트럼프의 지지율이 대폭 상승했다.

모두가 민주당 소속인 조지아의 검찰과 판사들의 트럼프에 대한 법률적 싸움은 그들의 의도대로 진행되지 못했다. 파니 윌리스 검찰총장과 네이쓴 웨이드 검사 간의 불륜과 부정부패 스캔들이 폭로되었으며 윌리스 검찰총장의 공금 유용 사건에 대한 위증이 오히려 더욱 큰 사건으로 비화되었다. 윌리스 검찰총장은 해임될 것이고 10년 동안 감옥에 갈 것이라는 말도 있었다.

2023년 8월 24일 조지아, Atlanta Fulton Coun-ty 감옥에서 찍힌 트럼프의 죄수 사진 (Mugshot)

트럼프 대통령은 47대 공식 사진으로 머그 샷 사진과 유사한 모습을 택했다

트럼프는 머그 샷 사진을 곧바로 선거 운동용 상품들로 만들어 활용했다

브라이트바트(The Breitbart)지는 이 사건은 바이든 정부가 의도적으로 첩자를 동원해서 일으킨 사건이라는 보도를 내었다. 브라이트바트지는 만약 이것이 사실이라면 바이든 행정부가 불법적으로 대선에 개입한 사

례가 될 것이라고 해설하고 트럼프를 기소한 풀턴 카운티의 검찰청은 부정부패가 만연한 곳이라고 주장했다[117]

이상 3가지로 분류되는 트럼프를 향한 법률전쟁은 오히려 트럼프 지지자들을 결집시키는 효과를 내었다. 뉴욕의 민사소송 결과에 분노한 트럭 운전자(Trucker)들이 뉴욕시에 대한 물자 운송을 거부, 뉴욕을 완벽하게 폐쇄할 것이라며 위협했고 뉴욕 시민들은 만약의 사태에 미리 대비해야만 할 것이라는 경고조차 나왔다.[118]

이 같은 시민적 저항이 야기되는 상황에서 미국 대법원은 트럼프 면책 사례(TRUMP IMMUNITY CASE)를 들어주고 앞으로 심리를 할 것이라고 결정, 트럼프에게 대단히 유리한 법적 상황을 만들어 주었다.[119]

트럼프를 향해 정치적 무기로 사용되었던 각종 고소들은 결국은 모두 지리멸렬 와해되었다. 트럼프가 유죄 판결을 받는 즉시 트럼프의 지지율이 상승하는 역설적인 결과들도 나타났다. 미국의 언론들은 '트럼프를 향한 정치적으로 무기화된 고소들이 와해되고 있다(Weaponized Lawsuits Against Trump Falling Apart)' '민주당의 지저분한 트릭, 결정적 패배를 당하다(Major Setback for Dem's Dirty Trick)'라며 보도했다.

트럼프가 강간사건으로 억만금 벌금형을 받는 날 트럼프에 대한 지지도가 6% 상승했었다. 미국 국민들은 트럼프를 향한 법률전쟁이 과연 무엇을 의미하는지 이미 잘 알고 있었던 것이다.

바이든 정권의 트럼프 탄압: 잭 스미스(Jack Smith) 특검

바이든 정부는 트럼프의 재선 출마를 막기 위해 아예 정부 차원에서 트럼프를 탄압했다. 트럼프를 기소하고 특검을 단행했다. 특검을 담당한 검사는 잭 스미스(Jack Smith)였다. 잭 스미스는 바이든 행정부의 검찰총장 메릭 갈란드(Merrick B. Garland)에 의해 2022년 11월 18일 특별검사로 임명되었다. 바이든이 대통령직을 시작한 지 1년 10개월이 지난 시점에서 트럼프가 재임 중 저지른 불법행위들을 수사한다는 명분 아래 정치 탄압이 시작되었던 것이다. 백악관을 떠나 재야에 나가 있는 트럼프는 민주당 정치가들에게는 정말로 큰 위협이 아닐 수 없었다는 사실을 증명하는 사건이었다.

2025년 8월 한국 대통령이 백악관을 방문했을 시 백악관 오벌 오피스에서 한국의 상황을 설명하며 윤석열 대통령에 대한 '내란 특검'이 진행되고 있다고 말하자 트럼프 대통령은 '한국에 그 미친 잭 스미스(Deranged Jack Smith)가 있는 모양'이라고 뼈아픈 언급을 했었다. 농담처럼 말했지만 무시무시한 적개심이 내포된 말이었다. 2025년 10월 하순 아시아를 순방 중인 트럼프는 잭 스미스 특검을 규탄하는 글들을 계속 트루스 소셜 등의 계정에 올리고 있을 정도로 이 사건의 여파는 대단하다. 트럼프 팀은 잭 스미스를 감옥에 처넣을 기세로 총반격을 단행하고 있는 중이다.

잭 스미스 특검은 '북극의 서리(Arctic Frost)'라는 이름의 수사 작전을 통해 무려 160명에 이르는 공화당 관련 인사들을 은밀히 불법적으로 조사했다는 FBI의 문서가 발견되고 폭로되었다. 공화당 유수 상원 및 하원의원들의 전화가 도청당했다는 사실이 폭로되었고 도청이 광범위하게 이루어졌다는 사실이 밝혀졌다. 트럼프 대통령은 2025년 10월 29일자 X 계정에 올린 글에서 이러한 대규모 불법행위를 저지른 잭 스미스를 감옥에 처넣어야 한다고 주장하고 있다.[120]

같은 날 미국의 보수계열 뉴스 방송인 뉴스 맥스(Newsmax)에 논객으로 출연한 에드 헨리(Ed Henry)는 뉴스맥스의 간판 프로그램인 그렉 켈리 리포트에 출연, 바이든 법무부가 북극의 서리 작전을 통해 자신을 표적으로 하는 불법 수사를 자행했었다는 사실을 폭로했다. 에드 헨리는 트럼프 대통령과 함께 J-6 사건으로 인해 투옥되어 있는 사람들을 도와주기 위해 '모든 사람에게 정의를'이라는 노래를 만들었던 사람이었다. 에드 헨리는 잭 스미스 특검이 트럼프가 돈을 줘서 노래를 만든 것인가 여부를 수사하려 했을 것이라고 말했다.

잭 스미스 특검이 트럼프를 무너뜨리기 위해 얼마나 집요하고 광범한 수사를 했는지를 증거해 주는 사례다. 2025년 10월 말 현재 트럼프를 특검했던 잭 스미스 특검이 역으로 특검을 당해야 하는 상황에 처하고 있다. 트럼프 팀이 잭 스미스를 몰아붙이고 있는 법적인 이유는 공정해야 할 법무부가 정치적인 목적을 위해 편향적으로 사용됨으로써 정치적 중립 원칙을 어겼다는 데 있다. 물론 잭 스미스는 자신은 정치적 중립을 어기지 않았다며 항변하고 있는 중이지만 잭 스미스 특검의 행동을 결코 중립적인 엄정 수사라고 보기는 어렵다. 왜 그렇게 생각하는지 살펴보기로 하자.

잭 스미스는 오랫동안 미국 고위층의 정치적 부정부패, 전쟁범죄 등을 특검한 하버드 법대 대학원 출신의 저명한 검사로써 미국 법무부(Department of Justice)에서 경력을 쌓아왔던 인물이다. 잭 스미스는 2018년부터 2022년까지 헤이그의 코소보 전쟁 관련 특별 재판소에서 전범자들을 수사하고 기소하는 일을 담당하기도 했다.

2022년 11월 18일 메릭 갈란드(Merrick Garland)가 트럼프를 수사하기 위한 두 개의 연방 차원의 수사를 지휘할 특별검사로 잭 스미스가 임명된 날은 트럼프가 2024년 대선에 출마하겠다고 발표한 지 겨우 3일째 되는 날이었다. 트럼프 팀이 트럼프가 대통령 후보로 출마하지 않았더라면 특검도 없었을 것이라고 꾸준히 주장해 온 이유가 바로 여기에 있다. 바이든의 법무부가 트럼프를 특검해야 할 이유로 제시한 범죄 항목들은 다음과 같다.

첫째는 트럼프가 2021년 1월 퇴임할 당시 비밀문서를 마러라고의 집으로 가지고 갔다는 사실에 대한 수사(The Classified Documents Investigation)이다. 특별검사 측은 트럼프가 100개 이상의 기밀문서를 플로리다의 저택으로 가져갔으며 그중 일부는 허술하게 관리되고 있다고 주장했다. 예로서 목욕탕 같은 곳에 국가 기밀문서를 보관했다고 주장했다. 특검은 트럼프가 국가문서 보관소(National Archives)와 FBI가 기밀문서들을 다시 장악하려는 노력을 방해하고 저항했다고 주장했다. 잭 스미스 특별검사 팀은 이 같은 죄목을 대배심원에서 증언했고 소환장을 발부했으며 2022년 8월 트럼프의 저택을 습격했다.

2023년 6월 당시 트럼프는 37건의 중범죄로 기소되어 있었다. 트럼프의 죄목 중에는 트럼프가 의도적으로 간첩법(Espionage Act)을 위반했고, 국가안보 관련 정보를 불법적으로 보유하고 있으며, 법원의 활동을 의도적으로 방해하고 있다는 내용도 포함되어 있었다. 2023년 7월 3가지 범죄 항목이 더 추가되었다. 트럼프는 무죄를 주장했고 자신은 잘못한 일이 없다고 항변했다. 트럼프가 국가기밀 문서들을 반출해서 자신의 집에 보관하고 있다는 사실에 관한 고발 사건은 증거 부족으로 인해 재판이 신속하게 진행될 수 없는 상황이었다. 트럼프는 대통령의 면책 특권도 주장했다.

2024년 7월, 트럼프가 임명했던 미국 지방법원 판사 에일린 캐논(Aileen Cannon)은 트럼프에 대한 기소를 기각했고 잭 스미스를 특별검사로 임명한 것은 위헌이라고 판결했다. 잭 스미스 특검은 이 판결에 대해 항소했지만 트럼프가 대통령에 당선된 후 항소를 포기했다. 항소 포기의 핑계는 법무부는 현역 대통령을 기소(고발)하지 않는다는 것이었다.

둘째, 특검이 형성되도록 한 트럼프의 두 번째 범죄는 2021년 1월 6일 트럼프가 자신을 지지하는 군중을 의회에 진입시킴으로써 선거 결과를 뒤엎는 반란을 도모했다는 범죄다(The January 6 Election Subversion Investigation). 트럼프가 국가의 공무원들을 압박해서 특히 경합주들에서 가짜 선거인단을 뽑고자 했고 지지자들을 자극, 의회에서 선거인단 최종 계수를 하지 못하도록 방해했다는 점들이 트럼프가 저지른 죄였으며 특검의 수사가 필요하다는 내용이었다.

잭 스미스 특별검사는 트럼프를 보좌하는 사람들, 증인들, 심지어 공화당의 입법자들 다수에게 전화, 이메일 기록들을 제출하라고 명령했다. 2023년 9월 스미스 특검은 법원의 명령을 통해 9명의 공화당 상원의원들에게 '통행료 부과 기록(toll record)'을 제출하라고 했다.[121] 이 수사를 진행한 FBI의 작전명이 앞에서 말한 '북극의 서리(Arctic Frost)'였다.

이 작전은 트럼프 팀들의 선거 개입을 위한 네트워크를 찾아내려는 목표를 갖고 있었다. 이 작전은 대배심의 권위를 통해 합법적인 것이기는 했지만 의원들의 의사소통권을 보장하는 연설 혹은 토론 조항(Speech or Debate Clause)을 위배하는 것이라는 논란을 야기하였다.

2023년 8월 트럼프는 1월 6일 의회 난입 사건과 관련, 4개의 중범죄를 저질렀다는 죄목으로 기소당했다. 즉 트럼프는 미국이라는 국가에 대해 사기 음모를 저질렀고, 공식적인 절차(의회에서 선거인단을 계수하는 것)를 방해하려는 음모를 꾸몄고, 공식적인 절차를 실제로 방해했으며, 권리 행사를 방해하는 음모를 꾸몄다는 죄목이었다. 물론 트럼프는 이 사안들에 관해서도 자신은 무죄라고 주장했다.

이 사건은 트럼프가 지명한 보수적인 대법관들이 다수를 이루고 있는 대법원 판결에 의해 재판 과정이 지연되었다. 대통령의 면책특권은 대통령을 기소하는 사안들에 제한을 두기 때문이었다. 트럼프가 2024년 11월 5일 다시 당선된 후 미국 지방판사 타냐 출칸(Tanya Chutkan)은 이 사건을 아예 기각시켜 버렸다. 잭 스미스 특검은 항소하지 않았다.

스미스 특검은 2025년 1월 이 사건 관련 최종 보고서를 제출했다. 선거 관련 제1권은 트럼프가 당선되지 않았다면 유죄가 될 수 있었다는 결론을 내렸다. 특검보고서는 J-6 의사당 진입 사건에 관해서는 트럼프가 의회 난입 사건을 직접 부추겼는지에 대한 증거가 불충분하기 때문에 범죄 여부를 묻지 않겠다고 결정했다.

잭 스미스가 주도한 두 가지 특검 사건 중 어느 것도 법정에 도달하지 못했다. 스미스 특검은 2025년 1월 10일 법무장관에게 사표를 제출했다. 수백만 달러의 돈이 소요되었고 수백 명의 증인이 불려 다녔다. 트럼프의 재선은 특검 자체를 종식시켜 버렸다. 이처럼 특검이 와해 된 것은 법무부의 관례를 따른 것이다. 즉 현직 대통령은 기소하지 않는다는 관례가 있기는 하다.

트럼프 측의 생각은 달랐다. 특검 자체가 특정한 '정치적인 목적'을 가지고 2024년 대선에서 트럼프를 낙선시키기 위해 의도적으로 행해진 마녀사냥(witch hunt)이었다는 것이다. 바이든 정부는 트럼프를 민주주의를 방해하는 세력이라고 보았지만 트럼프 측은 바이든 행정부의 처사야말로 민주주의를 파괴한 행동이라고 보고 있는 것이다.

2025년 10월 트럼프 행정부는 잭 스미스 특검을 정치적 사건으로 간주하고 수사를 시작했다. 연방 정부 공무원들의 정치적 행위를 금하고 있는 해치 법(Harch Act)을 심각하게 위반한 행동이라는 것이 스미스 특검을 수사할 수 있는 근거로 삼는 이유다. 트럼프 정부는 2025년 8월 스미스 특검의 수사가 공무원 중립을 저지하는 해치 법안을 위배한 것인가를 수사하기 위해 독립적인 특별위원회(Office of Special Council)를 구성했다. 애리조나주를 대표하는 톰 코튼(Tom Cotton) 공화당 상원의원은 잭 스미스 특검이 형성되고 수사가 진행된 시기 그 자체가 트럼프의 재선을 막기 위한 것이라고 볼 수밖에 없다고 주장한다. 특검 그 자체가 트럼프를 낙선시키기 위한 선거 개입 그 자체였다는 것이다.

물론 스미스 변호인단은 근거 없는 일이라고 일축하며 검사들은 후보들의 범죄를 수사할 경우 면책 특권이 있다고 주장하고 있다. 그러나 트럼프의 법무부는 잭 스미스 특검이야말로 바이든의 법무부가 트럼프를 탄압하기 위해 정부 부처를 무기화(Weaponization)시켰던 사례라고 주장하며 그 증거들을 수집하고 있다.

트럼프의 법무부는 '무기화 워킹 그룹(Weaponization Working Group)'을 조직했고 에드 마틴(Ed Martin)이 이 그룹을 이끌고 있는 중이다. 트럼프 행정부는 출범 직후인 2025년 2월 잭 스미스 특별 검사팀의 비밀정보 취급허가(security clearance) 권리를 박탈했다. 트럼프 정부가 집중적으로 조사하고 있는 부분은 잭 스미스의 행동에 정치적 편견(bias)이 개입되었냐의 여부다.

특히 최근 밝혀진 2021년 1월 6일 전화 기록에 관한 도청 논란 여부가 급격히 큰 사건으로 확대되고 있는 중이다. 2025년 10월 6일, 상원 법사위원회의 공화당 의원들은 FBI 문서를 공개하며, 스미스 팀이 2023년 '북극의 서리' 작전의 일환으로 공화당 상원의원 8명의 통화 기록을 은밀히 확보한 사실을 밝혔다. 의원들은 이를 워터게이트[122]보다 더 심각한 도청사건이라며 비난했고, 현 FBI 국장 캐시 파텔에게 추가 조사를 촉구했다. 트럼프는 트루스 소셜에서 스미스를 '비열한 인간'이라고 인신 공격을 해대었다. 법률 전문가들은 해당 기록이 통화 내용이 아닌 표준 메타데이터 수집이며, 대배심을 통해 합법적으로 확보된 것으로 과거에도 법적 검토를 거쳐 인정되었으며, 스미스의 보고서에도 언급되어 있다고 설명하고 있다.

상원 의원들이 수사의 직접적인 대상이었다는 증거나 권리가 침해되었다는 증거는 없지만, MAGA 성향 트럼프 지지자들 사이에서는 잭 스미스 전 특검의 체포를 요구하는 목소리가 점점 커지고 있다.

2025년 10월 29일 미국 하원 법사위원장인 오하이오주 출신 하원의원 짐 조던(Jim Jordan)은 Fox TV의 산 해니티 쇼에 출연하여 잭 스미스는 트럼프를 몰락시키기 위한 정치적인 목적을 가지고 활동한 바이든 행정부의 정치화된 법무부를 위해서 일했던 범죄인(Criminal)이라며 통렬한 비난을 가했다. 2025년 10월 하순의 시점에서 미국 정치 지형에 의거해 판단해 본다면 잭 스미스 특검은 기소되어 유죄판결을 받을 가능성이 아주 높다고 말할 수 있을 것 같다. 미국 정치가 보수주의 쪽으로 큰 방향 전환을 하고 있는 와중에서 좌파적인 행동부대의 선두주자 같았던 잭 스미스 특검이 무죄라며 버티기는 쉽지 않을 것으로 보인다.

트럼프에게 행한 법적 전쟁 사례 정리

트럼프에게 행한 법적 탄압은 앞에서 거론한 사례들이 다가 아니다. 트럼프에 대한 법적 탄압은 트럼프가 대통령에 처음 당선되기 이전부터 지속되어 왔던 일이다. 이곳에서는 간단하게 2016년 이후 트럼프가 당

했던 법적인 전쟁 및 탄압들을 정리해 보기로 한다.[123]

트럼프에 대한 법적 탄압은 트럼프가 첫 번째 대선에 도전했던 2016년 7월 31일 소위 "Crossfire Hurricane(십자포화 허리케인)"이라는 이름으로 시작되었다. 트럼프가 공식적으로 공화당 후보로 확정된 지 12일 만의 일이었는데 당시 오바마의 FBI는 트럼프의 선거운동을 사보타지하기 위한 정치적 목적을 가진 수사를 시작했다. 트럼프는 2016년 11월 대선에서 모두의 예상을 깨고 힐러리를 격파, 대통령에 당선되었다.

트럼프가 1기 임기를 시작한 지 2년 5개월 되는 날인 2019년 6월 21일 트럼프에게 대략 30년 전 뉴욕의 한 백화점 옷 입어보는 방(Fitting Room)에서 강간당했다고 주장하는 이 진 캐롤(E. Jean Carroll)이라는 여성이 트럼프를 고발했다. 트럼프가 재선 준비를 공식적으로 시작한 지 딱 6일째 되는 날이었다. 수십 년 전에 일어난 일이라며 날짜도 연도도 제대로 기억하지 못하는 75세(1943.12.12 출생)된 여인의 폭탄선언은 온갖 뉴스를 도배하고 있었다. 트럼프의 재선 도전은 진실성 여부가 불투명한 수십 년 전의 강간 사건에 가려져 이슈 거리가 되지 못했다.

2019년 12월 18일 트럼프에 대한 첫 번째 탄핵소추가 이루어졌다. 트럼프가 2019년 7월 우크라이나 대통령 젤렌스키에게 전화를 걸어 자신의 2020년 선거운동을 위해 권력을 남용했다는 사실과 의회의 권위를 무시했다는 죄목 때문이었다. 트럼프가 젤렌스키에게 전화를 걸어서 우크라이나로 하여금 바이든의 비리를 수사하라고 압박하며 미국 무기 지원 여부를 지렛대로 사용했다는 것이 권력남용의 내용이며 이를 수사하겠다는 의회의 출석 요구를 의도적으로 무시했다는 것이 의회의 권위를 무시했다는 내용이었다. 바이든의 선거를 지원하고 트럼프의 선거를 방해하기 위한 당시 미국 하원의 조치였다. 그러나 2020년 2월 5일 상원에서는 트럼프 탄핵소추를 부결시켰다.

다음은 2021년 1월 6일의 의회 난입 사건으로 인한 법적 전쟁이다. 낸시 펠로시 하원의장이 주도한 법적 전쟁이며 사건 다음날부터 법무부와 FBI가 수사를 시작했다. 수많은 트럼프 지지자들이 투옥되었다. 민주당은 트럼프의 지지 기반을 와해시키려 했다.

2021년 1월 13일 미국 하원은 임기를 7일 남긴 트럼프를 다시 탄핵소추했다. 탄핵 소추의 이유는 1월 6일 트럼프가 내란을 선동했다는 것이었다. 트럼프는 한 임기에 두 번 탄핵당하는 신기록을 세웠다.

2021년 6월 30일 트럼프가 백악관을 떠난 지 5개월 지났을 때 J-6 위원회가 시작되었고 하원은 Select Committee가 1월 6일 있었던 의사당 '공격'사건을 수사할 기구를 만들 것을 투표로 결정했다. 리즈 체니, 아담 킨징거 등 공화당 하원의원이 민주당에 동조했다. 1,400명 이상이 수사를 받은 미국 역사상 최대의 범죄 수사 사건이 시작된 것이다.

2022년 4월 '북극의 서리(Arctic Frost)' 작전이 시작되었다. 2025년 11월 이 작전을 기획하고 수행한 검사, 판사들이 탄핵 및 체포 위기에 직면하고 있는 상황이 되었지만 이 작전은 미국 공화당 상하원 의원들 및 공화당 및 보수적 인사들에 대한 광범위한 도청을 자행했다. 트럼프가 입버릇처럼 말하는 '미친' 잭 스미스 특검이 지휘한 작전이었다. 이 작전을 지휘했던 바이든 법무부와 사법부에 대한 반격 작전이 진행 중에 있다.

2022년 8월 8일 FBI는 트럼프의 사저인 마러라고 저택을 습격했다. 이 사건으로 인해 트럼프 대통령은 사저를 습격당한 역사상 최초의 대통령이 되었다. 막내아들 배런 트럼프의 방도 뒤졌고 영부인 멜라니아 여사의 방도 뒤졌다. 최악의 정치 탄압 사건이 바이든에 의해 진행되었던 증거다. 트럼프가 2024년 대선에 도전하지 않았더라면 일어나지 않았을 사건이며 트럼프가 원한을 가지지 않을 수 없도록 한 정치 사건이었다.

마러라고 저택 습격 사건 후 1개월여가 지난 2022년 9월 21일 트럼프, 트럼프의 맏아들 에릭 트럼프(Eric Trump)와 트럼프 재단을 기업 사기죄로 민사 고발했던 뉴욕주 검찰총장 레티샤 제임스(Letitia James)는 트럼프에게 무려 3억 5,400만 달러 벌금을 부과시키는 승리를 거두었다. 앞에서 이미 설명했듯이 트럼프가 자산을 부풀려 더 많은 돈을 대출받아 부당한 이익을 취했다는 죄목이었다. 2025년 11월 현재 트럼프를 기소했던 레티샤 제임스 검찰총장은 아이로니컬하게도 자신이 주택 사기죄로 고발당한 상태로 투옥될지도 모르는 상황에 처해 있다. 레티샤 제임스는 뉴욕 검찰총장에 출마했을 때 시민들에게 내건 구호가 "트럼프를 잡겠다"였을 정도로 반트럼프 인사다.

2022년 11월 18일 잭 스미스 검사가 특별검사로 임명되었다. 트럼프가 2024년 대선에 도전할 것임을 공식 발표한 지 3일째 되는 날이었다.

2023년 3월 30일 뉴욕 지방 검사 앨빈 브랙(Alvin Bragg)이 트럼프가 불법적인 행위를 했다며 34건의 형사 범죄 항목을 고발했다. 트럼프가 범죄행위를 저지르고 입막음용으로 돈을 불법적으로 사용했다는 것 등이 포함되어 있었다. 공화당 측은 이 사건들이 '정치적인 동기를 가진 것(politically motivated)'이라며 격렬하게 저항했다.

이 같은 사건들은 미국의 주류 언론만을 보는 사람들에게 트럼프는 용서할 수 없는 범죄자라는 이미지를 씌우는 데 성공했다. 미국의 주류 언론을 그대로 베껴 쓰는 한국의 주류 언론만을 참조하는 한국인들에게 트럼프의 이미지가 아주 나쁜 이유도 여기에 있을 것이다.

2023년 8월 24일 결정적인 사건이 터졌다. 조지아주 풀턴 카운티의 지방 검사 파니 윌리스는 트럼프를 13개의 중범죄 혐의로 체포한 것이다. 트럼프는 스스로 감옥으로 출두해서 형사범들이 찍는 머그샷(Mug Shot)을 찍혔다. 당시 77세였던 트럼프는 범죄자들이 찍히는 머그샷을 찍힌 미국 역사상 최초의 대통령이 되었다.

그러나 자신이 임명한 특별검사 네이쓴 웨이드(Nathan Wade)와 불륜관계를 맺고 그와 불륜 행각을 저지르며 공금을 유용했다는 사실이 발각된 파니 윌리스는 부정부패 행위가 발각된 후 트럼프 관련 사건에서 제외되었다. 이 사건의 죄목은 트럼프가 조지아주의 선거 결과를 뒤집으려는 범법행위를 했다는 것이다. 트럼프는 조지아주의 개표과정에서 드러난 부정선거 의혹을 강력하게 제기했었다.

트럼프 대통령의 친구이자 책사인 스티브 배넌은 2024년 대선이 있기 직전 '쫓는 자들이 곧 쫓기는 자가 될 것'이라는 의미심장한 언급을 했었는데 2025년 늦가을 현재 그의 말이 맞았다는 사실이 증명되고 있다. 파니 윌리스 역시 감옥행을 눈앞에 두고 있다.

2024년 7월 13일 펜실베이니아주 버틀러에서 유세하던 중 트럼프는 피격을 당했지만 트럼프가 말한 대로 '전능하신 하나님의 도움으로' 목숨을 건질 수 있었다. 이 사건은 법적인 싸움만으로 트럼프를 굴복시키는 데 한계가 있다는 사실을 익히 잘 알고 있는 반트럼프 세력에 의해 저질러진 사건일 것이다. 바이든 인지능력의 심각한 문제가 미국 국민들에게 노출된 후 얼마 지나지 않았을 때 야기된 사건이었다.

2024년 9월 15일 트럼프를 죽이겠다는 두 번째 암살 음모가 사전에 발각되었다. 트럼프의 골프장 근처에서 골프를 치던 중인 트럼프를 저격하려는 계획이었고 카멀라 해리스가 바이든을 대체하던 무렵의 일이었다.

종합하자면 트럼프는 거의 10년에 걸친 끊임없는 정치적, 법적 공격을 감내해야만 했다. 트럼프를 방지하기 위해 민주당 정권들은 적어도 5

회 이상의 작전을 펼쳤고, 사법 전쟁만도 4차례(알란 브랙 검사, 레티샤 제임스 검사, 잭 스미스 검사, 파니 윌리스 검사)나 있었다. 알려진 암살 시도만도 두 차례였고 한 임기 중 두 번이나 탄핵당했고 범죄인들이 찍는 머그샷도 찍혔다. 트럼프는 이 모든 역경을 뚫고 대통령에 당선되었으며 트럼프는 지금 2020년 대선에서도 진짜 승자는 자신이었다는 사실을 노골적으로 말하며 부정선거에 대한 대대적인 수사가 진행되고 있다.[124]

2024년 트럼프의 순항(順航): 맞수가 될 수 없던 바이든과 카멜라 해리스

앞에서 설명한 바처럼 민주당의 온갖 방해 공작에도 불구하고 공화당 전당대회에서 공식 후보로 선출된 트럼프는 순풍에 돛을 단 배처럼 대선전을 치러 나갔다. 미국의 주류 언론들이 여론 조사를 왜곡 보도한 결과 트럼프와 카멜라 해리스가 박빙의 선거를 치른 것으로 잘못 알려져 있지만 미국 최고의 여론 조사 기관인 라스무센 리포트와 아틀라스 인텔(AtlasIntel)의 조사에 의하면 트럼프는 7월부터 10월 하순까지 전국 여론 조사에서 카멜라 해리스에게 뒤처진 적이 없었다.[125]

우선 트럼프는 2024년 전반기 대통령 선거전의 역사를 갈아치울 수 있는 각종 신기록들을 세우며 공화당 후보 자격을 획득했다. 2024년 7월 4일 독립 기념일 당시 공화당 후보인 트럼프가 현직 대통령인 민주당의 바이든을 지지율에서 앞서고 있었다. 대통령 선거가 있던 해의 독립 기념일에 공화당 후보가 민주당을 앞섰던 것은 2004년 이후 20년 만에 처음 있는 일로 기록되었다.[126]

그동안 미국의 주류 언론들은 바이든의 지적 능력 저하를 은폐하기 위해 노력했지만 이미 알만한 사람들은 모두 다 알고 있는 일이기도 했다. 바이든은 트럼프가 입버릇처럼 말하는 바이든의 별명 '졸고 있는 조 (Sleepy Joe)'라고 불려도 하나도 이상하지 않은 대통령이었다. 바이든은 직무 시간의 1/4 이상을 휴가로 썼다고 알려졌으며 매일 낮잠을 자야만 하고 오후 8시 이후에는 일하지 않는다는 말도 있을 정도였다.

폭스 뉴스의 피터 두시(Peter Ducy) 기자는 백악관의 기자회견에서 카렌 장 피에르(Karen Hean Pierre) 대변인을 향해 "8시 이후 적국의 핵미사일이 미국을 향해 발사된다면 미국 국방부는 누구에게 전화를 걸어야 합니까?"라는 당돌한 질문을 던진 적도 있었다.[127]

이토록 인기 없고 무능한 바이든은 트럼프의 적수가 되지 못했다. 대선전이 진행되는 초반(7월 이전) 트럼프는 각종 신기록을 세우며 공화당의 대권 주자가 되는 길을 향해 달려갔다. 당황한 민주당은 바로 얼마 전까지도 역사상 최악의 부통령[128]이기 때문에 바이든의 러닝메이트로서 계속 함께 해야 할지를 걱정해야 할 정도였던 카멀라 해리스를 바이든을 대체할 후보로 교체하지 않을 수 없었다. 트럼프가 순풍 행진을 지속하는 동안 바이든의 백악관은 부통령 카멀라 해리스의 형편없는 이미지를 제고하고 그녀의 형편없는 지지율을 올릴 방법을 고심하고 있었다.[129]

7월 13일 펜실베이니아주 버틀러의 유세현장에서 발생했던 트럼프 피격사건은 트럼프의 대통령 당선이 확실시되는 상황을 만들었고 민주당은 부랴부랴 후보를 교체하지 않을 수 없었다. 여러 가지 미심쩍은 일들이 많이 일어났지만 결국 민주당은 현직 대통령을 대선후보 지위에서 강제로 낙마시키고 사전 선거(primary)에 참여하지도 않았고 그 결과 민주당 당원들의 지지 득표를 단 한 표도 얻은 적이 없는 카멀라 해리스를 대통령 후보로 결정하는 놀라운 일을 단행했다.

민주당은 카멀라 해리스를 믿지 못했다. 2024년 6월 초 바이든으로는 정권 재창출이 불가능하다고 생각한 민주당은 부통령 카멀라를 대선 후보로 내세웠지만 묘책이 없었다. 오로지 한 가지 유일한 방안은 민주당을 위해 온갖 거짓말을 해 주는 언론들에 기대는 방법만이 있을 뿐이었다.

민주당 편향적인 폴리티코지의 크리스 카델라고(Christopher Cadelago) 기자조차 "바이든의 노쇠함, 그를 대체할 1번 주자인 부통령 카멀라 해리스는 과연 그가 스스로 대통령직을 거머쥘 수 있을지 혹은 만약 대통령직을 물려받을 경우 그 직책을 감당할 수 있을지 심각한 의문에 당면하고 있다"고 썼었다.[130]

여론조사 결과도 신통치 않았다. 여론조사 응답자 중 약 1/3만이 해리스가 민주당 후보가 될 경우 대선에서 당선될 가능성이 있다고 응답했다. 민주당 인사들 중에서도 3/5만이 승리할 것이라고 대답했다. 무당파의 1/4만이 해리스가 승리할 것이라고 응답했다. 이 같은 비관론적 상황은 그녀가 차후 민주당의 지도자 역할을 감당할 수 있을지의 여부로 확대되었다. 결론적으로 해리스는 미국 유권자의 불만을 가라앉힐 수 없는 것으로 나타났다.

카멀라 해리스보다는 차라리 조 바이든이 더 나은 후보라는 주장조차 나왔다. 바이든의 호감도는 43%였는데 카멀라 해리스의 호감도는 42%에 불과했다. 바이든의 호감도(favorable)가 카멀라 해리스의 호감도보다 높다는 여론 조사 결과가 나온 것이다. 바이든의 비호감도(unfavorable)가 카멀라 해리스보다 더 높았지만 그녀의 비호감도 역시 51%로 나왔다. 미국 국민들 중 카멀라 해리스가 당선될 가능성이 있다고 보는 사람은 34%, 당선될 가능성이 없다고 본 사람은 57%로 나왔다.

민주당원들 중에도 카멜라 해리스의 당선 가능성이 있다고 보는 사람들은 59%, 당선 가능성이 없다고 보는 사람들은 31%에 이르렀다. 공화당원들 중에 카멜라 해리스의 당선 가능성이 있다고 본 사람은 13%, 가능성이 없다가 81%에 이르렀다. 무당파 중에서 카멜라 해리스의 당선 가능성이 있다고 보는 사람들은 25%에 불과했고 당선 가능성이 없다고 대답한 사람들은 62%였다.[131]

카멜라 해리스가 만약 당선된다면 그는 훌륭한 대통령이 될 수 있을까 라는 질문에 대해서도 압도적인 다수가 카멜라 해리스는 훌륭한 대통령이 될 수 없다고 대답했다. 민주당원 중에서는 74%가 긍정적으로 답했고 16%가 부정적인 답을 했다. 공화당원의 88%는 부정적으로 대답했고 단 8% 만이 카멜라 해리스가 훌륭한 대통령이 될 수 있을 것이라고 대답했다. 무당파 중에서 카멜라 해리스가 훌륭한 대통령이 될 수 있다고 본 사람들은 34%, 훌륭한 대통령이 될 수 없다고 답한 사람은 51%였다.

이처럼 민주당의 정권 재창출 전망은 어두웠다. 2024년 6월 초순까지도 부통령 해리스를 바이든의 러닝메이트로 계속 활용해야 할까 여부마저 걱정했던 민주당이 대선후보로 카멜라 해리스를 선정하는 것도 간단한 일은 아니었다.

민주당은 물론 전체 유권자 중 36%가 카멜라 해리스를 빼내고 다른 민주당원으로 부통령 후보를 교체해야 하리라고 응답했을 정도다. 39%는 그대로 놔둬야 한다고 답했고 25%는 무응답 혹은 모르겠다고 답했다. 민주당원 중에서도 23%, 무당파 중에서는 34%가 카멜라 해리스를 바이든의 부통령 후보에서 교체시켜야 한다고 응답할 정도로 카멜라 해리스는 최악의 부통령이었다.[132] 그러나 카멜라 해리스가 대통령 후보가 되자마자 그녀는 신데렐라가 되었다. 미국의 주류 언론들은 마치 카멀라 해리스가 민주당을 구원할 신데렐라인 것처럼 떠들기 시작했다.

미국 정치 전문가들은 이미 카멀라 해리스의 여론조사 결과가 8월 중 트럼프를 앞설 것이라고 예측했다. 바이든의 러닝메이트 반열에서 탈락시켜야 한다고 비난받던 카멀라 해리스가 대통령 후보가 된 후 불과 1개월 만에 트럼프를 앞지르는 여론 조사 결과를 보였다는 사실 자체가 한 편의 코미디가 아닐 수 없었다.

2024.8.26. Time 표지. 카멀라 해리스가 후보로 확정 된 직후

미국 여론조사 기관들의 카멀라 해리스 띄우기 작전

많은 평론가들은 카멀라 해리스가 민주당 후보가 된 후 곧 여론조사에서 트럼프를 앞설 것이라고 예상하고 있었다. 민주당 편향적인 뉴욕타임즈, 워싱턴 포스트, ABC, CBS, NBC TV 등이 발표하는 여론조사 결과는 당연히 민주당에 유리한 수치가 나오도록 조작하는 것임을 다 알고 있었기 때문이었다.

실제로 카멀라 해리스는 후보가 되고 한 달도 채 지나지 않았을 때 트럼프를 앞선다는 사기성 여론조사 결과들이 발표되기 시작했다. 이 같은 엉터리 상황에 분노한 미국 여론조사 기관 중 최고의 권위를 자랑하는 라스무센 리포트(Rasmussen Report)의 선임 여론조사 담당관인 마크 메첼(Mark MItchell)은 2024년 8월 10일 자신의 X 계정에 카멀라 해리스에 관한 여론 조사 결과들은 모두가 다 거짓이니 믿지 말라는 내용의 글을 올릴 정도였다.

인터뷰가 불가능할 정도로 실력이 부족한 카멀라 해리스

우크라이나 전쟁 발발 1주일 되는 날 카멀라 해리스는 "우크라이나는 유럽에 있는 나라입니다. 우크라이나는 러시아라고 불리는 나라와 이웃하고 있습니다. 러시아는 강대국입니다. 러시아는 우크라이나라고 불리는 작은 나라를 침략하기로 결정했습니다. 그래서 그것은 본질적으로 잘못입니다"라고 언급했다. 이것이 현직 부통령의 언급이라니 놀랍다.

어떤 한국 언론은 카멀라의 대북관이 '원칙적'이라고 묘사했다. 트럼프는 원칙이 없다는 의미인지 모르겠다. 저자는 카멀라 해리스는 세계

백지도를 놓고 한반도가 어디 있는지 찍으라면 아마도 제대로 찍지 못할 것이라고 생각하고 있다. 지난 3년 반 카멀라 해리스를 관찰한 바로 그녀는 국제정치 분야에 대해서는 대단히 척박한 수준의 지식을 가지고 있는 것으로 판단되었다. 혹시 그녀가 한국에 대해 약간 알고 있다면 그의 남편이 윤석열 대통령 취임식 당시 미국을 대표해서 서울을 방문했던 결과일 것이다.

트럼프와 달리 카멀라 해리스의 유세는 중고교 체육관을 빌려서 했다. 그러나 텅텅 비는 경우가 대부분이었다. 2024년 8월 17일 유세에는 기자단 포함 250명 정도의 청중이 모였다. 어떤 유튜버는 정확히 109명이라고 말하기도 했다.[133]

카멀라 해리스는 유세기간 동안 제대로 된 인터뷰를 행한 적이 없었다. 몇 번의 인터뷰도 방송사들이 그녀를 보호하기 위해 적극적으로 편집한 것을 내보내곤 했다. 폭스 뉴스의 베렛 바이어 기자와 인터뷰에서 카멀라 해리스는 자격 부족을 온 미국 국민들에게 노출하고 말았다.

트럼프의 승리와 보복

주류 언론들 대부분이 지난 3번의 미 대통령 선거에서 입에 달고 다녔던 구호는 '트럼프는 결코 대통령이 될 수 없으며 되어서도 안 된다'였다. 민주당은 물론 공화당의 정치가들 중에도 그렇게 말한 사람들이 적지 않았다. 트럼프의 최대 정적인 하원의장 출신 낸시 펠로시(Nancy Pelosi)는 특히 이 말을 항상 입에 달고 다녔다. 트럼프 대통령이 1기 재임 중인 2020년도 2월 5일, 상하 양원에서 연두 연설을 한 후 하원 의장석에 앉아 있었던 낸시 펠로시에게 자신의 연설문이 인쇄된 종이를 전해 주자 그것을 박박 찢어 버렸던 적도 있었다. 물론 펠로시가 트럼프에게 악수를 청한 것을 받아들이지 않았다는 분풀이라고 하지만 역사적 기록에 남을 대통령의 연두 연설문을 공개 방송 중에 찢어 버린 사건은 미국 정치의 분열상이 얼마나 극심한지, 트럼프에 대한 기득권의 미움이 어느 정도인지를 적나라하게 보여준 계기가 되었다.

그러나 트럼프는 자신을 향해 다가오는 모든 정치적 사회적 파도를 거슬러 미국 대통령에 두 번 당선되었다. 트럼프 자신의 말에 의하면 2020년 선거에서도 승리했으니 미국 대통령에 3번 당선된 것이다. 트럼프는 2020년 선거 패배를 결코 인정하지 않았다. 자신이 2020년 선거에서 진정 패배했더라면 2024년 선거에 출마하지 않았을 것이라고 말했을 정도다.[134] 2024년 11월 5일 재선된 이후에도 트럼프는 물론 미국의 일반시민들 다수는 트럼프가 3번 당선되었다고 믿고 있다. 트럼프가 47대 대통령에 취임한 후 3주가 지난 시점에서 밴스 부통령은 X 계정에 트럼프가 2020년에도 승리했음을 강력히 암시하는 글을 올렸다.[135]

2025년 7월 트럼프 임기가 시작된 후 약 반년 정도 지난 시점에서 트럼프 행정부는 2020년의 트럼프 패배가 부정선거에 의한 것임을 밝히려는 노력을 본격적으로 개시하기 시작했다. 트럼프 1기에 트럼프 대통령의 국가안보 보좌관을 역임한 마이클 플린(Michael Flynn) 장군은 그의 X 계정에 2020년의 부정선거가 대대적으로 수사될 것임을 암시했다.

트럼프는 이 같은 거센 역류를 거슬러 대통령이 되었기 때문에 미국 대통령 역사상 가장 강력한 대통령이 될 수밖에 없다. 트럼프가 만약 2020년 선거에서 당선되어 임기를 계속했더라면 지금처럼 강력한 정책 수행과 법집행은 불가능했을 것이다. 트럼프가 4년 동안 재야에서 머무르며 받았던 온갖 수모, 탄압과 고통은 트럼프를 훨씬 막강한 대통령이 될 수 있게 만든 원동력이 되었다.

트럼프의 승리 요인: 세계화 시대에 야기된 미국인의 불만

트럼프는 시대의 이단아, 또라이, 부랑자라고 생각하는 사람들이 많았음에도 불구하고 2016년 무렵 미국이 당면했던 시대의 흐름을 반영하는 인물이었으며 무엇인가 불편하게 느껴지는 세상을 적어도 덜 불편한 시대로 바꾸겠다고 나선 정치 개혁가였다. 트럼프는 1기 재임 동안 국내 정치 및 외교정책에서 미국 역사상 다른 대통령들과 그렇게 차이가 나지는 않는 정상적인 정책을 수립하고 집행했던 인물로 평가되기도 한다.[136)]

트럼프는 소위 세계화의 시대(Age of Globalization)가 시작된 이후 동시대를 상징하는 본질적인 이념과 정책들이 미국을 어떻게 망가트렸는가에 관해 심각하게 인식하고 있었으며 그런 시대에 대해 상당한 불만을 가지고 있을 뿐만 아니라 세계화 시대에 미국이 당면한 문제를 해결해야 한다고 생각했던 인물이다.

당연히 트럼프는 세계화 시대에 미국이 당면한 문제들을 풀어 보려 노력했다. 미국이 망가지고 있다고 생각하고 미국을 망가트리는 주범들을 지적하고 그들을 소탕하겠다며 나왔다. 당연히 세계화 시대의 신화에 집착하는 미국의 글로벌리스트(Globalist, 세계화 주의자)들은 트럼프는 시대의 흐름에 뒤떨어진 정신 나간 인간인 것처럼 취급했다.

미국의 정치 경제의 주류를 장악하고 있던 세계화 주의자들은 온갖 수단을 동원하여 트럼프의 대통령 선출을 막기 위해 노력했다. 이들에 의해 트럼프는 사기꾼, 강간범, 미치광이, 히틀러도 되고 때로는 치매 환자도 되었다. 2024년 11월 5일 미국 국민들은 주류 언론들의 온갖 험담에도 불구하고 트럼프를 자신들의 대통령으로 선출했다. 트럼프 대통령이 당선된 직후 미국 국민들은 트럼프가 유세 중 오래된 팝송 YMCA에 맞추어 엉성한 춤을 추었던 트럼프 댄스 열풍에 휩싸였고 음악이 다시 빌보드 차트에 오르는 기록도 세웠다. 트럼프의 당선에 좌절한 사람들도 있지만 트럼프 당선 이후 미국의 전반적 분위기는 즐거움이라고 말해도 될 정도였다.[137] 레이건 대통령 당시 미국 하원의장을 역임한 뉴트 깅리치 박사는 트럼프 2기 취임 후 '매일 매일이 크리스마스처럼 기쁘다'고 언급했다.[138]

트럼프의 낙선을 소망했던-미국의 주류 언론들은 트럼프가 선거를 치를 때마다 공평한 보도자이기보다는 사실상 민주당의 선전원들이었다-미국의 주류 언론들과 한국 언론들은 지금은 트럼프가 실패할 수밖에 없는 허접한 대통령이라는 투의 기사를 내보내는 데 집중하고 있었다. 트럼프가 당선된 이후에도 그 같은 험담은 이어졌다. 트럼프 당선자가 구성한 내각을 경험 없고, 능력 없고, 상당수가 범죄를 저지른 경력이 있는, 오로지 트럼프에 대한 충성심만 많은 인물들이라고 몰아세우고 있었다. 이처럼 부정적으로 보도함으로써 자신들이 저지른 2024년 선거기간 중의 황당한 오류를 조금이나마 감출 수 있을지 모르겠다.

미국 주류 언론들이야 그렇게 하고 있다고 치자. 그러나 미국과의 관계를 중시해야만 하는 한국의 언론과 학자들이 그렇게 행동하는 것은 국가이익을 위해 올바른 일이 아니다. 저자는 한국의 전문가들 중에도 트럼프를 대단히 경멸하고 미워하는 사람들을 보았다. 트럼프가 미국 제1주의자이기 때문에 트럼프는 동맹국들의 지지를 받을 수 없다는 어이없는 말도 한다. 트럼프는 미국 제1주의자이기 때문에 동맹들을 더욱 중시할 것이라고 해야 오히려 더욱 타당한 말이 아닌가? 오늘의 세계에서 미국은 혼자 할 수 있는 일이 그다지 많지 않다. 그래서 미국은 동맹국들이 함께 하기 원한다. 함께 하자는 의미에서 동맹들의 국방비 증액을 요구하는 것 아닐까? 미국이 진정 고립주의로 되돌아가고자 한다면 동맹들에게 미군 주둔비용을 올려달라고 조를 필요가 없을 것이다. 미군을 전면 철수하면 될 터이니 말이다.

저자는 트럼프 시대가 초래할 미국의 변화, 세계정치의 변화를 잘 이해하고 활용할 경우 우리나라는 정말 오랜만에 국가 대전략적 호기(好機)를 맞을 수 있다고 본다. 우리나라의 대전략이란 당연히 통일 강대국을 이룩하는 것이다. 그러기 위해서는 우선 트럼프라는 인물, 그가 변화시킬 미국, 그리고 그의 대외정책, 특히 그의 대한국 및 대북한 정책에 대한 이해가 중요하다고 본다. 이 책은 바로 그 같은 이해를 도모하기 위해 쓰는 것이다.

학자가 책을 저술하는 일은 시간이 엄청나게 소모되는 작업이다. 그런데 어떻게 트럼프 대통령이 당선된 지 별로 오래되지 않은 시점에서 책이 간행될 수 있을지에 대해 변명 겸 해명이 필요할 것 같다. 트럼프 대통령 취임 후 일년 정도 지난 시점에 트럼프의 정책과 세계정치에 관한 책이 간행될 수 있는 이유가 있다.

패권국인 미국이 막강할 경우 세계가 조용해진다는 것이 국제정치의 일반적 논리다.[139] 그러나 바이든의 미국은 미국이 주도하는 세계정치를 바꾸려는 수정주의자들로 하여금 미국에 대한 두려운 마음을 없애게 했다. 바이든 재임시 세계 도처에서 미국에 반대하는 세력들에 의해 도발된 분쟁과 전쟁이 여럿 발발했다는 사실이 바이든의 허약함을 증명하고 있다.

2022년 2월 24일 푸틴은 과감하게도 우크라이나를 침략했고, 2023년 10월 7일 이란은 과감하게 가지지구의 하마스를 부추겨서 이스라엘을 기습공격하게 했다. 이란의 후원을 받는 레바논의 헤즈볼라는 그 다음 날 이스라엘을 공격했다. 이스라엘의 베냐민 네타냐후 총리는 바이든 행정부의 말을 듣지 않고 자신의 계획대로 전쟁을 결단, 하시라도 즉각 이란과 전쟁을 벌일 태세였다.

중국의 시진핑은 지난 4년 동안 대만에 대한 공세를 대폭 강화했다. 바이든 재임 4년간 미국 대통령이 바이든이 아니라 트럼프였어도 이 같은 일이 발생했을까? 저자는 아니라고 생각한다. 미국의 여론조사는 트럼프가 대통령이었으면 푸틴이 우크라이나를 공격하지 못했을 것이라고 대답한다.[140] 이란이 과감하게 하마스를 부추겨 이스라엘을 공격하는 일도 없었을 것이다.

저자는 4년 전 트럼프가 당선되리라는 예측이 빗나갔지만 당시 미국 대통령 선거의 역사에 나타나는 여러 가지 학술적인 근거를 최대로 활용해서 예상한 것이었고 솔직히 선거의 투명성에 대해 의문을 가지고 있는 편이다. 당시 트럼프 대통령 역시 선거의 투명성에 대해 의문을 제기했으며 그러기에 후임자의 취임식에 참석하지 않았다.

민주당에 우호적인 여론 조사인 몬모스 여론 조사(Monmouth poll)는 미국 국민들 30%가 2020년 대선을 부정선거라고 믿고 있으며 59%만이 정당한 선거였다고 믿고 있다고 발표했다.[141] 2022년 1월의 여론 조사는 공화당원, 또는 공화당에 기운 무당파들의 67%가 바이든의 승리는 부정선거 결과이며 정당치 못하다고 응답했다. CNN은 이 비율은 2021년 여름 72%에 도달한 적도 있었다고 발표했었다.[142] 트럼프를 지지했던 사람들의 선거 결과에 대한 의혹 비율은 더욱 높다.

이제 트럼프 2기 시대에서 세계화 시대는 거의 종말을 고하게 될 것이며 미국은 회복될 것이다. 다시 세계질서가 확립될 것이며 자유주의가 승리하고 중국, 러시아, 북한, 이란 등 유라시아의 독재국가(Eurasian Dictatorship)들이 붕괴되는 시기가 될 것이다.

제7장
2020년과 2024년 대선의 부정선거 의혹

민주주의 공정선거의 역사는 짧다

선거는 민주주의 국가들에서 국민이 정책 결정에 참여하는 가장 기본적 행위이며 민주주의 국가들 국민들이 주권을 행사하는 가장 구체적인 방법이다. 총알이 아니라 투표로서(NOT BULLET, BUT BALLOT)라는 구호에서 보이듯이 투표는 정치적 문제를 해결하는 평화롭고 정당한 방법이다. 중국 같은 독재국가는 아예 선거가 없고 북한 같은 국가에서 선거는 공산당이 정한 후보들에게 무조건 찬성표를 던지지 않을 수 없기에[143] 하나 마나한 일이며 국민을 오히려 더욱 피곤하게 만드는 일이기도 하다.

인간 역사는 독재자들의 통치 기간이 민주주의 공정선거를 통해 선출된 지도자들이 통치한 시간보다 월등히 더 길었다는 사실을 증명해 준다. 민주적 선거의 역사는 1만 년에 가까운 인간 정치사의 끝부분에 해당하는 현대에 비로소 나타났다. 기껏해야 1800년대 후반, 1900년대 초반이 되어서야 서구 민주주의 국가들에서 민주적인 선거제도가 확립되었을 뿐이다.

민주주의 선거의 4대 원칙이 확립된 것은 20세기 이후의 일일 뿐이다. 민주주의 선거의 4대 원칙이란 보통, 평등, 직접, 비밀선거를 말한다.

보통선거란 모든 사람이 투표에 참여할 수 있다는 원칙이다. 선거제도가 시작된 이후에도 재산, 납세액, 수입, 성별 등에 의해 투표권이 제한되는 선거가 대부분이었다. 모든 성년 남녀에게 선거권이 부여되어야 한다는 것이 보통선거의 원칙이다. 민주주의의 대표적 선진국인 미국의 경우에도 여성이 투표에 참여할 권리를 가지게 된 것은 1920년 11월 2일 이후의 일이었다. 1920년 8월 18일 제19조 헌법수정안에 의해 비로소 미국 여인들은 투표권을 갖게 된 것이다.

평등의 원칙은 투표에 참여하는 사람이 모두 똑같이 1표를 행사해야 한다는 원칙이다. 박사도 한 표, 초등학교도 졸업하지 못한 무학자도 한 표, 재벌 총수도 한 표, 길거리에서 동전 한 푼을 구걸하는 가난한 사람도 똑같은 한 표를 행사한다는 원칙이 평등의 원칙이다.

직접선거는 문자 그대로 투표권자 본인이 투표장에 나가서 투표하는 것을 의미한다. 대리투표, 우편투표 등은 간접선거의 방식이라고 볼 수 있고 부정이 저질러질 가능성이 높은 방식이다.

비밀선거는 투표권자가 누구에게 투표했는지를 알 수 없는 비밀로 부친다는 제도이다.

이 네 가지 원칙을 공정한 민주주의 선거의 원칙이라고 말하는데 물론 완벽한 제도는 아니지만 적어도 민주주의를 지키기 위한 최소한의 원칙이라고 말할 수 있다.

4가지 원칙이 적용되는 경우라 하더라도 특정 정치 세력들은 자신들의 권력을 위해 각종 부정한 방법을 저질렀다.

가장 유명한 부정은 정치적으로 의식이 분명하지 않은 투표권자의 투표를 매수하는 방법이었다. 돈봉투를 돌리며 특정 후보자에게 투표할 것을 권유하는 행동은 후진국들에서 흔히 나타나는 방식이었다. 최근 과학기술이 발달된 시대에서는 아예 컴퓨터 조작을 통해 개표과정에서 부정을 저지르는 방식이 더 흔히 나타나는 부정선거의 사례가 되었다. 스탈린은 '국민들은 투표를 하지만 개표는 우리가 한다(They Vote, We Count)'라는 유명한 부정선거에 관한 금언을 남겼다. 스탈린의 언급을 더 자세하게 말하면 "투표를 하는 국민은 아무것도 결정하지 못한다. 투표를 계수하는 사람들이 모든 것을 결정한다(The people who cast the votes decide nothing. The people who count the votes decide everything)"로 되어 있다.

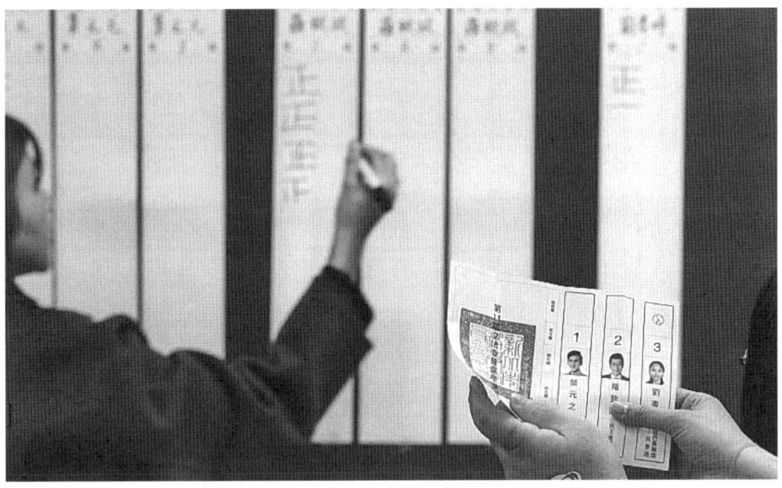

수개표로 개표가 진행된 2024년 1월 대만 총통 선거. 대만 독립을 추구하는 민진당의 라이칭더(賴清德) 후보가 당선 되었다

최근 세계 여러 나라의 투표 결과를 두고 논란이 많은 시대가 되었다. 컴퓨터를 조작할 수 있는 실력을 가진 집단들은 계수 조작을 통해 투표 결과를 조작할 수 있다는 사실이 이미 널리 증명되었다. 2024년 1월 대만총

통 선거[144] 당시 투표용지를 일일이 한 장씩 세고 개표원들이 정(正)자 표기를 해가며 수 개표를 하고 계수하는 모습을 전 세계인들이 보았다. 컴퓨터 기술이 세계 최고 수준인 대만에서 가장 원시적인 방식으로 개표를 했다는 사실은 컴퓨터 조작을 통한 부정선거가 언제든지 가능하다는 사실을 증명해 주었다. 대만의 선거 결과를 조작하는 실체는 말할 것도 없이 중국 공산당이다. 중국 주도의 대만통일을 원하는 중국 공산당은 무력의 사용도 불사하지만 대만 선거를 조작해서 친중국 정치가를 당선시키는 일이 더욱 효율적인 통일 방안이 될 것이기 때문에 대만선거에 집요하게 개입했고 대만은 이를 막기 위해 가장 원시적인 개표 방식을 취했던 것이다.

2020년 미국 대선의 부정선거 정황

트럼프는 2020년 11월 선거에서 패배했다는 사실을 결코 인정한 적이 없다. 미국의 많은 국민들과 언론인들도 트럼프가 2020년 선거에서 승리했다고 믿는다. 트럼프가 2024년 선거에서 승리하고 47대 대통령 취임을 이틀 앞둔 2025년 1월 18일 미국의 유명한 보수 언론인 터커 칼슨(Tucker Carlson)은 자신의 X 계정에 "나는 여러분들 중 얼마나 많은 분들이 솔직하게 트럼프가 2020년 선거에서 승리했다고 믿는지 알고 싶습니다. 귀하께서는 트럼프가 승리했다고 생각하십니까? 그렇다 혹은 아니다라고 응답해 주세요"라는 글을 게시했다. 당연히 터커 카슨은 트럼프가 승리했다고 믿고 있는 명앵커맨이다.

2020년 대선의 해는 코로나 바이러스가 창궐하던 시점이었다. 바이든 진영은 방역 수칙을 지킨다며 정말 보잘 것 없는 숫자의 시민들 앞에서 연설회를 개최했지만 트럼프는 가는 곳마다 그의 연설을 듣기 위해 모여든 사람들로 인산인해를 이루었었다. 역시 결과에 의문을 표시하지 않을 수 없는 눈에 보이는 자료였다. 바이든 진영은 인터넷으로 선거를 벌인다고 말했지만 트럼프를 향한 인터넷 접속 비율 역시 바이든과는 상대가 되지 않을 정도로 규모가 컸다.

선거 유세 과정에서 보여진 각종 현상적 지표들에 의거 2020년 대선 결과를 의심한 것이지만 투표 당일 저녁부터 개표하는 과정에서도 의심할 만한 일들이 속출했다. 스탈린의 언급처럼 '국민들은 투표하고 그들은 개표했다'고 의심할 수밖에 없는 증거들이 개표과정에서 쏟아져 나왔다.

선거 당일 개표가 시작된 후 트럼프가 줄곧 앞서고 있었으며 CNN 방송은 트럼프가 승리했다고 발표했을 정도였다. 백악관 대변인(Kayleigh McEnany)은 선거 당일인 11월 3일 밤 개표 상황을 보았을 때 바이든이 역전할 확률은 1천조분의 1(one inquadrillion)이라고 말했다. 부정선거가 아닌 한 트럼프가 경합주들에서 통계학적으로 패배할 가능성은 거의 없다는 확신에 찬 언급이었다.

그러다가 한밤중 사이에 주요 경합주들에서 바이든이 역전을 했다. 선거 다음 날 오후부터 미국의 주류 언론들은 바이든을 당선자(President Elect)라고 부르기 시작했다. 트럼프와 공화당 측은 바이든의 역전(逆轉)하는 과정이 이상하다는 사실을 파악하고 문제 제기를 시작했다. 트럼프가 앞서고 있던 경합 주들에서 갑자기 바이든에 기표한 무더기 표들이 쏟아지기 시작했다. 미시간, 위스콘신 등 경합주들에서 한밤 중 약 1시간 이내에 바이든의 표가 10만 표 이상 무더기로 쏟아져 나왔다. 그 결과 바이든의 득표 숫자가 수직상승했다. 같은 시간 동안 트럼프의 표는 한 군데서는 200여 표, 다른 데서는 0표가 나왔다. 결국 계속 앞서고 있던 트럼프가 미시간과 위스콘신에서 패배당하게 되었다. 바이든은 위스콘신에서는 2만 표 정도, 미시간에서는 약 15만 표 정도 차이로 승리한 결과가 나왔다.

이 같은 놀랍고 의심스러운 일이 일어난 후 미국 사람들 사이에서는 2018년 보수적인 출판사 레그너리(Regnery) 출판사에 의해 간행되었던 《선거부정: 좌파들은 다음 선거를 어떻게 훔치려 할 것인가》라는 책[145]이 다시 각광을 받게 되었다. 이 책은 각종 중범죄자들, 불법이민자들, 그리고 심지어 죽은 사람들마저 투표에 참가함으로써 정직한 선거 결과를 엉망으로 만들게 될 것을 경고하고 있었다. 에릭 에거스는 미국의원 선거 당시 200살이 넘은 사람들이 투표한 지역도 있었고 득표수가 유권자 수보다 더 많은 곳도 있었다는 사실을 목격자들과의 인터뷰를 통해 밝히면서 2020년 대선에서의 부정선거 위험을 경고했던 것이다. 이 책은 당연히 계수 과정에서 문제가 있을지도 모른다는 스탈린식 개표 부정 우려도 함께 경고했다.

미국에서 일어나는 선거들이 과연 정직한 선거들이었는지를 미국 각 주에서 벌어진 선거 사기 사례들 5가지를 정리해서 보여주는 전자책도 발간되어 널리 전파되었다. 미국 보수주의의 심장격이지만 공식적인 연구재단으로써 권위를 자랑하는 헤리티지 재단(Heritage Foundation) 역시 《선거 부정의 쇼킹한 사례 5가지》[146]라는 전자책을 발간했다. 헤리티지 재단은 이 전자책에서 1,500건 이상의 증명된 선거사기 자료를 축적하고 있다고 말하고 있으며 선거부정은 쉽게 할 수 있지만 적발하는 것은 어려운 일이라고 밝히고 있다. 헤리티지 보고서는 득표수 바꿔 치기, 부재자 투표 장난치기, 투표권 돈 주고 구입하기, (노숙자에게 담배와 돈을 주고 그들의 표를 사는 것), 특정 후보의 표를 훼손해서 무효표로 만들기, 특정 후보에게 투표된 표 잃어버리기 등등 오늘날 민주주의의 선진국이라는 미국에서 자행되고 있는 온갖 선거 부정 사례들을 소개하고 있다.

뉴욕 시장 출신의 루디 줄리아니(Rudy Giuliani) 변호사, 카일 베커(Kyle Becker) 같은 인플루언서들은 2020년 대선에서 나타난 부정 사례들을 대선 직후 공개적으로 고발했다. 줄리아니 변호사는 펜실베이니아주에서는 적어도 21,000명 이상의 죽은 사람들이 바이든에게 투표했고 그중 죽은지 5년이 넘은 사람이 9,212명, 10년도 넘은 사람은 1,900명, 죽은지 20년도 넘은 사람 197명이 투표했다는 사실을 폭로했다.[147]

카일 베커는 스탈린식 선거부정, 즉 투표는 국민들이 하고 개표는 우리가 한다는 의혹을 가능케 하는 전자개표기인 도미니언(Dominion)사의 개표기계가 계수부정을 저지를 수 있다고 의혹하며 미국의 경합주들인 네바다, 아리조나, 미네소타, 미시간, 위스콘신, 조지아, 펜실베이니아주를 포함한 30개 주가 도미니언 시스템을 채택하고 있다고 말했다, 그는 미시간의 도미니언 시스템은 트럼프에 투표한 6,000표를 바이든의 표로 계산했다고 주장했다.[148]

도미니언 투표 시스템은 미시간주 47개 군(county)에서 수십만 표 이상을 잘못 계산했을 수 있다는 의혹도 있다. 조지아주에서도 한밤중에 개표소에서 수도관이 폭파되는 사건이 터져 개표가 중단되었는데 그때까지 트럼프가 18만 표 정도 앞서고 있었다. 그사이 여러 개의 가방이 개표장에 반입되었다. 우체국의 가방이 아니라 일반적인 민간인 가방이었다. 바이든의 표가 수직상승했다.

세 주 모두에서 뒤지고 있던 바이든 표가 수직상승하는 사태가 벌어졌다. 미시간주와 위스콘신주와 조지아주의 선거인단 16명, 10명, 16명이 바이든에게로 갔었는데 이것이 트럼프에게로 갔다고 생각해 보자. 2020년 선거에서 트럼프는 232표, 바이든은 306표의 선거인단 득표를 차지했었다. 물론 트럼프는 자신의 표를 바이든이 훔쳐갔다고 주장했다. 만약 3개 주의 표가 트럼프에게 갔다면 트럼프는 232+42=274표를 얻은 게 될 것이다. 3개 주에서 얻은 바이든의 표를 트럼프에게 옮겨 줄 경우 바이든의 득표수는 302-42=264가 될 것이다. 당락이 바뀐다는 말이다.

사실 2020년 선거 결과를 놓고 왈가왈부를 벌이고 있던 시점에서 미국의 보수적인 신흥 TV 방송인 OANN은 트럼프 대통령이 실제로 410:128로 형편없는 압승을 거두었다고 주장하기도 했다. 만약 이 같은 숫자가 진실이라면 트럼프의 BY A LOT이라는 표현도 과장이 아닐 것이다. 트럼프는 선거 2일 후인 11월 7일 당시 트위터 계정에 "나는 이번 선거에서 압승했습니다." I won this election BY A LOT이라는 글을 게재했고 트럼프에 대단히 적대적인 트위터(Tweeter) 본사는 트럼프의 글에 Official sources may not have called the race when this was Tweeted(이 글이 트윗될 당시 공식적인 결과는 아직 발표되지 않았습니다)라는 경고문을 부쳤다.

선거 후 약 한 달이 지났을 때 맥롤린 여론조사 회사가 2020년 대선의 부정선거 여부에 대해 여론 조사를 진행했다. 바이든과 트럼프 대통령 선거전에서 부정이 있었다고 믿으십니까? 라는 질문에 대해 미국국민 46%가 그렇다라고 대답했고 45%가 아니다라고 대답했다. 미국인들 중 52%가 트럼프는 계속 부정선거 투쟁을 벌여야 한다고 대답했다. 미국 국민들의 경제체제에 관한 여론조사도 함께 진행했는데 미국민의 58%가 자유주의적 자본주의에 입각한 작은 정부를 선호한다고 대답했고 사회주의적 큰 정부를 선호한다는 사람은 16%였다. 2020년 9월의 조사에서도 사회주의를 선호한다는 미국 시민은 18%, 자유주의 시장경제를 원한다는 미국시민은 60%였다. 당연히 사회주의, 큰 정부를 지향하는 후보는 바이든이었고 작은 정부 자유주의 시장경제를 지향하는 후보는 트럼프였다.[149]

이 같은 여론의 지지가 있었기 때문에 트럼프는 싸움을 지속할 수 있었다. 미국적 사고에서 패배한 사람이 패배를 승복하지 않을 경우 그 사람의 인격은 비참해진다. 미국 대통령 선거 결과가 나오는 순간, 때로는 패배가 사실상 확정된 후보의 경우 공식적인 결과가 나오기도 전에 전화를 걸어 상대방의 승리를 축하해주는 것이 미국적인 전통이었고 미국의 민주주의를 가치 있는 것으로 만드는 일이었다. 트럼프는 선거 후 두 달이 지난 후에도(2021.1.5) "나는 패배를 인정하지 않는다(I don't concede)"라고 말했다.

선거부정을 확신하는 보수 측의 린우드(Lin Wood) 변호사는 트윗에 미국은 내란 위기에 놓여 있으며 트럼프 대통령은 계엄령을 선포해서 내전을 막고 재선거를 실시해야 한다는 글을 트윗에 올렸다.[150] 바로 다음날 트럼프 1기 당시 국가안보 보좌관을 역임한 마이클 플린 장군 역시 트럼프 대통령에게 계엄령을 선포하고 선거 부정을 바로 잡아야 한다라고 조언했다.[151]

당시 미국 국민들은 부정선거를 규탄하며 행진을 했는데 그들은 자신의 행진을 구약 성경에 나오는 여리고성 전투[152]를 인용해서 여리고 행진이라고 이름 부쳤다. 여리고 행진(The Jericho March)은 트럼프를 지지하는 기독교도들이 만든 느슨한 조직으로 기도하며, 단식하며 행진하는 모임이었다. 12월 12일 워싱턴 DC에서 개최된 여리고 행진에 참여했던 마이크 플린 장군은 "대통령을 정하는 곳은 대법원이 아닙니다. 우리 국민들이 대통령을 정하는 것입니다"라고 말하고 주기도문을 암송하며 연설을 마쳤다. 많은 시민들이 마이크 플린 장군과 함께 주기도문을 외웠다.

트럼프는 2020년 12월 7일 퇴임을 한 달여 앞둔 시점에서 미국 역사상 전설적인 레슬링 선수 출신인 댄 게일(Dan Gale)에게 민간인이 받을 수 있는 최고의 훈장을 수여하면서 자신은 단 두 번밖에 승리하지 못했는데 어떻게 117:1(117승 1패)의 승리를 거둘 수 있느냐며 치하한 적이 있었다. 댄 게일은 1972년 하계 올림픽에서 금메달을 받았으며 평생 117승 1패의 놀라운 전적을 기록한 전설적인 선수이자 아이오와 대학교 레슬링부 감독이었다. 트럼프는 댄 게일 선수에게 "내 전적은 2:0(즉 2승 무패)입니다. 그것도 꽤 잘한 것이지요. 그러나 어떻게 될지는 두고 봅시다"며 뼈 있는 말을 남겼다.[153]

공화당은 2020년도 패배를 인정하지 않고 6개 주의 선거 결과에 대해 소송을 제기했다. 정부의 소송과 함께 선거 결과에 대해 의문을 제기하는 미국 국민들의 전국적인 데모 행렬이 지속되었다. 선거 결과에 대해 의심하는 데모대의 행렬은 2021년 1월 6일 의회 난입사건이 있는 날까지 지속되었다.

2022년 6월 20일 미국의 공화당 주들 중에서 가장 규모가 큰 텍사스 공화당은 2020년 대선 결과를 불인정하는 결의안을 통과시켰다. 바이든의 2020년 대선 승리를 인정할 수 없고 바이든 대통령의 정당성을 인정할 수 없다는 것이었다.[154]

2021년 1월 20일 트럼프는 백악관을 떠났다. 민주당은 트럼프가 백악관에서 나오지 않고 버틸지도 모른다며 그럴 경우 트럼프를 붙들어서 들고나와야 한다며 조롱했다. 트럼프는 백악관을 떠나며 그의 억한 심정을 표현했다. 그는 1월 20일 아침 멜리니아 여사의 손을 잡고 백악관을 나섰다. 트럼프는 "이것이 오랜 작별이 되지 않기를 희망합니다. 우리는 곧 다시 보게 될 것입니다." "우리는 다른 모습으로 돌아오게 될 것입니다"는 말을 남겼다.[155] 그는 꼭 4년째 되는 날인 2025년 1월 20일 백악관으로 다시 돌아왔다.

2024 트럼프 재선 이후 더욱 강력히 제기된 2020년 부정선거 의혹

2024년 선거에서 트럼프는 선거인단은 물론 총득표수에서도 카멀라 해리스를 제치고 승리했다. 트럼프가 47대 대통령의 임기를 시작한 후에도 2020년 선거 결과에 대한 의혹은 잦아들지 않았다. 잦아들기는커녕 오히려 더욱 강력하게 제기되고 있는 중이다. 2025년 10월 26일 트럼프의 47대 대통령의 임기가 시작된 지 9개월도 더 지난 시점에서 트럼프 대통령은 자신이 대통령에 3번 당선되었다는 의미심장한 글을 올렸다.[156]

트럼프의 글은 "After winning THREE elections, BY A LOT, I am …"이란 말로 시작한다. 즉 자신은 지난 3번의 선거에서 압도적인 승리를 거두었으며라고 쓰고 있는 것이다. 즉 2016년, 2020년, 그리고 2024년에 당선되었다는 의미다. 트럼프는 세 번 승리했다는 용어는 대문자로 THREE라고 썼으며 그 승리가 압도적인 것이었다는 표현도 대문자(BY A LOT)를 사용했다.

우리들 모두는 지금 트럼프는 2020년 1월 20일 백악관을 떠나 야인으로 4년을 지냈다는 사실을 잘 알고 있다. 트럼프는 승리하지 못했기 때문에 백악관을 떠났던 것이다. 그런데 지금 명예를 완전히 회복한 트럼프는 다시 2020년의 승자는 자신이라고 강력하게 주장하는 것이다. 두 번 당선되었기에 '단임 대통령(One Term President)'이라는 불명예로부터 완전히 회복한 트럼프가 의미 없이 농담조로 쓴 글이라고는 믿을 수 없다.

자신이 3번 승리했다는 글을 올린 후 2일 만인 10월 27일 트럼프는 2020년 선거가 부정이었다는 사실을 밝히는 또 다시 의미심장한 글을 X에 게제했다. 앞으로 구체적으로 진행될 2020년 선거 부정 조사에 심각한 영향을 미칠 근거 자료라고 생각되기에 게재문 전체를 인용한다.

"NBA 선수들이 카드 게임에서 속임수를 쓰는 것과 민주당이 선거에서 부정행위를 하는 것 중 어느 편이 더 나쁜가? 2020년 대통령 선거는 조작되고, 도둑맞은 훨씬 더 큰 스캔들이다. '사기꾼 바보(바이든을 의미)'가 우리나라의 '대통령'이 되었을 때 어떤 일이 일어났는지 보라! 우리는 이제 모든 것을 알고 있다. 법무부가 2020년 선거를 미국 역사상 가장 큰 스캔들에 걸맞은 열정으로 조사하길 바란다! 그렇지 않으면, 다가오는 중간선거에서도 똑같은 일이 다시 벌어질 것이다. 우편투표나 조기투표는 안 된다! 유권자 신분증(Voter ID)을 도입하라! 캘리포니아 주민투표가 얼마나 부정직한지 보라! 수백만 표가 '배송되고' 있다. 공화당원들이여, 너무 늦기 전에 정신 차려라!!!"[157]

트럼프 본인 스스로가 2020년 선거는 부정선거였다는 말을 노골적으로 다시 하기 시작한 것이다. 트럼프는 이미 2020년 선거를 치를 때에도 민주당 주들에서 자행될지 모르는 부정선거를 우려해서 'STOP The STEAL'이라는 구호를 만들기도 했었다. 현직 대통령이 왜 그런 걱정을 하는지에 대해 의문이 드는 한국인들이 많을 것이다. 미국의 대통령 선거는 각주가 알아서 치르는 것이기 때문에 대통령이라도 야당이 지배하는 주에서 이루어지는 선거 부정을 사전에 막기는 어렵다.

2025년 10월 하순 연이은 두 건의 글에서 트럼프 대통령은 2020년 선거가 부정선거라고 주장했을 뿐만 아니라 공개적인 수사도 촉구하고 있다. 물론 트럼프는 2024년 자신이 당선된 대선의 경우에도 부정이 있었다고 주장한다. 민주당이 부정선거를 시도하고 자행했지만 실제 선거에서 자신이 너무나도 압도적인 큰 표 차이로 승리했기 때문에 상대방이 부정을 하려했지만 역부족이었다고 말한다. 사실 2024년 대선을 치르는 중에 트럼프가 내세웠던 유명한 구호 중 하나는 '너무나도 크게 격차를 벌임으로써 부정선거를 할 수 없게 하자(Too Big to Rig)'라는 것이었다. 이 구호 역시 2020년 선거 당시, 레이건 대통령 당시 하원의장을 역임했던 열렬한 트럼프 지지자 뉴트 깅리치 박사가 노골적으로 언급했던 말이다. "우리가 승리하기 위해서는 좌파들이 훔치는 표보다 더 큰 격차로 이겨야 합니다."

미국의 민주당 사람들 다수, 그리고 무당파적인 사람들 중에는 미국과 같은 민주주의 선진국에서 어떻게 부정선거가 가능하겠느냐며 부정선거 운운하는 사람들을 정신 나간 사람 취급하는 경향이 있으며 그들을 음모론자로 몰고 간다. 그러나 부정이 없다고 주장하는 사람들은 '그렇다면 진짜 부정선거 여부를 조사해 보자'는 부정 선거론자들의 주장에 절대로 동의하지 않는다. 그럼으로써 의구심을 오히려 더욱 증폭시키고 있다. 컴퓨터와 전자개표기로 개표가 이뤄지는 선거 부정은 과거보다 더욱 은밀하게 그리고 쉽게 저질러질 수 있는 일이 되었다.

트럼프 2기 백악관 의전 실장인 모니카 크롤리(Monica Crowley)는 자신의 계정에 트럼프가 2025년 10월 27일 올린 글을 자신의 X 계정에 재개시하며 다음과 같은 글을 남겼다. President Trump on the stolen

2020 election: "We now know everything" BUCKLE UP(도둑맞은 2020년 선거에 관한 트럼프의 언급: "우리는 이제 모든 것을 알고 있습니다" 단단히 준비하십시오).[158] 백악관 의전실장의 "우리는 지금 모든 것을 알고 있습니다"라는 언급은 이미 2020년 선거 부정에 관한 '빼박' 증거들이 상당 정도 확보되었다는 사실을 암시하고 있는 것이다.

영국의 미국 대선 개입

지금 미국 대선의 부정선거 여부는 미국 국내 문제만이 아니게 되었다. 국제적인 컴퓨터 해킹 등을 통해 원격 조정으로 한 나라의 선거 개표 과정에 다른 나라가 개입할 가능성이 어느 때보다 높아진 것이 오늘날 과학시대의 역설적인 현상이다. 이 같은 과학적인 개입은 그 근거를 찾는 일이 용이하지 않지만 적극적인 선거운동원을 파견해서 특정 후보의 당선을 지원하고 다른 후보의 당선을 방해하는 일이 2024년 미국 대선에서 발생했다는 사실이다. 그 같은 일이 실제적으로 일어난 것이다. 그것도 미국의 가장 친한 동맹국인 영국이 저지른 일이라니 믿기 어렵다.

현재 영국의 총리는 케이어 스태머(Keir Stammer)라는 인물로서 대단히 친이슬람적이며 친사회주의적인 인물이다. 그가 2024년 영국 노동당 소속 선거운동원 100명을 미국의 격전지인 펜실베이니아주로 은밀히 파견, 카멀라 해리스의 당선, 도널드 트럼프의 낙선을 위해 선거운동을 벌였던 것이다.[159] 스태머 총리 스스로 시인한 사실인데 미국의 선거에 외국이 개입한 심각한 범죄 사례가 아닐 수 없다. 미국의 선거는 미국 국민만이 참여해야 하는 선거인 것이다.

이 사례는 선거 개입(Election Inteference)이라는 범죄가 되는데 스태머 총리가 노동당 선거 운동원을 파견했다는 사실은 먼저 X에서 그 비밀이 밝혀졌으며 점차 저항이 거세지자 스태머 총리는 할 수 없이 그런 사실을 시인하지 않을 수 없었다. 영국의 총리가 미국의 현직 대통령을 낙선시키기 위해 불법적 선거운동을 벌인 것이다. 이 비밀 선거운동원들은 펜실베이니아주에서 데이터 작전, 선거운동 메시지 작업, 투표권자 방문 등 트럼프의 낙선을 위해 노력했다. 트럼프 측 인사들은 이 같은 작업을 반역(Treason)죄에 해당하는 중범죄라고 규정하고 다양한 보복 조치들을 강구하고 있는 중이다. 트럼프 측이 구상하고 있는 방안은 영국에 대한 경제 제재, 국제 재판, 스태머와 그의 정치적 협력자들에게 피해를 주기 위한 첩보작전 등이다.

트럼프 측은 2024년 7월 5일 출범한 친이슬람, 친좌파적인 스태머 정부에 대해 대단히 불만스러워 했는데 스태머 총리가 노골적으로 트럼프를 낙마시키려는 부정선거 운동까지 전개했다는 사실은 트럼프 대통령이 취임한 이후 노골적으로 영국의 스태머 내각을 붕괴시켜 버리겠다고 벼르는 계기가 되었다. 트럼프 측근들은 '어떤 외국의 지도자도 미국의 민주주의를 무너뜨릴 수 없다'며 분노하고 있다.

트럼프 대통령의 미국과 스태머 총리의 영국은 겉으로만 동맹인 수준이고 최악의 관계가 되었다. 트럼프 측근인 일론 머스크는 공개적으로 스태머 총리를 '영국 국민들을 배반한 인간'이라며 공격하고 있었다. 트럼프 대통령은 47대 대통령 취임 약 일주일 전, 스태머 총리를 향해 "외국의 불법 선거 개입" 명목으로 소송을 제기했다. 당황한 스태머 총리는 트럼프에게 협조하겠다고 꼬리를 내렸지만[160] 이 사안이 그대로 넘어갈 수는 없을 것이다. 이 같은 심각한 사안은 주류 언론들에 의해 크게 다뤄지지 않았다. 이런 사실에 분노한 트럼프는 2025년 1월 4일 트루스 소셜을 통해 심각한 부정선거 사례들을 주류 언론이 보도하지 않는다는 사실을 격렬하게 비난했다.

부정선거의 결정적인 증거들은 있는가?

트럼프의 부정선거 주장은 놀랍게도 러시아 푸틴 대통령에 의해서도 확인되었다. 2025년 8월 15일 알래스카에서 열렸던 러시아-우크라이나 전쟁의 종식을 위한 미-러 정상회담에서 푸틴 대통령과 트럼프 대통령은 '2020년도 미 대선이 조작됐다는 주장에 의견을 같이 했던 것이다.[161] 푸틴의 주장은 트럼프가 2020년 대선을 부정선거라고 주장하고 수사하겠다는데 큰 힘을 실어주는 일이 되었다.

이미 트럼프의 정보 관련 관리들이 트럼프의 부정선거 주장에 믿을 수 있는 자료들을 제공하고 있지만 국가정보국장(DNI, Director of National Intelligence) 털시 개버드의 글은 트럼프의 주장에 결정적인 힘을 실어주는 일이 되었다. 털시 개버드 국장은 우선 전자 투표 기계에 부정선거의 증거가 있다는 사실을 밝혔다. 기계조작을 통해 선거 결과를 뒤바꿀 수 있다는 증거를 찾았다는 것이다. 털시 개버드 국가정보국장은 그동안 미국 정보 기구의 정치화 및 선거 개입을 수사하고 있었는데 증거가 나왔다는 것이다. 개버드 국장은 특히 2020년 11월 3일 대선의 부정선거에 미국의 정보기구들이 개입했는가의 여부를 수사하고 있는 중이었다. 개버드 국장은 "우리는 전자투표 시스템이 오랫동안 해커들에게 취약했으며, 투표 결과를 조작하기 위한 악용 가능성이 있었다는 증거를 가지고 있습니다. 전국적으로 종이 투표용지를 도입해야 할 긴급한 필요성을 더욱 강조하며, 유권자들이 선거의 정당성을 믿을 수 있도록 해야 합니다"

고 말했다.

또 다른 자료로 도미니언 투표 시스템이 경합 주 전지역에서 사용되어 부정을 저질렀다는 보고도 있다. 2020년 음모의 달(Conspiracy Month, 11월 선거의 달을 말함)에 경합 주의 총 47개 카운티에서 부정을 위한 도미니언 투표 시스템이 사용되었다는 것이다. 미국의 신흥 보수 방송 OANN(One American News Network)은 2025년 8월 10일 도미니언 투표기계가 전국적으로 트럼프에게 투표한 270만 표를 삭제했다는 사실을 발견했다. 데이터 분석에 의하면 펜실베이니아 주민들이 트럼프에게 던진 221,000표가 바이든의 표로 둔갑했고 트럼프의 표 941,000표가 삭제되었다. 도미니언 투표 시스템을 사용하는 주들에서 트럼프에게 간 435,000표가 바이든의 표로 둔갑했다고 보도했다. 미국의 현 정권(2020 트럼프 정권)을 축출하기 위한 알고리즘이 사전에 설정되었다는 것이다.[162]

직접적인 투개표 과정에서 야기된 부정은 아니지만 미국의 온갖 방송 언론, 민주당 편향적 정부 기구들이 트럼프에게 불리하게 작동하는 부정을 자행했었다는 사실도 이제는 주지의 사실이 되었다. 2020년 인구조사국은 공화당에게 불리하게 각종 인구통계를 조작했다. 인구통계국 자체의 감사를 통해 부정 사실이 밝혀진 것이다. 민주당 주의 인구는 부풀려져 계산되었고 공화당 주의 인구는 축소되어 계산되었던 것이다. 그럼으로써 민주당은 자신들이 획득하지 못한 권력을 손에 쥐게 되었다는 것이다.[163]

트럼프의 부정선거 방지를 위한 선거제도 개혁안

2020년, 2024년 선거가 부정선거였다는 사실을 확신하는 트럼프는 부정을 방지할 수 있는 여러 가지 방안들을 강구하고 있으며 미국 선거를 개혁할 계획들을 자신의 트루스 소셜을 통해 그 기본적인 윤곽을 밝혔다. 우선 전자투표가 아닌 종이투표 방식을 택할 것이며, 사전투표제도를 폐지하고, 하루 동안 투표하며 투표 당일을 공휴일로 지정하자는 개략적인 제안을 내놓았다.[164)

2025년 8월 트럼프는 보다 구체적인 선거제도 개혁안을 제안하고 그 이유를 밝혔다.[165)

첫째, 우편투표를 없애기 위한 운동을 주도할 것이다.

둘째, 그리고 그 김에, 매우 "부정확하고" 매우 비싸며, 심각하게 논란이 되는 투표 기계도 함께 없앨 것이다. 왜냐하면 그 기계들은 정확하고 정교한 워터마크 용지보다 10배나 비싸며, 워터마크 용지는 개표 속도가 더 빠르고, 선거 당일 밤이 되면 누가 이겼고 누가 졌는지에 대해 의심의 여지를 남기지 않는 결과를 산출할 수 있다. 트럼프는 미국만이 전 세계에서 우편투표를 사용하는 유일한 국가라고 말한다. 다른 모든 국가들은 대규모 유권자 사기로 인해 이를 포기했다. 트럼프는 미국의 우편투표제도를 없애기 위한 운동을 시작할 것이라고 말한다.

트럼프는 우편투표 폐지 운동이 민주당에 의한 강력한 반대에 부딪히게 될 것이라고 말한다. 민주당은 이전에 본 적 없는 수준으로 부정행위를 저지르기 때문이며 부정선거를 저지르기 가장 좋은 것이 사전 우편투표이기 때문이라는 것이다. 트럼프는 2026년 중간선거를 정직하게 치르기 위해 우편투표 폐지를 위한 행정명령에 서명함으로써 우편투표 폐지 운동을 시작하겠다고 한다.

트럼프는 각 주들이 개표를 하지만 그것은 연방정부의 대리인 역할을 하는 것일 뿐이라고 말한다. 그리고 각 주들은 미국 대통령이 대표하는 연방 정부가 국가의 이익을 위해 지시하는 대로 해야 한다고 했다. 트럼프는 그동안 미국 사회를 심각하게 망가트린 민주당의 급진 좌파 정책들, 예를 들어 국경 개방, 남성이 여성 스포츠에 참여하는 것, 트랜스젠더와 모든 사람을 위한 "WOKE", 그리고 그 외 수많은 비상식적인 일들을 행한 민주당 정치인들은 이처럼 부정 위협에 노출된 우편투표 사기 없이는 사실상 선출될 수 없었을 것이라고 주장한다. 트럼프는 우편투표를 통한 선거가 정직할 수 없으며, 모두가, 특히 민주당원들이 이를 알고 있다고 말한다. 트럼프는 자신과 공화당은 미국 선거에 정직성과 청렴성을 되찾아오기 위해 지옥처럼 싸울 것이라고 단언한다. 트럼프는 "완전하고 총체적인 재앙인 투표 기계를 사용하는 우편투표 사기는 지금 끝나야 합니다!!! 기억하세요, 공정하고 정직한 선거와 강력하고 강한 국경 없이는 국가의 모습조차 없을 것입니다"라고 강한 어조로 말했다.[166]

트럼프의 선거제도 개혁안과 행동 방식을 요약하자면 다음과 같을 것이다. 우편투표가 있는 한, 진정한 민주주의는 결코 존재할 수 없다. 공화당은 우편투표를 없애기 위해 할 수 있는 모든 것을 다할 것이다. 우편투표를 끝내기 위한 행정명령을 발동할 것이다. 도처에서 대규모 부정이 일어났다. 전자투표기는 종이 투표용지보다 약 10배나 더 비싸다. 우편투표를 끝낼 것이다. 그것은 사기(fraud)다. 우편투표는 부패했기 때문이다. 우편투표를 막기 위해 공화당이 앞장서야 한다.

트럼프의 선거개혁안은 다수의 미국 국민들에 의해 이미 지지를 받고 있었다. 2024년 대통령 선거전이 한창 진행 중이던 10월 24일 발표된 갤럽여론 조사를 살펴보자.[167] 갤럽은 다음과 같은 7개의 질문을 던지고 이에 대한 찬반 비율을 조사했다.

- 모든 유권자가 투표소에서 투표하기 위해 사진이 있는 신분증을

제시하도록 요구하는 데 찬성하십니까? 이 질문에 대해 미국 유권자의 84%가 긍정적 대답을 했다. 15%는 아니오라고 대답했다. 아니오라고 대답한 사람들이 있다는 게 놀랍다. 카멀라 해리스는 2024년 선거에서 신분증을 보여달라고 요구하는 주에서는 단 한 곳에서도 승리하지 못했다.

　- 처음으로 유권자 등록을 하는 사람이 시민권 증명을 제출하도록 요구하는 데 찬성하십니까? 이 질문에 대해 83%가 긍정, 15%가 노라고 대답했다. 시민권자가 아닌 사람도 투표할 수 있게 해야 한다고 응답한 자가 15%에 이른다는 사실 역시 놀랍다.

　- 모든 유권자가 선거일 이전에 투표할 수 있도록 하는 사전투표 제도에 찬성하십니까? 76%가 사전투표에 찬성했고 23%가 반대했다. 우편투표가 부정에 노출되기 쉬운데도 불구하고 집에서 투표하는 편리함을 포기하지 않겠다는 사람들이 많은 것 같다.

　- 유권자가 차량관리국(DMV)이나 기타 주정부 기관에서 업무를 볼 때 자동으로 유권자 등록이 되도록 하는 자동 유권자 등록 제도에 찬성하십니까? 60%가 긍정적으로 대답했다. 미국은 시민권자라도 스스로 투표하겠다고 사전에 등록해야 투표를 할 수 있는 번거로움이 있다. 물론 신분증을 보여 주지 않아도 되는 주들에서는 아무나 가서 투표할 수 있다.

　- 선거 전에 모든 적격 유권자에게 부재자 투표 신청서를 발송하는 데 찬성하십니까? 60%가 그렇다고 대답했다. 해외주둔 군인 등이 적격 유권자, 적격 부재자가 될 수 있을 것이다.

　- 부재자 투표함 또는 투표함 위치의 수를 제한하는 데 찬성하십니까? 40%만이 이 질문에 찬성했다. 부정투표를 인정하지 않는 주로 민주당 계열 사람들이 반대했을 것이다. 반대가 58%였다.

　- 5년 동안 어떤 선거에도 투표하지 않은 사람을 유권자 등록 명부에

서 삭제하는 데 찬성하십니까? 35%가 긍정적으로 대답하고 64%가 부정적으로 대답했다. 5년 동안 아무런 선거에도 참여하지 않은 사람들은 정치적 무관심층일 것이다. 그렇다고 그들을 유권자 명부에서 제명하는 것은 옳다고 볼 일은 아니다.

아무튼 미국 국민들의 다수는 상식적인 생각을 가지고 있다. 적어도 미국 국민으로서의 신분이 확실한 사람들만 투표할 수 있게 해야 한다는 질문에 84%가 긍정적으로 대답했기 때문이다. 맨 위 두 가지 질문에 대해서 만이라도 긍정적인 개혁이 이뤄진다면 미국의 부정선거 의혹은 대폭 줄어들 것이다.

미국 국민들의 부정선거 의혹과 넘치는 증거들

저자는 2020년 대선에서 트럼프가 당선되리라고 예측했었고 그 예측은 빗나갔다. 그러나 저자는 미국 대통령 선거를 설명하는 여러 가지 학술적인 근거를 최대로 활용해서 예상한 것이었고 트럼프가 패배했다는 사실, 바이든이 미국 대통령 역사상 최다득표인 8,100만 표가 넘었다는 사실이 믿겨 지지 않았다. 저자는 2020년 미국 대선의 투명성에 대해 심각한 의문을 품고 있는 편이었다.

2020년 선거 직후 트럼프 대통령은 곧바로 선거의 투명성에 대해 의문을 제기했으며 결국 후임자 바이든의 취임식에 참석하지 않았다. 2020년 선거가 부정선거라는 주장은 주류 언론들에 의해 극우파의 음모론 정도로 무시되었지만 미국 국민들의 상당수, 특히 공화당을 지지하는 사람들은 2020년 선거가 부정선거라는 사실에 대해 지속적인 의문을 제기했다.

바이든 취임 후 1년이 지난 2022년 1월에 행해진 여론조사는 공화당원, 또는 공화당에 기운 무당파 중 67%가 바이든의 승리는 부정선거 결과이며 정당치 못했다고 응답했다. CNN의 조사 결과에 의하면 이런 비율은 2021년 여름 무려 72%에 도달한 적도 있었다.[168] 즉 미국 국민들 중 70% 이상이 바이든을 정당하게 당선된 미국 대통령인지에 대해 의심하고 있었던 것이다. 바이든이 대통령직을 수행하기 시작한 지 2년 4개월이 되어가는 시점에서 민주당에 대단히 우호적인 여론 조사기관인 몬모스 여론 조사(Monmouth poll)는 미국 국민들 30%가 2020년 대선을 부정선거라고 믿고 있으며 59%가 정당한 선거였다고 믿고 있다고 발표했다.[169] 트럼프를 지지했던 사람들의 선거 결과에 대한 의혹 비율은 여론조사들마다 약간씩 차이가 있기는 했지만 어떤 경우라도 최소 30% 이상의 미국 국민들이 바이든의 당선을 의심의 눈초리로 바라보고 있었음은 확실하다.

2024년 12월 25일 X(구 트위터)에 재니타 브로드릭(Juanita Broaddrick)이 게재한 기사는 "트럼프가 2020년 대선에서 승리했다는 사실은 절대적이며 아무런 의심도 있을 수 없다(There's absolutely no doubt Trump won 2020. NO DOUBT)로 되어 있다. 신문의 기사를 인용한 것인데 "우편투표 부정에 관한 연구조사는 트럼프가 2020년 선거에서 이겼다는 사실이 거의 확실하다"는 사실을 발견했다(Mail in Ballot Fraud Study Finds Trump 'Almost Certainly' Won in 2020)가 신문 기사의 제목으로 뜬 것이다.

미국의 인터넷 뉴스 매체 NPR은 이 같은 현상을 '이미 논쟁거리가 아닌 2020년 선거 부정 문제가 트럼프의 2024년 승리로 인해 다시 제기되고 있다'고 논하고[170] 그리고 민주당 편향적인 구글(google)서치는 2020년 부정선거 의혹은 터무니없는 엉터리 음모론이라는 기사를 우선적으로 제공하고 있지만, 2020년의 대선이 부정이었다는 의구심을 자극하는 자료들은 차고 넘친다.

트럼프를 우호적으로 분석한 여러 권의 책을 출간한 호주 출신 저술가 닉 애담스(Nick Adams)는 2020년 11월 4일 새벽 나타났던 도무지 이해할 수 없는 개표과정을 다시 상기시키는 자료들을 X에 게재했다.[171] "11월 4일 새벽 3시 30분으로부터 4시 30분까지 위스콘신 사전 우편 투표 용지 14만 장이 투입되었는데 모두 바이든을 찍은 것이었다. 같은 날 새벽 3시 30분부터 5시까지 미시간주에서 사전 우편투표 20만 장이 발견되었는데 모두 바이든에게 투표한 용지였다. 같은 날 2시에서 4시 사이 펜실베이니아주에서 100만 장의 사전투표 용지가 발견되었는데 모두 바이든에게 투표한 용지들이었다. 트럼프에게 투표한 용지는 한 장도 없었다."

어떻게 이 같은 일이 가능할지 알 수 없는 일이다. 또 다른 의문은 과연 바이든이 8,100만 표 이상을 획득할 수 있었다는 게 사실인가의 여부다. 2012년, 2016년, 그리고 2024년 민주당 대선 후보가 획득한 미국 전체 득표수는 6,500만을 약간 상회하는 수준이었는데 어떻게 바이든이 무려 1,500만 명이나 더 많은 득표수를 확보할 수 있었다는 말인가를 의심한다는 것이다.

트럼프 1기의 책략가인 스티브 배넌(Steve Bannon)은 2024년의 대선이 있기 며칠 전 "조 바이든이 결코 바락 오바마보다 1,500만 표를 더 얻었다는 것은 말이 되지 않는다. 그것은 불가능한 일이다. 대선에 패배한 공화당이 어떻게 하원에서 12석을 더 얻는다는 말인가? 바이든은 존재하지도 않는 사람들이 투표를 한 것이 분명하다"[172]며 바이든의 당선은 부정선거였음을 비난했다.

미국 각주의 공화당 중 최대를 자랑하는 텍사스주 공화당은 2022년 6월 20일 바이든은 정당하게 선출된 대통령으로 인정할 수 없다는 결의안을 통과시켰다.[173] 텍사스 공화당은 바이든을 진짜가 아닌 가짜, 대행 대통령(acting president) 정도로 취급했던 것이다.

취임을 불과 21일 앞둔 2024년 12월 30일 보 루돈(Bo Loudon)은 트럼프 대통령 당선자는 2020년 선거 부정에 관한 모든 자료를 확보하고 있다고 말했다는 사실을 그의 X 계정에 게재하였다.[174] 트럼프 측근들은 트럼프 대통령은 취임 직후 공화당이 2020년 이후 꾸준히 요구해 왔던 대대적인 선거제도 개혁이 이루어질 것이라고 말했다.[175] 트럼프 대통령은 선거당일을 국가적 공휴일로 정할 것이며 당일 선거 외의 사전 선거는 폐기할 것이며 종이투표 용지 사용, 그리고 투표인은 투표를 할 때 사진이 부착된 신분증을 반드시 제시할 것을 요구하겠다고 했다.

현재 미국의 주들 중에서 투표할 때 신분증을 보이지 않아도 되는 주들이 여러 곳 있다. 카멀라 해리스는 2024년 선거에서 신분증을 요구하는 주에서는 단 한 곳에서도 승리하지 못했다. 캘리포니아, 하와이, 일리노이, 메인, 메릴랜드, 매사추세스, 미네소타, 네바다, 뉴저지, 뉴멕시코, 뉴욕, 펜실베이니아, 버몬트주는 아무런 신분증도 요구하지 않는다. 캘리포니아주는 선거 관계자가 투표인에게 신분증 제시를 요구하는 것 자체를 불법으로 만들었다. 흑인들이 신분증을 들고 다니지 않을 확률이 높은데 신분증 제시를 요구한다는 것 자체가 인종 차별이기 때문이라는 것이다. 갤럽 여론 조사는 미국 국민의 압도적 다수인 84%가 투표 시 사진이 들어가 있는 신분증을 요구하는 데 대해 찬성하고 있음을 보여 주었다.[176]

2025년 1월 5일 트럼프 대통령 당선자는 자신의 매체인 트루스 소셜

(Trunth Social)에 미국 국민들을 향해 여론 조사성 질문을 했다. "트럼프는 전국에 걸쳐 종이 투표용지 위에 수성 사인펜으로 지지자를 표시하는 방식의 투표를 계획하고 있습니다. 찬성하십니까?" 전자투표, 전자개표가 부정의 원천이 되고 있다는 사실은 널리 알려진 일이다. 원시적이기는 하지만 종이 투표와 수개표가 부정을 막을 수 있는 방법이라는 사실 또한 부정할 수 없는 진실이다.

트럼프의 미국 선거제도 개혁은 트럼프 정부 2기에서 민주당과의 치열한 싸움을 예고하며 반드시 이루어져야만 할 어려운 도전 과제 중 하나가 될 것이다. 트럼프 2기 정부 FBI 국장으로 재임 중인 캐시 파텔은 2020년 대선이 부정선거임을 확신하는 사람이다. 트럼프 2기 취임을 며칠 앞둔 1월 12일 그의 X 계정에 자신은 취임할 경우 미국 정치가들의 부정, 국가에 대한 반역, 은밀한 주식 거래, 엡스타인과의 거래,[177] 엘리트들끼리의 모임, 그리고 부정선거 등 주류 언론이 다루지 않는 문제들을 수사할 준비를 다 갖추고 있다는 사실을 공개했다.

2025년 11월 X 계정에는 미국 연방수사국(FBI) 캐시 파텔 국장이 기밀 해제한 문서에 따르면 중국의 시진핑 주석이 2020년 미국 대선에 개입했다는 자료가 게재되었다.[178] 시진핑이 2020년 미국 대통령 선거에 대량의 위조 투표용지와 운전면허증을 통해 개입했으며, 당시 FBI 국장 크리스토퍼 레이(Christopher Wray)가 이를 은폐했다고 확인했다. 중국은 대량의 위조 투표용지와 운전면허증을 제작하여 미국으로 은밀히 수출했다. 이러한 위조 운전면허증은 수만 명의 미국 시민권자가 아닌 중국 유학생과 이민자들이 투표할 수 있도록 했을 것이다.

세관국경보호국(CBP)이 경합 주로 향하던 위조 신분증 2만 장을 압수했음에도 불구하고, 크리스토퍼 레이는 증거를 묻어버리고 요원들에게 정보 보고서를 삭제하라고 지시했다. 제보를 조사하려던 FBI 요원들은 수사에서 배제되거나 1월 6일 시위자들을 조사하도록 강요당했다는 주장도 덧붙였다.

부정선거 관련 사안들은 트럼프 임기 2기 중 철저한 수사를 통해 사실 여부가 밝혀질 현재 진행 중인 사건이다.

제8장

인간 트럼프

세계 최고의 부자이자 트럼프의 2024년 승리에 혁혁한 수훈자 일론 머스크(Elon Musk)는 폭스 뉴스의 대표 앵커맨인 산 해니티에게 말했다. "트럼프 대통령은 좋은 사람입니다. 그렇지만 언론들에 의해 불공정한 표적이 되었었지요." "나는 그와 오랜 시간을 같이 있었지만 그가 단 한 번도 야비하거나, 잔인하거나 혹은 잘못된 일을 하는 것을 본 적이 없어요. 단 한 번도요"[179]

트럼프가 최악의 조건에서 혈전을 치르고 있던 2024년 대선 후반전 전 기간, 그리고 취임 후 수개월 동안을 트럼프와 가장 가까운 곳에서 지냈던 머스크의 말을 들은 보통 사람들은 대단히 놀라울 것이다. 트럼프에 대해서는 온갖 부정적인 뉴스만을 듣고 지내 온 보통 사람들은 트럼프를 정확히 알 수 없다. 미국의 주류 언론은 트럼프 2기 취임 이후 100일 동안 트럼프에 대한 긍정적인 보도는 8%, 부정적인 보도는 92%[180] 정도로 극심한 왜곡을 자행했다.

그토록 불량한 인간이라면 어떻게 두 번씩이나 그것도 임기를 거르면서, 최악의 정치 환경에서 대통령에 당선될 수 있을까? 트럼프는 보통 사람들이 알고 있는 것보다 훨씬 잘하고 있는 대통령이며 인간으로서도 본받을 부분이 적지 않는 사람이다.

시대를 만드는 영웅(英雄造時) 트럼프

딕 모리스는 2022년의 저서 《The Return(트럼프의 복귀)》에서 미국 국민들은 '트럼프 혁명'의 완성을 기대하고 있으며 그러기 위해서는 반드시 트럼프가 필요하기 때문에 트럼프는 2024년 선거에서 승리, 미국의 47대 대통령이 될 것이라고 예측했었다. 실제로 트럼프가 미국 제47대 대통령으로 복귀한 이후 트럼프 행정부의 막강한 실세인 정부 효율부 장관인 일론 머스크는 자신의 X 계정에 2025년 2월 16일 게재한 글에서 트럼프 행정부를 '혁명적 정부(Revolutionary Administration)'라고 묘사한 후 그의 정부에서 함께 일하게 된 것을 영광이라고 말했다.[181] 트럼프는 취임하자마자 급격한 속도로 미국은 물론 세상을 기왕의 것과는 다른 새로운 곳으로 만들어 나가고 있다.

시대는 영웅을 만들고 영웅은 시대를 만든다(時造英雄 英雄造時)는 말이 있다. 영웅과 시대 두 가지 중에서 어떤 것이 더 중요한지에 대해서는 논란이 많다. 그러나 트럼프 대통령이 재선에 승리, 역사적인 컴백(comeback)을 이룩한 후 세상이 바뀌는 모습을 보니 영웅 조시(英雄造時)가 더 타당한 것 같다. 트럼프는 시대의 주류에 편승해서 승리를 거두었다기보다는 시대를 완전히 거슬러서 불가능한 것처럼 보였던 승리를 거두었고 승리를 이룩한 순간 기왕의 세상을 완전히 뒤엎어 놓고 있는 것이다.

당선된 후 취임도 하기 이전 트럼프는 마음에 들지 않는 정권 하나를 붕괴시키는 데 성공했다. 캐나다의 극좌파 총리 트뤼도는 트럼프가 오랫동안 손보려고 벼르던 인물이었다. 캐나다는 중국에서 수입한 펜타닐을 미국으로 밀수출해서 수만 명 이상의 미국인들을 죽음으로 몰아넣었다. 2024년 한 해 동안만도 미국 정부는 캐나다로부터 미국에 쏟아붓듯 밀려오는 불량 이민자 23,700명을 체포했을 정도다. 2017년 미국이 질색하는 ISIS 테러리스트 다수를 환영하며 받아준 것도 트뤼도 총리였다.[182]

트럼프는 캐나다로부터의 불법 이민과 펜타닐 유입이 완전 중지되는 날까지 캐나다가 미국으로 수출하는 모든 상품에 25% 관세를 붙일 것이라고 협박했다.

놀란 트뤼도는 트럼프의 자택으로 날아가 캐나다 경제는 25% 관세를 버틸 수가 없다며 호소했다. 트럼프는 캐나다가 붕괴된다면 미국의 51번째 주로 들어오라며 트뤼도 총리를 모욕했다. 캐나다가 미국과 동급의 국력을 가진 나라였다면 이 정도의 모욕은 전쟁 발발의 충분한 사유가 되었을 일이다. 트뤼도 총리는 미국에 맞서는 대신 캐나다 총리직에서 사퇴하고 말았다. 2025년 1월 6일의 일이었다. 이후 트럼프는 캐나다를 비난하는 언급을 할 때마다 의도적으로 트뤼도를 총리라고 부르는 대신 주지사(governor)라는 명칭으로 부르며 조롱했다. 트럼프가 캐나다를 미국의 51번째 주로 만들겠다는 언급은 결코 농담은 아니다.

트럼프는 나토에서 탈퇴하겠다는 위협도 했다. 유럽에 주둔하고 있는 미군들을 철수하겠다는 위협도 가했다.[183] 나토의 핵심 국가들인 영국, 프랑스, 독일이 더 이상 서방(The West)이라고 불릴 수 있는 가치를 지향하는 나라가 아니라는 이유다. 사실 오늘날 영국, 프랑스, 독일의 모습과 정책은 그 나라들이 과연 기독교 국가인지 이슬람 국가인지 알 수 없게 한다. 수십만 이상의 백인 소녀들이 강간당하고 있다. 그곳의 아랍인들은 강간을 이교도를 모욕하기 위해 알라신이 허락한 방편 중 하나로 생각한다. 영국, 프랑스, 독일 등에 거주하는 이슬람인들은 백인 소녀를 강간해도 감옥에 가지 않는다. 대신 이민 반대를 외치는 백인들은 몇 년씩 감옥에 투옥되는 것이 유럽의 현실이다. 트럼프는 이들의 정권들을 모두 다 날려 버릴(Regime Change) 태세다.

트럼프는 파나마 운하를 미국이 다시 찾아올 것이라고 말했고 그린란드를 돈을 주고 매입할 계획이라고 말했다. 경제적, 외교적 수단으로 여의치 않을 경우 군사력을 동원해서라도 미국이 장악해야 한다고 말했다. 최악의 팽창주의자 혹은 제국주의자라고 비난받을 수도 있는 자신의 입장을 트럼프는 누구라도 알아들을 수 있는 쉬운 말로 설명한다. "미국은 파나마 운하를 파나마 정부에게 관리하라고 주었는데 지금 파나마 운하를 관리하는 나라는 중국이다. 우리는 중국에게 파나마 운하를 주지 않았다. 지금 파나마에는 중국 군대가 불법적으로 체류하고 있다. 그래서 미국은 파나마 운하를 다시 차지해야 한다."

트럼프는 그린란드는 미국의 국가안보를 위해 치명적으로 중요한 곳이라고 말한다. 미국이 가만히 있으면 러시아나 중국이 그린란드를 차지할 수 있기에 미국이 먼저 장악해야 한다는 것이다. 현재 그린란드는 덴마크의 주권하에 있다. 그러나 덴마크인들과는 인종 자체가 다른 이누이트 인들인 57,000명 미만의 그린란드 거주자들은 독립을 추구하고 있다. 덴마크도, 독립을 추구하는 그린란드인들도, 러시아 혹은 중국의 위협에서 스스로 국가안보를 지킬 능력은 없다. 그린란드가 평화지역으로 남아 있는 현실적인 이유는 그린란드에 위치하고 있는 미국의 군사기지 때문이라고 밖에 말하지 않을 수 없다.

외국 국가원수 중 제일 먼저 백악관을 방문한 이스라엘의 베냐민 네타냐후(Benjamin Netannyahu) 총리에게는 2023년 7월 10일 하마스-이스라엘 전쟁으로 인해 초토화된 가자(GAZA) 지구를 미국이 개발할 터이니 미국에게 넘겨 달라는 제안조차 했다.[184] 황당한 발상이긴 하지만 대안을 제시할 수 없는 기막힌 발상임도 사실이다.

트럼프는 대통령에 취임하는 날 수많은 행정명령에 사인을 했다. 우선 2021년 1월 6일 바이든의 당선을 인정할 수 없다며 미국 의회에 집결했다가 민주당 정부로부터 민주주의를 파괴한 내란범으로 낙인찍히고 감옥에 투옥되었던 1,500명 이상에 대한 사면을 단행했다. 물론 트럼프는 이들 지지자들의 '평화로운' 시위를 의사당 난입 폭동으로 '유도'한 것이 민주당 정권이라고 주장하며 최근 평화로운 시위대를 향해 먼저 총격을 가한 것이 경찰임을 확인할 수 있는 동영상 자료마저 찾아내었다는 사실은 앞의 장에서 이미 설명한 바와 같다. 트럼프를 지지하던 수많은 투옥된 시민들이 다 풀려 나왔다. 이제 그들을 폭도라고 하고 감옥에 투옥 시켰던 사람들이 거꾸로 부정선거를 통한 민주주의의 파괴자로 낙인찍히게 될 것이다.

트럼프는 취임 당일 각종 행정명령들을 통해 멕시코와의 국경 지역에 비상사태를 선포했고, 유엔 산하 국제보건기구(WTO)에서 탈퇴했고, 미국 군내의 성전환자들을 축출했고, 코로나 백신 주사를 거부했다는 이유로 바이든에 의해 축출되었던 미군 병사들을 전원 원대 복귀시키고 그동안 받지 못했던 급여도 다 주겠다고 약속했다.

무엇보다도 2020년 대선에서 트럼프가 승리했다고 믿는 캐시 파텔 FBI 국장은 미국 정치의 총체적 부패의 온상인 워싱턴의 딥스테이트를 소탕하겠다고 나서고 있다. 미국은 물론 세계의 역사가 트럼프에 의해 다시 쓰여지고 있다. 트럼프는 확실히 시대를 만들어가는 영웅(英雄造時)이라고 보인다.

정치가 출신이 아닌 대통령

트럼프는 미국 역사상 공직 경험이 없이 대통령에 당선된 최초의 인물이었다. 선출직을 경험하지 않은 대통령도 있었지만 그들은 적어도 변호사 등 공적 영역에서 일하던 인물들이었다. 트럼프는 부동산 사업가 출신으로 공적 영역에서 일한 적이 없는 진정 비정치적인 정치가였다. 트럼프의 정치 경험 없음은 트럼프를 비적격 인물이라고 비난하는 중요한 이유가 되었지만 역설적으로 정치 과잉 상태의 미국에서 트럼프는 오히려 더욱 훌륭한 정치가가 될 수 있었다. 트럼프는 최근 자신이 사업가 출신 대통령이라는 사실은 대통령이 되기 위해 정치적 경력이 많다는 것을 아무런 쓸모없는 일로 만들어 버렸다며 자화자찬했다.

실제로 그는 대통령이 됨으로써 얻을 수 있는 사적인 이익이 그다지 큰 사람이 아니었다. 이미 억만장자가 되었고 TV 프로그램을 통해서 유명한 인물이 되기도 했다. 기업가로서의 트럼프의 영향력은 꼭 대통령이 될 필요도 없을 정도로 막강했다. 대통령이 된 후 그는 급여도 받지 않겠다고 했다. 법률상 급여를 받지 않을 수 없었기에 받은 급여를 공공 이익을 위해 기부하는 형식을 취했다. 트럼프에게 대통령 연봉 40만 달러는 별 의미가 없는 소액이었다. 트럼프는 2기 임기 취임 후 백악관 앞 뒤뜰에 높이 30m에 이르는 거대한 국기게양대를 개인 돈을 들여 건설했다. 또한 3억 달러에 이른다는 백악관 연회장을 자신의 사재를 털어서 건설하고 있는 중이다.(2025년 11월 현재)

미국의 대표적 행태주의 정치학자 해롤드 라스웰은 오래전 거의 모든 정치가들의 행동을 설명할 수 있는 유명한 공식을 만든 적이 있었는데 다음과 같다. P= p } d } r. 이라는 공식이다. 여기서 대문자 P는 정치가

(Politician)를 의미한다, 소문자 p는 priviate motive 즉 사적인 동기(私的動機)를 의미한다. 대부분 정치가들이 정치를 시작하는 동기가 사적인데 있다는 것이다. 비록 말은 번지르르하게 사회와 국가를 위해 정치를 시작한다고 말하며 한 표를 호소하지만 실제로는 개인적 동기가 더욱 중요하다는 것이다. 고위급 정치인에 선출되는 것은 무엇보다도 자신의 영광이고, 자기 가족의 영광이 아닐 수 없다.

소문자 d는 displacement into a public object, 즉 공적인 동기에로의 전환을 의미한다. 사적인 동기를 강조해서는 결코 고위 공직에 당선될 수 없다. 그래서 모든 정치가들은 자신의 사적인 동기를 공적인 목적으로 전환(displace)시켜야 한다. 정치가들이 하는 중요한 행동이 바로 이것이다. 마지막 소문자 r이란 rationalize 즉 합리화를 의미한다.

해롤드 라스웰은 모든 정치가들은 사적인 동기에서 정치를 시작하지만 그것을 공적인 동기인 것처럼 전환시키고, 합리화시키는 일에 몰두하는 사람들이라고 보는 것이다.[185] 미국의 정치가들은 물론이거니와 세계 어느 나라 정치가들도 마찬가지일 것이다. 트럼프는 정치가가 되어 추구해야 할 가장 중요한 이익들인 돈과 명예를 이미 충분히 보유하고 있던 사람이라는 점에서 기존의 미국 정치가들과는 판이하게 달랐다.

트럼프의 1기(2017.1.20-2021.1.20)는 트럼프가 일면 초보 정치가라는 모습을 보여 주었다. 각료들을 선정하는 과정에서도 실수가 많았다. 워싱턴의 노련한 정치가들로 채워진 트럼프의 각료들은 트럼프를 어린아이 취급했다. 스스로 자신들을 '어른들'이라고 말하며 트럼프를 비하했다.

트럼프는 2기에 당선된 2024년 11월 5일 역대 어떤 정치가들보다 가장 정치적인 인물로 변해 있었다. 자신을 향한 온갖 부정적인 환경을 다 물리치고 승리한 역전의 용사가 되어 있었다. 2016년 대통령 선거를 시작할 때부터 2024년 11월 다시 대통령에 당선된 기간 동안 트럼프가 당면했던 소송사건, 민주당 정권의 사법 및 수사기관들에 의한 정치적 탄압, 압도적으로 부정적인 주류 언론들의 핍박과 비난의 규모는 아무리 강인한 인물이라도 버틸 수 없는 고난이었다. 트럼프는 이 같은 고난을 이겨냈다. 그리고 트럼프는 역대 어떤 대통령보다 막강한 권력자로 되돌아왔다.

기업가 트럼프 BRAND: 과단성과 효율성(Boldness & Efficiency)

트럼프는 금수저 출신이다. 뉴욕의 부동산 재벌 프레드 트럼프의 5자매 중 네 번째로 태어났다. 어렸을 때 살았던 그의 집은 방이 23개나 되는 저택이었다. 정원사도 있고 운전기사도 있는 부잣집에서 어린 시절을 보냈다. 아버지로부터 개인사업을 시작할 수 있는 기초적인 자금도 빌릴 수 있었다. 1971년에는 아버지의 가업을 이어받아 부동산 업자가 되었지만 트럼프가 축적한 부의 대부분은 아버지로부터 물려받은 것이기보다는 트럼프의 노력에 의해 축적된 것이라 보아야 옳다. 트럼프 가문은 부유한 집안이기는 했지만 규율이 있는 집안이었고 이웃의 가난한 사람들과도 잘 지낼 수 있는 독일 이민자 출신의 가문이었다. 트럼프의 미국인 선조는 1840년 독일을 떠나 미국에 정착했다. 트럼프는 아버지와는 달리 자신이 독일 이민의 후예라는 사실에 자부심을 가졌다. 트럼프는 아버지 회사에서 가장 낮은 직급의 일부터 시작했다. 5자매와 살던 트럼프는 어렸을 적부터 경쟁심이 강했다. 형제들 사이의 경쟁과 갈등도 심각했다고 한다. 트럼프는 어렸을 적부터 과감성과 결단력(boldness and determination)을 길렀고 이 속성은 그의 인생 전 과정에서 중요한 트레이드마크로 자리 잡았다.

트럼프는 초등학교에서 비행을 저지른 학생이었다. 아버지 프레드는 트럼프가 13세가 되었을 때 그를 규율이 엄격한 뉴욕 군사학교(New York Military Academy)로 보냈다. 그곳에서 트럼프는 리더십과 카리스마를 발휘했다. 스포츠 선수, 웅변가로서의 자질도 보여주었다. 군사학교에서 트럼프는 압박에 대처하는 방법, 팀을 이끌고 특히 승리하는 방법을 체득했다.[186]

뉴욕 군사학교를 졸업한 후 트럼프는 펜실베이니아대학교 와튼 스쿨(Wharton School)에서 본격적으로 재정과 경영을 공부를 했다. 와튼 스쿨에서의 공부는 트럼프가 아버지로부터 배운 실제에 이론적 측면을 보강하는 계기가 되었다. 미국 경영학의 최고 명문 와튼 스쿨에서 이론적 무장을 갖춘 트럼프는 형 프레드가 조종사의 길을 택하면서 아버지 가업을 이어받을 후계자가 된다.

트럼프는 아버지의 회사에 들어가기 전, 아버지로부터 100만 달러 정도의 '소액'을 빌려 부동산 사업에 입문했다. 그는 아버지가 뉴욕시 곳곳에서 운영하던 여러 주택 사업의 관리를 도왔고, 이후 사업을 완전히 물려받게 된다. 트럼프는 아버지가 브루클린과 퀸스의 주택 사업 위주로 기업을 운영했던 것과는 달리 화려한 맨해튼에 진출, 고급 부동산 사업에 집중하기 시작했다. 1971년에는 회사 이름을 '트럼프 오거나이제이션(Trump Organization)'으로 바꿨다.

형 프레드는 알코올 중독으로 43세의 나이에 사망했는데, 이로 인해 트럼프는 평생 술과 담배를 입에 대지 않았다고 한다. 트럼프가 "내게 영감을 주던 인물"이라고 말하곤 했던 아버지는 1999년 사망했다.

회사 이름에서 볼 수 있듯이 '트럼프'는 자신의 이름을 브랜드로 만들었다. 번창하는 그의 기업 왕국과 함께 트럼프 개인도 점점 더 유명해져 갔다. 트럼프는 화려한 맨해튼의 고급 부동산 사업에 집중, 맨해튼의 풍경을 바꾸어 나갔다. 유명한 5번 가에는 그의 부동산 사업에서 가장 유명한 건물이자, 오랜 세월 그가 실제 거주했던 '트럼프 타워'가 들어서 있다. 트럼프는 오래된 코모도 호텔을 인수 그랜드 하얏트 호텔로 탈바꿈시켜 놓았다. 카지노, 콘도, 골프장, 호텔 등 '트럼프'의 이름이 붙은 다른 부동산들이 애틀랜틱 시티, 시카고, 라스베이거스는 물론 인도, 튀르키예, 필리핀에 이르기까지 전세계 방방곡곡에 들어섰다. 서울에도 여의도와 용산에 트럼프(Trump)라는 글자가 크게 붙은 대형 주거용 빌딩이 들어서 있다.

트럼프는 부동산에 더해 미스 유니버스, 미스 USA, 미스 틴 USA 미인대회의 운영권 소유자로서, NBC 리얼리티 쇼 '어프렌티스'의 제작자 겸 진행자로서 엔터테인먼트 업계에서도 스타덤에 오르게 된다. 트럼프는 리얼리티 쇼 '어프렌티스'의 진행자를 무려 14시즌을 연속적으로 맡았다. 그 쇼에는 트럼프의 자녀들이 출연하기도 했었다.

14개 시즌으로 이뤄진 '어프렌티스'의 참가자들은 트럼프의 기업 왕국에서 매니지먼트 계약을 따내기 위해 경쟁을 벌였으며, 이때 트럼프는 자신이 줄곧 외친 '넌 해고야!(You're fired!)'라는 대사 덕에 더욱 더 대중에게 자신의 이름을 알렸다.

트럼프는 책도 여러 권 집필했으며, 영화에도 출연하고, 프로레슬링 프로그램에도 등장했다. 자신의 이름이 붙은 넥타이부터 음료까지 안 파는 게 없었다. 물론 트럼프는 언제라도 승승장구만 하지는 않았다. 트럼프는 총 6차례나 파산 신청을 하기도 했다. 아울러 트럼프 스테이크, 트럼프 대학 등 그가 시도한 여러 벤처 기업들이 도산하기도 했다.

트럼프의 장기는 늘 승리만 한다는 것은 아니었다. 패배와 파탄에서 다시 불사조처럼 일어난다는 것이 그의 장기였다. 2020년 대통령 선거에서 패배한 후 4년 만에 대통령에 재선되는 과정에서 트럼프가 보여준 강인함은 사업가로서 그의 인생 경력에서 망하기를 다반사처럼 했던 경험에서 비롯된 것이다.

이처럼 굴곡을 거듭하는 가운데에서도 기업가로서 트럼프의 브랜드는 효율(efficiency)과 적은 비용(cost effectiveness)을 끊임없이 강조했다.[187] 2024년 재선한 후 일론 머스크에게 정부 효율부(Department of Government Efficiency, DOGE)를 창설케 했고 그에게 전권을 맡긴 행동은 기업가로서 트럼프의 브랜드가 유감없이 반영된 것이었다. 트럼프 정부가 출범한 지 한 달 정도 지난 시점에서 정부 효율부는 그동안 낭비되었던 정부예산 550억 달러를 찾아내었다.[188]

협상의 기술(Art of the Deal)

1987년 트럼프가 간행한 유명한 책의 이름인 '협상(거래)의 기술'은 트럼프를 상징하는 또 다른 명사(noun) 중 하나다. 트럼프는 2016년 대선 도중 한 유세장에서 트럼프의 책 《거래의 기술》을 손에 들고 흔들어 대는 지지자를 만났다. 트럼프는 책을 흔들며 환호하는 지지자를 향해 소리쳤다. "그 책은 내가 세상에서 두 번째로 좋아하는 책입니다!" 왜 두 번째라고 말했을까? 자신이 제일 좋아하는 첫 번째 책은 성경(The Bible)이라는 사실을 이처럼 재치와 순발력을 가지고 표현한 것이다. 미국 사람들은 모두가 다 하나님을 향한 경외심의 크기 여부와 관계없이 성경이야말로 최고의 책이라고 말한다. 그리고 당연히 그렇게 말해야 옳다고 믿는다. 트럼프는 미국 국민들의 이 같은 생각을 사실 너무나도 잘 알고 있었던 것이다.

트럼프의 《거래의 기술》은 그가 세상 사는 방식에 대한 몇 가지 원칙을 제시하고 있는데 아마도 가장 중요한 것은 '두려움 없이 위험을 감수함(Fearless embrace of risk-taking)'일 것이다. 트럼프는 무슨 일인가를 소심하게 하는 사람이 아니다. 그는 무모한 일을 과감히 하는 사람이며 위험이 클수록 보상도 커진다는 사실을 잘 이해하고 있는 사람이다. 2기 임기가 시작된 후 보여주는 그의 충격과 공포(Shock and Awe) 작전 스타일의 과감한 국내외 정치 행보는 트럼프식 협상의 기술의 첫 번째 원칙이 유감없이 발휘되고 있는 것이다.

두 번째 원칙은 협상을 향한 트럼프의 천부적 소질이다. 트럼프에게 있어서 협상은 단순한 도구가 아니다. 협상은 본질적인 기예(essential skill)이어야 한다. 체스 경기에서 보듯 한수 한수가 모두 통찰력과 전략(foresight and strategy)에 근거한 것이어야 한다.

트럼프는 적당한 때와 본능(time and instinct)이라는 요인도 강조한다. 상대방을 더 몰아붙여야 할지, 혹은 협상을 그만두어야 할지를 정확하게 판단할 수 있어야 한다는 것이다. 트럼프는 협상에 있어서 깡(gut)이라는 보이지 않는 요소의 중요성도 잘 알고 있다. 트럼프는 결정 과정(decision making process)이란 심사숙고를 통해 나오는 계산과 순간적인 직관이 적절하게 합쳐질 때 성공할 수 있다고 보았다.

그러나 트럼프는 독불장군식의 기업가는 아니었다. 그는 파트너십을 강조하는 경우도 많았는데 대표적인 사례가 애틀랜틱 시티에 트럼프 플라자를 건설할 당시 홀리데이인사와 합작한 경우였다. 트럼프는 상대방과 어떻게 이익을 연계할 수 있는지를 아는 인물이다. 모든 당사자들이 함께 이익을 볼 수 있는 방법을 체득하고 있다는 말이다. 협력 당사자 모두가 윈윈하는 방식에 대한 이해는 트럼프 협상 기술의 중요한 한 부분이다.

많은 한국 사람들이 트럼프의 독불장군적 성격만 강조하지만 트럼프 2기에서 트럼프는 대한민국과 엄청난 전략적 협력 관계를 구축하고자 할 것이다. 대통령으로서 트럼프의 대전략인 중국 주저앉히기의 가장 적격인 파트너가 대한민국이라고 생각하기 때문인 것이다. 이 부분에 관한 설명은 트럼프의 대(對)한국 외교 및 안보정책을 다룰 때 자세히 설명하기로 한다. (이 책의 14장 트럼프와 한국)

트럼프의 협상의 기술은 단순한 책 그 이상의 의미를 갖는다. 협상의 기술은 트럼프의 세계관에 대한 선언이며 과감성과 혁신성(audacity and innovation)을 등록상표로 하는 사업가로서 트럼프식 접근 방식의 증언이라고 보아야 한다.[189]

포퓰리스트 트럼프

세계의 대통령 혹은 자유세계의 리더라고 불리는 미국 대통령직을 놓고 대결을 벌인 트럼프는 해리스와는 자질(資質) 면에서 상대가 안 될 정도로 우위에 있었다.

카멀라 해리스는 대선 후보가 된 이후 선거 당일까지 제대로 된 언론 인터뷰를 단 한 번도 갖지 않은 놀라운 후보였다. 몇 군데 우호적인 방송에서 인터뷰를 했지만 방송국들은 해리스의 흠을 덮어주느라 쩔쩔매지 않을 수 없었다. 트럼프는 해리스의 인터뷰를 짜깁기 혹은 편집해서 방송한 CBS를 상대로 무려 200억 달러짜리 소송을 걸어놓은 상태다.[190]

CBS가 대통령 선거를 방해했다는 죄목이다. 트럼프 측으로 100억 달러짜리 소송을 당한 CBS 측이 해리스 인터뷰 원본을 부분 공개한 후 트럼프는 200억 달러로 청구 비용을 올렸다.

각종 정책을 초등학생들도 알아들을 수 있는 쉬운 말로 제시하며 미국을 위대한 나라로 다시 만들자는 트럼프와 트럼프는 오로지 '나쁜' 인간이라는 사실만으로 대통령으로 뽑아달라고 호소한 해리스가 막상막하의 적수가 되기는 힘들었다. 트럼프의 연설은 초등학교 4학년을 마친 사람이면 누구든지 알아들을 수 있다는 말은 이미 2016년 대선에서 트럼프가 힐러리 클린턴과 맞붙었을 때부터 나왔던 이야기다.

트럼프의 연설은 쉬운 단어들로 구성되어 있다는 특징이 있다. 영어가 모국어가 아닌 사람들이 들어도 트럼프의 연설은 이해하기 편하다. 사용되는 단어들이 어렵지 않기 때문이며 뜻이 분명하기 때문이다. 미국 역대 대통령 연설문 중에서도 트럼프의 연설문이 읽기도 가장 편하다.

그 원인이 무엇인지를 알기 어렵지만 트럼프는 정말로 열정적인 지지자들을 대단히 많이 확보하고 있는 대중적 정치가라고 말할 수 있다. 인터넷이 발달한 시대에도 트럼프는 청중들 앞에서 직접 연설하는 방식을 선호한다. 원고도 없이 여러 시간 지치지 않고 웅변하며 청중들을 들었다 놓았다 할 수 있는 인물이 바로 트럼프다. 트럼프의 연설이 있는 곳에서 몇 시간 걸리는 곳에 사는 주민들이 연설을 듣기 위해 몇 시간 전부터 달려와서 기다리는 장면들을 선거기간 동안 내내 볼 수 있었다.

트럼프처럼 관련 상품들이 많이 개발된 정치가도 미국 대통령 역사상 없었다. 수많은 종류의 트럼프 인형이 쏟아져 나왔고 트럼프를 지지하는, 혹은 비방하는 문장들이 새겨진 수많은 종류의 T-셔츠, 모자, 컵, 심지어는 신발도 만들어졌다. 트럼프와 관련된 책도 엄청나게 많다. 2024

년 대선 기간 중 트럼프는 트럼프 성경을 제조해서 판매하기도 했다. 트럼프는 아무튼 미국 국민들의 관심을 몰고 다니는 정치가임이 분명하다.

2019년 11월 30일, 트럼프 1기 임기 3년 차 시절 행해진 조사에 의하면 공화당원 53%가 트럼프를 링컨보다 위대한 대통령이라고 평가했다. 미국 국민들 모두가 미국 역사상 최고의 대통령으로 인정하는 인물이 링컨 대통령이다. 열정적인 지지자들이라는 한계가 있지만, 공화당원들의 절반 이상이 공화당을 창당한 인물인 링컨보다 트럼프가 더 훌륭한 대통령이라고 대답한 것은 의미 있는 일이다.[191] 적어도 트럼프 지지자들이 얼마나 열성적인지를 보여주는 지표가 될 수 있다. 47대 대통령에 다시 당선된 후 그의 인기는 더욱 올랐다.

트럼프는 미국 대통령 사상 처음으로 미국의 프로 축구 챔피언을 결정하는 수퍼볼 경기를 직접 참관했다. 2025년 2월 9일 일요일 오후 5시 30분부터 루이지애나주 뉴올리언즈의 시저 슈퍼돔 경기장에서 열린 29차 슈퍼볼 경기는 미국 프로 축구의 양대 리그인 NFC와 AFC 작년도 챔피언이 모여 단판 승부로 최종 챔피언을 결정하는, 온 미국인이 열광하는 축구 경기로서 단연코 미국에서 가장 큰 스포츠 행사라고 말할 수 있다. 취임 후 불과 20일 만에 열린 축구경기는 현장에 몰려든 미국 스포츠 팬의 숫자도 대단하지만, 미국 국민들이 가장 TV 앞에 많이 모여 있는 날로도 유명하다. 2025년 슈퍼볼 시청자는 무려 1억 2,770만에 이르는 최고 기록을 세웠다고 한다.

트럼프가 등장하자 온 관중이 환호했다. 전광판에 지난 선거에서 해리스를 지지했던 인기 여가수 테일러 스위프트의 모습이 비추어졌을 때 축구장의 관객들은 그를 비난조의 우우 함성을 질렀다. 트럼프는 자신의 X 계정에 '그날 밤 가장 슬펐던 사람은 단연 테일러 스위프트'였을 것이라는 글을 게재, 스위프트를 조롱하는 일도 잊지 않았다.

바로 일주일 후인 2025년 2월 16일 플로리다주 데이토나에 있는 데이토나 인터내셔널 스피드웨이에서 미국인이 열광하는 또 다른 스포츠인 NASCAR Daytona 500이라는 이름의 자동차 경주대회가 열렸다. 트럼프 대통령의 공군 1호기가 데이토나 자동차 경기장 상공을 저공 비행하며 관중들을 열광시켰다. 곧이어 트럼프 대통령의 전용 승용차로서, 로켓포의 공격도 능히 막을 수 있다는 방탄차로, 캐딜락 자동차 회사가 제조한 비스트(Beast)가 나타나서 경기에 스포츠카들과 함께 경기장을 주행하는 퍼포먼스를 펼쳤다. 둘째 아들 에릭 트럼프와 트럼프를 위해 적극적인 정치 활동을 벌이며 공화당 전당대회 공동 의장이었던 라라 트럼프의 딸인 5살짜리 손녀 캐롤리나 트럼프를 데리고 나와 관중들에게 인사하고 특별히 도열해 있는 군인들에게 다가가서 악수를 건넸다.

자기 머리보다 훨씬 큰 MAGA 모자를 덮어쓴 귀여운 꼬마 소녀의 모습은 온 미국인들을 미소 짓게 하는 그림이 아닐 수 없었다. 정치적으로 트럼프를 좋아하지 않는 사람들일지라도 이 같은 포퓰리즘에 열광하지 않을 수 없었을 것이다. 대통령에 취임하자마자 약속했던 정책들을 번개와 같은 속도로 집행하고 있는 트럼프는 미국인의 투박함을 상징하는 미식축구 경기, 미국인의 기술적인 정교함을 상징하는 스포츠 자동차 경기대회에 연속 모습을 드러냄으로써 자신이 말한 황금시대가 미국에 도래했다는 사실을 극적으로 연출하고 미국 국민들의 자부심을 고양시켰다. NASCAR란 전미 스톡 자동차 경주 협회의 약어로 미국에서 스톡 자동차 경주 대회를 주최하는 가장 큰 공인단체이다. 데이토나 500은 매년 2월 플로리다주 데이토나 인터내셔널 스피드웨이에서 개최되는 자동차 경주다.

트럼프의 막강한 각료로서 국경황제(Border Czar)의 직책을 탱크처럼 담당하고 있는 미국 남성성의 상징 인물인 탐 호만(Tom Horman)은 Fox News 토크쇼에 출현해서 지난 1984년부터 국경 방어 업무를 담당하며 6명의 대통령을 모셨었지만 단연코 트럼프가 최고의 위대한 대통령이라고 단언했다.[192]

텍사스주의 휴스턴에서 약 1시간 반 정도 떨어진 작은 마을에는 아예 상호 이름이 트럼프 햄버거로 되어 있는 햄버거 가게가 있다. 트럼프 관련 상품도 함께 판매하며 트럼프 사진들로 가득한 이 햄버거 식당의 존재는 트럼프의 대중적 인기도를 말해주는 상징일 것이다.

텍사스주 휴스턴 부근 Bellville이라는 작은 도시에 있는 트럼프 버거 가게와 트럼프 버거

파이터 트럼프(Fighter Trump)

탁월한 국제 정치학자요 미래학자인 조지 프리드먼(George Friedman) 박사는 미국 국민들은 세 가지 속성을 가지고 있는데 그것은 발명가(Inventor), 카우보이(Cowboy), 전사(戰士, Warrior)라고 요약했다.[193] 미국인

들은 과학적인 발명품은 물론 대단한 정치적 발명품을 만드는 사람들이다. 발명왕 에디슨(Thomas Edison), 비행기를 발명한 라이트 형제(Wright Brothers)를 생각해 보라. 그리고 오늘날 스티스 잡스(Steve Jobs)와 일론 머스크(Elon Musk)를 생각해 보라.

과학적 발명 외에도 미국인들은 '자유민주주의'라는 정치제도를 발명한 사람들이다. 지구 역사상 처음으로 왕이 없는 나라를 건설했으며, 지구 역사상 아마도 처음이자 마지막으로 과거, 역사, 전통, 혈연 등에 기초하지 않은 국민국가(Nation State)를 건설한 사람들이다.

세상 모든 나라가 과거, 역사, 전통, 혈연 등으로 국민을 구성하고 나라의 기초로 삼는 것과는 달리 미국은 이미 생겨났던 여러 나라의 국민들이 함께 모여 새로운 국가를 건설한 사례다. 미국은 그래서 과거가 아니라 미래에서 국민의 동질성을 찾는 나라다. 미국 국민의 동질성은 '할아버지가 같아서'가 아니라 '손자들이 같아서' 유지되는 나라다.

미국 사람들은 생각이 같아서 미국 국민으로서의 동질성을 느낀다. 그들을 함께하게 만드는 생각은 하나님, 민주주의 정치제도. 자유주의의 자본주의 경제제도에 기반을 두는 것이다. 그래서 앤 슬로터(Ann Slaughter) 같은 학자는 미국은 이념(Americ is an Idea)이라고 말할 정도다.[194]

트럼프는 프리드먼 박사가 말한 세 가지 미국인의 특성을 모두 갖춘 사람이다. 트럼프는 자신이 늘 말하듯 뉴욕의 스카이라인(Sky Line)을 만든 사람이다. 자신의 부친은 벽돌로 집을 지었지만 트럼프는 유리 건물을 지었다. 뉴욕의 마천루들을 지어 뉴욕을 세계 제일의 마천루 도시를 만든 장본인이 트럼프다. 미국 유명 도시들 도처에 있는 트럼프 이름을 딴 고층 건물들은 모두 그 도시의 상징 건물이 되었다. 시카고의 트럼프 인터내셔널 호텔, 라스베이거스의 트럼프 호텔은 물론 서울에도 트럼프

타워가 있다. 라스베이거스의 트럼프 호텔은 카지노가 없는 호텔로 유명하다. 미국의 보통 사람들이나 부유한 사람들이나 구분 없이 도박장에서 도박 기계를 당기며 즐기는 환락 도시 라스베이거스에는 가족 단위의 여행객도 적지 않다. 어린아이들을 데리고 라스베이거스를 방문한 가족들이 머물기 딱 좋은 도박장 없는 트럼프 호텔은 트럼프의 기상천외한 발명품 중 하나이기도 하다.

미국 사람들을 카우보이라고 말하는 이유는 거칠고 투박하다는 의미에서다. 미국 사람들은 순박하기는 하지만 세련되기보다는 거칠다. 트럼프는 아주 거친 인물이다. 순박하지도 않다. 뉴욕 부동산 시장의 아수라장에서 살아남은 사람이다. 말도 거칠고 행동도 거칠다. 그러나 트럼프의 둘째 아들 에릭 트럼프는 자기 아버지는 누구보다도 자상하고 역경에서도 냉정을 잃지 않는 냉정한 사람이라고 말한다.[195]

2024년 뉴욕의 법정에서 파렴치한 강간범의 누명을 쓰고 억만금의 벌금형을 받았을 때도 트럼프는 냉정함을 유지했다. 트럼프 측근 대부분 사람들이 절망에 빠졌을 때도 오히려 그들을 독려한 사람은 트럼프였다. 트럼프는 거칠고 강인한 인간이다.

조지 프리드먼이 말한 미국인의 세 번째 속성은 전사, 즉 싸움하는 사람이다. 미국은 건국 이후 시민사회가 폭력으로 얼룩진 나라다. 우리들이 서부영화에서 많이 보아온 것처럼 미국 사람들은 폭력적이다. 물론 아무 이유 없는 막무가내의 폭력은 아니다. 막무가내의 폭력이 있지만 그런 폭력은 정의로운 전사들에 의해 제압된다.

미국 사람들은 특히 자신의 가족이 모욕을 받을 경우, 모욕을 준 사람을 응징하기를 주저하지 않는다. 미국 사람들은 정의의 이름 아래 불의의 인간에게 도전하는 것을 주저하지 않는다. 부통령 밴스(J.D Vance)는 불우한 가정에서 태어났다. 아버지는 술주정뱅이고 어머니는 마약쟁이여서 할머니가 길렀다. 어느 날 어린 소년 밴스는 할머니에게 자기 교실의 불량배 녀석이 약한 친구를 괴롭힌다고 말한다. 할머니는 밴스에게 '네가 가서 그 녀석을 혼내 주렴'이라고 말하고 싸우는 방법도 가르쳐 준다. 힘이 더 센 불량배 녀석이 너를 많이 때리겠지만 '너도 한방쯤은 그 녀석의 얼굴을 후려칠 수 있지 않겠니?!'라며 어린 밴스에게 정의의 싸움을 하라고 다음과 같이 부추긴다. "아가 살다 보면 자기를 위한 일이 아니더라도 싸워야 할 때가 있단다. 싸우는 게 옳은 선택일 때가 있는 법이야. 내일은 그 친구를 보호해 주렴. 너를 보호할 일이 생기거든 그렇게 하고."[196]

다음날 밴스는 한참 두들겨 맞기는 했지만 그 불량배 녀석에게 교훈을 준다. 불량배 녀석은 예상치 못했던 일격을 당한 후 이제까지의 못된 행태를 고치지 않을 수 없었을 것이다.

트럼프 역시 싸움꾼이다. 성질이 과격해서 트럼프의 부친은 트럼프를 중고등 학교 과정의 사관학교에 보냈다. 규율과 절도를 갖춘 생활을 배우라는 의미에서였다. 트럼프가 어떤 미국 대통령보다 바른 자세로 경례하는 모습은 그가 뉴욕 군사학교에서 연대장 생도 역할을 했다는 사실에서 유래한다.

에릭 트럼프는 자기 아버지를 한마디로 묘사하라면 파이터(Fighter, 투사)라고 말할 수 있다고 썼다.[197] 카우보이와 워리어(Warrior)가 합쳐진 파이터가 바로 트럼프다. 트럼프는 "파도를 거스르는 것이 가장 현명한 일이라고 말했다. 물론 파도를 거스르는 것은 믿을 수 없는 위험도 초래하지만, 반대 방향으로 돌진하는 것은 때때로 최고의 성취를 달성할 수 있는 길이다"고 말했다.[198] 이런 의미에서 아들 에릭은 트럼프를 비보통

(unconventional)인 사람이라고 평한다. 누구보다도 일을 열심히 하며 어떤 일을 할 때 한눈을 팔지 않는다. 트럼프는 결코 패배를 인정하지 않는다. 즉 트럼프는 극한의 경쟁자(Ultimate Competitor)다. 트럼프를 약 올리거나 트럼프를 물먹임으로써 그에게 이겼다고 생각하는 사람들, 그리고 국가 지도자들이 가장 경청하고 유념해야 할 트럼프의 속성이다.

트럼프는 누구보다도 세세한 부분에 치밀하다고 한다. 일의 상세한 부분까지 정확하게 알고 있으며 자신은 물론 부하들에게 완벽을 요구한다. 트럼프는 경쟁자들을 앞서가는 꿈을 꾸는 사람이기도 하다. 꿈을 꾸기만 하는 것이 아니라 꿈을 팔기도 한다. 그의 꿈과 계획은 단순하고 강력하다. 트럼프의 비전 중 하나는 미국은 최고(America is the best)라는 것이다. 미국은 군사적으로 세계 최강이며 경제력으로도 세계 최강이어야 한다. 에너지도 가장 많이 보유하고 있어야 한다. 그래야만 할 미국이 그러지 못하고 있다는 사실이 트럼프를 대통령이 되게 한 것이다.

트럼프는 언제라도 그 누군가가 자신의 얼굴을 주먹으로 한번 후려칠 경우 반드시 자신도 그 녀석의 얼굴을 한방 갈겨줘야 한다고 믿는 사람이다. 그것도 얻어맞은 것보다 더 강한 펀치로 말이다.[199] 이같이 행동하지 않는다면 그것은 스스로 나약함을 보여주는 것이다.

트럼프는 "만약 당신이 은행 돈을 100만 달러 빌려 썼다면 그 경우 은행은 당신을 가지고 놀 것이요. 그러나 만약 당신이 10억 달러를 빌려 썼다면 그때는 당신이 은행을 가지고 놀 수 있게 될 것이요"라고 말했다. 물론 트럼프는 사업을 하던 중 파산한 적도 있었지만 다시 회복했다. 트럼프가 파산으로부터 다시 재기했다는 사실은 기네스 북(Guinnes Book of World Record) '재정적으로 가장 큰 기사회생을 이룩한 사람' 항목에 게재되어 있다. 트럼프는 언제라도 문제보다는 해결책을 추구하는 사람이다.

그러기 위해 그는 언제라도 싸울 각오가 되어 있는 파이터인 것이다.

천재 트럼프의 꿈, 미국을 다시 위대하게

트럼프가 정적을 비난할 때 흔히 쓰는 말 중 하나가 '머리 나쁜 녀석
(Low IQ Person)'이라는 것이다. 사실 트럼프는 정적들을 그렇게 머리 나
쁜 인간들이라며 비하할 수 있을 정도로 천재적인 머리를 가지고 있다.
저자가 본 자료 중에는 트럼프의 아이큐가 156에 이른다는 것도 있었
다.[200] 미국의 주류 언론은 압도적으로 트럼프를 싫어하기 때문에 트럼
프가 머리가 좋다는 보도는 애써서 피한다.

트럼프는 대통령이 되기 오래전에도 이미 유명한 사람이었지만 정치
가로서 유명한 사람은 결코 아니었다. 트럼프가 우리나라에 최초로 알려
진 것은 아마도 1988년 번역 소개된 그의 첫 번째 책《거래의 기술(Art of
the Deal)》일 것이다.[201] 이 책은 1987년 간행되자마자 18주 동안 미국 서
점가를 휩쓴 제1의 논픽션 베스트 셀러가 되었다. 비슷한 시기에 출간되
었던 폴 케네디(Paul Kennedy) 교수의 명저《강대국의 흥망》[202]은 트럼프의
책 때문에 베스트 셀러 2위의 자리를 지켜야 했다.

한겨레 신문 창간호(1988년 5월 15일)에 한글로 번역된 트럼프의 책《거
래의 기술》광고가 실렸다. "아이아코카의 명성을 앞지르는 42세의 사업
천재, 미국의 대통령감으로 지목받는, 도널드 트럼프!"라는 광고 문안이
쓰여져 있다. 이미 그때부터 트럼프는 천재 취급을 받았던 것이다.

당시 아이아코카(Lido Anthony Iacocca)는 우상이었다. 아이아코카는 크
라이슬러 자동차를 다시 굴지의 회사로 회복시켜 놓음으로써 당대 최고
의 경영인으로 추앙받는 인물이었기 때문이다. 한겨레 신문 광고는 '출

간 이래 현재까지 뉴욕타임즈 18주 연속 베스트 셀러 1위'라는 찬사도 함께 실었다. 트럼프는 한겨레 신문의 책 광고 카피라이터가 '미국의 대통령감으로 지목받는, 도널드 트럼프!'라고 예언한 후 28년 만에 진짜 미국 대통령에 취임했다. 한겨레 신문에 사업 천재라고 묘사된 트럼프는 정말 머리도 좋은 사람임이 분명하다. 트럼프가 협상의 명수인 동시에 대단한 지략가라는 사실을 알려주는 재미있는 일화가 있다. 트럼프는 대통령이 되기 오래 전 현재의 마러라고 저택을 구입했는데 저택 부근에 50피트(약 15m) 높이의 국기 게양대를 만들어 놓고 성조기를 게양했다. 웨스트 팜 비치 시당국이 국기 게양대는 높이가 30피트(약 9m) 이상이면 안 된다고 경고했지만 트럼프는 이를 거부했다. 시당국은 법을 어길 경우 국기 게양대를 9m짜리로 바꿀 때까지 하루에 1,000달러씩 벌금이 부과될 것이라고 말했다. 트럼프는 "좋소. 그 돈은 별것 아니요"하며 15m짜리 국기 게양대를 그냥 세워 두었다.

그러다가 벌금 총액이 120,000달러에 이르는 날 그는 시청을 찾아가서 협상을 제안했다. 그는 벌금 12만 달러를 시당국에 벌금으로 내는 대신 참전용사(베테랑)를 위해 낼 수 있다면 국기 게양대의 높이를 9m로 낮추겠다고 제안했고 시당국은 트럼프의 제안을 받아들였다. 그는 국기 게양대의 높이를 9m로 낮춘 후 조경회사 일꾼들을 불러 20피트(6m) 높이의 언덕을 만들어 달라고 했다. 그리고 그 언덕 위에 9m 높이의 국기 게양대를 설치했다.[203) 어떻게 트럼프를 머리 좋은 사람이라고 말하지 않을 수 있겠는가.

트럼프에 대해 가장 정확한 평가를 내릴 수 있는 미국의 학자, 정치가, 평론가인 뉴트 깅리치(Newt Gingrich) 전 미국 공화당 하원의장은 트럼프를 가장 특이한 대통령, 가장 주목할(remarkable)만한 인물이라고 평가한다.[204] 왜냐하면 트럼프는 공화당 대선후보를 결정하는 경선 과정에서 16명의 쟁쟁한 공화당 정치가들을 물리치고 경선을 통과했을 뿐만 아니라 자신보다 훨씬 더 많은 돈을 선거에 쏟아부은 힐러리 클린턴을 물리쳤고, 사사건건 트럼프에 반대하는 미국의 주류 언론들의 방해 공작을 모두 물리치고 대통령에 당선된 인물이기 때문이다. 미국 역대 대통령 중에서 트럼프처럼 압도적으로 불리한 환경에서 선거전을 치른 인물은 아무도 없었다.

트럼프는 다수의 훌륭한 정치참모(political consultants)도 없었고 TV 광고에 수억 달러를 쓰지도 않았다. 깅리치는 트럼프는 무엇이든지 아주 빨리 배우는 사람이며 자신이 배운 것을 매우 적절하게 사용할 줄 아는 사람이라고 평가한다. 트럼프가 대통령에 출마할 의향을 알려주고 깅리치 전 하원의장에게 대선에 출마한 직후부터 경선의 초반부인 사우스캐롤라이나 예비선거 시까지 선거비용이 최소 얼마나 드는지를 물어보았다. 깅리치는 적어도 7,000만-8,000만 달러가 필요할 것이라고 알려 주었다.

돈 이야기를 들은 트럼프는 '그거 요트 한 대 값이군요!'라고 응답했다. "그런데 요트보다는 훨씬 재미가 있을 것 같군요"라고 말했다. 경선이 시작된 후 사우스캐롤라이나 예비선거까지 캠페인을 벌인 후 트럼프는 깅리치에게 "지금까지 총 3,000만 달러가 들었습니다"고 말했다. 깅리치는 트럼프를 '계획보다 더 빨리, 더 적은 돈으로 일을 마치는 사람'이라고 탄복한다.[205]

2016년 대선 기간 동안 트럼프는 끊임없는 조롱과 비방의 대상이었다. 트럼프가 대선에 출마할 뜻을 밝힌 지 딱 3일 만에 미국의 유명한 여성 보수 논객 앤 쿨터(Ann Coulter)는 빌 마허 쇼(Bill Maher Show)에 출연, 공화당 경선 후보 중 누가 궁극적인 공화당 후보가 될 것이라고 생각하는가라는 질문에 즉석에서 '현재 출마 선언한 사람들 중에서는 트럼프'라고 대답했다. 관중석에서 폭소가 터져 나왔다. 앵커와 청중들이 배꼽 잡고 웃었고 그렇게 대답한 앤 쿨터는 바보가 되고 말았다. 함께 있었던 루이스 기티에레츠(Luis Gutiérrez) 하원의원, 극좌파 흑인 앵커우먼 조이 라이드(Joy Reid) 등은 쿨터의 대답에 황당하며 어의 없다는 듯 앤 쿨터를 쳐다보았다.[206]

이처럼 우스갯거리에 불과했던 트럼프였다. 그러나 트럼프는 성공적인 사업가 출신으로, 미국의 미래에 대한 꿈을 꾸는 사람으로서 그리고 투사로서 자신이 대통령이 될 경우 미국을 어떻게 바꾸어 놓을 것인지에 대해 충분히 생각하고 있었다. 트럼프의 과제는 50년 이상 지속되어 왔던 큰 정부, 큰 지출, 즉 큰 정부 자유주의(Big Government Liberalism)를 근절시키는 것이었다. 옛날과 달리 그 국제적 위상이 형편없이 약화된 미국을 다시 위대하게 만드는 것(MAGA 운동) 역시 트럼프가 대통령이 되겠다고 나서게 된 가장 큰 목표 중 하나였다.

트럼프가 보기에 사기업(私企業)적 경영 방식은 정부보다 훨씬 더 효율적인 것이었다. 이 같은 마인드를 가진 트럼프가 미국 정부의 수장이 될지도 모른다는 사실에 좌파와 미디어는 공포에 떨었다. 트럼프의 방식은 미국 수도 워싱턴의 오래된 권력 구조와 관행 그 자체를 와해시킬 일이었고 바로 좌파들과 언론들이 기생하고 있는 기반 자체를 붕괴시킬 것이었기 때문이었다.

막말꾼 트럼프?

우리나라 사람들은 트럼프가 하는 말을 "막말"이라고 알고 있고 그를 '막말꾼'으로 알고 있다. 미국 언론들이 그렇게 말하는 것을 여과 없이 받아들인 결과다. 막말의 국어 사전적 의미는 '나오는 대로 함부로 하거나 속되게 하는 말'이다. 그러나 '막말'과 '틀린 말'은 엄연히 다르다. 우리나라 언론들은 트럼프의 말을 다 '틀린 말'처럼 보도하고 있지만 미국 시민들 상당수가 트럼프의 말을 맞는 말이라고 믿고 따른다.

세상에는 정치적으로는 결코 말하면 안 되는(Politically Incorrect) 말들이 너무나 많다. 그래서 정치가들은 극히 말을 조심해서 해야 한다. 평소에는 투박하게 상스러운 소리를 잘하는 정치가라도 기자들이 듣고 있는 앞에서 말하면 큰일 날 말들이 한 두 가지가 아니다. 그 말의 내용이 틀리거나 맞느냐는 문제가 아니다. 맞더라도 하면 결코 안 될, 하면 큰일 날 말 들이 있는 것이다.

대한민국 어떤 정치가가 "이제 우리는 값이 싼 미국 쌀과 중국 곡물의 수입을 전면 개방해야 합니다. 농업은 21세기 대한민국의 주력 산업이 아닙니다. 우리는 전자산업을 주도해 나가야 하고 전자 제품을 만들어 수출한 돈으로 식량을 수입해다 먹으면 됩니다"라고 말할 수 있을까? 또한 어느 정치가가 "우리나라는 인구에 비해 대학생 숫자와 대학이 너무나 많습니다"라고 용감하게 말할 수 있을까? 거꾸로 "우리나라 모든 국민이 대학 교육을 받아야 합니다. 그리고 대학 등록금도 모두 면제해야 합니다"라는 말도 안 되는 소리는 정치가들이 아무리 말해도 되는 소리라고 말할 수 있다.

현실적으로 말이 안 되는 것이라도 정치적으로 말해야 하는 말들을 정치적으로 옳은 말(Politically Correct. 흔히; PC라고 줄여 쓴다)이라고 한다. 반대로 현실적으로 타당하지만 정치가들이 말하면 안 되는 것들을 정치적으로 그른 말(Politically Incorrect)이라고 한다. 트럼프는 정치가들이 말할 수 없는, 그러나 현실적으로는 타당한 말들을 마음껏 해대었다. 그는 사적인 동기가 별로 없이 출마한 대통령 후보였기 때문이다. 그래서 기자들의 눈치, 다른 정치가들의 눈치를 볼 필요가 전혀 없었다.

이처럼 정치적으로는 손상이 갈지 모르는 말들을 마음껏 해대는 트럼프를 보고 미국 국민들이 동의했고 열광했다. 국민들에게 트럼프는 솔직한 사람으로 비쳐졌다. 결국 트럼프는 압도적 다수의 예상을 뒤엎고 대통령에 당선되었다. 정치가들이 하면 안 될 말이지만 국민들이 공감하는 말을 막해댄 결과 트럼프는 대통령에 당선된 것이다.[207)]

트럼프는 정치가들이라면 도무지 하면 안 될 말을 용감하게 한 미국의 유례 없는 정치가가 되었다. 싸가지 없는 질문을 했던 기자들에게는 똑같이 싸가지 없는 말로 대답했고 미국 국민들은 이를 보고 들으며 통쾌하게 생각했다. 좀 배웠다는 사람들이 트럼프의 말들을 막말이라고 비하했지만, 보통 사람들은 그가 하는 알아듣기 아주 쉬운 말들을 들으며 즐겼다.

"불법 멕시코 이민자들을 막기 위해 담을 쌓겠다." "이슬람 테러리스트 유입을 막기 위해 한시적으로 아랍인들의 입국을 제한하겠다." "중국이 뺏어간 일자리를 되찾아 오기 위해 중국이 제조한 상품에 관세를 왕창 부과하겠다." "한국은 주한미군 주둔 비용을 쥐꼬리만큼 내고 있다. 더 내야 한다. 싫다면 미군을 철수시키겠다." "일본과 한국, 핵무장하겠다면 하라" 등등 소위 '정상(正常)적'인 정치가들이라면 정치생명을 걸지 않는 한 할 수 없는 말들을 막 해대었다. 물론 트럼프의 말은 액면 그대로 들으면 안 될 말이라는 사실을 알 만한 사람들은 다 안다. 단지 트럼프를 극단적으로 싫어하는 언론과 지식인들을 골탕먹이려 한 막말들도 많았다. 아무튼 트럼프는 말들을 거리낌 없이 막 쏟아 내었다.

트럼프를 열렬히 지지한다는 한 백인 중년 여성은 "그가 하는 말은 모두 진실(authentic)이예요. 그래서 나는 트럼프를 지지합니다"라고 말한다. 트럼프가 하는 말은 보통 미국 시민들이 듣기에 거짓이 가미되지 않은 솔직한 말로 인식되었던 것이다.

미국 국민들의 대략 70% 이상이 멕시코 불법 이민자를 막아야 한다, 아랍인의 미국입국을 규제해야 한다는 주장에 동의하고 있었다. 보통 정치가들은 감히 입 밖에 낼 수 없는 말들을 트럼프는 그런 말들을 마음대로 해도 되는 면죄부를 받아냈다. 트럼프는 정치적 올바름(PC, Political Correctness)에 무관심하며 겁을 먹지도 않았다. 정치 기득권이 그에 대해서 무어라 말하던 개의치 않았다. 정치적인 이해득실과 관계없이 올바른 소리를 내는 것이 더 중요하다고 생각했다.

웅변가 트럼프

트럼프의 유세를 잠깐이라도 들어본 사람들은 다 아는 일이지만 트럼프는 격식에 맞추어진 연설을 하지 않는다. 정치가의 가장 중요한 자질은 말을 잘하는 것인데 트럼프는 공부를 많이 하지 않은 사람들도 아주 알아듣기 쉽게 말할 줄 아는 사람이다. 그가 사용하는 영어 단어들도 고급 영어가 아니라 지극히 평범한 단어들이기 때문에 외국인들도 아주 이해하기 쉽다. 트럼프 대통령의 취임 연설들(2017.1.20, 2024.1.20)도 모두 외국의 고등학교 영어 교과서에서 사용되는 수준의 단어들로 이루어져 있었다.

트럼프는 공식 연설을 할 경우 사전에 작성된 탁월한 문서들을 읽는 방법을 취하기도 한다. 트럼프가 대한민국 국회에서 행한 연설은 명문 그 자체였다.[208] 트럼프는 2016년 선거 유세 중 자신이 정치가처럼 연설할 경우 자신의 메시지가 제대로 전달되지 못한다는 사실을 잘 안다. 그래서 그는 사전에 준비했던 연설 원고를 내팽겨치고 임기응변식으로 말하기 시작했다. 트럼프는 청중을 들었다 놓았다 하는 연설의 명수다.

그래서 트럼프는 사실과 다르지만 청중들을 흥분시키기 위해서 허풍 혹은 장광설을 늘어놓기도 한다. 이점을 인식하지 못하는 사람들은 트럼프의 언급이 어디까지가 정확한 것이고 어디까지가 의도된 거짓인지 구분하지 못한다. 트럼프는 인터뷰에 출연할 경우에도 원고를 제대로 챙기지 않는다.

2024년 대선 기간 중 블룸버그 통신과의 인터뷰에서 트럼프는 한국을 '돈 만드는 기계(Money Machine)'라고 말하고 한국으로부터 방위비 분담금을 100억 달러 청구하겠다고 말했다.[209] 당시 한국 언론들은 트럼프가 지금 한국이 지불하는 액수보다 9배나 더 받아내려 한다며 야단법석을 떨었다.

2024년 당시 미국 측이 계산한 주한미군 주둔 비용은 35억 달러였으며 한국이 10억 달러를 분담하고 있었다. 미국은 다른 나라로부터 총알값, 대포 포탄값 즉 방위비를 청구하는 나라가 아니다. 다만 주한 미군이 주둔하기 때문에 발생하는 비용-예로서 전기값, 물값, 청소비, 미군 군속 민간인 월급 등-을 1991년부터 한국도 일부 분담하기 시작했고 트럼프가 요구한 것은 그 분담금을 올려 달라는 것이다. 한국이 주한미군 주둔 비용을 100% 다 부담한다 해도 그 금액은 35억 달러이지 100억 달러는 아니다.

트럼프는 2016년 선거 유세 중 90억 달러의 재산을 가지고 있다고 말했다. 뉴트 깅리치 전 하원의장은 트럼프의 말에 대해 의문을 제기하지만 트럼프의 재산은 최하로 계산할 경우에도 "단" 20억 달러는 넘을 것이라고 말한다. 미국의 유권자들은 트럼프 후보를 보며 적어도 그는 돈으로 매수될 수 있는 사람은 아니라고 생각하게 되었다.

그는 자신을 보여주는데 탁월한 능력을 가진 쇼맨이기도 했다. 언론에 돈을 주고 나가지 않았다. 시청률을 높여 돈을 많이 버는 것을 속성으로 하는 언론의 생리를 알고 있는 그는 언론을 오히려 가지고 놀았다. 트럼프의 막말은 언론의 관심을 끌어서 자신을 언론에 더욱 자주 거의 무료로 출연, 혹은 노출시키는 대단히 양호한 수단이었다.

2025년 11월 13일 한미 양국은 몇 번의 협상을 마무리하는 팩트 시트(Fact Sheet)를 발표했는데 그에 의하면 한국 정부가 주한미군을 위해 330억 달러를 지원할 것이라고 명기했는데 그 금액이 주한미군 주둔 비용을 말하는지는 분명하게 명기하지 않았다. 아무튼 말 잘하는 트럼프의 현란한 화술은 다른 나라들과의 협상에 진가를 발휘한다.

억만장자 트럼프, 엘리트가 아닌 대중의 지도자가 되다

세계적인 부호, 억만장자인 트럼프가 미국 노동자들의 열정적인 지지를 받는 기이한 현상이 2016년 대선 승리의 중요한 요인이었다. 2016년 대선에서 미국의 노동계층(Blue Collar Workers)들은 트럼프의 승리를 지지하는 기반을 구성하는 세력이었다.[210] 우리나라에서도 유사한 경우가 있었다. 재벌 총수인 정주영 후보를 노동자 계층이 지지했었던 적이 있었다.

우선 트럼프는 아버지로부터 일정 금액을 유산으로 물려받기는 했지만 그가 보유하고 있는 부의 대부분은 그의 노력으로 이루어진 것이라는 점에서 본질적인 금수저로 평가되지는 않는다. 트럼프는 언제라도 개인의 능력과 노력 그리고 탁월성(Ability, Effort and Excellence)을 강조했다. 지지기반 측면에서 트럼프는 민주당의 빌 클린턴(Bill Clinton) 42대 대통령과 유사했다. 트럼프가 유세를 할 때마다 트럼프를 따르는 민중들의 숫자는 상상을 초월하는 것이었다. 트럼프가 항상 외쳤던, 사실상 아무 부연 설명도 필요치 않은[211] MAGA(미국을 다시 위대하게)라는 구호는 미국의 보통 사람들을 열광케 하였다.

트럼프가 날마다, 주마다 수만 명의 사람들을 자신의 연설회에 동원하고 있다는 사실은 트럼프의 MAGA 운동이 미국의 다수파임을 보여 주었고 부정적이며 편향적인 뉴스 미디어와 정치 계급이 소수임을 증명해 주는 일이었다. 트럼프는 무엇보다도 워싱턴의 관료들과 엘리트 계급들이 가지고 있지 못한 '정치적 측면'에서의 도덕적인 권위(moral authority)를 가지고 있었다.[212]

트럼프의 경제관

미국 주류 언론들의 예상을 완전히 뒤엎고 트럼프는 두 번의 대선에서 승리했다. 미국의 엘리트들이 생각한 트럼프와 미국의 일반 시민들이 생각했던 트럼프는 완전히 달랐기 때문이었다. 미국의 좌파와 미디어는 경악했다. 트럼프는 그들이 그동안 안주하며 향락을 누렸던 미국 정치의 구조를 완전히 파괴하겠다고 나선 인물이었기 때문이다.

미국은 자유주의 국가임에도 불구하고 2차 대전 이후 미국 정부 지출
은 끊임없이 비대해지는 과정에 있었다. 2016년 트럼프가 당선되기 이
전 50년 동안 그러했다. 이 같은 현상을 정치학자들은 '큰 정부 자유주의
(Big Government Liberalism)'라고 말한다.[213] 큰 정부 자유주의는 미국 정부
가 미국 국민의 경제 및 복지 생활에 크게 개입해야만 한다는 사회주의
정치 경제학에 근거한 것이다. 특히 1960년대 초반 린든 존슨 대통령의
'위대한 사회(Great Society)' 정책은 큰 정부 자유주의의 기원이 되었다. 주
로 민주당 정권이 집권할 때마다 미국 정부는 더욱더 비대해지는 경향을
보였다. 민주당 정부들은 미국 시민들과 기업으로부터 더 많은 세금을
거두어들였고 정부 지출도 커졌다.

공화당 정부는 큰 정부가 아니라 '큰 시장' '자유주의 시장경제'를 지향
한다. 정부가 국민들에게 무엇인가를 해주기보다는 국민들이 스스로 알
아서 할 것을 권유한다. 국민 생활의 큰 부분을 시장에 맡긴다는 것이다.
그래서 공화당 정부는 세금을 덜 거두어들이고 정부 지출도 줄이려 한
다. 공화당 대통령들은 대부분 큰 정부 자유주의에서 탈피하기 위한 노
력을 시도했었지만 완전한 성공을 거두지는 못했다.

1981년 레이건 대통령이 작은 정부, 큰 시장을 시도했고 1994년 미
국 하원의장이었던 뉴트 깅리치의 미국과의 협약(Contract With America)
은 미국을 더욱 자유주의적 방향으로 진전시키려는 시도였다. 클린턴 재
임 당시 1994년의 중간선거를 앞두고 깅리치 하원의원과 딕 아미(Dick
Armey) 의원이 발의했던 '미국과의 협약'은 레이건 대통령의 1985년 연
두 연설에 기반을 둔 것이었고 공화당이 40년 만에 하원을 장악할 것 같
은 상황에서 나온 선거를 위한 약속과 같은 것이었다. 미국과의 협약은
그 내용이 보수주의적, 공화당적인 것이었고 내용의 상당 부분은 헤리티

지 재단의 제안들을 원용한 것들이었다.[214]

트럼프의 경제정책은 전형적인 자유주의 시장경제에 입각하고 있다. 정부의 역할을 줄이고 시민사회와 시장의 역할을 늘이는 것이다.

트럼프는 경제 성장과 연방 적자를 감축, 인플레 완화, 바이든 행정부 당시 고통을 당했던 많은 미국인들의 생활 향상을 위한 공격적인 프로그램을 가지고 있다. 2024년 9월 5일 뉴욕의 경제 클럽에서 발표한 트럼프의 계획은 2017년의 세금 감면 정책을 영속적으로 시행할 것이라고 말하고 있었으며 각종 규제를 철폐할 것, 정부 지출 감축. 미국의 제조업을 보호하기 위한 의미 있는(smart) 관세정책을 포함하고 있다. 월 스트리트 저널은 트럼프의 관세정책을 지지하는 기사를 게재했다. 세금감축, 규제철폐와 적절한 조화를 이룰 경우 관세정책은 미국의 경제를 다시 부흥시킬 수 있는 조치가 될 것이기 때문이다.

관세정책은 완전한 자유무역을 주창하는 사람들이 항상 비난하는 것이지만 역사상 미국은 다른 나라들에 비해 자유무역을 훨씬 더 강력하게 지지하는 편에 있었다. 당연히 미국이 부과하는 관세는 다른 나라들이 미국 수출품에 부과하는 관세율보다 낮기 마련이었다. 미국은 수입된 공업 제품에 평균적으로 단 2%의 관세밖에는 부과하지 않았다. 반면 다른 나라들은 대부분 미국보다 높은 비율의 관세, 혹은 관세가 아닐 경우 다른 종류의 무역 장벽들을 설정하고 있었다.

경제분석국(Bureau of Economic Analysis)에 의하면 미국의 무역 적자는 바이든 정부하에서 폭증했으며 2022년에는 무려 1조 2,000억 달러에 도달했다. 2024년 7월에는 월별 최고 적자인 1,030억 달러를 기록하기도 했다. 이 같은 불균형은 미국의 산업을 철저히 파괴했다. 2000년 이후 미국 공장 수천 개가 문을 닫았으며, 노동자 임금은 정체되었다. 공동

체들은 황폐화하였고, 경제적 불평등은 심화되었다. 반면 미국에 수출하는 상품을 제조하는 외국 기업들은 번영했다. 트럼프는 이 같은 사실을 잘 인식하고 있으며 그래서 트럼프는 중국은 물론 미국에 우호적인 나라들에 대해서도 강경한 입장을 취해 보다 좋은 무역 협상을 이끌어내고자 하는 것이다.[215]

트럼프의 자질

트럼프는 미국 최고의 경영대학인 펜실베이니아 대학의 명문 경영 대학인 와튼 스쿨 출신임을 자부한다. 트럼프는 경영과 협상의 천재다. 그가 1987년 출판한 《거래의 기술(Arts of the Deal)》은 지금도 읽히는 베스트셀러다. 그는 이미 언론을 가지고 놀 수 있는 전략과 전술에 능란한 인물이었다. 그는 신문방송에 나가려고 구걸하지 않았다. 오히려 신문, 방송 기자들이 그를 언론에 노출시키려고 애썼다.

트럼프를 평범하기는커녕 또라이 수준의 인물로 취급한다면 미국의 주류를 대표하는 잘나고 점잖은 공화당 후보 16명을 모조리 격파한 그의 승리를 설명할 방법이 없다. 미국 공화당의 대표적인 주류인 젭 부시(Jeb Bush) 전 플로리다주지사는 텍사스 주립대학을 수석으로 졸업한 수재다. 고등학교 때 멕시코에 놀러 갔다가 만난 여인과 결혼하기 위해 죽어라 공부해서 3년 만에 대학을 졸업했다. 41대 대통령이던 아버지 조지 허버트 워커 부시가 둘째 아들 젭에게 대학을 졸업한 후에만 결혼을 허락할 수 있다고 엄명을 내렸기 때문이었다.

신예 주류인 마르코 루비오(Marco Rubia) 플로리다 상원의원은 쿠바 출신의 인물로서 쿠바 이민자의 드림이며 우상이었다.[216] 공화당 후보가 되는 것이 수학적으로 불가능한 상태에서도 끝까지 사퇴하지 않고 버틴 오하이오 주지사 존 케이식(John Kasich) 역시 미국 공화당의 주류였다. 뉴 저지 주지사 크리스티도 언변이나 과거 경력에서 대통령감이 아닐 수 없었다. 유일한 여성이었던 칼리 피오리나는 세계적인 전자회사 휴렛 팩커드(HP)의 유능한 CEO로 소문났던 인물이다. 마지막까지 가장 막강한 대항마였던 텍사스주 상원의원 테드 크루즈(Ted Cruz) 역시 하버드 법대를 나온 수재 법률가였다.[217]

점잖고 합리적인 기준을 따진다면 목사님이자 주지사 출신인 허카비, 진실한 기독교 신앙과 여러 권의 책을 통해 누구보다도 미국의 애국자임을 과시한 흑인 의사 벤 카슨을 당할 자가 없어야 했다. 트럼프는 아무튼 이들 16명의 쟁쟁한 인물들을 하나하나씩 차례로 격파했다. 그리고 2016년 대선에서 거의 모든 사람의 예상을 깨고 미국 제45대 대통령에 당선되었다. 그런 사람을 그냥 또라이라고 비하하고 그의 정책을 양아치 같은 무식한 정책이라고 폄훼하는 것은 미국 대통령의 성향에 따라 국가 안보 및 경제가 큰 영향을 받을 수 있는 대한민국 언론 혹은 지식인들이 취할 태도는 아니다.

최고의 트럼프 전문가가 알려주는 트럼프 이해하기

트럼프 대통령에 관한 책이 쏟아져 나왔지만 저자는 감히 뉴트 깅리치 박사의 트럼프 관련 책들을 최고라고 평가하는 데 주저함이 없다. 뉴트 깅리치 박사는 1943년 6월 17일생으로 노익장을 과시하는 정치가요 학자이지만 특히 그가 저술한 트럼프 관련 책들은 트럼프의 인간성과 정책들을 이해하는데 가장 정확한 정보를 제공해 준다고 판단된다. 깅리치는 조지아주 제6구 출신 연방 하원으로 1979년부터 1999년까지 하원의 원직에 있었으며 1995년부터 1999년까지는 미국의 제50대 하원의장을 역임했다. 2010년에는 미국 공화당의 대선 경선에 참여했지만 실패했다.

깅리치는 1970년대에는 서조지아 대학(West Georgia College)에서 역사학과 지리학을 가르치던 교수였다. 1995년에 깅리치는 타임지가 선정하는 올해의 인물이 되었을 정도로 미국 정치에 큰 영향을 미친 인물이었다. 1965년 남부의 명문대학인 에모리 대학(Emory University)을 졸업한 후 1971년 툴레인 대학(Tulane University)에서 유럽사 연구로 박사학위를 취득했다.

학계를 떠나 정치인으로 20년을 지낸 깅리치는 1999년 56세로 은퇴한 후 지속적인 저술작업에 몰두, 수십 권의 책을 출간했다. 자신의 정치적 경험을 담은 회고록, 소설은 물론 기독교 신앙에 관한 책도 있다. 깅리치의 책들 중에서 2017년 6월 3일 간행된 Understanding Trump(트럼프 이해하기), 2019년 10월 22일 간행된 Trump vs. China: Facing America's Greatest Threat(트럼프 대 중국: 미국의 최대 위협 중국과 마주하기) 그리고 트럼프가 재선된 후인 2025년 6월 3일 간행된 Trump's Triumph: America's Greatest Comeback (트럼프의 승리: 역사상 가장 위대한 컴백) 등은 트럼프의 인간적인 면모와 정책을 이해하는데 탁월한 책들이다.

깅리치는 역시 공화당의 책사로서 트럼프를 열심히 도와주었던 멘토로서 트럼프가 재선된 이후 기쁜 마음을 감추지 않았다. 깅리치는 2025년 8월 7일 폭스 뉴스의 제시 워터스 앵커와 대담하면서 트럼프 재선 이후 매일 매일이 마치 크리스마스처럼 기쁘다고 언급했다.[218]

깅리치가 알려주는 바에 의하면 트럼프는 책을 많이 읽는 사람으로 알려졌지만 트럼프는 지식을 무엇인가를 이룩하기 위한 '수단'으로 본다.

지식 그 자체가 가치 있는 목적이라고 보지 않는다.[219] 실용주의적인 인물이라는 의미다. 다음으로 트럼프는 무엇인가를 만드는 사람이지 돈을 대는 사람은 아니다. 역시 실용적인 인물이라는 의미다. 예로서 트럼프는 2017년 취임 직후 건조계획이 파산 직전에 몰렸던 F-35 전투기 사업으로부터 미국 국민들의 세금 5억 달러를 절감시킬 수 있었다.

F-35 전투기 개발계획은 1996에 시작된 것으로 록히드 마틴(Lockheed Martin)사가 2016년까지 1,013대를 제조하기로 계획했던 사업이었다. 그러나 계획이 변경되었는데 가격상승으로 인해 단 200대만 제조할 수 있게 된 것이었다. 트럼프가 개입함으로써 비행기 가격이 하락했다. 트럼프는 최종 90대를 6억 달러 할인 구매할 수 있었다. 1대당 가격이 9,800만 달러였던 것을 9,100만 달러에 구입, 즉 7% 정도 가격 할인을 이룩했던 것이다. 대당 700만 달러 즉 한국 돈으로 거의 10억 원씩 할인받은 것이다. 기업가 시절부터 싼값에 더 많은 것을 만들어낸다는 원칙을 가지고 있었던 트럼프였다.

트럼프는 매일 아침 일찍 일어나 그날 무슨 일이 있었는지를 챙기는 사람이라고 한다. 2016년 12월 2일, 아직 취임하기 이전 당선자 시절, 트럼프는 대만의 차이잉원 총통의 전화를 받았던 적이 있었다. 미국 정보 당국은 화들짝 놀랐다. 트럼프는 전통적인 정치인들이 불가능한 것으로 생각했던 일들을 해내는 인물이다. 미국 정부 당국이 트럼프가 대만 총통 축하 전화를 받았다는 사실을 비판하자 트럼프는 "대통령 당선을 축하하는 대만 총통의 전화를 받으면 안 된다면서 어떻게 미국이 대만에 수십억 달러의 무기를 팔 수 있는지 흥미로운 일이다"라는 트윗을 게시했다.[220]

당시 미국의 친중, 좌파 언론들은 트럼프와 대만 총통의 전화가 얼마나 나쁜 일이었는가를 떠들어대었다. 깅리치 박사는 이것 역시 트럼프가 사전에 기획한 것이었다고 말한다. 트럼프는 대중국 경고용으로 대만 총통과 직접 통화했는데 이 전화는 수개월 전 이미 계획되어 있었다. 트럼프가 중국을 향해 과거의 정책에 의해 구속되지 않을 것임을 완벽하게 보여준 사건이었다. 트럼프는 닉슨에 의해 제안된 후 1979년 카터 시절 확정된 하나의 중국 정책 'One China Policy'이라는 미국의 대중국 정책을 과감하게 변경시키려 계획했다. 트럼프는 이를 중국에게 극적인 방법으로 그 사실을 알려준 것이었다.[221]

깅리치 박사는 트럼프를 토크빌, 링컨, 워싱턴으로의 회귀라고 주장한다. 미국의 오리지널 시스템은 진실로 '현실'에 기반을 둔 것이었다. 미국의 건국 대통령 조지 워싱턴의 '현실에 활용할 수 있는 실질적인 지혜(practical wisdom)'는 250년 이상 미국이라는 국가를 위해 작동하는 기본 원칙 중 하나다.

1831년 토크빌(Alexis de Tocqueville)은 미국의 형무소 체제 연구를 위해 프랑스 내각에서 사절로 보내졌다. 토크빌은 일년 가까이 미국에 체류하면서 전반적인 민주주의 체제(민주정의 효용, 위험성, 역학)를 구체적으로 관찰한 후 유명한 《미국의 민주주의(Democracy in America)》를 저술했다. 토크빌이 미국을 관찰하며 감동을 받았던 것은 미국의 실용주의였다. 깅리치는 트럼프 역시 미국 역대 어떤 대통령보다도 사실에 근거한 접근 방법을 취하는 실용주의적 인물이라고 본다.

트럼프의 접근 방법은 바로 실용에 근거한 것으로서 시도와 실패, 행동을 통한 학습을 기본(trial and error, learn by doing, pragmatic)으로 하는 실용주의 그 자체였다. 그래서 트럼프는 선거운동도 이론 혹은 공식대로 하기보다는 자신의 본능(instinct)에 의거해서 진행했다. 그 결과 아마추어 트럼프는 2016년 정치 베테랑 힐러리를 이겼고 2024년에는 더욱 최악의 환경 속에서 민주당과 미국 언론을 격파했다.

트럼프가 2016년 선거 중 민주당 텃밭인 미네소타주의 미니애폴리스(Minneapolis)를 방문했을 때 많은 사람들이 헛발질이라고 비웃었다. 힐러리는 그곳에 가지도 않았다. 그러나 힐러리는 위스콘신주 주민들 중 상당수가 미니애폴리스 TV 방송을 시청한다는 사실을 간과했다. 트럼프는 그렇게 민주당의 레이더를 벗어나면서 위스콘신을 거머쥘 수 있었다. 그것도 돈도 적게 들이면서 동시에 은밀하게 말이다.[222]

깅리치는 인간 트럼프의 가장 첫 번째 임무는 아버지(Father First)라고 말한다. 트럼프의 아이들이 한결같이 잘 성장해서 성공적인 사람들이 되었다는 사실은 미국인들이 트럼프의 성공을 측정하는 가장 분명한 지표가 될 수 있었다. 트럼프는 대단히 가족주의적인 인물로서 그의 정치적 행사에는 늘 가족들이 동원된다. 맏아들 돈 주니어(Don Junior), 맏딸 이방카(Ivanka Trump), 둘째 아들 에릭 등은 직접 트럼프를 돕기 위해 정치 일선에 적극적으로 나섰다. 이방카의 남편 쿠슈너(Jared Kushner)는 트럼프 1기 동안 백악관에서 트럼프를 보좌하기도 했다. 둘째 아들 에릭의 아내 라라(Lala) 트럼프는 2024년 선거 중 공화당 전당대회 의장으로 시아버지의 선거 유세를 지원했고 2025년부터는 폭스 뉴스에서 시사 인터뷰 프로그램(My View with Lala Trump)을 진행하며 트럼프를 돕고 있다. 어머니가 다른 5명의 자녀들이 모두 화기애애하게 지내고 있다는 사실은 역시 트럼프가 무엇보다도 좋은 아빠의 역할을 충실히 하고 있음을 말해 준다.

깅리치는 트럼프는 언론 방송을 이해하는 인물이 아니라 언론 방송을 통달한 인물이라고 본다. 트럼프는 악명으로 이름을 날리는 것이 조용히 있는 것보다 차라리 낫다고 생각한다. 즉 논쟁의 한복판에 들어서는 것은 해 볼만한 일이라는 것이다. 악평(惡評)이 무평(無評)보다는 낮다는 것이다. 링컨 역시 트럼프와 유사했다. 트럼프는 링컨 이후 미디어를 가장 잘 활용한 대통령이라고 평가된다. 트럼프는 악동과 같은 모습을 숨기지 않음으로써 돈도 들이지 않은 채 하루 종일, 그리고 며칠씩 지속해서 뉴스의 관심사가 될 수 있는 방법을 터득한 인물이다.

깅리치는 트럼프의 승리를 향한 멈추지 않는 의지(unstoppable will to win)를 강조한다. 에릭 트럼프도 똑같은 지적을 했지만 절대로 지지 않겠다는 트럼프의 불굴의 의지는 그의 국내정치, 국제정치에 적극적으로 투영될 것이다. 트럼프가 여러 책에서 크게 생각해라,[223] 큰 꿈을 꾸어라, 크게 이루라고 말한 것은 승리를 향한 불굴의 의지와 곧바로 이어진다. 트럼프의 미국을 향한 의지는 "우리는 운명을 함께하는 하나의 국민입니다. 우리 모두는 같은 피를 흘립니다. 우리 모두는 똑같은 위대한 미국 국기에 경례합니다. 그리고 우리는 모두 같은 하나님에 의해 만들어졌습니다"라는 말에서도 잘 보여진다.[224]

깅리치는 트럼프의 인간적 속성을 형성하는 4가지 요소들을 지적했다. 특히 한 주제에서 다른 주제로 신속하게 넘어갈 수 있는 원칙을 이해해야만 트럼프를 제대로 이해할 수 있다고 말한다.

깅리치는 지난 20여 년간 미국 정치를 분류하는 방법은 보수와 자유주의적 진보 간의 갈등(conservative-liberal divide)이었지만 트럼프의 정치 철학은 이상의 분류 방법으로는 설명이 되지 않는다고 본다.[225] 트럼프의 외교, 무역, 사회 안전 및 의료 정책들은 전통적인 공화당 주류 세력의 도그마와는 다른 것이었다. 예로서 2016 트럼프는 이라크 전쟁을 지속적으로 비난했다. 사우스캐롤라이나주는 보다 보수적이고 군수산업과 관련이 많은 주로서 부시 인기가 대단히 높았던 곳이다. 그럼에도 불구하고 트럼프는 사우스캐롤라이나에서 "전쟁은 실수"라며 목소리를 높였다. 그는 "누군가가 전쟁은 실수라고 말해야만 한다. 그리고 나는 그렇게 말함으로써 패배당한다 해도 개의치 않겠다"라고 말할 정도였다.[226]

트럼프는 4가지 속성을 가지고 있고 이 속성들은 그의 정치철학을 반영한다. 깅리치가 정리한 트럼프의 4가지 속성은 반좌익(Anti Left), 반무지성(Anti Stupid), 반정치적 올바름(Anti Political Correctness), 친미국(Pro-American) 등이다.

반좌익(ANTI-LEFT)

트럼프는 전통적인 보수주의자는 아니다. 그러나 그의 세계관은 태생적으로(emphatically) 반좌파적이다. 부에 대한 좌익의 시각은 극히 부정적인 것으로서 미국이 도덕적으로 몰락한 결과 빈부의 격차가 나타나게 되었다고 본다. 그러나 트럼프는 부를 성공의 결과 혹은 성공의 상징으로 본다

트럼프에게 있어서 부는 미국의 위대함을 반영하는 것이다.[227] 미국은 누구라도 열심히 일하면 부자가 될 수 있는 나라라고 보는 것이다. 트럼프는 부자가 되는 일은 좋은 일이며 성공은 노력함으써 얻어지는 결과다. 그리고 누구라도 열심히 일하는 사람은 부자가 될 수 있음을 믿는다.[228] 좌파들이 미국을 부유하며 강력한 나라이기 때문에 깡패가 될 수밖에 없다고 생각하는 것과 완전히 다르다. 그래서 트럼프는 본능적으로 좌파와 싸울 수밖에 없다. 특히 미국의 시민문화에서 종교의 절대적 역할을 지우려는 좌파들의 욕구를 파괴하고자 한다.[229]

트럼프는 이혼도 하고 사회적으로 자유주의적 관점(liberal social views)

을 가지고 있지만 복음주의자들이 트럼프를 적극 지지하는 이유는 트럼프를 좌파들에 대항해서 싸우는 열렬한 전사라고 믿기 때문이다.

트럼프의 반좌파적 입장 중에서도 가장 현저한 것은 트럼프가 제거하고자 하는 워싱턴의 썩은 늪 속에 기생하며 살고 있는 오래된 미국의 권력자와 그 일당들을 날려 버리겠다는 정책이다. 미국은 본시 귀족이 없는 평민의 나라로 출발했지만 250년 세월을 지내면서 귀족 계급이 생겨났다. 수십 년 이상 상하원 의원직을 장악한 정치가들, 이들에 로비하는 워싱턴의 법률가와 로비스트들, 이들을 지원하는 워싱턴의 각종 연구단체와 전문가들, 그리고 이들을 피빨아 먹고 있는 언론사의 기자들 등등 미국의 공익보다는 자신들의 사익 추구용 기득권을 지키기 위해 모든 힘을 쓰고 있는 세력을 통칭해서 딥 스테이트(Deep State)라고 말한다. 이들 딥스테이트가 살고 있는 곳을 워싱턴의 늪(Swamp)이라고 말한다. 실제로 워싱턴은 늪 위에 지어진 도시라고 한다. 이미 지저분해진 워싱턴의 딥 스테이트를 제거하는 일을 늪을 말리는 것(Drain the Swamp)이라고 은유한다.

트럼프야말로 워싱턴의 기득권과 전혀 이해가 다르다. 트럼프는 전문적인 정치가가 아니라는 사실만으로도 워싱턴의 딥 스테이드를 제거하기 위해 그들의 숲을 말려버릴 수 있는 인물이며 이 같은 임무의 기원은 트럼프의 반좌파적 성향인 것이다.

기득권과의 싸움은 쉽지 않다. 이미 미국의 정치가 기득권의 손아귀에서 놀아나고 있기 때문이다. 오직 트럼프 스타일의 정치가만이 딥스테이트와 싸울 수 있는 것이다.

이미 오랫동안 딥 스테이트를 비난해 온 트럼프였다. 실제로 대통령에 출마한 후 트럼프는 딥 스테이트에 안주하고 있는 민주당은 물론 공화당을 향한 캠페인도 벌여야 했다. 그리고 트럼프는 승리한 것이다. 두 번째 임기 중 트럼프는 딥 스테이트 세력과 미국의 명운을 건 투쟁을 벌일 것이다.

트럼프가 추구하는 교육개혁, 언론개혁, 이민 개혁, 종교의 자유 및 도덕 강화 등의 정책들이 모두 그의 반좌파적 정치사상으로부터 기원하는 것이다.

반무지성(ANTI-STUPID)

지배층은 자신들이 모든 것을 다 아는 전문가인 척한다. 그러면서 자신들의 지배와 자신들의 결정을 정당화 시킨다. 그러나 트럼프는 미국의 정치가들을 중국, 일본에 천문학적 빚을 지고 일자리를 빼앗긴 얼마나 바보 같은 인간들인가!! 라며 비판한다.[230] 트럼프는 오바마의 이란 핵협정(Iran Deal), 오바마 등 민주당 행정부의 대러시아 정책들을 모두 다 바보들의 행동 결과라고 비난한다.

트럼프는 미국의 정치가들이 모두 스마트한 사람들이라면 자유무역은 정말 좋은 일일 것이라고 말한다. 그러나 트럼프는 불행하게도 미국의 정치가들은 스마트하지 못한 인간들이라고 비판했다. 특히 트럼프는 미국의 정치가들을 국가이익이 아니라 특수이익에 봉사하는 사람들이라고 보았다. 그래서 미국이 그토록 망가졌다고 보는 것이다.

트럼프는 스마트한 국가운영을 추구한다. 예로서 미국 식품 의약국(FDA)이 약의 발매를 허락하는 절차가 너무 길고 복잡하다 보니 살 수 있었던 수 많은 생명들이 죽는다고 비판한다. 트럼프는 자신의 맏사위인 자레드 쿠슈너를 백악관에 미국의 개혁을 담당하는 사무소를 차려 책임자로 근무하게 했다. 기업가로서 트럼프가 평생 일했던 방식, 더 싼값으로 더욱 빠르게(More Quickly for Less Money)를 미국 정치에 도입하고자 한 것이다. 깅리치 박사는 더 싼값으로 더욱 빠르게라는 방식은 '완벽하게 트럼프 적인 개념'이라고 말한다.[231]

반PC주의(ANTI-POLITICAL CORRECTNESS)

트럼프는 좌파 엘리트들의 어젠다에 전혀 동의하지 않는다. PC주의는 1980년대, 1990년대 초반 미국에서 쓰이기 시작한 용어이며 미국 정치가들이 그럴 듯한 말로 국민들을 기만하는 것을 의미한다. 지금 미국의 대학들은 압도적인 소수자와 좌파적 교수들이 현실적으로 시행 곤란한 수많은 달콤한 좌파 이념들로 대학생들을 세뇌시킨 상황이 되었다. 이 같은 우려는 이미 1987년 저술된 알란 불룸(Alland Bloom)의 The Closing of the American Mind(미국인들의 마음 닫힘)라는 책에서도 논의되었지만 지금 그 정도가 더욱 고질적인 상황이 되었다. 하나의 이념에 의해 지배되고 있는 상황이 되었다는 것이다. 다양한 견해들을 수용할 수 있는 열린 마음을 가져야 한다는 말이기도 하다.

PC 개념들은 직설적인 말을 거침없이 하는 트럼프에게는 전혀 먹히지 않는다. 국외자로서 트럼프는 전통적인 정치적 상식(conventional political wisdom)을 타파하는 데 아주 유리한 인물이었다. 트럼프는 캠페인 방식조차 기성의 정치가들과는 본질적으로 달랐다. 트럼프는 극소수의 정치 참모들만 채용했다. TV 광고도 그다지 많이 하지 않았다. 대신 트럼프는 국민들을 많이 만나서 직접적인 소통을 하는 방식을 취했다. TV 광고를 하지 않으면서도 어떤 후보보다 TV 화면에 자주 비춰지는 방법을 잘 알고 있었다. 트럼프가 가장 선호한 선거방식은 국민들과의 직접 만남이었다.

트럼프 1기 당시 트럼프는 일일 브리핑을 주당 2-3회로 바꾼 적이 있었다. 그러자 워싱턴에 난리가 났다. 국가안보를 무시했다는 비난이 쏟아졌다. 트럼프는 반박했다. "일일 브리핑은 너무나 동어 반복이어서 시간 낭비다." "새로운 뉴스만 브리핑해도 충분하다."

깅리치가 제시하는 트럼프와 유사한 모습을 보인 정치가는 레이건 대통령이었다. 레이건은 큰 것을 보는 사람이었다. 깅리치는 '대통령은 사자다. 사자는 다람쥐를 사냥하지 않는다. 생존에 도움이 되지 않기 때문이다. 사자는 사슴을 사냥해야 살 수 있다'[232]고 조언한다. 트럼프와 레이건은 사슴을 사냥하는 사자와 같은 인물이었다.

사자와 같은 대통령 레이건은 큰 것 세 가지에 집중했다. 첫째는 소련의 붕괴였다. 둘째는 미국의 경제를 발전시키는 것 그리고 셋째는 미국의 정신을 부흥시키는 것이었다. 트럼프도 마찬가지다. 트럼프의 첫째 목표는 중국 공산당을 붕괴시키는 것이다. 둘째는 미국을 다시 위대하기 만드는 것이다. 미국의 경제, 안보와 정치 등 모든 측면에서 미국은 다시 압도적인 일등이 되어야 한다. 셋째는 서구 문명과 기독교를 보호하는 것이다.

친미주의(PRO-AMERICAN)

앞에서 논한 트럼프의 3가지 속성 즉 Anti-Left, Anti-Stupid, Anti-PC는 자동적으로 pro-American과 연결된다. 미국 제일주의를 비난하는 세계 여러 나라의 사람들이 많다. 자신들의 나라는 자신 제일주의를 해도 되지만 미국은 그렇게 하면 비난을 받는 세월이 되었다. 실제로 미국의 역대 대통령들 중에는 미국 자신의 일보다 다른 나라의 일들에 더 신경을 쓴 사람도 많았다. 그들의 논리는 세계가 잘되어야 미국도 잘 될 수 있다는 것이었다.

불법 이민자를 미국 국민들보다 더 잘 대해주고 싶어 하는 민주당 정치인들이 수도 없이 많다. 미국에는 불법 이민자들을 체포할 수 없는 소위 성역 도시(Sanctuary City)라는 곳들조차 있다. 불법 이민자들은 Ilegal이라고 부르는 대신 undocumented라고 부른다. 불법이 아니라 서류가 없는 사람들이라는 것이다.

트럼프는 이 같은 정책들에 철퇴를 가했다. 미국 제일주의로 표현되는 외교 및 무역 정책을 채택했다. 국경을 강화하고 이민정책을 강화했다. 트럼프는 국경이 없는 것은 나라가 아니다라고 말했다. 세계화 시대의 논리를 거부하고 미국 제일주의로 나가는 사상적 기반이 바로 미국주의였던 것이다.

위의 속성들이 융합되어 정책으로 나타나는 것이 MAGA doctrine이라고 할 수 있다. 트럼프의 MAGA 주의는 인종과 성별을 따지지 않는다. 미국을 사랑하는 모든 사람들이 MAGA 독트린의 주역들이 될 수 있다. 트럼프는 2016년 10월 샬로트의 연설에서 MAGA는 미국 국민들 모두에게 적용되는 것임을 확인했다.[233] 흑인들의 인권을 존중해주고 흑인들을 동등하게 법적으로 대우해 주는 것이 트럼프의 목표다. 트럼프는 혁명전쟁 이래 모든 미국인들은 미국을 위해 전쟁에 참전했다고 말하며 흑인들이 미국을 위해 목숨을 바친 사례들을 칭송했다.

주류 언론들은 트럼프의 이 연설을 무시했다. 흑인들의 표가 트럼프에게 가는 것을 방지하기 위해서였다. 트럼프는 미국의 단결을 위해 흑인들에게 직접 호소했다. 트럼프가 한 다음과 같은 취임사를 듣고 좌파들은 트럼프를 더 이상 악마화(demonize)할 수 없었을 것이다. "우리는 흑인이던, 황인이던, 백인이던 우리 모두 애국자들의 붉은 피를 흘립니다. 우리는 다 함께 영광스런 자유를 즐기며, 다 함께 위대한 미국의 성조기에 경례를 바칩니다."[234]

좌파들은 애국주의 국가주의를 인종 차별주의라고 비난하지만 트럼프의 애국주의에는 인종이 없다. 트럼프의 말처럼 흑인종, 황인종, 백인종이 흘리는 애국의 피는 모두 붉은색인 것이다.

트럼프 대선전의 일등 공신 일론 머스크

미국 대통령 선거의 역사를 보면 특정한 대통령의 당선에 특별한 기여를 했던 인물들이 있었다는 사실을 발견하게 된다. 현직 대통령 카터와의 선거전에서 고전하던 레이건 후보는 윌리엄 케이시(William Casey)를 선거를 총지휘하는 참모로 영입, 대단한 승리를 거둘 수 있었다. 케이시는 레이건 대통령의 CIA 국장으로서 소련을 붕괴시키는 데 혁혁한 공을 세웠다. 클린턴의 경우도 선거의 귀재 딕 모리스(Dick Morris)의 도움을 받아 아칸소 출신 무명의 주지사임에도 불구하고 노련한 부시(41대) 현직 대통령을 물리치고 대통령에 당선될 수 있었다. 딕 모리스 역시 클린턴의 백악관에서 막강한 영향을 발휘하는 참모로서 민주당을 강하게 만드는데 기여했다. 재미있는 것은 딕 모리스는 2016년 선거 이래 공화당의 트럼프를 도와주는 보수 진영의 전략가가 되었다는 사실이다.

2024 미국 대선이 과거와 크게 다른 점이 하나 있는데 트럼프가 여론의 싸움에서 전혀 밀리지 않고 있었다는 것이다. 2016년과 2020선거에

서 트럼프를 지지하는 언론 혹은 사회통신망 서비스(Social Network Service) 플랫 홈은 존재하지 않았다. 주류 언론 대부분은 물론 페이스북, 트위터 등이 모두 민주당을 편들었다. 폭스 TV 정도가 중도의 입장을 견지했지만 그나마도 민주당 쪽에 조금이라도 더 기울어 있었던 방송이었다.

2024대선에서 트럼프는 가장 막강한 SNS의 후원을 받고 있는데 바로 세계 제1의 부자 일론 머스크가 약 2년 전에 사들여 이름을 트위터(Tweeter)로부터 X로 바꾼 사회통신망으로부터다. 트럼프는 대통령 재임 시절 트위터를 활용, 국민들과 직접 소통하는 여론 정치를 해 왔지만 민주당을 지지하는 트위터는 대통령의 계정을 박탈했을 정도로 트럼프에 대해 적대적이었다. 페이스북의 소유주인 마크 저커버그는 노골적으로 민주당의 우편 선거를 지원했다.

그러나 2024년 대선을 맞이하여 트럼프를 지지하겠다고 선언한 일론 머스크는 이미 2022년 11월 트럼프의 과거 트위터 계정을 부활시켜 주었고 트럼프는 X를 통해 다시 미국 국민들과 직접 소통하며 선거운동을 전개할 수 있게 되었다. 다시 회원이 된 지 2년 정도밖에 지나지 않았지만 트럼프의 팔로워(follower)는 2024년 9월 18일 9,080만 명에 이를 정도로 막강해졌다. 트럼프가 게시한 미시간주 유세 기사는 반나절도 되지 않았지만 무려 680만 명이 보았을 정도였다. 19시간 전에 트럼프가 게재한 글, '바이든 집권한 후 자동차 보험료가 73%나 올랐다. 내가 대통령이 되면 자동차 보험료를 절반으로 낮추겠다'는 무려 3,300만 명이 읽었다. 최고의 청취율을 자랑하는 폭스 TV의 대통령 선거 당일 개표중계방송의 시청자가 1,000만 명에 이르지 못한다는 사실을 보면 X의 위력이 얼마나 대단한지 잘 알 수 있다.

엄청난 사회 소통망을 트럼프에게 제공했다는 사실을 넘어 X의 소유주인 일론 머스크는 본인 스스로도 트럼프를 적극 지지하는 글을 쉬지 않고 게재하고 있으며 결국 X 전체를 트럼프를 지지하는 소통 장치로 만들어 버렸다. 일론 머스크의 팔로워는 무려 1억 9,800만 명에 이르고 있을 정도며 미국 국민들로부터 대단히 긍정적인 이미지를 가지고 있다는 사실을 고려하면 일론 머스크는 능히 트럼프 대선 전쟁의 일등 공신이라고 말할 수 있겠다. 머스크가 게재한 트럼프를 지지하는 글, '펜실베이니아주의 조기투표 시작. 주민 여러분 투표하십시오. 미국을 위대하게 만듭시다'는 19시간 만에 6,600만의 조회 수를 기록했을 정도다.

세계 약 2억 명 이상이 매일 X를 보며 2023년 기준 월평균 광고 수익이 29.8억 달러(약 4조 원)에 이르는 X의 소유주 일론 머스크는 2024년 7월 트럼프를 위해 매달 4,500만 달러의 후원금을 제공하겠다고 약속한 바 있었지만 트럼프에게 X를 통해 마음껏 소통할 수 있는 장을 열어주었다는 사실은 돈으로 계산할 수 없는 일일 것이다.

트럼프는 당선될 시 일론 머스크에게 '정부효율위원회(Government Efficiency Commission)'의 위원장직을 맡기기로 했고 일론 머스크도 동의했다. 실제로 일론 머스크는 트럼프 당선 후 백악관에 사무실이 있는 정부효율위원회에서 6개월여 일을 했다. 그는 백악관에서 일하던 기간 중 미국 연방정부 전체에 대한 완벽한 회계 감사 및 성과를 평가하고 대대적인 개혁을 위한 제안을 할 수 있었다.

트럼프와의 사소한 견해 차이로 티격태격이 있었지만 트럼프와 일론 머스크는 세계에서 제일 돈이 많은 사람, 세계에서 권력이 가장 막강한 사람으로 서로 협력하며 그들이 원하는 세상을 만들어 나갈 수 있는 궁합이 맞는 콤비가 될 것이다.

트럼프 현상(Trumpism, Trump Phenomena)

2016년 9월 26일 각각 공화당과 민주당의 대선 후보인 트럼프와 클린턴이 토론을 벌였다.[235] 미국 언론들은 누가 토론의 승자인가를 곧바로 보도한다. CNN은 사전에 준비되었던 여론조사단 521명의 응답을 듣고 62대27로 클린턴이 압승했다고 보도했다, 우리나라 언론은 CNN 보도를 그대로 인용했다.

토론회가 끝나고 약 12시간이 흐른 시점, 미국의 주요 인터넷 여론 조사들은 클린턴이 아니라 트럼프의 압승을 보도하고 있었다. 무려 150만 명 이상이 참여한 타임(TIME) 여론조사는 52:46, CNBC는 67:33, 보수성향인 브라이트바트(Breitbart)는 76:24로 트럼프가 토론회에서 승리했다는 여론 조사 결과를 발표했다.

대선 토론회에서 누가 승리했는가를 알기 위해서 전문가, 지식인들에게 견해를 묻는 것은 우스운 일이다. 두 후보는 누가 더 지식이 뛰어난가, 누가 더 조리 있게 말을 잘하는가를 두고 경쟁하지 않는다. 뉴트 깅그리치(Newt Gingrich) 전 하원의장 등 트럼프를 지지하는 공화당 인사들은 그날 트럼프가 클린턴의 지속적인 거짓말과 약 올림에도 불구하고 놀라울 정도로 예의 바름(decent), 절제(temper), 자제력(restraint)을 과시했다고 찬사를 보냈다. 그 토론회를 본 8,000만 명에 이르는 미국의 보통 사람들은 그동안 미국 언론들이 집요하게 강조했던 것과 달리 트럼프가 '미친놈(lunatic)'이 아니라는 사실을 알게 되었다.

클린턴은 유식한 사람들이 보고 듣기에 그럴듯한 토론을 진행했지만 트럼프는 초등학교 수준의 교육을 받은 사람이라면 누구나 알아들을 수 있는 용어로 토론을 전개했다. 2016년 기준 미국 백인의 약 1/3이 대학을 졸업했을 뿐이며, 나머지는 고졸 혹은 그 이하의 학력을 가지고 있다. 이들 미국의 보통 시민들은 복잡한 자유주의 경제이론을 알지는 못해도 '지난 30여 년 동안 중국, 멕시코가 그들의 일자리를 빼앗아가 버렸고, 바로 그 기간 동안 미국 정부를 이끌었던 사람은 클린턴'이었다는 트럼프의 간단명료한 주장을 훨씬 쉽게 알아듣고 공감했다.

우리가 미국의 대통령 선거에 관심을 많이 가지는 이유는 미국에 새로운 정부가 출범했을 때, 우리가 적절하게 대응할 수 있는 준비를 하기 위해서일 것이다. 그러나 우리나라 언론들의 행태는 노골적으로 특정 후보를 편들고 있는 것이었다. 2016년과 2020년 그리고 2024년의 미국 대선에서 우리나라 언론은 마음에 들지 않는 트럼프를 두들겨 패기에 바빴다. 우리 국민들이 투표를 하는 것도 아닌데 미국의 선거에 어느 한 후보를 노골적으로 편드는 것은 올바른 일도, 전략적인 일도 아니었다.

미국 국민들은 2016년 선거를 '기성 정치세력(Establishment 혹은 Insider)' 대 '외부세력(Outsider)'의 싸움으로 보았다. 미국인들은 무엇보다도 평민(平民)의 나라를 지향하며 건국된 미국에 귀족계급(political class)이 생겼다는 사실에 분노한다. 트럼프는 미국 평민들의 '분노'를 잘 활용했다. 트럼프는 억만장자이기는 했지만 계급적으로는 귀족이기보다는 평민에 속하는 사람이었고 2016 대선에서 아웃사이더를 대표하는 인물이었다. 반면 클린턴은 미국의 신흥 귀족이며 인사이더의 표상이었다.

어떤 선거 일지라도 가장 중요한 이슈는 변화(change)일 수밖에 없다. 그래서 트럼프는 오바마 대통령이 집권했던 8년을 계승할 힐러리보다 유리할 수밖에 없었다. 미국 국민들이 세계화 시대 20여 년을 지내면서 세계화가 미국의 보통 사람들에게 좋은 것만은 아니라는 사실을 체험으로 알게 되었다. 중국의 값싼 소비재들은 미국인들의 일상생활에 도움을

주었지만 그 대가가 미국의 공업지대가 초토화 폐허화 되는 것일 줄은
미처 몰랐다.

경제학 이론은 비록 초기에는 문제가 있을지 모르지만 궁극적으로 세
계화는 모든 이들을 더욱 잘살게 해 줄 것이라고 설명한다.[236] 수학적으
로는 타당하다. 미국의 경우 세계화 때문에 노동자들이 잃은 돈보다 훨
씬 큰돈을 금융, 기업가들이 벌었다. 우리나라의 경우도 농민들이 본 손
해 액수보다 전자제품, 자동차를 판매한 회사들이 벌어들인 돈이 더욱
많았다. 그러나 모든 사람들은 세월을 기다리며 결국은 더 좋은 날이 올
거야 하며 기다리지 않는다. 우리도 경험했었다. 싼 외국 식품을 수입해
오는 것은 좋으나 우리나라 농민들이 당장 망하게 생긴 것을 그냥 두고
볼 수는 없는 일이었다.

트럼프는 이 같은 불만 현상에 불을 붙였다. 장기적으로, 그리고 전체
적으로 세계화가 국가주의보다 산술적으로 더욱 좋은 것이라고 하지만
그 같은 효과를 얻기 위해서는 오래 기다려야 한다. 가격이 조금 더 비
싸다고 하더라도, 그리고 품질이 조금 더 열악하다고 하더라도 미국 국
민들은 미국 노동자들이 만든 물건을 사줌으로써 그들도 계속 직장에서
일할 수 있게 해 주어야 한다는 트럼프의 입장은 미국 국민의 지지를 얻
었다.

세계화의 퇴조는 세계화 그 자체가 나쁘다는 것이 아니라 모든 사람
들에게 이익이 되지 않는다는 단점 때문에, 그리고 아직도 사람들은 국
가라는 기본 단위를 벗어나지 못하기 때문이다. 트럼프가 늘 주장했던
것처럼 모든 철강공장을 중국으로 옮겨다 놓은 후 만약 미국이 전쟁을
할 일이 생길 경우 중국은 미국에게 철강을 미국이 원하는 만큼 팔지 않
을 것이 분명하다. 미국이 싸우는 나라가 중국과 관계없는 나라라고 할

지라도 말이다. 이 같은 우려는 코로나 팬데믹 시대에 현실로 나타났다. 중국이 사악한 마음을 먹었기 때문이 아니라 중국이 팬데믹으로 인한 공장 폐쇄로 인해 세계의 공급망에 위기가 찾아온 것이다.[237] 트럼프와 반세계화 주의자들의 우려가 현실이 된 것이다.

트럼프의 국가주의적 주장, 트럼피즘 혹은 트럼프 현상은 2016년 미국 대선에 돌풍과 같은 영향을 미치게 되었다. 이 같은 트럼프 현상은 트럼프가 대통령에 당선되느냐의 여부와 관계없이 미국 정치에 되돌릴 수 없는 각인을 새겨 놓았다. 그리고 트럼프가 2024년에 다시 당선되는 원동력이 되었다.

트럼프는 외국을 방문하는 곳마다 놀라운 외교력을 과시했다. 2기 임기 시작된 지 10개월여가 지나는 동안 트럼프는 다른 대통령 4년 이상의 업적을 성취했다. 외국 공항에서 환영의 춤을 추는 그 나라 댄싱팀과 함께 춤을 추는 대통령은 세계 역사 이래 존재하지 않았다. 트럼프는 2025년 10월 25일 말레이시아 쿠알라룸푸르 공항에서 환영 나온 말레이시아 댄싱팀과 함께 춤을 추기 시작했다. 뒤따르던 말레이시아 대통령도 함께 춤을 추지 않을 수 없었다. 아마도 트럼프는 '외교는 그렇게 하는 거야'라는 말을 하고 싶었을 것이다. 트럼프 현상의 정점을 찍은 행동이라고 말해도 될 것 같다.

트럼프가 첫 번째 임기를 마친 후 재선에 실패, 야인으로 돌아갔을 때 폭스 뉴스의 앵커 우먼 마리아 바르틸로모는 트럼피즘 혹은 트럼프 주의는 트럼프가 떠난 후에도 오랫동안 미국 사회에 큰 영향을 미치는 요인으로 남아 있을 것이라고 주장했다.[238] 트럼프 현상은 2029년 1월 트럼프 대통령이 임기를 마치고 떠나더라도 미국정치에 지속적인 현상으로 남아 있을 것이 분명하다. 후임자가 공화당이 아닌 민주당 출신 대통령이 된다해도 트럼피즘은 미국정치의 거대한 현상으로 남아 있을 것이다.

하나님과 트럼프(God and Donald J. Trump): 기독교의 수호자 트럼프

미국은 기독교 국가다. 물론 미국 헌법은 미국을 기독교 국가라고 특정하지는 않는다. 미국은 모든 종교의 자유를 다 보장하는 나라이기 때문이다. 미국의 독립선언서에는 다음과 같은 기독교적 진리에 대한 언급이 나온다. "우리들은 다음과 같은 것을 자명한 진리라고 생각한다. 즉, 모든 사람은 평등하게 태어났으며, 창조주(Creator)는 몇 개의 양도할 수 없는 권리를 부여했으며, 그 권리 중에는 생명과 자유와 행복의 추구가 있다. 이 권리를 확보하기 위하여 인류는 정부를 조직했으며, 이 정부의 정당한 권력은 인민의 동의로부터 유래하고 있는 것이다." 물론 세상의 대부분 정부들과 지도자들은 하나님이 인간에게 주신 권리를 보호하기는커녕 제약하는 방향으로 노력했다. 그런 나라들과 달리 하나님이 주신 권리를 보호하는 장치로 새로운 국가를 수립하겠다며 만든 나라가 미국이다. 그래서 미국의 독립과 건국을 혁명(American Revolution)이라고도 말하는 것이다.

당연히 미국의 역대 대통령들 대부분은 하나님의 전사(戰士) 역할을 담당했다. 초대 대통령 조지 워싱턴은 '하나님과 성경 없이 한나라를 올바르게 다스린다는 것은 불가능한 일'이라고 말했다. 링컨 대통령은 백악관을 기도실처럼 만들었고 남북전쟁이 지속되는 기간 언제라도 하나님께 자신의 싸우는 전쟁이 '하나님 편에 서서 싸우는 전쟁'이 되게 해 달라고 기도했다.

한국전쟁에 참전, 한국을 구해준 은인인 트루먼 대통령은 자신은 중요한 결정을 할 때 항상 하나님께 상의드린다고 말했고 이라크 전쟁에 참전한 43대 부시(Geroge W. Bush) 대통령은 기자들이 아버지(41대 대통령 조지 H. W. 부시)께 자문을 구했냐고 묻자 '물론이지요 그러나 내가 자문을 구한 아버지(Father)는 하늘 높은 곳에 계시는 위대한 분'이라고 답했다. 레이건 대통령은 '성경 속에는 인간이 당면한 모든 문제에 대한 답이 들어 있습니다'라고 말했다.

2025년 2월 26일 트럼프 2기 내각 첫번째 전체 회의, 스콧 터너, 주택장관(대통령 뒤에 서 있는 사람)의 기도로 시작되었다

이렇듯 미국의 수많은 대통령들이 진실한 기독교 신앙인들이었고 트럼프 역시 미국의 역대 어느 대통령보다 진실한 믿음을 가진 대통령이다. 이 같은 주장에 놀라움을 표시하며 그렇지 않다고 생각하는 사람들도 있을 것이다. 트럼프의 행동과 언어가 그를 진실한 신앙인으로 볼 수 있는 표준과 부합하지 않는다는 사실 때문에 그렇게 생각하는 사람들이 있는 것이 사실이다. 그럼에도 불구하고 트럼프는 미국의 역대 어떤 대통령보다 더욱 기독교적 인물이며 특히 최근 민주당 대통령들인 오바마

와 바이든에 의해 많이 약해진 미국의 기독교적 기반을 다시 강화시키려 노력하는 인물이다.

최근 미국의 기독교적 기반이 약화되게 된 데에는 문화적 마르크스주의(Cultural Marxism)의 영향이 대단히 크다. 미국의 자유주의 문명을 파괴하겠다는 공산주의자들의 전략이 일정 부분 성공한 탓이다. 경제적인 논리로 미국을 파괴할 수 없다고 생각한 공산주의자들은 미국의 기반이 되는 가정을 파괴함으로써 궁극적으로 미국을 붕괴하겠다는 목표로 문화적인 공산주의를 전파해 나갔다. 동성애, 성전환, 낙태 등 모두가 가정을 파괴한다는 목표 아래 만들어진 사회적 개념들이며 이들은 당연히 반기독교적이다. 트럼프는 1기에도 기독교 회복을 위해 노력했지만 2기에서는 더욱 본격적으로 미국 사회를 다시 기독교에 근거한 사회로 만들기 위해 노력하고 있다.

백악관 홈페이지에 게재된 트럼프 대통령의 2025년 성탄 인사 Merry Christmas

트럼프 1기 집권 무렵 미국 사회는 이미 메리 크리스마스!(Merry Christmas!)라는 말로 성탄절을 축하할 수 없을 정도로 변해 있었다. 미국의 언론들은 기독교적인 색채를 빼버린 해피 홀리데이스(Happy Holidays)라는 말을 대신 사용했다. 2024년 대선에서 트럼프에 패배한 카멀라 해리스는 대놓고 "어떻게 우리가 함부로 메리 크리스마스라는 말을 쓸 수 있단 말입니까?"라고 말하며 성탄절 인사말을 모독했을 정도다. 이 같은 사회 분위기를 완전히 거스른 사람이 트럼프였다. 트럼프는 자신이 대통령이 되면 미국 국민들 모두가 마음놓고 메리 크리스마스!라고 말할 수 있게 해줄 것이라 말했고 실제로 트럼프 2기 당선 이후 미국의 전반적 분위기는 다시 '메리 크리스마스'로 되돌아가고 있는 중이다.

이같이 피상적이고 사회적인 면을 떠나 트럼프는 진실한 기독교도이며 트럼프의 신앙을 긍정적으로 논한 책들도 여러 권 출간되었다. 이 절의 제목은 트럼프의 신앙에 관한 유명한 책인 스티븐 E. 스트랭의 저서 《God and Donald Trump》[239]에서 인용한 것이다.

트럼프는 보통 사람들이 인식하는 스타일과 달리 평생 담배를 피운 적도 술을 마신 적도 없는 인물이며 어렸을 적에 교회의 소년성가대원이었다는 사실은 많은 트럼프 비판자들을 놀라게 했다. 트럼프는 세 번 치른 대통령 선거 모두에서 미국의 복음주의 기독교도들의 열정적 지지를 받았다. 많은 사람들이 트럼프를 기독교인이라 할지라도 베이비 크리스천 정도라고 생각했다. 사실과 다른 것이며 더욱 중요한 것은 트럼프는 흠결이 있음에도 하나님이 쓰시는 인물이라는 점이 더욱 중요하다.

2018년 2월 28일 빌리 그래함 목사의 영결식 추도사에서 트럼프는 "우리는 미국이 기도로 유지되는 국가라는 사실을 기억해야 합니다"라고 말했을 정도로 진실한 기독교도다. 트럼프를 만나본 복음주의 지도자들은 트럼프가 진실한 믿음의 중요성을 이해하며 본질적인 신앙에 대한 지식을 확대하고 더욱 유창해지도록 성실한 노력을 해 왔다고 믿는다. 트럼프는 13세 때인 1959년 세례를 받았으며 노만 빈센트 펄(Norman Vincent Pearl) 목사의 설교에 깊이 매료되었었다. 트럼프가 미국 국민들에게 읽어 보라고 추천한 책에는 펄 목사의 '신념의 마력(Power of Positive Thinking)'이 포함되어 있다.

정치에 입문한 트럼프는 '기독교가 공격받고 있다. 그리스도인들이 스스로 일어날 때가 되었다. 나는 기독교를 옹호 할 것이다'라고 말을 자주 했고 대통령직을 수행하며 자신의 말을 현실화시키고 있는 중이다.

트럼프는 미국 역사상 가장 기독교적인 내각을 구성한 대통령이었다. 1기 초 내각을 구성할 당시 장관 중 8-9명이 기독교도였고 그들은 함께 성경 공부와 기도를 했다. 2기 역시 마찬가지였다. 2025년 2월 25일 내각구성이 거의 마무리된 후 최초로 전체 내각회의가 열렸을 때 트럼프는 주택부 장관인 스콧 터너 장관에게 기도를 요청했다. 대통령의 대표 기도 요구를 받은 터너 장관은 기쁜 마음으로 기도했다. 트럼프 정부의 기독교적 성격을 아주 잘 표현한 것 같아 터너 장관의 기도문을 길게 인용한다.

"아버지 하나님, 이처럼 놀라운 특권을 허락하시어 주님의 임재 안에 나아가게 하심에 감사드립니다. 오늘 이 날을 보게 해 주신 것에도 감사를 드립니다. 성경은 주님의 자비가 매일 아침 새롭다고 말씀합니다. 아버지 하나님, 저희는 주님께 영광과 존귀를 올려드립니다. 하나님. 트럼프 대통령을 허락하시고, 우리를 이 직책에 임명하시며 직책을 담당하라고 기름 부어 주심에 감사 드립니다(Thank you, GOD, for President Trump, for appointing us, for anointing us to do this job)… 주 하나님, 우리가 의로운 분별력과 분명함으로 이끌어 가게 하여 주옵소서. 이 나라의 국민을 섬기며 각 부처와 기관, 우리가 맡은 모든 직무 속에서 주님 앞에 겸손히 나아가게 하시고, 주님께서 부르신 방식대로 이끌고 섬기게 하여 주옵소서.”

이상 터너 장관의 기도문 중에서 특히 유념해야 할 부분이 있다. 트럼프 2기 내각의 장관들은 자신들이 하는 일이 하나님의 소명(召命)이라고 생각하고 있다는 점이다. 하나님께서 기름 부어 주셨다는 언급은 트럼프 정부가 일을 해나가는 방식을 잘 설명해 준다. 트럼프와 그의 정부가 하는 모든 일들은 하나님의 일을 하는 것이라는 사명감에서 우러나오는 것이라는 점을 이해하는 것이 중요하다.

트럼프가 이처럼 일할 수 있는 것은 대선에서 트럼프를 열렬히 지지했던 80% 이상의 복음주의자들이 배후에 있기 때문이다. 트럼프는 2020년 7월 4일 독립기념일 축사에서 ‘미국은 당당하게 서 있는 나라입니다. 미국은 하나님 외에는 누구에게도 무릎 꿇지 않습니다’라고 말했다. 트럼프는 2026년 1월 1일 ‘2026년은 우리들이 우리의 자유를 위해서 싸우는 한 해가 될 것입니다. 2026년은 이제껏 보지 못한 최고의 해가 될 것입니다’는 글을 게시했다. 마치 갈라디아서 5장 1절 ‘그리스도께서 우리를 자유롭게 하려고 자유를 주셨으니 그러므로 굳건하게 서서 다시는 종의 멍에를 메지 말라’를 읽는 듯하다. 앞으로 트럼프가 만들어 나갈 세상의 모습을 짐작하게 해 주는 언급들이 아닐 수 없다.

제9장
트럼프의 외교 정책

트럼프는 2015년 자신이 대통령이 된다면 미국을 어떻게 이끌어 갈 것이냐에 관한 책을 출간했다. 책의 제목은 '《불구가 된 미국: 어떻게 미국을 다시 위대하게 만들 것인가(Crippled America: How to Make America Great Again)》'라는 대단히 도발적인 책이었다. 총 17개 장, 190페이지에 이르는 책에서 트럼프는 자신이 대통령이 될 경우 미국을 이끌어나갈 청사진을 제시했다. 대통령의 임무가 다양하지만 경제 및 국내 문제에서 트럼프는 자신이 기성 정치가들보다 못할 것이 없다고 생각했고 미국 국민들도 그렇게 생각했지만 외교 안보 정책의 경우는 달랐다.

많은 미국 시민들은 정치가의 경험이 전혀 없는 트럼프가 특히 미국 대통령의 중요한 권한인 외교 안보를 잘할 수 있을지 의심했고 시비를 걸었다. 이를 의식한 트럼프는 '미국의 언론과 정치가들이 자신의 경험 없음을 비판하지만 지금의 외교 안보 상황이 얼마나 엉망진창인지를 살펴보라고 말하면서 외교정책의 장을 시작한다.' 그들이 다 망쳐 놓았다. 더 이상 망가질 것이 없다는 것이다. 트럼프는 "소위 워싱턴 내부 인사들 중 일부는 나의 접근법이 세상을 더 위험하게 만들 것이라며 겁을 준다.

더 위험해진다고? 무엇보다 더 위험해진다는 것인가? 지금 우리가 처한
상황보다 더 위험하다는 것인가?"[240]라고 반문한다.

트럼프가 인식하는 외교를 위한 강력한 토대들과 운용 방식

트럼프는 외교정책과 국방정책을 애써 구분하지 않는다. 외교는 힘을
가지고 하는 것이며 막강한 힘을 언제라도 사용할 수 있다는 의지를 가
지고 있어야 성공적인 외교가 가능하다고 믿기 때문이다. 트럼프는 외교
정책에 대한 나의 접근은 강력한 토대를 구축하는 것, 즉 힘을 통해 외교
를 운용하는 것이다. 그러기 위해서는 절대적으로 강력한 군을 유지해야
한다. 군사력과 함께 트럼프는 경제력을 외교를 위한 중요한 토대로 인
식한다. 경제력을 통해 우리에게 협력하는 국가들에게는 보상을 하고 협
력하지 않는 국가들에게는 처벌하겠다는 의사를 드러내야 한다, 미국은
미국의 적을 위해 자금을 세탁하고 테러활동에 쓸 수 있도록 자금을 옮
겨주는 은행금융 기관들을 잡아내야 한다. 그리고 우방들과는 호혜적인
연합을 맺어야 한다고 주장한다.

트럼프는 미국이 계속 세계 경찰의 역할을 하려면 그에 대한 합당한
대가를 받아내야 한다고 말한다. 루스벨트 대통령의 '말은 부드럽게 하
라 그리고 큰 몽둥이를 들고 다녀라(speak softly and carry a big stick)'라는 말
을 인용하기를 즐긴다.

트럼프는 자신은 이익을 지키기 위해 크게 떠들기를 주저한 적이 없
다고 말하며 왜 미국은 패배하고 있으면서도 말을 크게 하지 않는지 모
르겠다며 기왕의 미국 외교정책을 싸잡아 비난한다. '크게 말하지 않으
면 어떻게 사정이 나아지겠는가? 어떻게 승리를 거두겠는가?'[241]

트럼프는 미국은 세계에서 가장 강력한 국가라는 사실을 자랑스럽게 말하며 그런 사실을 말하기를 두려워하지 말라고 한다. 세계 헤비급 권투챔피언이었던 마이크 타이슨은 '한대 얻어터지기 전에는 누구도 다 이기려는 계획이 있다'는 말을 인용하며 트럼프는 '미국은 가장 먼저 할 일이 주먹을 날리는 능력을 기르는 것이다. 얼마가 되든 적절한 군비를 써야 한다. 나는 이미 15년 전 부족한 예산으로는 군사적 외교적 목표를 밀어 붙일수 없다'고 말했음을 상기시키고 있다.

트럼프는 또한 군사력을 쓰지 않아도 되는 최선의 방법은 힘을 드러내 보이는 것이라고 말한다. 미국은 필요하다면 힘을 사용할 것이며, 그것이 진심임을 알면 세상의 대접이 달라질 것이라고 말한다. 그렇게 될 경우 세상은 미국을 존경할 것이다라는 것이 트럼프의 외교 및 국제정치적 관점이다. 마키아벨리적 힘의 관점과 일맥상통한다. 마키아벨리는 군주에게 국민들의 사랑을 받기보다는 국민에게 두려움의 대상이 되는 군주가 되라고 조언했다.

트럼프는 미국이 세상의 존경을 받지 못하는 이유는 미국이 중동 지역 혹은 다른 곳에서 나약하기 짝이 없는 군사정책을 취했기 때문이라고 비난한다.

트럼프 2기에 나타난 이란 핵시설 폭격 작전, 베네수엘라의 마두로 정권을 붕괴시키기 위한 해군력 과시 작전, 마약 운반선에 대해 무차별 폭격 작전 등은 트럼프의 외교정책 관점과 정확히 일치한다. 트럼프는 비즈니스맨답게 모든 일에 손익 계산을 하는데 '군사력을 키우는 일은 오히려 돈이 덜 드는 외교정책' '군에 돈을 쓰는 것은 현명한 투자' '군사력을 건설하는 것은 미국의 노동자들이며 군사력을 키우는 일은 민간에 실질적인 자금을 투입 수천 명의 일자리를 제공하는 것이기 때문에 경제적으로도 타당하다'고 말한다. 허약함으로 인해 전쟁을 유발하는 것보다는 군사력을 키워 상대방이 아예 도전할 의도를 갖지조차 못하게 하는 것이 훨씬 값싼 일임에는 틀림없다.

트럼프는 책임 분담의 외교를 강조한다. 사우디아라비아는 미국으로부터 엄청난 돈을 벌고 있지만 미국이 보호해 주지 않으면 그들은 존재할 수조차 없다고 말한다. 그는 독일, 일본, 한국을 미국이 지켜준다고 말하며 이 세 나라는 모두 부유한 나라들이다. 그런데 미국은 받는 것이 없다고 말한다. 자신이 대통령이 되면 미국이 도와주는 국가들로부터 대가를 지불받을 것이라고 말했다.

트럼프는 대통령이 된 후 실제로 자신이 2015년의 책에서 약속했던 바를 현실화 시켰다. 특히 트럼프 2기 1년도 지나지 않은 시점에서 미국은 NATO로부터 GDP 5%에 이르는 국방비 증액을 받아냈고 일본과 한국으로부터 모두 융숭한 방위비 증강 약속을 얻어내었다.

트럼프는 외교관의 어법을 사용하지 않는다. 누구든 쉽게 이해할 수 있는 말을 사용한다. 특히 트루스 소셜, X 등의 현대적 통신 매체들을 활용 아주 쉽고 투박한 말들을 가지고 상대방을 겁주거나 설득시킨다. 트럼프는 ISIS 테러집단의 자금줄을 차단하기 위해 '사정없이(그들 소유의) 유전을 폭격해야 한다'고 주장하기도 했고 2025년 6월 이란의 최고지도자 하메네이에게 '당장 죽이지는 않을 테니 항복하라'는 투의 협박문을 공개적으로 게재하기도 했다.

초강대국 트럼프의 미국이 할 수 있는 일들

국제정치에 국가라고 자칭하는 200개 이상의 정치 단위가 존재하지만 미국과 같이 강한 나라는 일찍이 존재하지 않았다. 일부 사람들은 미국의 시대는 끝났고 미국이 비록 세계 1위의 강대국이라고는 하나 이제는 더 이상 일극 시대(Unipolar) 시대는 아니라고 말한다. 미국은 중국, 러시아 등 다른 강대국들과 함께 다극 시대를 살고 있다고 말하는 전문가들이 많다. 미어샤이머 같은 미국 국제정치학의 대가도 이미 2017년부터 그렇게 말했다.[242] 트럼프 재임 초의 일이었다. 미어샤이머 교수는 2025년 9월의 인터뷰에서는 서방측이 중국과 러시아의 다극 체제에 잘 적응하지 못하고 있다며 그간 미국의 외교정책을 비판했다.[243] 미국의 쇠퇴를 논하고 있는 것이다.

그러나 미국의 힘이 쇠락하고 있다는 학자들은 어떤 측면에서 미국의 힘이 쇠퇴하고 있는지에 대한 가장 단순한 데이터조차 제시하지 않는 실수를 저지른다. 학문적 게으름의 표현일 수도 있다. 저자는 미국의 힘은 1990년 이래 오늘에 이르기까지 절대적인 측면에서는 물론 상대적인 측면에서도 전혀 쇠퇴하지 않고 있다고 본다.

가장 중요한 국력 지표인 GDP와 국방비를 비교해 보면 미국의 힘은 1990년 이후 2025년에 이르기까지 미국이 세계에서 차지하고 있는 국력의 비중은 거의 아무런 차이가 나지 않는다. 오히려 미국의 상대적인 힘은 더욱 커지고 있다. 중국과 미국의 격차는 줄어들기는커녕 오히려 더욱 늘어나고 있다.[244]

1990년 미국이 유일 패권이 된 시점 그리고 많은 학자들이 미국의 유일 패권 시대는 저물고 다극 시대가 되었다는 2025년 사이에 미국의 GDP는 5조 9,600억 달러로부터 30조 6,000억 달러로 늘어났다. 세계 최고의 경제대국 지위를 절대적으로 누리고 있다. 상대적인 지위도 마찬가지다. 1990년 당시 미국의 GDP는 세계 전체의 26%에 이르고 있었다.

2019년에는 24%로 내려갔지만 그 정도를 가지고 미국의 국력이 쇠퇴했다고 말할 수는 없다. 한나라가 지구 전체 GDP의 24%를 차지하는 상황은 지구 역사 전체에서도 예외적인 일이다. 실제로 2025년 미국의 예상 GDP는 지구 전체 예상 GDP의 26.2%로 상승해 있었다.

국방비도 마찬가지다. 미국의 국방비는 줄기도 했고 늘기도 했는데 1945년 2차 세계대전이 끝나던 해 미국의 국방비는 세계국방비 지출 중 무려 40%를 차지하고 있었다. 2차대전 이후 미국의 국방비는 급속히 감소 되었지만 한국전쟁(1950-1953) 기간 중 다시 대폭 늘어났다. 1950년대 미국은 매년 9-10%씩 국방비를 증액시키며 소련과 대결했다.

그런데 2024년 미국 국방비는 또 다시 세계 국방비 지출 전체의 40%를 차지함으로써 2차대전 직후의 위상을 다시 차지할 정도로 압도적이게 되었다. 미국의 국방비는 1945년 세계의 40%였는데 2024년에도 세계 전체 국방비의 40%였던 것이다.

레이건 시절(1981.1.20-1989.1.20) 미국은 국방비를 대폭 증액 소련과 의도적으로 군비경쟁을 벌였고 소련은 결국 경제 파탄 상태가 되어 더 이상 버티지 못하고 붕괴되고 말았다. 레이건은 GDP의 6% 정도를 국방비에 투자했었다.

냉전에 승리한 후 미국의 대통령인 클린턴 재임시(1993.1.20-2001.1.20) 미국의 국방비는 GDP 대비 3%대로 내려갔다. 그러나 아들 부시 대통령 시절(2001.1.20-2009.1.20)은 테러와의 전쟁 시절이었고 이 기간 동안 미국의 국방비가 세계에서 차지하는 비중은 다시 대폭 증강되었다. 결국 2024년 미국의 국방비가 세계 전체 국방비의 40%에 이르도록 한 것이다. 2024년 미국 국방비는 9,970억 달러에 이르렀고 지구 전체 국방비는 2조 7,000억 달러였다.

2025년이 아직 끝나기 전 국제통화기금(IMF)은 미국의 GDP를 30조 5,000억 달러 혹은 30조 6,000억 달러 정도로 추정했다. 2025년 미국이 세계경제에서 차지하는 비중은 적게는 26% 크게는 29%에 이를 것이라고 예상했다. 계산 방법에 따라 약간의 차이가 있을 수 있기 때문이다. 유명한 통계 자료인 Y차트(Y Chart)는 미국의 비중을 26.2%로 예상했는데 2025년 세계전체 GDP를 115조 달러로 예상했기 때문이다. 이 같은 자료를 보았을 때 미국의 일극 시대가 지나가고 현재는 다극 시대라는 말의 근거가 무엇인지 알 수 없다.

2017년 트럼프 취임 첫해 역시 미국은 압도적인 군사력을 보유하고 있었다. 미국 국방비는 2위인 중국의 2.7배에 이르고 있었으며 미국의 국방비는 2위에서 9위 국가의 국방비를 모두 합친 것보다 더 많았다. 중국과 러시아의 국방비를 합쳐도 미국 국방비의 절반에 미달하는 48.2% 정도에 불과하다.

트럼프 2기 취임 해인 2025년 미국의 국방비는 상대적으로 더 커졌다. 미국은 2위인 중국 국방비의 약 3.2배로 격차가 오히려 커졌다. 미국의 국방비는 2-10위 국방비 지출국의 국방비를 모두 합친 것보다 더 크다. 이처럼 압도적인 군사비를 확보한 트럼프는 '힘을 통한 평화'를 추구하고 있다. 2025년 국방비 지출 10개국 중 미국에 적대적인 국가는 중국과 러시아 두 나라뿐이며 중국과 러시아의 국방비를 합쳐도 미국 국방비의 46.4%, 즉 절반도 되지 않는다. 중국과 러시아를 합친 힘의 미국에 대한 비율이 오히려 줄고 있는 상황이다.

러시아를 흔히들 미중러 3극 체제의 1강 정도를 이루는 강대국으로 알고 있지만 러시아의 GDP는 미국의 7%에도 마치지 못하며 러시아의 군사비 지출액은 미국의 15%에도 미치지 못한다. 게다가 러시아는 우크라이나와 전쟁 중이기 때문에 중국과 합쳐 미국에 대들 여력도 없는 상황이다.

이상 저자는 미국의 힘은 단극 체제 수준의 압도적인 힘이라는 사실을 자료를 통해 증명하려 했고 미어샤이머 등이 주장하는 다극의 근거 없음을 논박했다. 그렇다면 미국 수준의 막강 대국은 어떤 외교정책을 구사할 수 있을 것인가? 미국의 힘을 세계 모든 학자들이 유일패권이라고 논하던 시절 출간된 두 권의 책을 인용해서 미국이 할수 있는 일들을 논해 보자.

2014년 미국 예일대학교의 국제정치학 교수였던 누네 몬테이로(Nune Moteiro) 교수는 미국 유일 패권시대를 이론적으로 설명하는 《일극 체제 국제정치 이론(Theory of Unipolar Politics)》이라는 책[245]을 출간했다. 이 책에서 몬테이로 교수는 미국 수준의 강대국은 외교정책의 목표로 다음 세 가지 중 하나를 택할 수 있다고 분석한다.

누노 몬테이로 교수의 단극 체제 국제정치 이론

누노 몬테이로 교수는 미국 수준의 강대국은 3가지 선택 대안이 있다고 말했다.

첫째, 자신이 막강한 동시에 안전하다고 여기는 유일 초강대국은 세계정치 무대에서부터 빠져나올 수 있다.

둘째, 유일 초강대국은 국제정치에 핵심적인 국가로 남아 있으면서 현상유지 정책을 추구할 수 있다.

셋째, 유일 초강대국은 자신에게 유리한 방향으로 국제정치 현상을 변경시켜 나갈 수 있다.

미국은 1990년대 이후 소련이 붕괴됨으로써 단극적 시대의 패권국이 된 후 주로 첫 번째와 두 번째 정책 대안에 집중했다. 일부 사람들은 미국은 국제무대에서 더 이상 적극적인 역할을 하지 않게 될 것이라고 예측했고 또 다른 사람들은 미국이 현상을 유지하게 위해 노력할 것이라고 보았다. 피터 자이한(Peter Zeihan) 같은 분석가는 미국이 국제정치에서 손을 뗀 세상은 미국 이외의 나라들에게는 대단히 피곤한 세상이 될 것이라고 예상했다.[246]

미국이 지속적으로 세계에 참여할 것을 종용하는 네오콘 계열의 학자인 로버트 케이건은 미국이 국제정치에서 손을 뗄 것이기 때문에 다시 정글 같은 세상이 될 것이라고 우울한 예측을 했었다.[247]

트럼프는 1기에는 두 번째 대안인 미국 패권 현상을 유지하는 정책을 택했다. 다만 트럼프는 미국과 같은 편에 서 있는 동맹국 혹은 파트너들에게 안보 분담금을 더욱 많이 지출할 것을 요구했고 보다 공정한 무역을 요구했다. 반면 2025년 두 번째 임기를 시작한 트럼프는 몬테이로 교수가 제시한 3번째 정책을 따르고 있다. 차후 설명할 예정이지만 트럼프는 차제에 세계를 미국에게 유리한 방향으로 국제정치 현상을 변경시켜 나가고 있다. 미국에 반대하는 나라들의 정권을 교체하고, 미국의 동맹국 혹은 파트너일지라도 트럼프의 정치사상과 위배되는 세력들을 손보고 있다. 저자는 트럼프 2기의 외교정책 목표를 '완전 패권의 확보'를 목적으로 하는 것으로 보고 있다. 세상을 변화시키고 있는 것이다.

이안 브레머의 초강대국 국제정치론

미국의 시사 주간지 타임(Time)은 2015년 6월 1일 미국 국민들에게 행한 여론조사 결과를 발표했다.[248] 여론조사의 질문은 '미국은 예상 가능한 기간 동안 세계의 유일 패권국으로 남아 있을 것이다. 그러나 어떤 종류의 강대국으로 남아 있을 것인가? 미국은 세계에서 어떤 역할을 행사하여야 하는가? 귀하는 미국이 어떠한 역할을 담당할 것을 원합니까?'였다.

미국 국민들의 대답은 몬테이로 교수가 제시한 것과 같은 세 가지 답으로 나뉘어졌다. 미국 국민들의 36%가 미국은 고립주의로 되돌아가야 한다고 대답했다. 이안 브레머 박사는 이를 '독립적인 미국(Independent America)'이라고 묘사했다. 미국 사람들은 이제는 더 이상 다른 나라들의 문제에 개입하지 말아야 한다. 그런 문제들로부터 독립을 해야 한다는 것이었다. 냉전시대처럼 국제문제에 적극적으로 개입하는 대신 미국은 미국 국내 문제에 집중하고 국내정치 경제 문제에 더욱 신경을 많이 써야 하리라는 것이었다.

두 번째 응답은 Moneyball America라는 응답인데 이 용어는 한국어로 번역하기가 애매하다. 다만 미국 사람들의 36%가 미국은 모든 국제적인 도전에 응전할 만큼 힘이 충분하지 않으며 그렇기 때문에 미국은 선별적으로 국제문제에 개입해야 한다는 것이다. 미국의 심각한 국가이익이 위협을 받는 경우, 미국이 이익을 취할 수 있는 기회 등에 집중해야 한다는 것이다. 2017년부터 2020년 1월까지 트럼프 1기의 외교정책은 두 번째에 해당하는 것으로 보면 무난할 것이다.

세 번째 응답은 미국은 국제분쟁에 적극적으로 개입해야 한다는 것으로써 브레머 박사는 이를 Indispensable America, 즉 '없으면 안 될 미국'이라고 보았는데 문자 그대로 미국은 특별한 나라이고 미국은 세계의 경찰이며 자선과 자비를 베풀어야 할 나라라는 의미다. 클린턴 대통령 재임 중 국무장관을 역임했던 매들린 올브라이트(Medelline Albright)의 미국에 대한 인식을 반영하는 것이다.[249] '없으면 안 될 나라 미국, 필수적인 미국(America the Indispensable)'이란 개념은 미국이 세계적 지도력과 안보에서 독특하고 반드시 필요한 역할을 수행한다는 개념을 의미하며 매들린 올브라이트가 적극적으로 주장한 개념이었다. 국제적 안정과 민주주의를 위해 미국은 적극적으로 국제정치에 개입해야 하며 미국의 힘(군사력 포함)을 활용해야 한다는 뜻을 담고 있었다. 물론 올브라이트 장관은 미국의 단독적 행동이 아니라 동맹국과 협력한다는 점을 강조했다. 올브라이트는 이러한 역할이 미국의 가치와 힘에서 비롯된다고 보았으며, 이를 오만이 아닌 책임으로 인식했다.

그러나 미국만이 인류의 보편적 가치를 수호할 수 있는 능력을 갖춘 유일한 나라이기 때문에 미국은 적극적으로 국제문제에 개입해야 한다고 응답한 미국 국민들은 28%에 불과했다.

브레머 박사는 타임지의 여론 조사를 책으로 확대해서 출간했다.[250] 이안 브레머가 《슈퍼파워: 세계에서 미국의 역할에 대한 세 가지 선택》에서 제시한 핵심 주장은, 미국이 무작정 방황하기보다 세 가지 뚜렷한 외교정책 경로-'독립적 미국(Independent America)', '머니볼 미국(Moneyball America)', '없으면 안 되는 나라 미국(Indispensable America)'- 중 하나를 의도적으로 선택해야 한다는 것이었다. 그는 명확한 선택이 없을 경우, 미국은 일관성을 잃고 쇠퇴하며 세계적 리더십에서 신뢰를 상실할 위험에 처한다고 강조했다.

트럼프 1기의 외교정책은 머니볼 아메리카에 가까운 것이었다. 트럼프 2기 외교정책은 국제문제에 적극적으로 개입하고 있는데 이는 매들린 올브라이트 장관이 의미하는 '없으면 안 될 나라' 미국이라는 개념과는 전혀 다른 것이다. 트럼프 2기의 적극적 국제 개입 정책은 차제에 세계를 미국에게 유리한 곳으로 만들어 나가겠다는 의미에서의 개입이라고 보아야 할 것이다.

트럼프 2기의 '완전 패권'을 지향하는 외교정책

트럼프는 2024년 11월 47대 대통령에 당선된 이후 취임하기도 전에 캐나다 트뤼도 수상을 사퇴시키고 캐나다를 미국의 51번째 주로 만들겠다는 폭언, 그러나 대단히 의미심장한 말을 했다. 그 후 곧바로 파나마 운하를 되찾아 오겠다고 했고 그린란드를 구매할 용의가 있다고도 했다.

트럼프 2기의 외교정책은 1기보다 훨씬 적극적이고 트럼프가 사용하는 언어는 과격하며 노골적이다. '미국은 지구 최강의 위대한 가장 존경받는 나라의 위상을 다시 찾게 될 것입니다. 미국은 전 세계로부터 존경과 위엄의 대상이 될 것입니다'고 말한 트럼프는 멕시코만(Gulf of Mexico)을 걸프 오브 아메리카(Gulf of America)로 개명했고 구글 지도(google maps)는 이를 따라 멕시코만을 아메리카만으로 표기하기 시작했다.

트럼프는 미국은 역사상 가장 위대한 문명, 이를 지키기 위한 용감한 노력이 다시 필요한 시점이라고 말하면서 세상을 미국에게 유리한 곳으로 바꾸어 나가겠다는 의지를 보였다.

트럼프, 취임도 하기 전에 바뀌는 세상

영웅은 시대를 만들고(英雄造時) 시대는 영웅을 만든다(時造英雄)는 말이 있다. 역사를 인물 위주로 보는 입장이기에 국제정치학자들은 별로 좋아하지 않는 말이다. 국제정치학은 인물보다는 국가의 힘 혹은 국제체제의 힘의 구조가 세상을 보는 더욱 중요한 변수라고 생각해 왔다. 이 같은 국제정치학적 전통에 의하면 히틀러가 없었어도 2차 세계대전은 발생했을 것이고, 2001년 9월 11일 미국의 대통령이 부시가 아니라 다른 인물이었다고 해도 미국은 비슷한 모양으로 반응했을 것이라고 분석한다.

그러나 트럼프가 미국의 47대 대통령으로 당선된 이후, 정식 대통령으로 취임하기도 전에 세상은 대폭 변하기 시작했다. 각국의 지도자들이 알아서 트럼프의 미국에 적응하기 시작한 것 같을 정도다. 이 같은 변화는 국가의 힘과 국제정치의 구조 못지않게 국가 지도자 개인에 따라 세상이 대폭 변할 수 있다는 사실을 잘 보여 주었다.

미국의 국력은 바이든의 시대나 트럼프의 시대나 변한 바가 별로 없다. 바이든의 미국(2021년-2024년)은 그 이전 4년(2017년-2021년) 트럼프가 백악관에서 일했던 미국과 국력 면에서 별 차이가 없다. 미국의 국제적인 지위도 트럼프 시절이나 바이든 시절은 별반 다르지 않았다. 미국이 국제정치에서 차지하는 비중과 미국의 절대적인 국력은 바이든 시대에도 자타가 공인하는 패권국 수준이었다. 그런데 지난 8년을 살펴보면 세계가 미국을 대하는 태도는 확실히 달랐다. 트럼프 1기 재임 시 세계정치는 비교적 조용했다.

트럼프와 만나 코트 주머니에 손을 넣고 서 있었던 시진핑이 트럼프가 고개를 돌려 자신을 쳐다보자 황급히 주머니에서 손을 빼서 '차렷 자세'를 하는 취하는 모습을 기억하는 독자들도 있을 것이다. 2017년 11월 8일 트럼프가 북경을 방문, 황제 같은 대접을 받았던 당시의 일이었다. 러시아의 푸틴도 트럼프에게 우호적으로 대했고 북한의 김정은도 트럼프를 '각하'라고 칭하며 아부를 떨었다.

세상의 독재자들이 트럼프를 두려워했다는 사실만이 유일한 원인인지 알 수 없겠지만 트럼프 1기 재임 기간 동안 미국은 수십 년 만에 처음으로 새로운 전쟁을 시작하지 않았고 또 미국을 골치 아프게 할 만한 제3국 간의 전쟁도 발발하지 않았었다. 그래서 트럼프는 2024년 선거전을 치르면서 '4 Years 0 War(4년 동안 전쟁 무)'라는 구호를 즐겨 사용했다.

반면 바이든 재임 기간 초반 2년여 동안 세계에는 두 개의 큰 전쟁이 터졌다. 2022년 2월 24일 러시아-우크라이나 전쟁이 발발되어 2026년 연초인 현재까지도 진행 중이며 2023년 10월 7일 하마스와 이스라엘 사이에 전쟁이 발발 무려 2년 이상 진행되었다.[251]

두 개의 전쟁이 터지자 미국의 분석가들은 세상의 불량국가 독재자들이 바이든을 테스트하기 위해 줄지어 서 있다며 바이든의 무능한 외교를 비난했다. 푸틴의 우크라이나 침공 후 행해진 여론조사에서 미국 국민들의 62%는 트럼프가 대통령이었다면 러시아가 우크라이나를 침략할 일이 없었을 것이라고 대답했을 정도다. 하마스 역시 트럼프 임기 동안은 잠잠했었다.

트럼프 당선 직후 페루에서 열린 아태 정상회담의 공식 기념 촬영 시 바이든 대통령은 뒷자리 맨 오른쪽에 배정받는 수모를 당했다. 미국 여론은 바이든의 자업자득이지만 미국이 모욕을 당한 것이라며 분노했다. 국명 ABC 순이라 하지만 미국 대통령이 그런 자리를 배정받은 적은 없었다. 트럼프라면 그 자리를 박차고 나왔을 것이라는 분석도 있었다.

놀라운 일은 트럼프가 아직 2기 임기에 취임하지도 않았는데 각국 지도자들이 트럼프의 비위를 건들지 않으려고 애쓰고 있었다는 점이다. 하마스가 휴전을 원하고, 시진핑이 미국과의 평화공존을 원한다고 말했고 푸틴은 언제라도 대화가 가능하다고 했다. 하마스 지도자를 은닉시켰던 카타르 정부는 그들에 대한 추방 명령을 내렸고, 러시아 가스를 구입한 다며 깐죽대던 EU는 미국의 가스를 수입하겠다고 납작 엎드렸다.

2023. 8. 28. (K) Newsmax TV 미국인들의 62%는 트럼프가 대통령이었다면 우크라이나 전쟁은 발발하지 않았을 것이라고 믿는다

2024년 11월16일 페루 리마에서 열린 APEC 회의 전체사진. 시진핑은 전열 중앙. 바이든은 후열 맨 끝 부분이 자리하고 있다. 트럼프가 이같은 자리를 받았다면 그는 아마도 자리를 박차고 나갔을 것이다. 많은 미국 국민들이 이 사진을 보고 분노했다

불법입국자들을 떼 지어 미국으로 보내던 멕시코 정부가 불법입국자 행군대열을 와해시켰으며, 트럼프를 조롱하던 캐나다 트뤼도 총리는 트럼프의 저택으로 날아가 캐나다를 죽일 수 있는 25% 관세를 제발 거두어 달라고 사정했다. 바이든과 트럼프는 비슷한 힘을 가진 같은 나라의 지도자들이지만 힘을 쓰려는 의지와 결단이 있는 지도자와 그렇지 않은 지도자가 얼마나 다른지를 너무나도 극명하게 보여주었다.

서구 기독교 문명의 수호자를 자임하는 트럼프

2024년 12월 20일 독일 마그데부르크에 거주하는 사우디아라비아 출신 이민자 탈렙 알압둘모센이라는 자가 크리스마스 장터에 모여있는 시민들을 향해 자신의 자동차를 무작위로 몰아 9세 소년과 4명의 여인이 현장에서 즉사하고, 6명이 숨지고 309명의 관광객과 시민이 부상을 입었다. 중상자가 40명이 넘었기 때문에 사망자가 더 늘어났다.

사회주의와 깨시민 주의(Wokeism)에 경도된 현 독일수상 올라프 숄츠는 사우디아라비아 정부가 사전에 알압둘모센의 돌발적 행동을 경고했지만 무시했다고 하며 독일의 좌파 언론들은 사고를 저지른 인간이 트럼프와 일론 머스크를 따르며 이민에 반대하는 극우파라고 말하며 상황을 오도하려고 했다. 그러나 알압둘모센이 하마스를 지지하는 글을 올렸고 체포되는 순간 '알라신은 위대하다'를 외쳤다는 사실은 그가 독일 사회와 국민들에 대한 극단적 혐오감을 가진 테러리스트라고 말하지 않을 수 없을 것이다.

사실 오늘의 유럽은 우리들이 흔히 기대하고 있는 '서구 문명(Western Civilization)' '서구의 전통(Western Tradition)'을 유지하고 있는 사회가 이미 아니다. 지난 1500년 이후 1900년까지만 해도 유럽 인구의 95% 이상이 기독교도였다. 2020년 유럽 인구 중 자신을 기독교도라고 대답한 사람이 76%라고 하지만 그들은 현재 유럽을 잠식한 유럽 전체 인구의 약 5%에 불과한 4,400만 명의 이슬람 영향력에 기를 펴지 못하고 있다.

2024년 기준, 독일의 경우 인구의 6.6%에 이르는 550만이 이슬람이며 영국은 413만 명으로 6.3%, 프랑스는 572만 명으로 대략 10%의 이슬람 인구가 거주하고 있다. 독일, 프랑스, 영국의 허약한 정권들은 이슬람교도들의 공격적인 정치적 행동에 굴복, 자국 국민들보다는 오히려 이슬람 이민자들의 비위를 맞추기 위해 전전긍긍하고 있다.

독일에서는 중동 출신 이민자 강간범이 받는 형량보다 강간범을 인터넷 등으로 비난한 백인계 독일 여성이 받는 형량이 오히려 더 가혹하다. "나는 입 닥치고 조용히 살아가는 기독교도"라고 말한 독일계 백인 남성은 그 말 때문에 경찰에 체포당했다.

유럽, 특히 독일이 이처럼 망가지게 된 가까운 원인이 2015년 무렵부터 급격히 유입된 중동의 난민들이다. 당시 독일의 메르켈 수상은 난민들에 대해 지극히 유화적인 태도를 보임으로써 자신의 '도덕적 지위'를 한껏 고양시킬 수 있었는지는 모르지만 독일은 골병이 들지 않을 수 없었다. 메르켈은 독일이 받아들일 수 있는 난민 숫자에 상한선은 없다고 발표했었고 다른 나라들은 놀라움을 표시했다. 메르켈은 독일은 수백만의 난민들을 감당할 수 있다고 자만했다. 바이에른 기독교 사회연합당 대표 제호퍼는 "어떤 사회도 장기적으로 독일이 받아들이고 있는 난민을 감당할 수 없다"며 메르켈을 격렬하게 비난했고 지금 독일은 그 대가를 톡톡히 치르고 있다.

마그데부르크 테러 직후 다른 독일 도시에 거주하는 이슬람들은 '독일은 창녀의 아들'이라는 구호를 외치며 기세가 등등하다. 영국은 크리스마스 장터(Christmas Market)를 겨울 장터(Winter Market)라고 이름을 바꾸며 영국 내 이슬람에게 비위를 맞추려 했지만 이슬람 깡패들은 번호판도 달지 않은 오토바이와 4륜 자동차를 타고 런던 시가지의 도로에서 난폭한 데모를 벌이고 있다.

이와 유사한 일이 미국에서도 있었다. 독일에서 무작위 살인사건이 발생한 지 이틀째 되는 2024년 12월 22일 아침 과테말라 출신 불법입국자는 뉴욕 지하철에서 졸고 있는 여인의 옷에 라이터 불을 질러 그녀를 불에 타 죽게 했다. 범인은 트럼프가 대통령이던 시절 추방되었던 인간으로 바이든 시절 재입국한 자라고 한다.

바이든은 12월 24일 37명의 연방법원 사형수를 사면함으로써 살인마들에게 피해를 당한 미국 시민들을 분노에 떨게 했다. 바이든 때문에 사형을 면하게 된 토마스 로버트라는 인간은 12세 딸이 보는 앞에서 어머니를 죽인 후 딸도 죽이고 그의 혀를 잘라낸 악마다. 바이든 정권은 불법 이민자들을 호텔에서 먹여주고 재워주는 반면, 집 없는 참전용사들을 길거리에 방치한 채 도움을 주지 않는 황당한 일을 자행했다.

트럼프의 당선으로 인해 이 같은 광기에 급격한 제동이 걸리고 있다. 일론 머스크는 독일 총리를 '무능한 바보'라고 직격하는 동시에 난민을 추방해야 한다고 주장하는 독일의 대안당(AfD)을 유일한 대안이라며 공개적으로 지지한다. 독일인들은 이제 더 이상 참을 수 없다며 독일의 문화를 구하기 위해 난민을 추방하라고 요구하며 대대적인 저항 시위에 나서고 있다. 살인을 저지른 불법 이민자는 추방이 아니라 공개적으로 처형해야 한다는 주장조차 나오는 상황이 되었다.

트럼프 재선의 일등공신 격인 일론 머스크(Elon Musk)는 노골적으로 좌파적이자 친무슬림적인 행동을 보이는 영국 총리를 악마라고 비난하고 감옥에 처넣어야 한다고 말했고 독일 총리 올라프 숄츠를 무능한 멍청이라고 비난한 후 독일인들은 다음번 선거에서 앨리스 바이델(Alice Weidel)이 대표로 있는 우파정당인 대안정당(AfD)에 투표해야 한다고 말했다.

일론 머스크는 자신이 소유하고 있는 X를 동원, 엘리스 바이델의 선거운동을 직접적으로 지원해 주었다.

엘리스 바이델의 대안정당(AfD)은 군소정당이었지만 2025년 2월 치러진 총선에서 20.8%를 득표, 2위의 정당으로 치고 올라갔다. 8월 12일에 발표된 독일 여론조사기관 포르사에 따르면, AfD의 지지율은 26%로 중도 보수인 프리드리히 메르츠 독일 총리의 기독민주당(CDU)·기독사회당(CSU) 연합(24%)을 앞질러 1위의 정당이 되었다.

트럼프는 2기 출범 후 최초 해외 순방지로 서구 문명의 상징 노트르담 대성당 준공식을 선정, 자신은 서구 기독교 문명의 수호자가 될 것임을 상징적으로 밝혔다.

처칠과 레이건을 롤 모델로 삼는 트럼프

트럼프는 2017년 45대 대통령에 취임했을 당시 자신의 사무실에 윈스턴 처칠의 흉상을 가져다 놓았었다. 그러나 2021년 백악관의 주인이 된 바이든은 처칠의 흉상을 치워 버렸다. 2025년 다시 백악관의 주인이 된 트럼프는 처칠의 흉상을 다시 백악관 오벌 오피스에 가져다 놓았다. 처칠은 2차 세계 대전 당시 영국의 총리로서 '서구 자유주의 기독교 문명의 수호자'로서 널리 알려진 위대한 인물이다.[252]

트럼프 대통령은 또한 자신의 오벌 오피스의 벽에 가장 큰 초상화로

로널드 레이건 대통령의 초상화를 걸어 놓았다. 레이건 대통령은 소련을 무너뜨리고 냉전을 종식시켰으며 미국의 유일 패권 시대를 연 미국에서 가장 인기 있는 대통령 중 하나다. 레이건 대통령은 미국의 수호자로 알려져 있다.[253)

처칠과 레이건 두 정치가의 흉상과 초상화를 사무실에 가져다 놓은 트럼프가 의도하는 바는 분명하다. 트럼프는 서구 문명의 수호자가 될 것이며 레이건이 1차 냉전 당시 소련을 붕괴시키고 미국을 유일 패권국으로 만든 것처럼 제2 냉전에서 중공을 붕괴시키고 미국을 유일 패권국으로 만들겠다는 의지를 표현한 것이다.

트럼프 대통령의 미국은 차제에 완전한 패권국 혹은 유일 패권국이 되겠다는 목표를 설정했다. 그리고 그 목표를 대단히 빠른 속도로 달성해 가고 있다. 두 번째 취임 후 불과 1년도 채 지나지 않았지만 트럼프의 외교정책은 세계 역사의 진행 방향을 대폭 바꾸고 있으며 그것은 극도로 훼손된 서구 기독교 자유민주주의 문명을 회복하는 것이다.

2025년 9월 23일 트럼프 대통령은 유엔 연설을 통해 자신은 역사의 진행 방향을 뒤집어 놓고 있다는 사실을 정확히 밝혔다. 트럼프는 지난 수십 년 동안 온 지구인들이 의심 없이 받아들였던 개념들을 사정없이 격파했다. 유엔이라는 기구는 더 이상 국제 평화를 위해 의미 있는 조직이 아니라 오히려 국제문제를 야기하는 조직이라고 통렬하게 비난했다.

트럼프는 온 지구인들이 신화처럼 믿고 있는 기후변화와 기후변화에 대처한다는 각종 조치들을 사기극이라며 비난했다. 중국은 태양광과 풍력 발전 시설을 만들어 세계에 팔고 있지만 정작 중국은 원자력 발전에 의존한다고 말하며 중국제 태양광이나 풍력 발전 시설을 수입해서 전력을 생산하는 나라들은 망할 것이라고 경고했다. 트럼프는 대량파괴무기를 만드는 테러지원 국가들을 용서하지 않겠다고 말했다. 이미 지난 6월 미국은 이란의 핵시설을 폭격, 핵 계획을 정지시킨 바 있다. UN 연설에서 트럼프는 화학무기를 만들고 있는 북한, 중국, 이란, 러시아 등에 대해서 심각하게 경고했다. 트럼프는 이제 세계화라는 개념을 완전히 거부하고 다시 국민국가의 시대로 돌아가야 한다고 주장했다.

이처럼 트럼프는 우리들이 올바른 것으로 믿고 있던 통념들을 마구 무너뜨리고 있다. 트럼프의 과격한 언어와 행동이 오히려 더욱 진실에 가깝고 세계 문제를 해결하는 방법이라는 점에서 그를 열렬히 지지하는 계층이 확산되고 있다. 실제로 환경 정책들은 환경을 오히려 파괴하고 있으며 세계화는 일부 극단적인 부자를 제외한 세계의 보통 사람들을 오히려 빈곤층으로 전락시켰다. 세계를 변화시키려는 트럼프의 노력은 자유와 질서의 회복, 국가의 회복 등 보수주의로의 회기를 의미한다. 실제로 트럼프가 이끄는 미국은 사회가 맑아지고 국가가 막강해지고 있으며 국민들은 부유해지고 있다.

이미 미국 사람들이 트럼프를 링컨보다 위대하다고 말하고 있듯이[254] 트럼프는 차후 처칠과 레이건 같은 위대한 정치가 반열에 오를 것이 분명하다.

동맹국들의 좌익, Woke 정권들도 손보는 트럼프의 미국

프리드먼 박사는 미국인들은 카우보이(Cowboy)와 전사(戰士, Warrior)라는 특징을 가지고 있다고 말했다. 카우보이란 투박하고 거칠다는 의미이고 전사란 문자 그대로 싸움꾼이라는 의미다. 이 두 가지 속성은 미국 건국 이래 언제라도 나타났던 모습들이다. 미국은 우방국이든 적성국이든 마음에 맞지 않는 정권을 전복(overthrow)시켜 버렸다는 특색이 있다.

뉴욕 타임즈의 스티븐 킨저(Stephen Kinzer) 기자는 2006년에 간행한 《Overthrow: America's Century of Regime Change from Hawaii to Iraq(전복(顚覆): 하와이에서 이라크까지-미국의 외국 정권 교체 100년사)》라는 책[255]에서 미국은 2003년 이전 110년 동안 14개국의 정부를 은밀한 스파이 작전 혹은 노골적인 군사작전을 통해 전복, 붕괴시켰다는 사실을 기록했다. 마음에 들지 않는 나라의 정권을 무너뜨리는 것은 사실 미국뿐만 아니라 세계 모든 강대국 외교정책의 일상이다.

미국의 트럼프 대통령은 취임도 하기 이전 마음에 들지 않는 캐나다의 트뤼도 총리를 날려 버렸다. 트럼프가 손보려 하는 두 번째 동맹국 수장은 영국의 케이어 스타머(Keir Starmer) 총리다. 스타머는 친아랍적 인물로 영국의 소녀를 강간한 이슬람 청년은 감옥에 처넣는 대신 180시간 정도의 사회 봉사활동 명령을 내리고, 이민 반대 스티커를 판 영국 시민에게는 2년 징역형에 처한 인물이다. 스타머 총리는 2024년 미국 대선에서 카멀라 해리스를 돕기 위해 100명 정도의 노동당 선거운동원을 펜실베이니아주에 파견하기도 했었다. 영국 총리의 저격은 일론 머스크가 맡았다. 머스크는 스타머 총리를 악마(evil)라고 칭하고 영국 국민에게 전제군주처럼 행동하는 반역자 스타머를 투옥시켜야 한다고 주장했다. 2억 명 이상의 팔로워를 가진 머스크의 X는 영국 국민들을 들끓게 했으며 영국인들의 자각을 불러일으켰다. 스타머의 운명도 그다지 멀지 않았다.

미국의 세 번째와 네 번째 표적은 독일 총리 올라프 숄츠와 프랑스의 마크롱 대통령이다. 둘 다 좌파들이며, 친아랍적이며, 깨시민주의(Wokesim)에 찌든 사람들이다.

트럼프의 독재정권, 친중, 친이슬람 정권 붕괴 작전

트럼프는 2기 임기가 시작된 후 매우 빠른 속도로 세상을 바꾸어 가고 있다. 재임 1년이 못되는 기간 동안 세계 도처의 여러 나라들이 정권 교체 및 국가 분열의 위기를 겪고 있다. 2025년 9월 3일 열렸던 중국의 전승기념 80주년 기념 군사 행진에 참가한 직후 태국과 네팔의 수장들이 정권 교체되었다. 정권 위기를 겪고 있는, 즉 수난을 당하고 있는 국가들은 놀라운 공통점을 가지고 있다. 그 나라들은 모두 친중(親中)이거나 독재정권이거나 혹은 좌파적이라는 특징을 하나 이상 공유하고 있다.

물론 이들 정권은 자국 국민들의 불만 특히 젊은이들의 불만에 의해 권좌에서 쫓겨난 것이지만, 배후에 미국의 트럼프 정권이 있다는 사실을 무시할 수 없다. 트럼프는 2기 임기를 시작하자마자 본격적으로 공격적인 대외정책을 전개, 일단 미국에 가까이 있는 캐나다와 멕시코를 흔들기 시작했다. 펜타닐을 문제 삼아 엄청난 관세를 부과하겠다고 으름장을 놓았다. 캐나다는 미국의 전통적인 친구였고 캐나다 국민들은 압도적으로 반중적이지만 트뤼도 정권은 친중 좌파적인 성격이 대단히 강했다.

트럼프에게 주지사라는 극단적인 조롱을 받은 트뤼도는 스스로 권좌에서 물러났지만 또 다른 좌파 정권인 마크 카니(Mark Carney) 정부가 수립되었다. 캐나다 국민은 자신을 무시하는 트럼프에 대항, 또 다른 좌파 정권을 출범시켰지만 결국 트럼프의 계략이 성공했다. 캐나다에 또 다른 좌파 정권이 수립되었지만 분노한 캐나다 서부의 우파 주들이 반발했다.

앨버타주와 같이 캐나다 석유 생산의 84%를 차지하는 부유한 우파 주와 이에 동조하는 서부의 우파 주들이 더 이상 동부 좌파 정권 아래 살기 싫다며 독립을 추구하겠다는 일이 벌어졌다. 독립 후에는 미국의 한 주로 편입되겠다는 말까지 하고 있으며 그럴 가능성은 2026년 초 현재 실현될 수도 있어 보인다. 트럼프가 캐나다 전체를 미국의 51번째 주로 만들겠다는 비현실적인 발상이, 앨버타주와 같은 캐나다의 우파 주들이 미국의 51번째 주가 될 수 있다는 대단히 현실적인 일로 급격히 바뀌고 있는 중이다.

유럽의 좌파 정권들 역시 정치 불안에 휩싸이고 있다. 그동안 친이슬람, 친이민(移民), 반기독교, 친중 행태를 보였던 독일, 영국, 프랑스 정권들 모두가 현재 심각한 불안정 상황에 놓여 있다. 영국, 프랑스, 독일에는 각각 2,000개, 2,600개, 2,750개의 이슬람 사원이 존재할 정도로 이들 나라들은 이미 서구 기독교적 문명의 보루가 아니게 되었다. 트럼프 팀은 이들 유럽 국가들의 정권을 교체할 계획을 세웠다. 2025년 2월 선거에서 독일의 우파 정당인 대안 정당(AfD)은 일론 머스크의 지원 덕분에 2위의 정당으로 올라섰으며, AfD의 당대표인 앨리스 바이델은 2025년년 말 현재 차기 독일 총리 지지율 1위를 달리고 있다.

좌파, 친중, 워크(Woke)로 악명 높은 프랑스의 마크롱 대통령 역시 극심한 국민 저항에 시달리고 있으며 다음번 프랑스 대통령으로 가장 높은 지지를 받고 있는 인물은 보수 우파 마린 르펜(Marine Le Pin)으로 2위 후보보다 무려 18% 앞서고 있었다. 영국의 케이어 스타머 총리는 역시 좌파, 친이슬람으로 유명하지만 2025년 9월 3일 영국의 역사 이래 최대의 반정부 시위가 열렸을 정도로 정권이 흔들리고 있으며 다음번 총리 후보로 지지율 1위를 기록하고 있는 사람은 개혁당의 나이젤 파라지(Nigel Farage)로 영국의 트럼프라고 불리는 인물이다. 오스트리아도 보수정권으로의 정권 교체가 확실시되고 있으며 폴란드 이탈리아 등에서는 이미 우익 보수정권들이 집권한 상태다.

유럽뿐 아니다. 전 세계 친중, 독재정권들이 줄줄이 붕괴되고 있다. 2025년 9월 3일 열렸던 중국 열병식을 보고 돌아오자마자 네팔 총리와 태국 총리가 축출된 직후 역시 중국의 전승절에 다녀온 인도네시아 총리도 며칠이나 더 자리를 유지할 수 있을지 모를 정도로 인도네시아 정국도 대단히 혼란하다.

남미의 친중, 좌파 정권들인 브라질도 흔들거리고 있으며 베네수엘라는 미국이 직접 손보겠다고 나섰다. 2026년 1월 3일 베네수엘라 대통령 마두로의 운명은 미국 특공대에 의해 산 채로 체포되어 뉴욕 법정에 서는것으로 마감되었다. 중국이 그동안 공들인 베네수엘라는 중국의 아메리카 진출 교두보로서 중국이 남미에 투자한 1,500억 달러 중 500억 달러가 집중되었던 곳이다.

2025년 6월 이란의 핵개발 계획이 트럼프의 폭격작전으로 좌초되었고 하메네이 이란의 친중 독재정권의 미래도 종말이 확실시 되는 상황이다.

이처럼 전 세계의 친중 좌파 독재정권들이 흔들리는 이유는 자명하다. 이들의 좌파적 정책들은 국민들을 더욱 가난하게 만든 반면 권력자들은 부정부패로 자기들만의 호화 사치에 빠져 있었기 때문이다. 좌파 국가들의 붕괴는 당연한 귀결이며 21세기 세계정치의 대세다. 이 같은 일이 대단히 빠르게 진행되고 있는 현실의 배후에는 자유, 민주, 기독교 문명의 수호자가 될 것이며 레이건 대통령이 제1차 냉전에서 소련을 제압하고 승리한 것처럼 제2차 냉전에서 중국을 제압하고 승리하겠다는 트럼프 대통령이 존재한다. 트럼프의 미국은 완전한 패권을 추구하고 있다. 마치 윌슨 대통령이 그랬던 것처럼 트럼프는 자유, 민주주의가 안전한 세상을 만들고 가고 있다.

트럼프는 왜 나토에서 탈퇴하려 하는가?

트럼프 대통령은 1기 재임 시부터 북대서양조약기구(NATO) 동맹국들에게 방위비 인상을 요구하며 그렇지 않을 경우 미국은 NATO에서 탈퇴할 수도 있다며 위협했다. 푸틴과 잘 지내는가 하면 김정은, 시진핑을 긍정적으로 평가하며 추켜세우는 말도 서슴없이 하곤 했다. 그래서 많은 평자(評者)들이 트럼프를 적들에게는 잘해주면서 동맹을 못살게 구는 이상한 사람이라고 비난하곤 했다. 트럼프는 47대 대통령에 당선된 이후 더욱 구체적으로 그리고 빈번하게 NATO 동맹국들을 위협하며 미국은 NATO에서 탈퇴할 것이라고 말한다.

트럼프의 이 같은 놀라운 외교정책을 저자는 '충격과 공포의 외교정책'이라고 말한 적이 있지만 트럼프의 외교를 '동맹을 우습게 보고 적(敵)과 잘 지낸다'라는 식의 해설은 바보 같은 짓이다. 언제라도 러시아를 적국이라 말하고 영국, 프랑스, 독일, 캐나다 등 나토의 핵심 멤버들을 친구라고 단정하는 것 자체가 현실에 대한 올바르지 못한 분석일 수도 있다. 더 나아가 트럼프의 과격한 듯 보이는 대외정책은 미국의 외교정책 전통을 크게 벗어난 것도 아니고 국제정치 이론에서 벗어난 것도 아니다.

우선 미국의 외교 전통은 언제라도 적과 친구를 순식간에 바꿔 칠 수 있다는 초현실적 국제정치학에 근거하고 있다. 학자들은 이 같은 말을 '영국에게는 영원한 적도 영원한 친구도 없다. 국가이익만이 영원할 뿐'이라고 말한 파머스턴 경(Sir Parlmerstone)의 금언으로 알려주고 있지만, 미국의 초대 대통령 조지 워싱턴(George Washington)은 파머스턴보다 수십 년 앞서 같은 내용의 언급을 더욱 구체적으로 했었다. 조지 워싱턴 대통령은 퇴임사에서 "특정 국가들에 대해서 지속적이고 완고한 혐오감을 갖는 한편, 또 다른 나라들에 대해서는 열정적인 애착심을 갖는 태도를 배제하여야 한다." "그러한 감정 대신에 모든 나라들에 대해 공평하고 우호적인 태도를 지녀야 한다는 점이 무엇보다 중요하다. 다른 나라에 대해서 끊임없는 혐오감이나 상습적인 호감을 갖는 국가는 어느 면에서 볼 때 노예국가나 다름없다"라고 말했던 것이다. 트럼프가 NATO 동맹을 우습게 볼 수밖에 없는 몇 가지 정당한 이유들이 있다.

첫째, 오늘의 미국은 NATO 동맹에 연연해야 할 정도로 약한 나라가 아니며 NATO에 목숨 걸어야 할 만큼 무서운 적(敵)도 없다. 오늘의 러시아는 1949년 NATO를 결성할 당시만큼 무서운 나라가 아니다. 미국은 현재 세계 군사비 총액의 37%를 소비하는 군사적 초강대국이다. 2025년 3월 10일 러시아, 중국, 이란이 함께 군사훈련을 벌일 때 "염려 되십니까?"라는 기자의 질문을 받은 트럼프는 "아니요"라고 대답했다. 왜 아닙니까?라는 기자의 반문에 트럼프는 "우리는 그들 다 합친 것보다 힘이 더 강해요"라고 응답했다.

둘째, 미국의 1차 전략적 관심이 더 이상 유럽에 있지 않다는 사실은 트럼프는 물론 미국의 국가안보 엘리트들이 NATO 탈퇴를 심각하게 말하는 이유가 된다. 과거 미국보다 오히려 경제력에서 더욱 막강했던 유럽은 지금 미국의 절반을 겨우 넘는 수준일 뿐이다. 유럽의 동맹국들은 미국이 제공하는 안전보장 덕택에 사회복지와 자유분방한 문화 발전에 오히려 더 치중했다. 미국의 1차적 전략목표는 더 크고 심각한 위협인 중국의 도전을 꺾는 데 있다.

바이든 정부가 러시아를 주적으로 삼은 것과는 달리 트럼프는 중국을 주적으로 삼는다. 그러기 위해 러시아를 미국 편으로 끌어들여야 하며 유럽에서 오는 러시아를 향한 위협을 감소시킴으로써 러시아의 관심을 동쪽(중국쪽)으로 돌려야 한다. 미국의 NATO 탈퇴 발상은 러시아의 관심을 동쪽으로 돌리기 위한 대 전략이다.

셋째, 오늘의 주요 NATO 동맹국들이 견지하는 가치(value)는 트럼프의 미국이 지켜주기는커녕 오히려 깨부수고 싶어 하는 것이라는 문제가 있다. EU 자체가 극좌파 글로벌리스트들에 의해 지배당하고 있으며 현재 캐나다, 영국, 프랑스 정권들은 사회주의, 친이슬람, 반기독교, 반남성백인주의가 지배하고 있다. 길에서 설교하는 목사들은 잡혀가지만 이슬람 신도들은 대로를 가로막은 채 메카를 향해 절해도 된다. 백인 소녀를 강간한 아랍 남성들은 가벼운 처벌을 받는 반면 이를 항의하는 글을 게시한 사람은 인종주의자로 몰려 감옥에 가야 한다. 이민을 반대한다는 스티커를 만들어서 판 영국 백인 남성은 2년 동안 옥살이를 하고 나왔다.

J.D. 밴스 부통령은 유럽 정치가들을 향해 '당신들을 위협하는 것은 러시아와 중국의 침략위협이 아니라 내부로부터 이미 크게 잠식당하고 있는 이슬람의 공격'이라고 말했다. 많은 사람들이 막말이라고 비난했던 밴스 부통령의 언급은 미국은 지금 이슬람 우호적인 영국, 프랑스, 독일, 캐나다의 국가안보를 지원해야 할 필요가 있는가를 심각하게 고민하고 있다는 사실을 반영한다.

트럼프의 외교정책에 대한 10가지 제안

트럼프 대통령의 외교정책이 나가야 할 방향을 정리한 하버드 경영대학원의 밀스 교수와 노스캐롤라이나 대학교 경제학과의 로즈필드 교수는 2016년 트럼프가 대통령에 당선되기도 전에 트럼프 현상과 미국 외교의 미래라는 책을 저술했다.[256] 두 교수는 트럼프 대통령의 미국 외교가 나가야 할 방향을 다음과 같은 10가지로 정리하고 있다.

트럼프 대통령은 이 책에서 제안했던 10가지 제안 사항을 모두 잘 따르지는 않았지만 몇 가지 부분, 특히 미국이 상대할 주요 국가들에 대한 이 책의 제안은 거의 완벽하게 받아들이고 있다. 우선 두 학자의 제안을 소개한 후 각 제안 사항별로 트럼프의 외교정책이 어떻게 진행되고 있는지 설명해 보기로 한다.

1) 세계는 다극화 시대로 접어들었다는 사실을 받아들이고, 세계화, 자유화, 무제한 이민 허용, 다른 나라들을 향한 잘못된 민주화 시도, 서구적 질서의 강요 등을 통한 미국의 패권 추구를 중지할 것;

2) 지구상에 천국을 건설하겠다는 허망한 꿈을 추구하기보다는 미국 일반 시민들의 국내적 복지를 극대화시킬 수 있는 외교정책을 추구할 것;

3) 러시아와는 제2의 냉전을 벌이기보다는 냉랭한 평화(Cold Peace)라도 유지할 것;

4) 이란의 야망을 제어할 것;

5) 중동지역에서의 국경선 재편을 받아들일 것;

6) 미국에게 대단히 중요한 지역인 아시아에 대한 접근성을 확보하기 위해, 그리고 경쟁국들을 제어하기 위해, 중국을 봉쇄할 것(Contain China);

7) 일본을 강화시킬 것-중국을 제어하기 위해;

8) 인도를 강화시킬 것-중국을 제어하기 위해;

9) 유럽 연합이 어떤 방향으로 발전하든지-비록 유럽연합이 와해 될 경우우라도-미국은 그 진행 방향을 허락할 것;

10) 고임금 제품을 생산하는 미국의 기업을 유지, 보존하기 위해 무역

정책을 변경시킬 것.

트럼프 대통령은 두 교수가 제시한 상기 10개 외교정책 제안 중 3-8에 이르는 제안들과 10번째 제안은 거의 100% 받아들이고 있다고 보인다. 그러나 1항, 2항, 9항은 부분적으로 수긍하고 있지만 두 학자들의 제안을 부분적으로 변경한 외교정책을 수행하고 있다고 볼 수 있다.

트럼프는 '세계는 다극화 시대로 접어들었다는 사실을 받아들이고, 세계화, 자유화, 무제한 이민 허용, 다른 나라들을 향한 잘못된 민주화 시도, 서구적 질서의 강요 등을 통한 미국의 패권 추구를 중지할 것'이라는 첫 번째 제안을 부분적으로만 받아들이고 있는데 우선 트럼프는 미국이 이끄는 황금시대(Golden Age)를 열겠다며 미국의 패권을 더욱 강화시키는 정책을 취하고 있다는 점에서 저자들의 제안을 무시한다. 그러나 세계화, 자유화, 무제한 이민 허용 등을 중지하라는 제안은 완벽하게 수용하고 있다. 트럼프는 이들 학자가 제안하는 네오콘적 발상을 폐기하라는 즉 '다른 나라들을 향한 잘못된 민주화 시도, 서구적 질서의 강요를' 중지하라는 제안을 그대로 받아들이고 있다. 요약하자면 트럼프는 두 학자가 제시하는 방법론을 거의 그대로 수용하지만 궁극적인 목표를 미국 패권을 더욱 강화시키려는 데 두고 있다는 점이 특이하다. 특히 2기 트럼프의 외교정책은 미국의 위대함, 미국이 이끄는 황금시대를 강조하고 있다.

두 번째 제안 '지구상에 천국을 건설하겠다는 허망한 꿈을 추구하기보다는 미국 일반 시민들의 국내적 복지를 극대화시킬 수 있는 외교정책을 추구할 것'에 대해서 트럼프는 적극적인 수용 자세를 보이고 있다. 트럼프가 원하는 것은 미국을 지상천국으로 만드는 것이지 세계를 지상천국으로 만들겠다는 것이 아니다. 트럼프의 외교정책은 미국을 최우선에 두는 것, America First라는 원칙에 대단히 충실하다.

세 번째 제안 '러시아와는 제2의 냉전을 벌이기보다는 냉랭한 평화(Cold Peace)라도 유지할 것'은 트럼프 외교의 가장 큰 특징으로 자리 잡았다. 트럼프는 왜 깡패 같은 러시아와 잘 지내려 하느냐라는 투의 비난적 질문에 '그렇다면 깡패 푸틴이 깡패 시진핑과 잘 지내라고 놔두란 말이냐'며 되받아친 적이 있었다. 국제전략의 기본원칙은 적대국가들의 단합을 막는 일이며 그들을 분할해서 통치(divide and rule)하는 것이다. 트럼프의 과격한 언어들을 비난하는 사람들은 트럼프가 중국과 러시아를 단합하게 했다고 말하지만 중국과 러시아는 진짜 친구가 될 수 없다는 지정학적 운명을 가지고 있는 나라다. 냉전이 치열했던 1960년대 미국은 소련으로부터 중국을 떼어내는 데 성공, 소련과의 싸움에서 승리했다.

트럼프는 21세기인 지금 러시아를 중국으로부터 떼어내어 중국과의 패권전쟁에 승리할 수 있는 결정적 기회를 찾고 있는 중이다. 트럼프의 대러시아 정책은 닉슨의 대중국 정책의 21세기적인 복사판이다.

네번째 제안은 '이란의 야망을 제어할 것'이다. 이란의 야망은 중동의 패자가 되는 것이며 그렇게 하기 위해 이란은 핵무장을 추구했고 중국과 사실상의 동맹관계를 구축했다. 트럼프는 오바마 행정부의 이란정책을 통렬하게 비판했는데 이란과 같은 적국을 달랜다는 명분으로 거금을 지원했고 결국 이란으로 하여금 핵무장마저 꿈꿀 수 있게 했다는 것이다. 트럼프는 2기 임기 시작 후 5개월 만에 이란의 핵시설을 폭격해 버리는 것으로 네 번째 제안인 이란 문제를 해결했다. 핵을 제거했을 뿐 아니라 이란의 신정주의 정권도 교체하기 직전이다(2026년 1월 현재). 이란 문제를 해결함으로써 중국에게도 일격을 가했다. 이스라엘군은 이란의 정유

시설을 파괴함으로써 대부분 중국으로 수출되는 이란 석유를 차단했다. 미국은 1979년 하메이니 혁명으로 물러났던 친미 팔레비 정권의 복귀를 시도하고 있다. 1979년 축출되었던 팔레비의 아들이 지금 이란을 다시 접수한다는 계획을 진행하고 있다.

다섯 번째 제안 '중동지역에서의 국경선 재편을 받아들일 것' 역시 트럼프의 외교정책 구상에 포함된다. 전쟁으로 폐허가 된 가자 지구를 트럼프가 아름다운 도시로 다시 건설하겠다는 놀라운 구상, 아프간 영토내 미군공군기지였던 바그람 기지를 다시 되찾아 오겠다는 구상 등은 트럼프가 원하는 중동 지역의 질서개편에 포함될 내용들이다.

여섯 번째 제안 '미국에게 대단히 중요한 지역인 아시아에 대한 접근성을 확보하기 위해, 그리고 경쟁국들을 제어하기 위해, 중국을 봉쇄할 것(Contain China)'이라는 제안이야말로 트럼프가 전적으로 지지하고 받아들인, 그리고 실제로 수행하고 있는 정책이다. 트럼프의 가장 중요한 외교정책 대상은 중국이며 목표는 중국을 미국에 대한 도전자의 반열에서 탈락시키는 것이다. 이를 위해 트럼프는 중국의 주변에 있는 동맹국들과의 동맹을 적극적으로 강화시키고 있다.

두 학자가 제시하는 일곱 번째와 여덟 번째 제안인 '일본을 강화시킬 것-중국을 제어하기 위해; 인도를 강화시킬 것-중국을 제어하기 위해;'는 국제정치 파워 폴리틱스의 진수(眞髓)다. 트럼프의 외교는 아시아는 물론 중국 주변의 인도와 일본을 미국편으로 만들어 중국에 대적시키는 것이다. 이미 일본을 향한 트럼프의 작업은 끝난 상태라고 볼 수 있다. 2025년 말 현재 일본은 중국의 패권을 제압하기 위한 최전선에 나서서 중국과 대결을 벌이고 있다. 2025년 10월 27일 일본의 신임 다카이치 사나에 총리를 만난 자리에서 트럼프는 '일본을 도와주기 위해 모든 것을 하겠다고 말한 후 일본과 미국은 최상급의 동맹'이라고 말했다.

인도는 전통적으로 비동맹 국가였지만 중국과는 지정학적, 운명적 적대관계에 놓인 나라다. 냉전시대 인도는 중국을 견제하기 위해 소련과 우호적으로 지냈다. 현재 인도는 아직 미국의 진정한 우방 정도까지 진전되지는 않았지만 궁극적으로 미국의 파트너가 되지 않을 수 없는 상황이다. 트럼프는 물론 트럼프 이전의 부시, 오바마 등 모두가 인도를 소중히 여겼다. 미국과 함께 중국에 저항하는 큰 힘이기 때문이다.

아홉번째 제안 '유럽 연합이 어떤 방향으로 발전하던지-비록 유럽연합이 와해 될 경우라도-미국은 그 진행 방향을 허락 할 것'에 대해서 트럼프의 생각은 '반대'라고 말할 수 있다. 유럽문명은 지금 대단히 쇠퇴한 상황이다. 영국, 프랑스 독일 등이 좌파, 친이슬람 정권이 되었고 각국에 유입된 수백만 이슬람이 오히려 더 큰 목소리를 내는 상황이 되었다. 트럼프는 2025년 12월 4일 공개된 국가안보 보고서에서도 유럽 문명이 다시 위대해져야 함을 말하고 있다. 트럼프의 유럽 정책이 성공할지 여부는 트럼프의 아시아 정책이 성공할지 여부보다 어렵다고 생각된다. 그러나 트럼프는 유럽의 회복, 즉 서구 기독교 자유문명의 회복을 위해 노력할 것임이 분명하다. 트럼프는 우선 영국, 프랑스 독일 등의 기존 좌파 정권을 우파 정권으로 바꾸는 데 집중할 것이다.

열 번째 제안, 즉 '고임금 제품을 생산하는 미국의 기업을 유지, 보존하기 위해 무역정책을 변경시킬 것'에 대해 트럼프는 100% 동의하고 집행하고 있다. 트럼프는 자신의 외교 목표를 위해 경제적인 수단을 가장 흔히 그리고 유용하게 사용하고 있다. 경제적인 수단은 군사적인 수단과 달리 피를 흘리지 않은 채 목표를 달성 할수 있는 양호한 외교 수단이며 미국 외교의 역사는 미국이 외교목표의 달성을 위해 주로 경제적 수단에

의존했다는 사실을 잘 보여 준다.[257]

트럼프의 대중동 정책

'충격과 공포'

트럼프의 대중동 정책은 크게 이스라엘, 이란과 테러리스트들에 대한 것으로 나뉘어질 수 있다. 미국은 트루먼 대통령이 이스라엘 건국 당시 결정적인 도움을 준 1948년 5월 14일 이래 오늘에 이르기까지 각별한 친분관계를 맺어 오고 있다. 사실 미국과 이스라엘 사이에는 아무런 형식적인 조약이 없음에도 불구하고 미국과 이스라엘은 이 세상 어떤 동맹보다 더욱 튼튼한 안보 동맹을 이루고 있으며 두 나라는 행동으로 그 진정성을 증명하고 있다.

미국 역대 대통령들 모두 이스라엘이 아랍 세계와 대결할 때 예외 없이 친이스라엘 입장을 견지했지만 그중에서도 트럼프의 친이스라엘 정책은 예외적이다. 트럼프 2기 출범 후 백악관을 방문한 첫 번째 외국 지도자인 이스라엘의 베냐민 네타냐후 총리는 트럼프 대통령이야말로 '이스라엘의 가장 위대한 친구'라고 추켜세웠다.

역대 미국 대통령들이 모두 중동의 평화를 위해서 애쓰기는 했지만 진짜 과감한 정책으로 이스라엘을 지원해 준 미국 대통령은 트럼프가 처음이다. 트럼프는 1차 임기 중, 전임 대통령들이 의도는 있었지만 이슬람 국가들의 눈치를 보며 망설이고 있었던, 이스라엘 주재 미국 대사관의 예루살렘 이전을 단행했고 2000년에는 바레인과 아랍 에미레이트 공화국이 이스라엘과 공식적인 우호조약을 체결한 아브람 협약을 이끌어내기도 했었다.

2차 임기를 맞이한 트럼프의 중동 정책은 문자 그대로 충격과 공포(Shock and Awe)의 외교정책이라고 부를 수 있을 정도로 과감하고 혁신적이다. 2025년 2월 5일 네타냐후 총리와 기자회견을 하는 자리에서 트럼프는 하마스 테러리스트들의 근거지인 가자지구를 미국에게 넘겨달라고 제안하고 그곳의 주민들을 다른 곳으로 이주시킨 다음 세계적인 휴양도시로 개발하겠다고 말했다.

가자 영토를 법적으로 소유하고 있는 이스라엘은 이 제안에 환영했고, 아랍 제국들을 비롯 대부분 국가들이 트럼프의 발상에 반대했다. 문제는 트럼프의 가자지구 개발 계획을 반대하는 사람들 중 그 누구도 70년 이상 지속된 이스라엘-팔레스타인 사이의 피비린내 나는 파괴와 살상을 해결하기는커녕 일시라도 정지시킬 수 있는 아무런 대안도 제시하지 못하고 있다는 점이다. 트럼프의 구상이 일시적일지 영구적일지, 혹은 성공할 수 있을지 알 수 없다고 하더라도 그의 구상은 파괴가 아니라 건설을 지향하며, 더 이상의 살상을 최소한 일시적이라도 중지시킬 수 있다는 점에서 이제까지 제기되었던 수많은 무의미한 해결 방안들을 초월한다.

트럼프는 이미 행정명령을 통해 이란이 제기하는 위협에 대비하기 시작했는데 이란의 핵보유는 결코 허락할 수 없다는 것이 대이란 정책의 하한선이다. 트럼프는 2월 11일자 폭스 TV와의 대담에서 이란의 핵을 막는 방법이 두 가지 있는데 하나는 폭탄을 사용하는 방법이고 다른 하나는 종이 위에 글을 쓰는 방법이라고 말했다. 자신은 당연히 후자를 선호하며 이란도 그렇게 하기를 원한다고 말했다. 물론 트럼프는 6월 이란의 핵계획을 폭격함으로써 핵 위협을 종식시켰다.

미국-이스라엘 백악관 정상 회담 이후 국무장관 마르코 루비오가 중동 방문의 첫 일정으로 이스라엘을 방문했다. 루비오 장관은 2월 16일 네타냐후 총리와의 기자회견을 통해 하마스와 이란 문제를 영구히 해결하겠다고 다짐했다. 하마스가 문제 해결에 응하지 않을 경우, 지옥의 문이 모두 열리게 될 것을 경고했고 핵폭탄을 보유한 이란이란 결코 존재할 수 없으며 이스라엘과 미국은 함께 이란이 야기하는 문제를 종식(Finished)시키겠다고 약속했다.

트럼프는 2기 임기가 시작된 이후 이미 여러 차례에 걸쳐 중동의 테러리스트들을 향한 참수 공격작전을 진행했다. 2월 2일 트럼프는 미군 아프리카 사령부에게 소말리아에 있는 ISIS 기지를 폭격하라고 명령, 46명의 테러리스트들을 제거했다. 2월 16일 마르코 루비오 국무장관이 이스라엘을 방문 중이던 시점, 미국은 시리아 영토 내에 있는 알카에다 소속의 고위급 테러리스트를 참수 공격해서 제거하였다. 그의 자동차가 정밀 폭탄에 직격되어 불타고 있는 모습이 전 세계로 전송되어 나갔다.

트럼프는 이란을 향해 평화적으로 투항하라고 말하고 있지만 1979년 집권 이래 45년이 넘은 이란의 신정주의(神政主義)적 독재정권은 붕괴 직전 상황이다. 그동안 이스라엘의 끈질긴 이란 파괴 작전에 의해 전투력의 근간이 무너져 버렸고, 이미 45년 전 미국식 자유주의의 맛을 아는 이란 사람들이 최근 신정 통치기구를 향해 본격적 저항을 시작했다는 점에서 그렇다. 이 같은 와중에 미국은 이란을 과거 팔레비 왕정과 같은 친미 국가로 정권 교체(regime change)하겠다는 은밀한 작전도 병행하고 있다.

이란의 여성학자 타마르 긴딘은 트럼프 취임 이후 행한 인터뷰에서 현 이란 정권을 '서구의 적이며 이란 국민의 적'이라 규정하고 이란의 민주화를 촉구하고 있다. 이란의 붕괴는 중동의 테러리스트들을 지원하는 배후 세력의 붕괴를 의미하며, 또한 이란의 뒷배가 되어 중동을 분열시키고 있는 중국 공산당에도 치명타가 될 것이다. 현 이란 정권의 소멸은 중국을 위한 안정된 에너지원의 소멸을 의미하기 때문이다.

트럼프의 이란 핵 제거 작전

2025년 6월 13일 자정이 막 지난 한밤중 드디어 이스라엘이 이란에 대한 폭격 작전을 개시했다. 이스라엘의 폭격 작전은 이란의 핵무기 개발시설, 미사일 저장 및 발사 시설, 이란 혁명수비대의 최고 지휘부를 표적으로 삼았고 단 3일 만에 핵무기 개발을 적어도 십년 이상 지체시키고 이란 미사일 보유량의 1/3 정도를 궤멸시키는 데 성공했다. 특히 놀라운 점은 정밀 공격으로 이란 혁명수비대 수뇌부의 장군들 수십 명 이상을 핀셋으로 집어내듯 폭사시켰다는 사실이다. 혁명수비대 사령부, 해군사령부, 정보부 건물도 정밀 폭파되었다.

이에 대응 이란 역시 반격을 가했다. 이스라엘의 공격이 군사시설과 군 수뇌부를 향한 정밀 타격인데 반해 이란의 공격은 이스라엘의 민간인 거주 시설이었다. 이스라엘이 자랑하는 방공망이 뚫렸다고 호들갑 떠는 이들도 있고 실제로 건물 수십 동이 파괴되었지만 이스라엘이 입은 인명피해는 이란이 당한 인명피해의 1/10 정도라고 한다. 이스라엘 시민들 대부분은 이미 방공호 속에 대피한 상태였기 때문에 상대적으로 인명피해가 적었다. 이란의 인명피해는 사실상 전쟁 지휘부가 말살된 것이라는 점에서 더욱 심각했다.

트럼프 대통령은 이란의 핵은 결코 용납할 수 없다는 말을 오랫동안 반복했다. 트럼프 대통령은 이해하기 아주 쉬운 용어로 '이란의 핵을 해결하는 방법이 두 가지 있는데 하나는 추한(Ugly) 방법이고 다른 하나는 아름다운 방법이라 했다. 아름다운 방법이란 종이 위에다 사인함으로써 가능한 것이고 추한 방법은 폭탄을 사용하는 것이라고 말하며 자신은 좋은 방법으로 문제가 해결되기 원한다고' 했다. 지난 2월 4일 트럼프 대통령은 이란의 핵 보유를 향한 모든 경로 차단 및 이란의 못된 영향력 차단을 목표로 하는 국가안보 대통령 메모랜덤 2호를 행정명령으로 발동했다. 이스라엘의 네타냐후 총리가 백악관을 방문하는 바로 그날이었다. 트럼프 대통령과 네타냐후 총리는 지구 전체의 전략 균형을 미국과 이스라엘에게 대폭 유리하게 바꾸기 위한 작전 계획을 수립한 것이다.

트럼프 대통령은 3월 12일 간접 전달 방식으로 이란 대통령에게 보낸 편지에서 '2개월 이내에 협상테이블에 참여하라'고 경고했다. 그렇지 않을 경우 이란의 핵시설을 폭격할 것이라는 위협도 추가했다. 두 달의 시간을 설정한 최후통첩성 경고였다. 이란의 최고지도자 하메네이는 '트럼프의 편지는 현명하지 않고 협박적이다'고 평하며 트럼프의 최후통첩을 거부했다. 더 나아가 하메네이는 '미국의 공격에 반격할 것'이며 '중동지역의 악마적 범죄자(Wicked Criminal)인 이스라엘을 파멸시키겠다'고 반박했다.

왜 이스라엘의 핵은 되고 이란의 핵은 안 되느냐고 반문하는 사람들이 있는데 이스라엘은 핵으로 상대방을 파멸시키겠다고 위협한 적이 없는 반면, 이란을 비롯한 이스라엘의 적들은 입버릇처럼 이스라엘의 파멸을 말해 왔다는 점이 다르다. 바로 여기에 다수의 서방 국가들이 이란의 핵 보유를 사전에 막기 위해 선제공격을 감행한 이스라엘의 행동을 '자위권'이라며 옹호하는 이유가 있는 것이다.

이스라엘은 이란의 군사시설 외에 에너지 저장 시설도 폭격함으로써 미국의 전략적 목표도 함께 이룩하게 도와주었다. 세계에서 석유 수입량이 제일 많지만 이란 외에 믿을만한 석유 수출국을 확보하지 못한 상태의 중국에게는 이란 석유는 치명적으로 중요하다. 이란 석유의 파멸은 중국의 파멸과 직결된다. 이스라엘은 자신의 생존에 최대 위협인 이란 핵을 제거하는 동시에 최대 동맹국인 미국의 중국 붕괴 전략에도 부응하는 작전을 전개한 것이다. 이스라엘은 나탄즈 깊은 땅속에 위치한 이란 핵시설을 완전히 제거할 수 있는 폭탄은 없다. 이 같은 상황에 트럼프 대통령은 이란 대통령에게 목숨은 살려줄 터이니 무조건 항복하라고 요구했다.

이란 최고지도자가 정말 알라신을 믿고 성전(聖戰, Holy War)에서 전사할 경우 곧바로 천당에 들어간다는 사실을 믿는다면 항복하기는 쉽지 않을 것이다. 미국은 하메네이를 그냥 놔둔 채 이란의 핵시설을 완전 파괴해 버린 공습작전을 전광석화처럼 시행했다. 최대의 벙커 버스터 폭탄을 장착한 미국의 스텔스 B-2 폭격기와 이를 호위하는 미국의 공군 및 해군 전투기 편대는 2025년 6월 22일 '자정의 망치 작전(Operation Midnight Hammer)'이라는 이름의 군사적전을 통해 지하 90m의 방호시설에 있는 이란의 핵무기 제조공장들을 파괴하는 데 성공했다.

제10장
트럼프의 국방정책

트럼프의 군사전략은 트럼프가 필독서 1위로 추천한 책인 손자병법에 근거한다. 일찍이 손자는 싸우지 않고 승리하는 것이 최선의 승리라는 전략적 교훈을 알려주었다. 싸우지 않은 채 승리하는 방법이 여러 가지 있겠지만 트럼프는 '미국의 군사력을 너무나 막강하게 만듦으로써 아예 싸울 일이 없도록 하겠다'고 말했다. 핵 시대의 전략 이론인 전쟁억제 이론(Deterrence Theory)의 가르침을 그대로 따르고 있는 것이다.

상대방으로 하여금 전쟁을 일으킬 경우 도무지 감당할 수 없는 피해를 입을 수밖에 없고 패퇴할 것임을 사전에 분명하게 알려주는 방법이 가장 효과적인 전쟁 억제의 방법이다. 이를 위해 미국은 상대방이 싸울 엄두를 낼 수 없는 압도적인 군사력을 보유하고 있어야 하며 그 사실을 분명히 알려야 한다. 트럼프의 국방정책은 막강한 미국의 군사력을 보유하는 것, 그 힘을 언제라도 쓸 수 있다고 상대방이 확신케 하는 것, 그럼으로써 전쟁을 하지 않은 채 평화를 지키는 것으로 요약정리될 수 있다. 트럼프는 이 같은 상황을 힘을 통화 평화(Peace Through Strength)라고 말한다.

임기 첫해에 국가전략보고서를 간행한 트럼프

트럼프 대통령은 다른 대통령과 달리 임기 첫해인 2017년 가을 미국 국가안보전략 보고서를 간행, 자신이 안보 대통령이라는 사실을 과시했다. 2기 임기가 시작된 2025년에도 트럼프 행정부는 국가안보전략 보고서를 간행했다. 그의 군사전략은 1기 때와 원칙적으로 달라진 것은 없다. 다만 트럼프는 군력을 수단으로 사용하기를 주저하지 않는다는 면모를 2기 재임 시 더욱 뚜렷하게 나타내 보이고 있다.

이곳에서는 트럼프의 첫 번째 국가안보전략 보고서와 두 번째 국가안보전략 보고서를 통해 그의 군사전략의 개략을 살펴보기로 한다.

훌륭한 목표와 계획을 세워놓고 이를 실천하기 위해 애쓰는 사람들과 국가는 그렇지 못한 사람들 혹은 국가들보다 더욱 체계적이고 효율적인 삶을 살 가능성이 높다. 개인들이 모여 만든 회사, 국가들도 마치 생명을 가진 유기체처럼 더 잘 살려고, 더 오래 살려고 그리고 더욱 건강하게 살려고 노력하기 마련이다. 그래서 회사들, 국가들도 자신들이 앞으로 어떤 목표를 가지고 그 목표를 달성하기 위해 어떻게 행동할 것이라는 계획표를 만들고 이를 실천하기 위해 애쓴다.

다만 국가들의 경우 처한 국제정치 환경이 험악하기 때문에 자신의 계획을 노골적으로 공개하려고 하지는 않는다. 공개하지 않을 뿐만 아니라 국가의 계획 혹은 목표를 공개적으로 밝히는 일을 꺼려한다. 그래서 국제정치를 공부하는 학도들은 어떤 나라가 무슨 목표를 가지고 있는지 어떻게 행동할 것인지를 연구하는 데 표준이 될 수 있는 자료를 구하기 대단히 어렵다. 특히 그 나라의 국가안보정책에 관한 자료는 공개하기는 커녕 오히려 가능한 한 비밀을 유지하려는 것이 일반적인 관례다.

냉전 시대의 일화다. 미국과 소련은 세계의 패권을 두고 서로 치열한 경쟁을 벌이고 있었다. 미국과 소련은 경쟁도 했지만 서로 무기를 감축하자는 협상도 했고, 상호 협력할 부분을 찾기 위해서도 노력했다. 협상에 임하는 두 나라의 협상가들은 모두 상대방의 전략이 무엇인지 그리고 상대 국가는 자신의 전략목표를 달성하기 위해 얼마나 많은 자원(군사력)을 보유하고 있는지를 알기 위해 노력하지 않을 수 없었다.

그러나 미국은 민주주의 체제의 속성상 자국 국민들에게 알려줘야 한다는 목적으로 국방 관련 예산, 국방정책 등을 주기적으로 간행되는 정부의 공식 보고서들을 통해 공개해 왔다. 당연히 소련의 협상가들은 미국의 공식 자료를 통해 미국에 관한 정보의 상당 부분을 얻을 수 있었다. 그런데 문제가 생겼다. 상호 간 무기를 감축하는 군비축소 협상을 진행하기 위해서라면 상대방이 얼마만큼 많은 무기를 가지고 있느냐는 물론, 내가 얼마나 많은 무기를 가지고 있느냐를 알아야 한다. 그런데 소련의 협상가들은 그것을 몰랐다. 그래서 미국측 협상자들에게 소련이 얼마나 많은 양의 무기를 가지고 있느냐를 물었다고 한다.

미국은 냉전 당시 자신의 국방정책 관련 보고서는 물론 소련의 군사력에 관한 자료도 주기적으로 발간했다. 미국이 1990년 소련이 몰락하던 해까지 매년 발행했던 〈소련의 군사력(Soviet Military Power)〉이라는 간행물은 소련 사람들조차 자신들이 얼마나 많은 무기를 가지고 있는지 그리고 자신들의 국방정책의 내용이 무엇인지를 알기 위한 자료로써 활용했다고 한다.

미국은 1990년 소련이 붕괴된 이후 더 이상 〈소련의 군사력〉이라는 보고서를 간행하지 않는다. 대신 미국은 매년 중국의 군사력에 관한 보고서를 간행하고 있다. 2000년도 회계연도에 입안된 법안(National

Defense Authorization Act)을 통해 미국 의회는 미국 국방부로 하여금 중국의 군사력과 국방정책에 관한 보고서를 매년 제출하도록 요구하고 있다. 비밀보고서도 있고 공개되는 보고서도 있는데 트럼프는 임기가 시작된지 불과 10개월 도 채 되지 못했던 시점인 2017년 12월 18일 자신 행정부의 국가안보전략 보고서를 발간한 것이다.

이미 트럼프 대통령은 여러 연설 혹은 문건 등을 통해 자신의 외교정책에 대해 많은 것을 공개했지만 2017년 말 발간된 〈미국의 국가안보전략 보고서(National Security Strategy of the United States of America, December 2017)〉는 트럼프 행정부의 국가안보정책을 명쾌하게 밝혀주고 있었다. 트럼프의 성격이 직설적인 것처럼 이번 보고서는 미국이 그동안 간행했던 16권의 국가안보전략 보고서들 중 가장 내용이 분명하고 확실한 용어들로 쓰여 있다.

국가안보전략 보고서를 의무적으로 발간, 의회에 제출해야 하는 미국의 대통령

미국 의회는 레이건 대통령이 재임 중이던 1986년, 골드워터-니콜스 법안 (Goldwater-Nichols Act)을 제정, 각 행정부는 국가안보에 관한 기본 계획서를 주기적으로 발간해서 의회에 제출할 것을 요구했다. 이 법안에 의거 레이건 대통령 이후 미국의 모든 대통령들은 각각 미국 국가 안보 보고서(National Security Strategy)를 간행해 왔다. 1986년 레이건 대통령의 첫 번째 국가안보전략 보고서에서부터 트럼프 대통령의 국가안보전략 보고서에 이르기까지 17권의 국가안보전략 보고서가 간행되었다.

각 대통령들이 발간하는 국가안보전략 보고서의 영문 제목은 약간씩 달랐지만 대체로 National Security Strategy of the United States(of America) 라는 제목을 가지고 있고 그 제목 아래에 간행된 해와 달이 표시되었다.

임기 중 1999년을 제외하고 매년 국가안보전략 보고서를 간행함으로써 7번의 국가안보전략 보고서를 간행, 최다 간행기록을 세운 클린턴 대통령의 국가안보전략 보고서는 이름도 상이했다. 1994년-1996년에 이르는 3년 동안 매년 간행된 국가안보전략 보고서는 포용과 확대를 위한 국가안보전략(A National Security Strategy of Engagement and Enlargement)이라고 되어 있었다. 전임자들인 레이건과 조지 부시(41대) 대통령들에 의해 소련이 붕괴된 이후 미국의 패권적 지위가 확립된 시대의 첫 번째 대통령인 클린턴은 사실 구체적인 외교정책이 없어도 될 정도의 막강한 나라의 수장(首長)이었다.

미국 국민들과 세계는 유일 패권국이 된 미국이 구체적으로 무엇을 어떻게 할 것이냐를 알기 원했다. 클린턴 대통령은 자신의 국가안보전략 보고서를 통해 미국적 가치를 전 세계에 전파하고 확산(engage and enlarge)하겠다고 답했던 것이다. 클린턴은 개입과 확대라는 이름의 보고서를 3번 간행했다. 이후 1997년, 1998년 그리고 2000년 간행한 국가안보전략 보고서의 이름은 약간 바뀌었다. 20세기가 끝나고 21세기로 진입하는 시점에서 클린턴의 국가안보전략 보고서들은 '새로운 세기의 국가안보전략(A National Security Strategy of the New Century)'이라는 제목으로 발간되었다. 2001년 임기 종료 직전 간행된 클린턴의 국가안보전략 이름이 다시 '세계화 시대의 국가안보전략(A National Security Strategy for the Global Age)'으로 바뀌었다. 클린턴은 나름대로 미국이 주도하는 세계질서, 즉 세계화 시대가 이룩되었다는 의미에서 자신의 마지막 국가안보전략 보고서에 '세계화 시대'라는 이름을 붙일 수 있었던 것이다.

43대 조지 부시는 임기 첫해에 9·11 테러 공격을 당한 이후, 임기가 끝날 때인 2008년까지 줄곧 반 테러전쟁을 치른 대통령이었다. 상대적으로 대단한 평화 시대인 클린턴이 8년 동안 7회의 국가안보전략 보고서를 간행한 것과 달리 임기 8년 중 7년 동안을 전쟁을 치르며 지냈던 부시 대통령은 2002년과 2006년 단 두 차례 국가안보전략 보고서를 간행했다. 부시 대통령의 국가안보전략 보고서는 클린턴의 보고서와 달리 보다 강한 의미를 함축한 "The"라는 관사가 붙은 미국의 국가안보전략 (The National Security Strategy of the United States of America) 보고서였다.

오바마 대통령도 임기 중 2009년과 2015년 두 번의 국가안보전략 보고서를 발간했다. 오바마 대통령은 전임인 부시 대통령의 공격적인 군사안보 및 외교정책에 반기를 들었던 인물로 미국은 앞장서지 않고 '뒤에서 이끄는(lead behind)' 나라가 되겠다고 했었다. 조용하게 일을 할 것이며, 앞에서 설치지 않는 미국이 될 것임을 천명했던 대통령답게 오바마의 국가안보전략 보고서의 공식 이름에는 '미국'이 빠져있다. 다른 대통령들의 국가안보전략 보고서와 달리 오바마의 보고서는 '국가안보전략 (National Security Strategy)'으로 되어 있다. 오바마가 2015년 〈NSS 2015〉를 간행한 지 2년 만에 트럼프의 국가안보전략 보고서가 간행된 것이다.

보고서가 간행되는 주기에 대해서는 특정한 요구사항이나 법칙은 없다. 2000년 이전에는 1989년, 1992년, 1999년을 제외하고 매년 국가안보전략 보고서가 간행되었지만 2001년 취임한 43대 부시 대통령과 2009년 취임한 44대 오바마 대통령은 자신의 재임 기간 1기와 2기에 각 1회씩만 보고서를 발행했다.

트럼프 대통령은 전임 대통령 누구와도 달리, 임기 첫해에 국가안보전략 보고서를 발간한 기록을 세운 대통령이 되었는데 이는 트럼프 대통령이 전임 대통령들보다 국가안보 이슈에 보다 더 큰 신경을 쓰고 있다는 사실, 특히 전임 오바마 대통령의 국가안보전략과는 그 방향이 완전히 다른 국가안보전략을 추구하고 있다는 사실을 반증하는 것으로 해석할 수 있다. 트럼프의 국가안보전략 보고서는 이름이 〈새시대를 위한 새로운 국가안보전략(A New National Security Strategy for a New Era)〉로 되어 있으며 트럼프는 45대 대통령 재임 중 한 차례의 국가안보전략 보고서를 간행했다. 트럼프는 이 보고서에서 미국 우선주의(America First)적 접근 방법을 강조했다.

공개적인 전략이 없어도 될 만큼 막강한 트럼프의 미국

미국과 같이 힘이 막강한 나라는 정교한 국가안보전략이 불필요할 수도 있다. 키신저 박사가 말한 바처럼 힘이 너무나 막강한 나라는 사전에 외교정책을 특정 지을 필요가 없다.[258] 우선 맞장뜨겠다고 덤비는 나라가 없고, 사안이 발생하면 그때그때 처리하면 될 일이기 때문이다. 힘이 막강하다는 사실에서 미국과 같은 강대국은 외교정책에서 게을러도 될 여유가 생기는 것이다. 패권국인 미국은 '패권을 유지할 것이다'라는 목표만 분명해도 될지 모른다. 물론 키신저 박사는 미국이 아무리 막강하다 할지라도 정교한 외교정책을 가지고 있는 편이 그렇지 못한 편보다더 나을 것이라고 주장했다.

미국처럼 막강한 나라도 각각의 행정부에게 마치 '청사진' 혹은 '설계도'와 같은 기능을 담당할 수 있는 국가안보전략 보고서를 국민의 대표기관인 의회에 제출할 것을 법적인 의무로 요구하고 있다는 사실은 본받을 필요가 있다. 상대적으로 국력은 약하지만 국제문제가 국가의 운명에 대단히 중요한 영향력을 가지고 있는 대한민국의 역대 행정부들도 미국의 국가안보전략 보고서보다 훨씬 구체적이고 더욱 정교한 국가안보전략 보고서를 만들어 의회에 제출하면 훨씬 좋을 것 같다.

명쾌한 전략 보고서를 간행함으로써 우리 국민들은 물론 이웃 나라로하여금 대한민국이 지향하는 목표와 그 목표를 성취하기 위한 정책 대안들을 사전에 분명하게 밝힐 수 있을 것이다. 그렇게 함으로써 사전에 불필요한 오해를 방지할 수 있을 것이며 우리가 원하는 양보할 수 없는 국가이익을 분명히 해둘 수도 있을 것이다. 예를 들자면, 대한민국 정부는국가대전략 목표인 '통일'을 어떻게 이룩할 것이며 통일을 이룩한 한반도는 어떤 모습이 되어야 할지를 공개적으로 천명함으로써, 통일과정과통일 후 한반도 주변국들로부터 야기될 수 있는 복잡한 국제정치적 사안들을 사전에 예방하고 정리할 수 있을 것이다.

트럼프의 국가안보전략 보고서

(A New National Security Strategy for a New Era)

대통령이 서명하고 백악관을 발간 주체로 하는 미국의 국가안보전략보고서는 미국이 세계를 주도하는 나라라는 사실 때문에 언제라도 국제정세에 큰 영향을 미치는 문건이 아닐 수 없다. 트럼프 대통령의 국가안보전략은 과거 어떤 대통령의 경우보다 '미국 제일주의(America First)'의관점에서 바라본 미국의 안보이익과 국제환경, 그리고 대응 방향을 분명하게 제시하고 있다. 과거 발간된 다른 대통령들의 국가안보전략서가 외교적 수사(修辭)를 동원하여 관련국을 자극하지 않도록 노력했던 데 반해,트럼프의 보고서는 중국과 러시아를 경쟁자(competitor) 또는 수정주의자

(revisionist)로 표현하는 등 트럼프 대통령의 직설적 어법을 그대로 반영하고 있다.

이미 2011년 아직 정치를 시작하기 훨씬 이전 기업가로서 트럼프가 간행했던 《터프해져야 할 때(Time to Get Tough)》[259]라는 책에서 트럼프는 '중국은 미국의 적(China is Our Enemy)'이라고 직설적으로 표현했다. 트럼프의 수석 참모요 전략가인 스티브 배넌(Steve Bannon)은 '중국 문제만 해결하면 모든 것이 다 해결된다'고 말할 정도로 트럼프에게 중국 문제에 집중하라고 조언했다. 물론 트럼프는 중국 문제를 미국 외교 및 국방정책의 최대 표적으로 삼고 있다. 2017년에도 물론이었지만 2025년에도 중국을 최악의 적국이요 미국 외교 및 국방정책의 최대 표적이라는 사실은 전혀 달라지지 않았다.

혹자들은 트럼프의 보고서 때문에 미중 관계나 미러 관계가 경색될 우려도 있다고 말하고 있지만 이미 미중, 미러 관계가 경색되었기 때문에 그 같은 보고서가 나오게 되었다고 보는 편이 옳다. 트럼프의 국가안보전략 보고서는 이미 중국과 러시아로 인해 미국 유일 패권시대였던 탈냉전 시대는 끝나고 새로운 시대가 시작되었다는 맥락에서 작성된 것이다. 트럼프의 국가안보전략 보고서는 가장 직설적인 대통령이 제시한 가장 꾸밈없는 미국의 국가안보전략 보고서였다.

트럼프 국가안보정책의 4대 기둥

트럼프의 〈국가안보전략 2017〉은 미국의 핵심 이익을 4가지로 나누어 제시했다. 이를 국가 안보의 4대 기둥(4 pillars)으로 표현하고 있는데 첫째, '미국 국민, 미국 영토, 그리고 삶의 방식을 보호함(Protect the

American People, the Homeland, and the Way of Life)'. 둘째, '미국의 번영을 촉진함(Promote American Prosperity)'. 셋째, '힘을 통한 평화의 보존(Preserve Peace Through Strength)'. 넷째, '미국의 영향력을 확대할 것임(Advance American Influence)' 등이다.

트럼프 대통령은 전임 오바마 대통령보다 국가안보를 더욱 강조하고 있으며 미국의 국가안보를 본토 방어(Home Land Defense)와 힘을 통한 평화(Peace Through Strength) 등 두 개의 장으로 나누어 설명하고 있다. 안보를 강조하는 한편 국제질서와 관련해서는 지역적 차원의 전략(The Strategy in a Regional Context)이라는 장을 따로 만들어서 4대 기둥과 분리해서 설명한다. 트럼프는 전임 대통령들보다 국가안보에 있어서의 경제적 요소를 대단히 강조하고 있는데, 무역불균형 해소, 무역장벽 철폐, 수출 기회 증대 등 미국 제일주의의 시각에서 경제문제를 국가안보 전략에 반영하고 있다.

트럼프가 글로벌리스트들에 대항해서 반문하는 세계화 시대에 대한 비관적인 관점은 '미국이 만약 어느 나라와 전쟁을 하려 할 때 중국으로부터 마음껏 철강을 수입할 수 있을 것인가?'라는 질문으로 잘 정리된다. 트럼프는 비록 미국에서 만드는 것이 중국 등 다른 나라에서 만드는 것보다 값도 비싸고 품질이 나쁠 수 있다고 할지라도 미국이 반드시 보유해야만 할 전략산업이 있다고 주장해 왔다. 미국에 사활적인 전략산업들을 잠재 적국들에 의존할 수는 없다는 것이 트럼프의 기본적인 논지다. 오늘 트럼프의 논지를 반박할 수 있는 사람은 없다. 세계화 시대는 평화를 초래하지 못했고 부유해진 중국은 자유민주주의 국가로 변신하지도 않았고 오히려 미국의 패권을 위협하는 적국이 되고 말았다.

트럼프 대통령은 4가지 핵심 국가이익, 혹은 국방정책의 4기둥을 제시한 후, 지역적 차원의 전략을 따로 기술하고 있는데, 그중 가장 중요한 곳이 역시 인도-태평양 지역이다. 2017년에도 그러했지만 2025년에도 전혀 변하지 않았다. 트럼프의 미국은 인도 태평양의 수호자가 될 것이라고 공개적으로 표명하고 있으며 그 이유는 중국의 패권 도전을 견제하기 위해서다.

이미 오바마 행정부도 아시아에 대한 재균형(re-balance) 정책을 전개했었지만 트럼프는 기왕의 태평양 지역에 인도양을 포함하는 것으로 대아시아 정책의 범위를 넓혔다.

트럼프는 중국 및 러시아가 미국과 경쟁 관계에 있다는 사실을 전혀 숨기지 않는다. 오히려 노골적으로 "중국과 러시아는 미국의 가치와 이익에 정 반대되는 세계를 형성하기 원한다(China and Russia want to shape a world antithetical to U.S. values and interests)"고 밝히며, 이들을 미국 주도의 자유주의적 세계질서에 대한 수정주의자(revisionist)로 규정한다. 중국을 동반자(partner)로 칭했던 오바마 대통령과 근본부터 다른 접근 방법이다.

트럼프의 보고서가 간행된 후 중국과 러시아는 노골적인 불만을 표시했다. 미국 내에서도 트럼프가 하는 것이라면 무조건 반대하는 비판자들의 목소리도 높았다. 그들은 미국이 중국과 러시아에 대한 '강경한 입장을 여과 없이 드러낼 필요가 있는가'라고 묻는다. 트럼프는 이들의 비판을 별로 신경 쓰지 않는다. 이미 오랫동안 그런 인간들이 미국의 외교와 안보를 망쳐 왔다고 생각하는 트럼프이기 때문이다. 트럼프의 2017 보고서는 국제정치학의 이론적 관점에서 본다면 '현실주의적' 시각, 특히 공격적 현실주의적 시각을 반영하는 것이다.

공격적 현실주의는 모든 국가들은 국제적 환경 때문에 힘을 늘이려고 노력한다고 가정하고 있다는 점에서 방어적 현실주의와 가정을 같이 하지만 방어적 현실주의자[260]들이 국가들은 힘의 균형을 이룬 후 더 이상 힘의 증강을 자제한다고 보는 것과 달리 모든 강대국의 꿈은 궁극적으로 패권(覇權, Hegemon)이 되는 것이라고 가정한다.[261] 트럼프는 중국이 보여 주고 있는 힘의 속성을 정확히 이해하고 있으며 중국의 도전으로부터 미국이 패권을 잃으면 결코 안 된다는 관점도 명확하다.

트럼프의 국가이익 증진 수단은 힘이다. 레이건 대통령이 '힘을 통한 평화(peace through strength)'라는 정책 수단으로 소련을 궤멸시키는 데 성공했던 것을 그대로 본딴 것이다. 힘을 통한 평화란 트럼프 보고서가 이름을 노골적으로 표시한 중국 및 러시아 외에도 북한 및 이란 등의 전통적 위협과 비국가행위자들의 비전통적 위협을 모두 억제하기 위한 수단이다.

트럼프의 국가전략 보고서는 힘을 통한 평화를 이룩하기 위해 미국은 군사역량, 군수역량, 핵무기역량, 우주역량, 사이버역량, 정보역량을 획기적으로 강화할 것임을 천명하고 있다.

트럼프의 전략은 미국이 처한 위협에 모두 대응하기보다는 우선순위를 정하고 현실적으로 선택할 것이다. 또한 "미국이 주도하지 않을 경우 악의를 가진 행위자들이 [미국의] 공백을 메우며 불이익을 가져다줄 수 있다는 교훈(lessons that when America does not lead, malign actors fill the void to the disadvantage of the United States)"을 얻었다고 기술하는 트럼프의 국가전략보고서는 과거와 다른 방법으로 세계질서를 주도할 것임을 말하고 있다. 트럼프 행정부는 파리 기후 협정에서 탈퇴한 사실에서 잘 보여지듯이 UN에서의 협력 등 다자적 국제주의 방식과는 아주 다른 방식으로 미국 주도의 국제질서를 만들어 나갈 것이다.

미국의 군사력에 존경심을 표하는 트럼프

2017년 1월 20일 미국 제45대 대통령으로 취임한 트럼프는 곧바로 미국의 군사력을 대폭 강화시키는 조치를 취하기 시작했고, 보다 공격적인 군사전략을 채택하기 시작했다. 공격적인 군사전략이란 트럼프 대통령이 군사력의 사용 혹은 전쟁의 시작을 보다 빈번하게 한다는 의미라기보다는 언제라도 군사력은 사용가능한 것, 특히 트럼프의 미국은 진정으로 군사력을 사용할 의지가 있다는 사실을 잠재적인 적국들에게 끊임없이 강조하고, 그럼으로써 적들로 하여금 더 이상 미국의 의지에 반하는 행동을 지속할 경우 미국으로부터 진짜 군사 공격을 받게 될 것이라고 믿게 한다는 의미다.

트럼프 대통령의 미국 군사력은 45대 취임 이후 1기 임기를 마치는 2020년까지 다시 막강해졌으며 미국 군사력의 구성 방식에서도 상당한 변화가 이루어졌다. 트럼프가 대통령에 당선되자 그의 '미국 제일주의(America First)'를 의혹의 눈으로 바라보고 있던 군사적 매파(Military Hawks)로 분류되는 미국인들은 트럼프가 국제문제를 소홀히 하고 오직 미국의 이익만을 강조하기 위해 세계 방방곡곡에 배치되어 있는 미군을 철수하고, 국방비를 줄이고, 국제적인 개입을 대폭 감소시키는 것은 아닌가라며 우려했다.[262]

물론 트럼프 대통령은 선거 유세 중 '미국군을 누구도 감히 덤빌 수 없는 막강한 군사력으로 만들겠다'[263]고 약속함으로써 막강한 군사력을 재건할 것임을 약속했고, 그 약속을 실천해 나가고 있었다. 트럼프는 군사적 매파들이 우려했던 것과는 정반대의 행보를 취하고 있는데 국방예산을 대폭 증대시키고 있다는 사실, 역대 어느 때보다 많은 숫자의 미국군

특수 부대가 세계 방방곡곡에 배치되어 있다는 사실, 시리아, 아프가니스탄은 물론 한국 주둔 미군[264]등이 오히려 늘어나고 있다는 사실, 군인들의 봉급이 오르고 있다는 사실 등은 군사적 강경파들의 우려를 불식시킬 정도가 아니라 오히려 이들의 대폭적인 환영을 받고 있다. 트럼프 행정부가 취임한 이후 미국 국방부(2025년 전쟁부로 이름을 바꿨다)의 무드는 '대단한 행복'이라고 말해질 정도였다.[265]

트럼프 대통령은 국방비 증액뿐 아니라 미국 사회가 미국 군부에 대해 가지고 있던 전통적인 인식을 다시 회복시키는 데 누구보다도 적극적이다. 트럼프 대통령은 미국의 경우 오랫동안 하지 않았던 미국군의 시가행진을 벌이면서 미국군을 존경하고 우대하는 문화를 다시 회복시키려 노력하고 있다. 2025년 47대 대통령으로 다시 취임한 트럼프는 6월 14일 미국 육군 창설 250주년을 맞아 워싱턴에서 상당 규모 군사 퍼레이드를 벌였다.[266]

2018년 7월 27일 북한은 6·25 당시 북한 지역에서 전사한 미군의 유해 55구를 반환했고 이들은 미국 하와이에 있는 감식기관의 조사를 거쳐 전사자의 신분을 확인받게 되는데 이들 유해가 하와이에 도착하는 날인 8월 1일 트럼프 행정부는 부통령 펜스를 하와이로 보내 이들을 영접했을 정도로 국가를 위해 희생한 사람들에게 경의를 표하고 있다.

국방비 증액, 군인들에 대한 존경심을 확대하는 각종 정책과 더불어 트럼프 대통령은 미국군을 변화한 국제정치 및 과학 발달 상황에 맞게 확대 및 변형하는 조치를 취하고 있다. 2018년 5월 30일 태평양 사령관 이취임식 당일 미국 국방부는 태평양함대사령부를 인도태평양함대사령부로 이름을 바꾸었다. 태평양 함대의 담당 구역을 인도양까지 확대하는 조치로서 미국의 대전략, 즉 미국의 패권적 지위를 유지하기 위해 도전자인 중국을 견제한다는 전략이 보다 분명한 군사전략으로 표현된 것이다. 트럼프 대통령은 2018년 6월 18일 현행 육, 해, 공군, 해병대 및 해안경비대로 구성되는 5군 체제에 하나의 군을 더 창설하라고 지시했는데 미국 군내에 독립된 병과로서 '우주군(Space Force)'을 두겠다는 계획이었다. 트럼프가 구상한 우주군은 2019년 12월 20일 트럼프 대통령이 국방수권 법안 2020에 사인함으로써 창설되었다. 트럼프는 미국의 방위전략의 대상 영역을 우주까지 확대한 것이다.

트럼프의 세계관 및 군사전략 관점

트럼프 대통령은 1946년생으로서 연령대로 보면 냉전시대(1945-1989)의 인물이라고 볼 수도 있지만 1990년대 이전 미국의 대통령들을 냉전의 전사들(冷戰의 戰士, Cold Warriors)이라고 부를 수 있었던 것과는 전혀 다른 국제정치 상황에서의 대통령이다. 또한 냉전 시대 미국 대통령들 모두가 장교로 복무한 경험이 있었던 것과도 달리 트럼프는 현역으로 근무한 적도 없었다. 냉전 종식 이후의 대통령인 클린턴, 오바마는 군대를 다녀오지 않았고 부시(43대)는 연방군 장교가 아니라 주 방위군 장교 출신이었다. 그런데 트럼프는 중고등학교 과정을 군사학교에서 이수했다는 특이한 경력을 가지고 있다.[267]

트럼프는 군사와 전쟁에 관해서도 미국 대통령으로서는 특이 관점을 가지고 있는데 그는 '싸움을 하지 않고 승리하는 것이 최선'이라는 손자의 가르침을 순종하고 있다. 2016년 6월 유에스 뉴스 앤 월드 리포트지가 보도한 트럼프가 좋아하는 책 10권 중 첫 번째 책이 《손자병법》이라는 사실은 트럼프의 전쟁관 및 전략관을 이해하는 데 중요하다.[268] 손자

병법이 제일 강조하는 바가 바로 싸우지 않고 이기는 것이 최선(不戰以 屈
人之兵 善之善者也)[269]이라는 것이다. 트럼프는 2018년 6월 12일 김정은과의
역사적인 싱가포르 정상회담 이후 "누구라도 전쟁을 할 수 있다. 그러나
용기 있는 자만이 평화를 이룩할 수 있다"[270]라고 말했다. 역시 손자병법
가르침과 같은 의미의 말이다.

트럼프는 군사력의 사용을 주저하지 않는다는 말을 항상 반복하고
있으며 실제로도 군사력의 사용을 빈번히 하는 편이다. 트럼프 2017
년 4월 17일 아프가니스탄 반군을 향해 가장 큰 재래식 폭탄으로 알려
진 MOAB 폭탄 투하를 명령한 바 있었고, 시리아의 아사드 대통령이 자
국 국민들을 향해 화학무기 공격을 가한 직후인 2017년 4월 6일 트럼프
는 토마호크 미사일 59발을 발사함으로써 아사드 대통령을 응징했다.[271]
2025년 6월 트럼프는 B2 폭격기와 다수의 전투기를 운용, 이란의 핵시
설을 폭격해서 파괴했다. 2025년 8월 이후 트럼프는 베네수엘라의 마두
로 정권을 궤멸시키기 위해 최신예 항공모함 제럴드 포드(Gerald Ford)를
포함 대함대와 15,000명 이상의 병력을 카리브해에 파견했다.

트럼프는 2025년 9월 5일 국방부(Department of Defense)를 전쟁부
(Department of War)로 이름을 바꾸었다. 미국의 국방부는 1789년 전쟁부
로 출범했다가 1947년 이래 국방부로 불리고 있었다. 트럼프가 이름을
바꾼 이유는 전쟁에 제대로 대응하기 위한 것이었다.

미국이 전쟁부라는 이름의 부서를 가지고 있던 시절 미국은 단 한 번
의 전쟁에서도 패배하지 않았다. 그러나 미국이 초강대국이 된 후, 국가
방위부서의 이름을 국방부로 바꾼 후, 미국은 단 한 번의 전쟁에서도 확
실한 승리를 거두지 못했다는 사실은 흥미롭다.

영국의 역사학자들인 브렌던 심스와 찰리 레더맨은 트럼프의 세계관

은 미국의 주류 언론들이 비하하듯 충동적인 것이거나 혹은 일관성이 없는 것 또는 유세 혹은 현재 대통령의 직책을 수행하기 위해 대충 만들어진 것이 아니라고 본다. 이들은 또한 트럼프의 세계관은 미국 역사에 새로이 나타난 것이라기보다는 미국 역사의 심연(深淵)에 뿌리 깊게 자리 잡고 있는 믿음에서 유래한 것이라고 주장한다.[272]

일관성 있는 세계관을 지속적으로 나타내 보이고 있는 트럼프는 대통령 선거 출마선언 연설에서 미국은 이제 더 이상 국제무대에서 승리하지 못하는 나라로 전락했다며 미국의 기성 정치인들을 비난했다.[273] 이미 1980년도 인터뷰에서 인생을 전투(combat)로 묘사한 트럼프는 끊임없이 지속되는 투쟁에서 어떤 분명한 승리를 이룩하지 못한다는 것은 견디기 힘은 일이라고도 말했다.[274] 미국을 다시 위대한 나라로 만들자라는 트럼프의 구호는 세계는 투쟁의 연속이라는 그의 홉즈주의적(Hobbsean) 국제 정치관점과 연계되며 미국을 막강한 군사대국으로 다시 건설해야 한다는 정책으로 전환된다.

트럼프는 자신의 외교정책은 힘의 우위에 기반을 둔 것이라고 선언한다. 미국은 펀치를 휘두를 수 있는 능력을 항상 보유하고 있어야 하며 이를 위해서 상당한 수준의 국방비 지출이 필수적이라고 주장한다. 그의 말을 빌리자면 "뒤처진 국방예산으로 가지고 선진적인 외교 및 군사정책을 추구할 수는 없는 일이다."[275] 기업가로서 경제에 밝은 그는 국방비를 투자하는 것은 다른 대안들과 비교할 때 스마트한 일이라는 사실을 지속적으로 강조한다. 다만 그는 미국의 동맹국들, 특히 잘사는 동맹국들인 독일, 일본, 한국 등을 더 이상 지금처럼 지원해 주는 것에 대해 반대한다. "우리들은 그들을 위해 싸워 주고 있다. 나는 그것을 이해할 수 없다. 이제 그들이 정당한 대가를 지불하도록 해야 할 시점이다."[276]

그러나 트럼프는 미국군이 싸워야만 할 싸움에 주저하는 것은 단호하게 반대한다. ISIS와 같은 테러리스트들을 중세의 야만인(medieval barbarian)이라고 부르는 트럼프는 30,000명에서 50,000명 정도에 이르는, 모두 다 합쳐도 양키즈 스타디움 하나도 다 채울 수 없는 적은 수의 테러리스트들에게 미국이 쩔쩔매고 있다는 사실은 말이 안 된다고 주장한다. 그는 ISIS의 마지막 테러리스트가 죽을 때까지 이들을 몰아붙이겠다고 말했다.[277]

테러리스트 외에 트럼프는 중국은 미국의 군사력이 대처해야 할 궁극적인 대적(大敵)의 하나로 인식한다. 그러나 트럼프는 우선 경제적인 수단을 통해 중국 문제를 다루고 해결할 수 있다고 본다. 그는 미국이 경제적인 우위를 가지고 있음에도 불구하고 바보처럼 중국 문제에 제대로 대처하지 못했다고 비판한다. 대통령에 당선된 트럼프는 2018년 전반기부터 중국을 향해 본격적인 무역 전쟁을 시작했다. 트럼프는 외교정책에 있어서 만병통치약이란 있을 수 없다는 사실을 잘 인식한다. 그러나 그가 강조하는 것은 외교정책에 관한 모든 것은 강력한 군사력으로부터 시작한다는 사실이다. 트럼프는 모든 것이 막강한 군사력을 출발점으로 한다는 사실을 재차 강조하며[278] 막강한 군사력은 당연히 막대한 국방예산의 투자를 통해 이루어지는 일이다.

트럼프 대통령은 지속적으로 군에 대해 대단히 우호적인 태도를 취하고 있는데 2018년도 미국 해군학교 임관식에서 트럼프 대통령은 소위로 임관하는 생도 전원인 1,042명 모두와 악수를 나눌 정도였다.[279] 미국 국민들에게는 약 38% 지지율을 기록했던 2017년 10월 당시 군인들의 트럼프 지지율은 44%에 이르렀으며 특히 장교들보다는 사병들 사이에서 지지도가 높게 나온 것으로 밝혀졌다.[280]

국제적 개입주의를 포기하고 고립주의적 정책을 수립, 시행할 것 같은 말들로 세 차례의 선거전을 치른 트럼프는 "미국은 항상 용감하게 세계를 이끌어온 나라이며, 나의 국방예산은 미국이 과거에 했던 바로 그 일을 확실하게 수행할 수 있도록 할 것"[281]임을 강조했다. 1기 및 2기 취임 이후 트럼프의 세계정책은 고립주의와는 전혀 다른 것이며 트럼프 역시 미국이 주도하는 패권적 세계질서를 지속적으로 유지해 나갈 것임을 구체적인 행동으로 나타내 보이고 있다. 다만 1기 재임 당시 트럼프가 동맹국의 적극적인 참여를 통한 미국의 패권 확보를 정책 기조로 삼았다면 2기에는 미국 스스로 세계를 재편해 나가는 모습을 보이고 있다. 트럼프 2기의 목표는 미국의 지위를 다시 유일한 패권국으로 확립하는 것이다.

트럼프가 변화시킨 미국의 군사력

트럼프는 1기 당선 직후, 그러나 트럼프가 취임하기 이전에 야기된 일이지만, 샌디에이고(San Diego)를 모항으로 하는 미국 제3함대의 군함들이 제7함대 구역에 들어오는 경우 그 지휘권이 7함대 사령관으로 바뀐다는 70년 이상의 전통을 무시하고 3함대 사령관이 지속적으로 자기 함대 소속 군함을 지휘하는 일이 발생했는데, 이는 남중국해에서의 7함대는 물론 3함대도 함께 작전할 것이라는 사실을 의미한다. 트럼프 시대 미국이 중시하는 전역(戰域)이 어디인지를 분명하게 밝혀주는 사건이 아닐 수 없다.

국방예산의 증가

트럼프 대통령은 2017년 7월 22일 행해진 제럴드 포드 취역식 연설에서 '지난 여러 해 동안 진행되어 온 끝이 없는 예산 감축은 미국의 국방력을 훼손시켰다고 전제하고 자신은 역사상 가장 큰 규모의 국방비 증액을 요구했다'고 말했다. "자동예산감축안(sequester)과 시퀘스터[282]가 창출하는 불확실성을 제거함으로써 우리는 미국 해군이 미래를 위한 계획을 더욱 쉽게 마련할 수 있게 하며, 그럼으로써 비용을 통제할 수 있게 하며, 국민들의 세금을 가장 올바르게 사용할 수 있게 했다"[283]고 말한 것이다. 이처럼 국방예산의 확대를 약속했던 덕택에 트럼프는 2016년도 미국 대선에서 미국 군부의 압도적 지지를 받았다. 미국 예비군들의 트럼프와 힐러리 클린턴 지지도는 60:34로 트럼프에 압도적이었다. 대통령 당선 이후에도 미국의 예비군들은 압도적으로 트럼프를 지지하고 있는데[284] 트럼프의 국방예산 확대 정책은 현역은 물론 예비군들에게도 융숭한 혜택이 돌아가게 하는 첩경이기 때문이다.

1기에 취임한 직후 트럼프 대통령은 2011년 이후 시행되어왔던 정부 예산 절감 정책 중 군사 분야의 자동적 예산 절감 방안을 폐기했다. 취임 약 2주일 후, 전년보다 10% 증액된 6,030억 달러의 2018년 국방 예산안을 의회에 제출했다.[285] 대한민국 2017년도 국방비가 40조 원으로 400억 달러가 채 못 된다는 사실과 비교하면 트럼프 행정부의 국방비 증액 규모를 알 수 있다. 트럼프 행정부는 2019년도 국방 예산안으로도 전년 대비 10% 이상 증액된 금액을 제안했다.

미국 정부가 2018년 2월 12일 공개한 2019년도 국방예산안으로 제출한 금액은 7,160억 달러이며 이중 국방부의 예산은 6,860억 달러로

2018년 국방 예산안보다 800억 달러 이상 늘어났다. 트럼프 대통령은 2018년 3월 23일 1조 3,000억 달러에 이르는 예산안에 사인했는데 향후 2년간 국방비 지출을 1,600억 달러 증액시킨다는 내용이 포함되어 있는 것으로서 오바마 행정부 말엽, 미국 국방예산이 줄어들고 있던 것을 완전히 역전시킨 일이었다.

미국 국방비 증액 규모가 얼마나 큰 규모인지를 알기 위해서는 다른 나라들의 국방비와 비교해 볼 필요가 있을 것이다. 아래 표는 각각 트럼프 첫해인 2017년도와 2025년도 세계주요 국가들의 국방비 자료이다.

2017 세계 각국 국방비[286)]

순위	나라 이름	국방비 (10억 달러)
1	미국	610.0
2	중국	228.0
3	사우디아라비아	69.4
4	러시아	66.3
5	인도	63.9
6	프랑스	57.8
7	영국	47.2
8	일본	45.4
9	독일	44.3
10	대한민국	39.2

미국은 2017년 트럼프 취임 첫해 역시 압도적인 군사력을 보유하고 있었다. 미국 국방비는 2위인 중국의 2.7배에 이르고 있었으며 미국의 국방비는 2위에서 9위 국가의 국방비를 모두 합친 것보다 더 많았다. 중국과 러시아의 국방비를 합쳐도 미국 국방비의 절반에 미달하는 48.2% 정도에 불과하다.

트럼프 2기 취임한 해인 2025년 미국의 국방비는 상대적으로 더 커졌다. 미국은 2위인 중국 국방비의 약 3.2배로 격차가 오히려 커졌다. 미국의 국방비는 2-10위 국방비 지출국의 국방비를 모두 합친 것보다 더 크다. 이처럼 압도적인 군사비를 확보한 트럼프는 '힘을 통한 평화'를 추구하고 있다. 2025년 국방비 지출 10개국 중 미국에 적대적인 국가는 중국과 러시아 두 나라뿐이며 중국과 러시아의 국방비를 합쳐도 미국 국방비의 46.4%, 즉 절반도 되지 않는다. 게다가 러시아는 우크라이나와 전쟁 중이기 때문에 중국과 합쳐 미국에 대들 여력도 없는 상황이다.

2025년 세계 각국 국방비[287]

순위	나라 이름	국방비(10억 달러)
1	미국	997.0
2	중국	314.0
3	러시아	149.0
4	독일	88.5
5	인도	86.1
6	영국	81.8
7	사우디아라비아	80.3
8	우크라이나	64.7
9	프랑스	64.7
10	일본	55.3

트럼프의 우주군 창설과 골든 돔(Golden Dome) 건설 계획

우주군 창설

트럼프 대통령은 2018년 6월 18일 백악관 국가우주위원회 회의에서 "미국은 공군과 별도로 독립된 우주군을 갖게 될 것"이라며 우주군 창설을 공식 선언했고, 2019년 12월 20일 미국의 6번째 독립 군종으로 '미국 우주군(United States Space Force)'이 출범했다. 트럼프는 우주를 국가안보 문제로 규정하며, 중국과 러시아가 미국을 앞서는 것을 원치 않는다고 강조했다. 당시 합참의장 조지프 던퍼드에게 우주군 창설 감독을 지시했고 미국 우주군은 기존의 공군우주사령부(Air Force Space Command)를 기반으로 조직되었다.

우주군의 사명은 미국 전쟁부 산하에서 우주 공간의 이익을 보호하고 우주 자산을 운용하는 임무를 수행한다. 우주군은 GPS, 통신, 미사일 경보 등 국가안보와 일상생활에 필수적인 우주 기반 서비스를 보호하고, 우주 공간에서의 작전을 수행한다. 특히 우주군은 미국의 우주 자산(위성 등)을 보호하고 우주 공간에서의 자유로운 작전을 보장하며, 적대국의 우주 위협에 대응한다. 우주군은 GPS, 통신, 날씨 예측 등 우주 기반 기술을 활용함으로써 지상군 및 국가안보를 지원한다. 편제상 미국 우주군은 미국 공군부(Department of the Air Force) 산하에 놓여 있다.

바이든 행정부 당시인 2022년 12월 14일 미국은 미국 우주군의 예하 부대를 한국 경기도의 오산 공군기지에 창설했다. 한국에 창설된 미국 우주군 예하 부대의 공식 명칭은 주한 미국 우주군(United States Space Forces Korea, USSFK)으로 되어 있다. 이 부대는 주한미군의 미국 우주군 야전 지휘부로서, 한반도 전구에서의 우주 작전을 계획, 조정, 지원하는 역할을 담당한다. 특히 북한의 핵·미사일 위협과 GPS 전파 교란 등을 감시하고 대응하는 임무를 수행하고 있다.

주한 미국 우주군은 미국 본토를 제외한 해외 주둔지 중 인도태평양사령부, 중부사령부에 이어 세 번째로 창설된 우주군 부대이다. 한반도가 미국의 세계 군사전략에서 가지고 있는 중요성을 상징하는 조치다. 주한 미국 우주군은 한국 공군과의 협력을 통해 연합 우주 작전 능력을 강화하고 있다.

골든 돔(Golden Dome)

트럼프는 2024년 선거 유세 중 미국 본토에 이스라엘이 보유하고 있는 것과 같은 아이언 돔(Iron Dome)을 설치하겠다는 계획을 밝혔다. 아이언 돔은 미사일 요격 시스템으로 이스라엘 방공망의 핵심을 이루고 있는 것으로서 그 성능이 매우 탁월하다. 아이언 돔(Iron Dome)은 이스라엘의 대표적인 방공 시스템으로, 평균적으로 90% 이상의 요격 성공률을 기록하며 세계 최고 수준의 성능을 자랑하고 있다. 물론 100% 완벽한 방공망은 아니지만 2024년 4월 이스라엘의 아이언 돔은 이란이 동시에 발사한 350여 개의 미사일과 드론 공격을 99%를 요격해 내며 위력을 입증했다. 이스라엘군이 99%라고 발표한 것은 요격된 이란 미사일의 파편이 이스라엘 소녀의 얼굴을 부상당하게 했기 때문이었다. 아이언 돔은 이스라엘 방공망의 첫 번째 방어선으로, 상위 체계인 다윗의 슬링(David's Sling), 애로우(Arrow) 미사일 방어체계와 함께 다층 방공망을 구성한다.

트럼프는 취임 직후인 2025년 1월 27일 미국 본토에 미사일 방어망을 설치하라는 행정명령에 서명했다. 또한 5월 20일 이스라엘의 아이언 돔보다 훨씬 정교한 방어망을 설치할 것을 공식 발표했고 그 방어망을 '골든 돔(Golden Dome)'이라고 명명했다. 이스라엘의 방어망이 강철이라면 미국의 방어망은 황금이라는 의미일 것이다. 트럼프는 우주군 부사령관을 골든 돔 건설의 책임자로 임명했고 향후 3년 이내에 골든 돔을 완성하겠다고 선언했다.

골든 돔이 완성되면 미국을 향해 날아오는 거의 모든 적국의 공격 물체를 방어할 수 있게 되는데 여기엔 적국의 대륙간 탄도 미사일(ICBM), 극초음속 미사일, 순항 미사일, 드론을 비롯해 우주에서 발사될 수 있는 거

의 모든 종류의 미사일이 포함되며 핵미사일은 물론, 재래식 미사일의
공격도 거의 100% 요격 가능하다고 한다.

2025년 5월 20일 골든 돔 건설 계획을 발표하는 Trump. 골든 돔이 완성 될 경우 러시아, 중국, 북한의 핵 미사일들은 문자 그대로 무용 지물이 될 것이다. 3년 이내에 완성할 것이라고 발표했다

특히 우주를 촘촘히 잇는 미국의 정찰 위성망을 통해 적국의 미사일
을 발사 직후 단계에서 추적, 요격 가능한 기술도 개발되어 있다 하니 미
국을 향해 미사일을 발사하는 나라들은 그 미사일이 발사한 곳에서 아주
가까운 곳, 즉 자기 나라 상공에서 폭발되는 모습을 보게 될지도 모른다.

이 같은 정교한 미사일 방어망을 건설하기 위해서는 천문학적인 돈이
소요되는데 트럼프는 앞으로 3년 동안 총 1,750억 달러를 투입해 이제
껏 없었던 최고의 미사일 방어망을 건설하겠다고 했다. 또한 이 계획에
참여할 록히드 마틴(Lockheed Martin)사는 자신들은 이미 검증된 기술을
확보하고 있다고 자부하며 이제껏 존재하지 않았던 최고의 미사일 방어
망 구축에 자신이 있다는 사실을 발표했다. 골든 돔 계획에 적극 참여 의

사를 밝힌 것이다.

그동안 핵전략의 기본은 핵보유국 모두가 방어망을 갖추지 않는다는 역설적인 가정에 입각한 것이었다. 어느 나라가 먼저 공격하든 두 나라 다 전멸할 것이라는 가정에 근거한 핵억제 이론(Deterrence Theory)은 미국과 소련으로 하여금 상대방이 공격하더라도 살아남아서 보복 공격을 가할 수 있는 무기 개발에 치중하도록 하는 동시에 방어 무기 개발은 서로 자제하기로 약속했었다. 그렇게 한 이유는 적국의 핵 공격을 100% 막을 수 있는 기술이 존재하지 않은 탓도 있었다. 1960년대 존 F. 케네디 대통령은 소련의 미사일 공격을 막는 것은 마치 날아오는 총알을 총으로 쏴서 맞추는 것만큼이나 어려운 일이라고 생각했다.

이 같은 상황에서 미국과 소련은 적이 선제공격을 하더라도 살아남을 수 있는 무기체계와 전략 개발에 집중했다. 그 한 예로, 폭격기의 1/3 정도는 24시간 내내 하늘에 떠 있게 한다든가 잠수함에 핵미사일을 탑재하고 깊은 바다를 조용히 항해함으로써 결코 적의 선제공격에 파괴되는 일이 없도록 했다. 소련이 기습공격을 해서, 미국의 핵무기가 다 파괴된다 해도 살아남은 한 척의 오하이오급 미국의 전략 핵잠수함은 소련을 멸망시킬 정도의 강력한 보복 공격을 할 수 있었다.

결국 두 나라 모두가 죽는다는 것을 확실하게 함으로써 누구도 먼저 공격하지 못하게 한 것이 과거 핵전략의 기본이었다. 두 나라 모두 확실하게 죽는(Mutually Assured Destruction) 상황은 수십 년 동안 핵전쟁을 회피하게 했다. 그런데 세상이 바뀌었다. 상대방의 핵 공격을 막을 수 있는 능력을 갖출 수 있는 과학기술이 개발된 것이다. 그런 능력을 갖춘 나라는 이제 상대방의 핵 공격을 두려워할 필요가 없게 되었고, 먼저 공격해도 되는 상황을 맞이하게 되었다. 즉 미국은 중국을 먼저 핵 공격한 후,

중국이 반격하면 그때 중국의 핵미사일들을 골든 돔으로 요격하면 된다. 반대로 중국이 선제공격할 경우 골든 돔으로 중국의 핵미사일을 대부분 요격한 후 미국은 반격을 가할 수 있을 것이다.

그동안 북한은 미국에 도달하는 핵미사일 개발에 매달렸다. 미국의 도시를 파괴할 수 있는 능력을 갖추게 되는 날 북한은 한국을 마음 놓고 공격할 수 있다고 생각했다. 자국의 대도시가 하나라도 북한 핵에 노출된 미국이 대한민국을 적극 지원하기 어려울 것이라고 생각했기 때문이다. 그러나 트럼프의 골든 돔 미사일 방어망은 중국의 핵과 북한의 핵을 일거에 무용지물로 만들어 버리게 되었다. 트럼프의 군사전략은 이처럼 변혁적이다.

트럼프의 해군력 증강[288]

트럼프 임기 시작 시 미국 해군의 현황

트럼프의 미국 군사력 강화 계획 중 가장 눈에 띄는 부분은 해군력 분야라고 말할 수 있다. 우선 트럼프 대통령은 2016년 선거 유세 기간 중 오바마의 국방 계획을 혹독하게 비판하며 앞으로 미국 해군력을 350척의 주요 함정을 보유한 군사력으로 증강시키겠다고 약속했다. 트럼프는 오바마 시대의 해군력을 '1차 세계 대전 이후 가장 허약한 해군'이라고 비난했다.[289] 적어도 양적인 측면에서 보았을 때, 트럼프의 주장은 타당했다. 레이건 대통령 당시 600척 해군을 이야기했고 클린턴 당시 350-400척 수준을 유지하던 미국 해군은 오바마가 퇴임할 무렵에는 270척 수준으로 대폭 감축된 상태였다.[290]

오바마 대통령 임기 중 미국 해군의 군함 척수는 대략 270-290척 수준을 유지하고 있었다. 양적(量的)인 측면에서 보았을 때 오바마 시대의 미국 해군은 1차 세계 대전 후 1924년부터 1930년까지 7년을 제외하면 가장 소규모인 미국 해군이라고 말 할 수 있었다. 오바마 재임 중 미국해군의 양적 규모는 아래의 표와 같았다.

오바마 시대 미국 해군의 양적 규모

년도	2009	2010	2011	2012	2013	2014	2015	2016
척수	285	288	284	287	285	289	271	275

물론 양적 규모가 작다는 사실이 직접적으로 미국 해군력의 몰락을 의미하는 것은 아니다. 질적인 측면에서의 개선이 있었기 때문이다. 2006년 12월 취역하게 된 줌월트급(Zumwalt Class) 구축함 DDG 1000 1척은 갖추고 있는 장비 면에서는 물론 스텔스 기능을 갖추고 있다는 점에서 소형 프리깃함 혹은 기왕의 구축함들과 그 전력이 비교될 수 없을 정도로 막강하다. 숫자상으로는 줌월트 함도 미국 해군함정 275척 중 1척에 불과하지만 같은 1이라고 볼 수는 없을 것이다. 줌월트 함은 기왕의 구축함이 진입할 수 없는 취약한 지역에도 마음 놓고 진입해서 작전을 전개할 수 있기 때문에 특수한 전역(戰域)에서 줌월트 1척은 다른 군함 수십 척보다도 오히려 더욱 막강할 수 있는 것이다.

2016년 미국 해군은 항공모함 10척, 순양함 22척, 구축함 62척, 신형 구축함 1척, 근해전투함(近海 戰鬪艦: Littoral Combat Ship, LCS) 8척, 공격 잠수함 52척, 전략핵잠수함 14척, 기타 전투함 71척 등 총 275척을 보유하고 있었다. 트럼프가 취임하는 2017년에는 다시 5척이 감소되어 미국 해군의 주요 함정 수는 270척으로 줄어 있었다.

특기할 사항은 줌월트 구축함이 추가되었다는 사실과 수년 전에 비해 근해(近海) 전투함의 척수가 급속하게 증가되고 있었다는 점이다. 2011년 당시 2척에 불과했던 LCS(연안전투함)가 2012년에는 3척, 2013, 2014년에는 4척, 2015년에는 5척, 2016년에는 8척으로 증강되고 있는 것이다. 줌월트 구축함 역시 적국의 연안 지역에서 작전할 수 있는 능력이 탁월하다는 점에서 오바마 행정부의 미국 해군은 근해 전투 능력의 증강에 집중했다는 사실을 보여준다.

트럼프 역시 오바마의 아시아 중시(重視) 정책을 계속했다. 다만 트럼프는 선거전에서 누누이 강조했던 바처럼 강력한 군사력의 구축을 통하여 힘에 기반한 국제 안정과 평화를 유지하겠다는 전략을 세웠다. 중국과의 직접적 마찰을 우려한 오바마 행정부는 해양강국으로서 중국의 부상을 적극적으로 견제하는데 소극적이었으며 남중국해에서의 '항행의 자유 작전' 실시에도 소극적이었다.[291] 물론 오바마 정부의 미국 해군은 자유 항행작전(Freedom of Navigation Operation, 이하 FON)을 여러 차례 걸쳐 진행한 바 있었지만 중국이 남지나해의 산호초들을 인공섬으로 만드는 작업을 직접 방해하거나 노골적으로 막은 적은 없었다. 결국 중국은 오바마 퇴임 무렵 7개에 이르는 인공섬을 완성해 놓고 있었으며 향후 더욱더 많은 섬을 확보할 계획이었다.

이미 미국 해군은 쇠망의 한도에 이르렀다고 비판하는 전문가[292]들도 여럿 있었지만 그럼에도 불구하고 오바마 시대의 미국 해군이 '상대적인 측면'에서도 막강함을 잃은 것은 아니었다. 조지프 나이(Joseph Nye Jr.) 교수는 2014년 현재 미국 해군력은 "미국 다음으로 강한 해군 17개국의 해군을 다 합쳐 놓은 것만큼 강하다"[293]고 평가한 바 있을 정도다. 즉 오바마 시대에도 미국 해군은 양적, 질적인 측면 모두에서 세계 1위의 해군이기는 했다는 말이다.

다만 전문가들 사이에서 '미국 해군은 얼마나 막강해야 하는가?'라는 문제에 대해 견해가 일치하지 않으며, 서로 다른 견해를 가진 사람들은 미국 해군을 충분하다고 말하기도 하고 그렇지 않다고 말하기도 했다. 미국의 해군이 보잘 것 없게 되었다고 주장하는 트럼프 대통령은 대선 선거공약 중 하나로 미국 해군을 350척으로 늘일 것임을 천명했었다.

트럼프는 최전방에 배치되어 있는 미국 해군의 공격력이 노후(老朽)했다는 사실도 지적했다. 항모탑재기가 정비를 위해 묶여 있느라 하늘을 나는 시간이 적다고 말하며, 그 비행기들은 더 많은 시간 하늘을 날 수 있어야 한다고 말했다.[294] 현재도 미국 항공모함의 주력 탑재기는 개발 및 배치된 지 이미 40년이 되어가는 F-18 호넷(Hornet)기이다. 비록 성능 개선이 여러 차례 이뤄지기는 했지만 항모 탑재기들은 이착륙 시 일반 공군기보다 훨씬 더 큰 충격을 받는다는 사실을 고려할 때, 호넷은 가장 늙은 전투기라 말해도 될 정도다. 현재 미국은 개발 완료된 F-35 B 수직 이착륙기를 강습 상륙함에 탑재하는 계획을 가지고 있다. 미국은 점차 항모 탑재기의 주력기종을 F-35기로 교체할 예정이지만 시간이 걸릴 것이다.

트럼프 대통령은 2017년 취임 직후 미국 해군을 1차 대전 이후 가장 소규모의 해군이라며 한탄한 후 "걱정 마시오. 미국 해군은 곧 1차 대전 이후 가장 대규모가 될 것이오. 걱정 마시오"[295]라고 말했다. 물론 트럼프가 말했듯이 미국 해군이 '양적'으로 역사상 규모가 가장 큰 해군은 되지 않을 것이며 그럴 필요도 없을 것이다. 트럼프의 언급은 미국 해군을 질적으로 막강한 해군력으로 증강시켜 줄 것임을 약속한 것이다. 트럼프는 항공모함도 12척이 필요하다고 역설했고 참석자들로부터 큰 박수를 받았다.[296]

트럼프는 군에 대한 그의 인식을 구체적으로 보여 주는 말을 자제하지 않는다. "훌륭한 인간들로 구성된 미국군"의 총사령관직을 수행하게 된 것을 어떤 일보다 영광스런 일이라고 말하고 "나는 매코믹 함장과 이 군함의 선원들에게 경례를 바칩니다. 나는 항상 당신들과 당신들의 사명을 지원할 것입니다. 여러분을 결코 쓰러지도록 하지 않을 것입니다···. 군복을 입고 이 나라의 방위를 위해 고생하는 여러분들의 노고에 대해, 나는 국가를 대표해서 감사를 드립니다"[297)]며 군인들을 치하했다.

2017년 3월 2일 거행된 최신형 핵 항공모함 제럴드 포드호의 취역식에서 트럼프는 미국의 해양전략에서 항공모함이 가지는 핵심적 중요성을 언급하고 있다. "이 항공모함과 포드 클래스의 새로운 항공모함들은 지구 먼 곳에 미국의 힘을 투사하는 사활적인 임무 수행 능력을 대폭 확대하게 될 것입니다. 나는 이 군함의 힘이 사용되지 않을 것을 희망합니다. 그러나 우리가 이 군함의 힘을 사용하게 되는 경우 적들은 심각한 문제에 빠져들게 될 것입니다." 항공모함의 용도를 반테러 전쟁까지 확대시킨 언급을 한 트럼프는 "해군의 기능은 우리나라의 영토에서가 아니라 적의 영토에서 전쟁할 수 있게 해주는 것"이라는 니미츠 제독의 유명한 언급을 인용한 후, 니미츠 제독이 지휘하고 승리함으로써 2차 대전의 분기점을 이룬 1942년 6월의 미드웨이 해전에 대해서 설명했다. 당시 활약했던 항공모함 요크타운, 엔터프라이즈, 호넷 등 3척의 이름을 일일이 거명하며 미드웨이 해전에서 항모의 역할이 얼마나 중요했었는지를 강조했다. 미드웨이 해전에 참전한 항공모함 3척 모두 제럴드 포드함이 건조된 곳과 같은 뉴포트 뉴스에서 건조되었던 군함들이었다.

트럼프는 "미국의 군함들은 세계의 바다를 항해할 것이며 미국의 비행기들은 하늘로 날아오를 것이다. 미국의 노동자들은 미국의 함대를 건조할 것이다. 미국의 군사력은 지금 비록 하늘이 아주 캄캄할지라도 빛나는 태양이 언제라도 다시 떠올라 우리나라와 국민들을 밝게 비추도록 할 것이다. 우리 해군은 위대하다. 우리 국민은 위대하다"고 연설했다. 더 나아가 "미국은 어떤 도전도 격파할 것이며 어떤 위협에도 맞설 것이며 언제라도 지속적인 평화를 추구할 것이다"고 말했다.

트럼프는 2017년 4월 14일 미국과 세계인들이 보는 트윗을 통해 "미국 군사력은 다른 어느 때 보다 급속하게 강화되고 있다. 솔직히, 그렇게 하는 것 외에 다른 선택은 없다"고 말하기도 했다.[298] 국제정치의 궁극적인 힘은 군사력이라는 사실을 솔직히 말한 것이다. 트럼프 시대 미국 해군력은 급격히 강화될 것이다. 경제가 팽창하고 있으며 미국 국민들이 지지하고 있고 트럼프가 강한 의지를 가지고 추진하고 있기 때문이다.

트럼프는 2021년 백악관을 떠났고 1기 임기 동안 270척의 미국 해군을 296척까지 증강시켰다. 4년 동안 26척의 군함을 늘였다는 사실은 대단하다. 그러나 트럼프를 이어 46대 대통령이 된 바이든은 해군력 증강에 관심이 없었다. 바이든 재임 기간 동안 미국 해군의 주요 함정 수는 290척으로 줄어들었다. 트럼프는 2기 임기에 취임한 후 해군력 증강 계획에 다시 박차를 가하기 시작했다. 미국의 전문가들은 미국 해군이 패권국의 지위를 보호하고 역할을 감당하기 위해서 최소 330척 최대 400척의 주요 해군함정이 필요하다고 분석한다.

해군력을 급속하게 늘인다는 것은 어려운 일이며 특히 미국의 조선산업은 과거보다 능력이 훨씬 약화된 시점이다. 이 같은 상황에서 2기 임기를 맞이한 트럼프 대통령은 대한민국의 탁월한 선박건조 실력과 선박건조 속도에 주목하고 있다. 트럼프 대통령은 미국해군의 조속한 양적 증강을 위해 한국과의 협력을 도모하고 있는 중이다.

트럼프의 무적함대, 골든 플리트(Golden Fleet)

트럼프는 상징조작에도 능수능란한 자질을 가지고 있다. 자신의 이름을 딴 건물을 금색으로 만들었고 백악관 오벌 오피스도 황금색 분위기로 치장했다. 자신이 이끌어 나가는 시대를 황금기(Golden Age)라고 말하며 미국을 적국의 미사일 공격으로부터 보호하겠다는 방어체계를 골든 돔(Golden Dome)이라고 명명했다. 이스라엘의 아이언 돔(Iron Dome)이 이미 확실하게 작동하는 미사일 방어망임을 과시했는데 트럼프는 미국의 아이언 돔은 골든 돔이 되리라고 말한 것이다.

트럼프는 2025년 12월 23일 미국의 해군을 무적함대로 만들겠다는 계획을 발표했다. 미국은 향후 역사상 최강의 전함을 건조할 것이며 이를 황금함대(Golden Fleet)로 부를 것이라는 해군력 증강계획을 발표한 것이다. 황금함대에 소속될 전함은 속도, 규모 등 기왕 어떤 전함보다 100배 강력할 것이라고 말해졌고 황금함대 전함 중 1번함의 이름은 디파이언트(Defiant) 로 명명될 예정이다. 그리고 디파이언트함이 속하는 군함의 급을 트럼프급(Trump Class) 전함이라고 명명했다. 디파이언트란 불굴, 즉 굴복하지 않는다는 의미이며 트럼프 대통령이 2024년 7월 13일 유세 중 당한 총격에서 살아남았다는 불굴, 불사조의 의미를 상징하는 말이다. 디파이언트함에는 총격을 당한 트럼프 대통령이 팔을 휘두르며 파이트(Fight)라고 외치는 상징적인 그림이 부착될 것으로 묘사되었다.

냉전이 끝난 이후 미국 해군은 바다 한복판에서 싸울 일은 없을 것이라 가정했다. 소련이 붕괴된 이후 미국 해군을 상대할 만한 대양해군(Blue Water Navy)은 사실상 소멸되고 말았다. 그래서 냉전 이후 미국은 대양에서 싸우는데 적합한 군함보다 다른 나라의 해안가에서 싸울 수 있는 군함들을 만드는 데 집중했다. 상대적으로 크기가 작고 날렵한 군함들은 LCS(Littoral Combat Ship) 즉 연안전투함이라고 불렸다. 그러나 중국의 부상과 특히 중국해군의 급속한 증강은 미국이 다시 대양 한복판에서 중국해군과 결전을 벌여야 할 시대가 도래하게 하였다. 이에 부응해서 나온 발상이 대형군함으로 구성되는 트럼프의 골든 플리트인 것이다. 사실 소형 연안 전투함들은 미국의 전통적인 해양전략에 부합하지 않는 일탈(逸脫)이었다.

중국해군이 급격히 부상하고 있는 데 반해 미국의 반응은 신속한 것도 아니었다. 미국은 이미 레일건을 개발했지만 군함에 장착하는 데 14년의 노력에도 불구하고 2021년 바이든 재임시 계획 자체를 폐기시키기도 했다. 드론 전쟁의 시대를 맞이한 지금 적의 드론 공격을 막기 위해 군함들마다 적의 드론 센서를 망가뜨리는 장비를 장착해야 하는데 지난 8년 동안 겨우 8척의 군함에 그 장치를 장착했을 정도로 지지부진이 지속되었다. 군함에 필요한 핵순항 미사일의 개발 및 배치 역시 러시아와의 군축 협정 때문에 제대로 이루어지지 못했다. 그동안 중국은 마음 놓고 신형 군함들을 찍어내고 있었는데도 말이다.

이토록 미국 해군력 건설이 지지부진했다는 사실은 경영의 귀재 트럼프가 보기에 너무나도 답답한 일이 아닐 수 없었다. 여기서 트럼프의 과감한 골든 플리트 구상이 나오게 된 것이다. 놀라운 것은 왜 갑자기 전함(戰艦, Battleship)인가?라는 점이다.

전함은 2차 대전 중 최고의 군함으로 적국을 향해 거대한 함포를 사격하는 역할을 담당했던 군함이었다. 그러나 전함은 2차대전 이후 항공모함에게 그 영향력을 빼앗겼고 2차 세계대전 이후 해군의 주력함은 항공모함으로 바뀌게 되었다. 2차 대전 중 위용을 발휘했던 전함은 아이오와급(IOWA Class) 전함들로 그 규모가 무려 6만 톤에 이르는 대형군함이었다. 1980년대에 이르렀을 때 미국은 4척의 아이오와급 전함을 현대화시키고 작전에 투입하기도 했었지만 1990년대에 이르러 미국의 전함은 모두 퇴역했었다. 그 같은 역사를 가진 전함을 다시 미국 군함에 도입하겠다는 것이 트럼프의 발상이다.

트럼프급 전함은 유도미사일을 장착한 최신예로 아이오와급과 동급이지만 무게는 거의 절반 정도인 35,000톤이며 운용 병력도 훨씬 적은 650명-850명 정도의 해군 장병으로 구성될 것이다. 트럼프급 전함의 주력 무기는 물론 대포가 아니라 미사일이 될 것이다. 트럼프는 군함의 성능은 물론 모양에도 신경을 쓰는 인물이다. 해군 장관에게 한밤중에 문자를 보내 녹슨 군함, 혹은 정비창에 있는 군함에 대해 어떻게 할 것이냐고 질문하기도 한다고 한다. "배가 너무 못생겼어… 더 멋있게 만들라고…" 트럼프는 트럼프급 전함의 디자인에도 개입, 모양까지 신경을 쓸 예정이다.

해군장관 펠란은 초고속 무기, 초현대식 레일건, 진보된 레이저 및 순항 미사일을 장착한 디파이언트함은 외국의 항구를 방문할 때마다 외국인들의 경외감과 존경심을 자아내게 될 군함이 될 것이라고 말했다. 트럼프 급의 전함 건조는 미국 조선산업의 확장을 시도하는 것이며 트럼프급 전함이 완성될 경우 미국인들은 "우리의 항공모함은 어디 있지? 우리의 전함은 어디에 있지?라고 묻게 될 것이다. 트럼프급 전함들은 미국 해군의 골든 플릿(Golden Fleet) 이니셔티브의 핵심 전력이 될 것이며, 오늘날 가장 진보된 심층 타격 무기와 앞으로 등장할 혁신적 체계를 통합함으로써 압도적인 화력과 적에 대한 결정적 우위를 제공하는 전례 없는 전력이 될 것이다. 어떠한 외국의 적도 능가하도록 설계된 트럼프급 신형 전함은 미국 해군의 중심축이 될 것이다. 알레이버크급 구축함의 세 배에 달하는 크기를 지닌 이 거대한 선체는 더욱 강력한 화력과 대형 미사일 적재량을 제공하며, 재래식 신속 타격(CPS) 극초음속 미사일과 함정발사 순항미사일-핵(SLCM-N)을 발사할 수 있는 능력을 갖추고 있다. 트럼프급 전함은 기존의 항공모함 타격단과 함께 전통적인 통합 방공·미사일 방어(IAMD) 임무를 수행할 수 있을 뿐만 아니라, 수상전 및 대잠전임무를 위한 자체 수상전투단(Surface Action Group)을 지휘할 수도 있다. 또한 장거리 극초음속 전략 타격을 수행하고, 중앙 지휘·통제 노드로서 전체 함대의 작전을 총괄·조율하는 역할도 수행하게 된다.

미국 해군 참모총장 대릴 코들 제독은 "우리 해군 함대의 미래를 구축해 나가는 과정에서 우리는 더 큰 규모의 수상 전투함이 필요하며, 트럼프급 전함은 이러한 요구를 충족합니다. 우리는 지속적인 개선을 이룩할 것이며, 2030년대와 그 이후에도 효과적으로 전쟁을 억제하고 승리하기 위해 필수적인 요구 사항에 대해 지적, 정직성에 기반한 평가, 그리고 치명성·적응성·전투력 측면에서 타의 추종을 불허하는 함대를 만들고, 규율 있는 전투력을 갖출 것입니다"고 언급했다.

트럼프의 황금함대는 무엇보다도 미국 해운 산업(Maritime Industrial Base)의 기반을 다시 활성화하고, 함대를 신속히 건조·유지하며, 힘을 통한 평화의 투사를 지속하기 위해 기왕의 사업수행 방식을 근본적으로 변화시키려는 해군의 과감한 투자이다.

트럼프급 전함은 지금까지 건조된 전함 중 가장 치명적인 전함형 수상 전투함급의 일원으로, 항해한 어떤 수상함보다도 가장 파괴적인 화력을 갖추게 된다. 트럼프급 전함은 이전 군함들보다 80배에 달하는 사정거리에서 적을 공격할 수 있는 능력을 보유할 것이다. 트럼프급 전함은 역사상 최초의 유도미사일 전함으로, 핵미사일과 극초음속 미사일을 탑재하여 작전 배치될 미국의 차세대 전함이다.

트럼프급 전함 1번함 USS Defiant(디파이언트)함

트럼프의 미국 군사력 구조 개편과 과감한 중국견제

인도태평양 사령부 신설

트럼프 정부 1기 출범 이후 미국의 군사력이 확대되었으며 동시에 편제가 개편되었다. 2018년 5월 30일 태평양함대 사령관 해리 해리스(Harry Harris) 대장이 전역하고 필립 데이비드슨(Philip Davidson) 대장이 취임하는 이-취임식 행사 당일 태평양 사령부(Pacific Command)의 이름이 인도 태평양 사령부(Indo-Pacific Command)로 개편되었다. 미국의 전략적 초점이 태평양을 넘어 인도양까지 포괄하게 되었다는 사실은 중국을 미국

의 주적(主敵)으로 삼겠다는 의미가 아닐 수 없다.

1942년 미국이 일본과 태평양 지역에서 전쟁을 벌이기 위해 만들었던 태평양 사령부의 전신 조직들은 국제정치의 변화를 반영하는 진보를 이룩해 왔었다. 세계를 7개의 사령부로 분할해서 각 지역의 군사 문제에 대처하는 미국군 사령부 중 가장 넓은 지역을 담당하던 태평양 사령부(USPACOM)는 2018년 5월 30일부로 인도태평양 사령부(USINDOPACOM)로 개명되었다. 태평양은 물론 인도양까지 포함하는 이 사령부 관할 지역에는 36개의 국가가 포함되어 있으며 담당구역의 면적은 1억 평방마일(2억 6천만 평방킬로미터)로서 지구 전체 면적의 52%에 이른다. 인도태평양 사령부 관할 지역에서 거주하는 사람의 숫자는 지구 인구 전체의 절반이 넘으며 이들이 사용하는 언어만도 3,600개에 이른다고 한다.

인도태평양 사령부 산하에는 태평양 육군(U.S. Army Pacific), 태평양 함대(U.S. Pacific Fleet), 태평양 공군(U.S. Pacific Air Forces), 태평양 해병대(U.S. Marine Forces Pacific), 주일미군(U.S. Forces Japan), 주한미군(U.S. Forces Korea), 한국 주둔 특수전 사령부(Special Operations Command Korea), 태평양 특수전 사령부(Special Operations Command Pacific)가 있다. 인도 태평양 사령부 본부는 하와이의 캠프 HM 스미스에 위치한 니미츠-맥아더 태평양 함대 센터에 자리 잡고 있다.

인도 태평양 함대 사령부의 역할은 미국의 안전을 보장한다는 일반적인 용어로 표현되지만 보다 구체적으로 말한다면 '중국의 미국에 대한 패권 도전을 견제하고 특히 남지나해에서 미국의 이익을 보호'하는 데 그 목표가 집중된다고 볼 수 있을 것이다. 경제적인 측면은 물론 국방 안보 측면에서도 중국을 의심했던 트럼프는 1기와 2기 대통령 당선 이후 보다 적극적인 대중국 견제전략을 전개하고 있다.

트럼프 1기 취임 약 보름 전인 1월 5일, 미국 3함대 소속 항공모함 칼 빈슨(Carl Vinson)호가 중국해역을 향해 출항했다. 주목해야 할 부분은 3함대의 항모전단이 7함대 구역에 파견되었다는 사실이었다. 7함대는 서태평양(하와이-아시아), 3함대는 동태평양(하와이-미국)을 각각 담당구역으로 삼는다. 칼 빈슨 호는 7함대 구역에 진입해서도 3함대의 지휘를 받았다. 당시 미국 해군의 3함대는 "3함대 앞으로!(3rd Fleet Forward)"라는 구호를 외치고 있었다.

중국을 견제하기 위해 미국의 태평양 함대 2개를 모두 활용한다는 의미다. 3함대 소속 군함이 중국해역에 진입한 것은 2차 대전 이후 처음 있는 일이라 한다. 3함대 소속 군함이 7함대 구역에 들어가서 작전을 하는 경우 그 군함은 7함대 사령관의 지휘를 받는 것이 이제까지의 관행이었는데 2016년 그런 관행이 더 이상 지켜지지 않았다는 사실은 미국의 대아시아 전략에 변화가 있음을 의미한다. 미국은 중국을 다루기 위해 7함대는 물론 3함대도 활용하겠다는 것을 공개한 것이다. 트럼프의 미국 해군은 중국을 견제하는 패권국의 해군 역할을 지속적으로 강화하고 있는 중이다.

자유 항해 작전(Freedom of Navigation Operation)

이미 오바마 대통령 재임 시절 단행한 바 있는 작전이지만 트럼프 행정부는 보다 빈번하고 과감한 자유 항해 작전을 전개했다. 자유 항해 작전(Freedom of Navigation Operation, FOND)이란 중국이 선포한 인공섬들에 대해 중국이 선언한 영해 선언을 무력화시키기 위한 작전이다. 해양법상 인공섬은 12해리 영해를 가질 수 없게 되어 있지만 중국은 자의적으로 자신들이 만든 인공섬들에 12해리 영해를 선포했다.

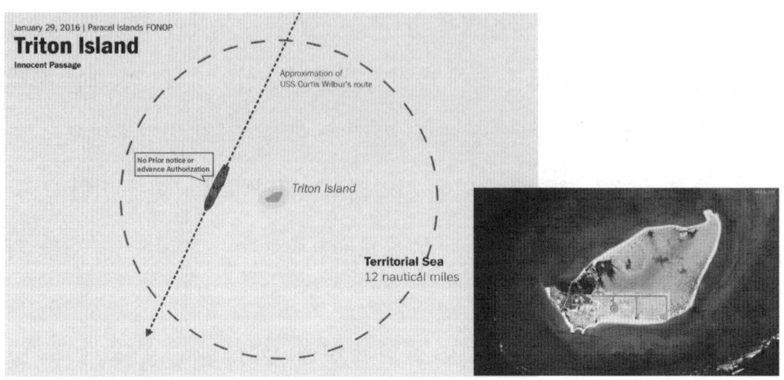

중국이 인공 섬 Triton Island에 설정한 영해선(원형 점선)을 가로질러 항해 하고 있는 미국 군함. 국제해양법에 의하면 인공섬은 영해를 가질 수 없다

Freedom of Navigation Operation, 자유의 항해 작전을 단행하고 있는 미국 군함들 유난히 큰 성조기를 달고 항진하고 있다

미국은 중국의 행동을 해양 자유의 원칙에 대한 심각한 도전으로 간주하고 중국이 불법적으로 영해라고 선언한 해역을 가로질러 미국 군함을 항해하도록 하던가 혹은 중국이 주장하는 영해의 상공에 미국의 군용 항공기를 날게 하는 작전을 전개했다. 호주 항공기도 미국의 FON 작전

에 동조, 중국이 주장하는 영해 상공을 비행한 바 있었고 일본의 아베 수상은 오바마 대통령 재임 시 일본도 FON 작전에 동참할 의사가 있다는 사실을 밝힌 적이 있었다.

트럼프 1기의 마티스 국방장관은 남지나 및 동지나해에서 FON 작전을 더욱 빈번하게 실시했다. 구축함 함장 출신인 미국 해군 예비역 장교 브라이언 맥그레이쓰(Bryan McGrath)는 자유 항해 작전(FONOPs)은 올바른 행동이라고 말하면서 "마을에 새 보안관이 부임해 왔다. 새 보안관은 합법적이고, 체계적이며 편견이 없는 자유 항해 질서가 회복되기를 원하고 있다. 중국, 우리는 당신네들이 미워서 그러는 것이 아니오. 그렇게 하는 것이 옳기 때문에 그렇게 하는 것이오"[299]라고 말했다. 그는 더 나아가 미국이 중국이 화내는 것이 두려워 이 작전을 단행하지 않는다면 그것은 중국의 불법적인 주장을 재가(裁可)해 주는 것과 마찬가지라고 말했다. 미국이 중국의 불법적인 조치[300]를 묵인한다면 이는 궁극적으로 불법을 불문율로 인정하는 결과를 초래할 것이다.

트럼프 행정부의 보다 공격적인 자유 항해 작전 계획은 오바마 행정부의 정책과는 대단히 상이한 것이다. 오바마 행정부는 자유 항해 작전을 실시하기는 했지만 대단히 자제하는 모습을 보였고 중국과의 직접적 갈등을 회피하고자 노력했다. 오바마 재임 기간 중 중국은 베트남과 필리핀 사이에 있는 작은 군도(archipelago)들과 산호초(reefs)를 군사화 시키는 조치를 진행했다.

물론 트럼프 행정부가 시도하는 보다 빈번한 자유 항해 작전은 미국과 중국 사이에서 야기되는 패권 경쟁의 구체적인 모습이다. 트럼프 대통령은 중국의 군사적인 도발 행위에 군사적으로 대처한다는 강수를 두고 있다. 미국과 중국의 관계 악화는 트럼프라는 특이한 인물이 대통령이 되었다는 사실에서 유래하는 것은 아니다. 지난 수십 년 동안 진행된 미국과 중국의 힘의 관계 변화가 초래한 구조적인 긴장이라고 보아야 한다. 일본 수상 아베 신조가 백악관을 방문하기 직전인 2017년 2월 8일 중국의 KJ-200 조기경보기와 미국의 P-3 초계기는 300m 이내에서 비행하는 위험한 순간을 연출하기도 했다.[301]

바다에서의 자유 항해 원칙은 자유무역을 신봉하는 해양국가인 미국이 결코 양보할 수 없는 국가 대전략상의 원칙이다. 미국의 세계 대전략은 미국이 주도하는 자유주의적 세계질서(Liberal International Order)를 유지하는 것이며 이를 가능케 하는 것이 자유 항해의 원칙이다.[302] 트럼프의 미국 해군은 자유주의적 국제 무역 질서를 유지하기 위한 기본적인 군사력이며 트럼프의 미국 해군은 자유 항해의 원칙을 결코 양보하지 않을 것이다.

트럼프의 외교 안보팀은 시진핑과 김정은의 악몽(惡夢)

트럼프 대통령이 2기 임기에 취임한 직후, 심지어는 임기를 시작하기 이전부터 세상은 급격히 변하기 시작했다. 미국에 도전하던 국제 세력들이 트럼프의 눈치를 살피기 시작했다. 그래서 특히 국제정치적인 측면에서 변화가 눈에 보일 정도로 나타났다. 트럼프의 안보 정책이 바이든과는 현저하게 다를 것이라는 사실을 알아차렸기 때문이다. 트럼프 2기 당선 직후 하마스는 이스라엘과 잘 지내기를 원하며 전쟁을 빨리 종료시키자고 제안했다. 실제로 하마스와 이스라엘의 전쟁은 2025년 10월 9일 휴전을 이룩할 수 있었다.

러시아도 '언제라도 미국과 대화할 준비가 되어 있다'고 말했으며 중국은 미국과 평화공존을 원한다고 말했다. 하마스 지도자들을 은닉시켜 주었던 카타르는 트럼프가 당선된 직후 자국에 거주하던 하마스 요원들의 출국을 요구했다. 루블화로 러시아의 천연가스를 수입하겠다며 달러의 가치를 훼손시키려 했던 유럽연합(EU)은 미국의 천연가스를 수입하겠다며 입장을 선회했다.

이처럼 세상이 급변하고 있지만 트럼프 당선으로 미국의 물리적인 국력, 즉 군사력이 이 갑자기 강대해진 것은 아니다. 바이든 시대의 미국 군사력은 트럼프 시대의 미국 군사력보다 약간 약해지긴 했지만 세계 최강이라는 사실에는 변함이 없었다. 그럼에도 불구하고 대통령 한 사람 바뀌었다고 이처럼 세상이 변하는 데는 충분한 이유가 있다. 바이든은 막강한 힘을 행사하려는 전략과 의지가 없었던 인물인 반면 트럼프는 미국의 힘을 언제라도 사용하겠다는 의지와 전략을 가진 사람이라는 점이 그 이유다. 트럼프는 임기 중 미국의 물리적인 힘을 대폭 증강시킬 것이며 그 힘을 효과적으로 사용, 세계 패권국 미국의 지위를 더욱 강화시킬 것이다.

이를 위해 트럼프는 1기에 비해 훨씬 효율적이고 미국 및 트럼프에 충성하는 백악관과 행정부의 진용을 갖추었다. 트럼프가 선발한 백악관과 내각을 구성하는 인물들의 면면을 보면 트럼프의 국가전략은 자신의 임기를 훨씬 뛰어넘는 장기적 포석 아래 진행되는 것임을 알 수 있다. 우선 40대 초 중반의 미국적 보수주의자와 애국자들 위주로 내각과 백악관 진용을 구성했는데 이는 앞으로 수십 년 동안 미국을 이끌어 갈 세력을 기른다는 의미다.

이 같은 상황에 미국의 민주당은 경악하지 않을 수 없을 것이다. 선거에 패배하여 지리멸렬한 상황인데 미국의 젊고 강력한 보수주의자들로 구성된 트럼프의 내각과 백악관은 민주당의 좌파적 진보주의를 철저하게 박살내려는 트럼프의 의도에 민주당은 패닉상태가 되었다.

미국의 힘을 대외적으로 과시하기 위한 외교 안보팀은 특히 젊고, 강한 미국적 애국자들로 채워졌다. 국무장관에 임명된 마르코 루비오(Marco Rubio)는 50대 중반의 3선 상원의원 출신으로 공산주의 쿠바를 떠나온 이민자의 아들이다. 체질적으로 반공(反共)이며 몇 남지 않는 공산주의 독재국가인 중국과 북한의 지도자를 특히 경멸하는 인물이다.

루비오는 2021년 미국의 월가(Wall Street)는 중국을 부유하게 만들 일체의 일에서 손을 떼야 한다고 주장했으며, 상하이 정상회담 후 김정은을 칭찬하는 트럼프의 말을 듣고 '트럼프가 협상의 성공을 위해 그렇게 말하는 것은 이해하지만 김정은은 트럼프가 말하듯 괜찮은 인물이 아니며⋯ 민주주의 국가에서 태어났다면 선거를 통해서는 유기견 잡는 사람의 조수 자리도 못얻을 인간'이라며 김정은을 비하했다.

국방장관, 차후 전쟁부장관으로 임명된 헥세스는 겨우 44세의 젊은 사람이지만 육군 소령 출신으로 20년간 군에 있었고 동성 무공훈장(Bronze Star)에 빛나는 미국의 전사(戰士)다. 프린스턴대학과 하버드대학을 졸업한 영재지만 9·11 테러 사건을 본 후 나라를 구하겠다며 군에 입대했던 미국적 애국자다. 그는 특히 최근 미국군이 전쟁할 수 있는 막강한 전투력을 갖춘 군대이기보다는 문화적 마르크스주의에 오염된 허약한 군대가 되고 말았다고 한탄한다. 전투력 강화보다 동성애, 성전환자들의 화장실 복지 문제에 오히려 더욱 큰 신경을 쓰는 미국군 지휘부는 모두 물러나야 한다고 규탄하는 헥세스는 전사의 정신을 잃어버린 미국군을 대폭 개혁할 수 있는 전문가이기도 하다. 헥세스는 미국 군대를 다시 전투를 할 수 있는 군대로 재편해야 한다고 호소하고 그 방법을 제시한 저

서를 출간하기도 했다.[303]

국가안보 보좌관 마이클 월츠((MIchael Walz) 역시 전투 경험이 풍부한 그린베레 출신의 예비역 육군 대령이며 국가안보에 관한 책도 이미 여러 권 저술했다. 월츠는 지금 미국의 유엔 대사로 임무를 바꾸었으며 루비오 국무장관이 국가안보 보좌관 역할을 함께 수행하고 있다.

이스라엘 대사로 지명된 마이크 허커비(Mike Huckabee) 전 아칸소주지사 겸 목사는 친이스라엘주의자로 유명하다. 한때 유엔 대사로 내정되었던 엘리스 스테파닉(Elise Stefanik) 뉴욕 출신 연방 하원의원은 2024년 여름 반이스라엘 데모가 창궐하는 명문대학 총장들을 하원 청문회에서 혹독하게 몰아붙여 결국 몇 명을 총장직에서 물러나게 만들었던 초강성 인물로 하버드대학 정치학과 출신의 여성 정치가이다. 그녀는 좌파적 뉴욕주의 주지사 선거를 준비하고 있는 중이다.

미국의 주류언론들과 이를 그대로 베껴대는 한국 언론들 대부분이 트럼프가 선발한 인물들을 실력과 경험 없는, 오로지 트럼프 충성파들이라고 폄훼하지만 이들 대부분은 미국의 초명문대학 출신이며 책도 몇 권씩 저술한 젊은 전문가들이다. 이들 모두는 미국의 애국자들이며 독재자들과 공산주의자들을 미워한다. 그리고 젊은 투사들이다. 그래서 이들은 시진핑과 김정은에게는 물론 전세계 독재자, 친중, 반미 국가들 지도자들에게 악몽이 되고 있는 것이다.

2025 트럼프의 국가안보정책 보고서

트럼프 2기 시작 10개월 간의 안보 정책

트럼프 대통령은 1기 때와 마찬가지로 2기 임기 시작된 첫해에(12월 4
일 공개)) 또 다시 새로운 미국의 국가안보전략 보고서를 간행했다. 1기의
국가안보 보고서가 본문 65페이지로 구성된 것인데 비해 2기 보고서는
29페이지로 그 길이가 줄었지만 바이든 행정부의 외교정책을 대폭 수정
하고 있다. 물론 큰 흐름은 2017년 12월 공개되었던 1기 보고서와 크게
다른 것은 아니다.

트럼프는 2기 임기 첫해 미국은 바이든 행정부의 파멸적 위기 상황으
로부터 나라를 다시 정상화시켰다고 자평한다. 지난 4년은 미국이 허약
했고 극단주의에 빠져 있었으며 재앙적 실패를 거듭했지만 자신의 정부
는 절박하지만 아주 빠른 속도로 국내외에서 미국의 힘을 다시 회복시켰
고 국내외적으로 평화를 다시 초래케 했다고 주장한다. 미국 역사상 어
떤 대통령도 그렇게 빠른 속도로 국가를 변화시킬 수 없었다는 말도 첨
언했다.

트럼프 2기는 우선 미국의 국경 안보를 확보하기 위해 남부 국경지대
에 군사력을 주둔시켰다. 또한 미국 군대에 만연되어 있던 성평등 이데
올로기와 깨시민적 미친 짓들을 종료시켰다. 바이든 임기 동안 미국 군
대에는 남자인데도 자신을 여자라고 주장하며 여자의 군복을 입고 근무
했던 남성 장교들도 다수 있었다. 트럼프 행정부는 1조 달러를 투자, 미
국군을 강화시키는 조치를 취했다.

1기 때와 유사한 것으로 트럼프 행정부는 동맹국들을 규합하고 동맹
국들의 안보에 대한 기여도를 높이는 데 성공했다. 유럽의 나토 동맹국
들은 국방비를 GDP 대비 2-5%로 대폭 증액시키는데 합의했고 일본과
의 동맹도 대폭 강화되었으며 한국과의 동맹도 역시 강화되었다. 트럼프
는 미국의 에너지를 다시 활발하게 채굴하는 정책을 통해 에너지 독립

상태를 이룩했으며 역사적인 관세 정책을 통해 미국의 중요한 산업들이 다시 미국으로 되돌아올 수 있게 했다고 자평한다.

한밤중의 망치 작전(Operation Midnight Hammer)을 통해 이란의 핵을 제거했다는 사실, 마약 카르텔과 아메리카 대륙 지역의 외국인 갱단들을 외국의 테러리스트 집단으로 지정했다. 2기 취임 8개월 동안 세계 각 지역에서 진행 중이던 전쟁 8개를 종식시켰다. 캄보디아-태국 전쟁, 코소보와 세르비아 전쟁, DRC와 르완다의 전쟁, 파키스탄과 인도 전쟁, 이스라엘-이란 전쟁, 이집트-이티오피아 전쟁, 아르메니아와 아제르바이잔 전쟁, 그리고 이스라엘과 하마스 사이의 가자전쟁이 트럼프의 중재에 의해 종식 또는 휴전을 이룩한 전쟁들이었다. 트럼프는 이런 일들을 통해 미국은 강해졌고 다시 세계의 존경을 받을 수 있게 되었다고 말한다. 물론 이 모든 것들을 하는 과정에서 미국이 염두에 둔 것은 미국을 제일 먼저 생각한다(America First)는 것이었음을 강조한다.

트럼프는 미국은 인류역사에서 가장 위대하고 가장 성공적인 국가 그리고 지구상에서 자유로운 국가의 모범이 될 것이라고 말하며 이번 국가안보전략 보고서는 그 같은 목표 달성을 위한 길잡이가 될 것이라고 말하며 앞으로 수년 동안 미국은 모든 차원에서의 미국 힘을 증강시키기 위해 노력할 것이라고 말한다. 트럼프 2기의 모토는 미국을 어느 때보다 더욱 안전하고, 부유하고, 자유롭고, 위대하고, 강력하게 만드는 것이라고 말한다.

트럼프 국가전략 보고서 2025: 미국의 전략이란 무엇인가?에 관한 정의

2025년 트럼프의 국가전략 보고서는 미국의 국가전략이 그동안 길을 잃었던 잘못된 전략이라고 비판하는 것으로 시작, 올바른 국가전략에 대한 정의부터 내린다. 미국이 향후 수십 년 동안 세계에서 가장 강력하고, 부유하며, 영향력 있고, 성공적인 국가로 남기 위해서는 세계와의 상호작용에 있어 일관되고 집중된 전략이 필요하다고 말한다. 그리고 이 목표를 제대로 달성하려면, 모든 미국인들은 우리가 정확히 무엇을 하려는지, 그리고 왜 그러는지를 알아 한다고 말한다.

동 보고서는 "전략"이란 원하는 결과와 사용할 수 있는 수단 사이의 필수적인 연계를 설명하는 구체적이고 현실적인 계획이라고 정의하며 전략은 무엇을 원하는지에 대한 정확한 평가에서 시작하며, 원하는 결과를 달성하기 위해 어떤 도구가 사용 가능하거나 현실적으로 창출 가능한지를 고려해야 한다고 주장한다.

전략은 평가, 분류, 우선순위가 있어야 한다. 아무리 가치 있는 국가, 지역, 이슈, 또는 대의라 하더라도 모든 것들이 미국 전략의 중심이 될 수는 없다. 외교정책의 목적은 핵심적인 국가이익을 보호하는 것이며, 미국의 국가안보 전략은 오로지 그 목적에 집중해야 한다는 것이다. 1990년대 초반 이후, 즉 냉전이 종식된 이후 미국의 전략들은 부족한 것이었다고 보며 그것들은 단지 희망 사항이거나 미국이 원하는 최종 상태의 목록을 나열했던 것 뿐이었고, 미국이 무엇을 원하는지를 명확히 정의하지 못한 채 모호한 미사여구만을 나열했었으며, 미국이 진정 원하는 것이 무엇인지조차 잘못 판단하는 경우가 있었다는 것이다.

트럼프 2기 국가안보정책 보고서는 다음과 같이 미국의 전략이 없었다는 사실을 비판한다. 냉전이 끝난 후, 미국의 외교정책 엘리트들은 미국이 영구적으로 전 세계를 지배하는 것이 미국의 최선의 국가이익이라고 확신했다. 미국의 엘리트들은 미국 국민이 국가이익과 아무런 관련이 없는 영구적인 세계적 부담을 기꺼이 떠맡을 것이라고 생각했다. 이것은 심각하게 잘못 계산된 것이다. 그들은 미국이 방대한 군사, 외교, 정보, 그리고 해외 원조 체계를 동시에 감당할 수 있다며 미국의 능력을 과대평가했다. 과거 미국의 엘리트들은 세계주의와 이른바 "자유무역"에 대해 심각하게 잘못된, 파괴적인 선택을 했고, 이는 미국의 경제적·군사적 우위를 떠받치는 중산층과 산업 기반을 붕괴시켰다.

그들은 동맹국과 파트너들이 자신들의 방위 비용을 미국에게 떠넘기도록 허용했다. 심지어 그들은 노골적인 반미주의 정책을 취하기도 했다. 미국의 엘리트들은 본질적으로 바람직하지 않고 불가능한 목표를 추구했을 뿐만 아니라, 그 목표를 달성하는 데 필요한 수단-즉 미국의 힘, 부, 그리고 도덕성을 구축해온 국가적 성격-을 스스로 약화시켰다.

트럼프 대통령은 이 같은 잘못된 전략에 변화를 초래했고 그 같은 전략 변화는 환영할 만한 일이라고 평가한다. 트럼프 대통령은 1기 재임 기간 자신은 올바른 선택을 함으로써 더 많은 성과를 달성할 수 있었다고 말하며 미국에 새로운 황금기를 열기 시작했다고 주장한다. 앞으로도 1기에서처럼 미국을 이끌어가야 하는 것이 트럼프의 국가안보전략적 목표이며 그러기 위해서 다음과 같은 문제들에 부응하는 전략을 수립해야 한다고 보았다.

- 미국은 무엇을 원해야 하는가?
- 원하는 바를 얻기 위해 미국이 사용할 수 있는 수단은 무엇인가?
- 어떻게 목표와 수단을 연계하여 실행가능한 국가안보전략을 수립할 수 있는가?

트럼프 2기 국가안보 핵심 목표

당연한 일이지만 미국 국방 전략의 최우선 목표는 미국의 안전과 독립을 보장하는 일이다. 트럼프의 보고서는 미국의 주권은 하나님이 미국의 국민들에게 부여한 자연법으로 미국 국민의 복지와 이익을 최우선 순위로 삼아야 한다고 본다. 미국은 미국이라는 국가와 국민과 영토를 외부의 군사공격과 외부의 적대적인 위협(간첩 행위, 약탈적 무역정책, 마약, 파괴적 선전 그리고 영향력을 미치기 위한 제반 작전을 비롯한 어떤 종류의 위협)으로부터 지켜야 한다. 이를 위해 미국은 국경을 지켜야 하며, 이민 정책을 보완해야 한다.

트럼프 2기의 국가안보정책은 미국의 자연적 재난에 대처할 수 있는 강한 인프라 스트럭쳐의 건설도 요구한다. 물론 적대적인 외국의 미국에 대한 어떤 위협도 용납할 수 없다. 이를 위해 미국은 세계에서 가장 막강한 군사력을 보유하고 있어야 한다. 모든 전쟁에 최소의 희생으로 승리할 수 있는 기술적으로 탁월한 군사력을 보유해야 하며 확실한 핵억제력도 보장되어야 한다. 여기에는 차세대의 탁월한 미사일 방어망(골든 돔)도 포함된다. 골든 돔은 미국뿐만 아니라 미국의 동맹국도 보호한다.

미국은 세계에서 가장 막강한 경제력을 보유해야 한다. 경제력은 세계에서 차지하는 미국 지위의 기반을 이루며 미국 군사력의 근간을 이루기 때문이다. 막강한 산업을 다시 보유해야 할 것이며 동시에 미국은 비교할 수 없는 막강한 연성국력(Soft Power)도 보유해야 할 것이다. 트럼프는 특히 미국의 정신적 문화적 건강도 강조하며 그것 없이 미국의 장기적 안전을 보장할 수 없다고 말한다. 바이든, 오바마 시대 미국은 상식을 벗어날 정도로 도덕적 타락을 경험했다. 마약중독이 창궐했고 남녀의 구분이 모호해졌으며 공산주의 이념이 확산되었고 미국 국민들의 반미국적 정서도 확산되었다. 트럼프는 미국 정신의 회복을 국가안보에도 영향을 미치는 중요한 요소로 간주하고 있는 것이다.

2기 국가안보 보고서는 미국의 핵심적 외교정책 이익으로 '안정된 서반구' '자유롭고 개방적인 인도 태평양' '유럽 문명의 회복과 유럽 국가들의 안전과 자유의 확보' '중동지역에 대한 적대국의 지배 금지' 'AI, 바이오테크, 퀀텀 컴퓨팅 등 기술적 우위 확보' 등을 제시한다. 서반구에 대한 미국의 정책은 트럼프판 몬로 독트린(Monroe Doctrine)이라고 명명되었다. 한마디로 서반구는 미국의 배타적 이익 지역이라는 의미다. 인도 태평양 지역에 대한 미국의 목표는 주로 중국의 행동을 제약하는 것으로서 항해 자유의 확보, 주요 자원에 대한 공급망을 확보하는 것이다.

트럼프 행정부는 오늘의 유럽은 정신적으로 타락한 정권들이 장악하고 있다고 본다. 그래서 미국은 노골적으로 유럽 문명을 다시 회복하겠다는 내용을 전략 보고서에 분명히 밝히고 있는 것이다. 트럼프 미국의 중동 정책은 카터 독트린을 이어받은 것으로써 중동의 석유가 미국의 적국에 의해 장악됨을 막겠다는 것이다, 그러나 트럼프는 이를 위해 영원한 전쟁(forever war)을 벌일 수는 없다고 말한다.

트럼프 2기 국가안보전략 보고서에서 미국이 반드시 보유해야 할 능력으로 강조되는 요소 중에서 하드 파워는 물론이지만 소프트 파워가 대단히 강조되고 있다는 점이 부각된다. 문화적으로 막강한 영향력을 보유해야 한다는 사실과 더불어 미국의 용기와 막강한 의지, 미국의 애국심이 강조되고 있다. 바이든 정부의 정신적 파탄 상황을 의식한 것이다. 성차별, 인종차별을 없애기 위한 소위 DEI 정책(다양성 존중 정책)보다는 능력위주의 문화를 다시 도입하겠다고 선언한다. 흑인이어서, 소수인종이어서, 동성연애자이기 때문에 우대받는 일을 없애겠다는 것이다.

그동안 사용되어 왔던 국방부라는 이름을 전쟁부로 바꾼 것은 미국 국가안보 정책이 정신적 재무장을 강조하기 위한 노력의 일환일 것이다. 트럼프 2기 국방보고서는 트럼프의 전략을 재치 있는 문장으로 정리하고 있다.

"실용주의자"는 아니면서도 실용적이고, "현실주의자"가 아니면서도 현실적이며, "이상주의적"이지 않으면서도 원칙적이고, "매파적"이지 않지만 강경하며, "비둘기적"이지 않으면서도 절제되어 있는 안보정책, 미국의 국가안보정책은 전통적인 정치 이념에 기반하지 않는다. 무엇보다도 미국의 이익이 무엇인가에 따라 동기가 부여된다. 두 단어로 표현하면 "미국 우선(America First)"이다.[304]

트럼프의 전략이 기반을 두고 있는 원칙들이 몇 가지 있는데 그것들은 다음과 같다:

- 국가이익에 대한 정교한 정의(Focused Definition of the National Interest)

  세계의 지배가 아닌 미국의 핵심 이익에 초점을 맞춘다.

- 힘을 통한 평화(Peace Through Strength)

  막강한 힘의 과시를 통한 평화 유지

- 불개입주의(Predisposition to Non-Interventionism)

  미국 건국의 아버지들이 제시했던 원칙으로의 회기

- 유연한 현실주의(Flexible Realism)

  미국의 체제와 관계없이 모든 나라들과 우호적이며 평화적인 관계를 추구한다.

- 국가가 가장 중요한 실체(Primacy of Nations)

  외국의 조직들 중 국가를 가장 기본적인 미국 안보정책 대상으로 삼는다.

- 주권과 존중(Sovereignty and Respect)

미국은 미국의 국가 주권 수호를 최우선으로 삼는다. 미국의 주권은 다국가적인 조직, 혹은 국제기구들에 의해 훼손당하지 않는다.

- 세력균형(Balance of Power)

미국은 어떤 한 나라가 다른 나라의 이익을 위협할 정도로 막강하게 되는 것을 허락할 수 없다. 미국은 세계적 차원에서의 세력균형을 위해 동맹국들과 함께 할 것이다.

- 친 미국노동자 정책(Pro-American Worker)

미국은 친노동자 정책을 취할 것이다. 단순히 성장만을 추구하지 않는다. 미국은 미국의 노동자들을 우선적으로 고려할 것이다.

- 공정성(Fairness)

군사동맹으로부터 무역 관계에 이르기까지 미국은 다른 나라들을 공정하게 대우할 것이다. 미국은 더 이상 공짜를 즐기는 나라들을 허락하지 않는다. 미국과 다른 나라들은 상호간 호혜적이어야 한다. 특히 미국의 동맹국들은 자국의 국방을 위해서 GDP 대비 국방비 지출의 비율을 대폭 상승시키기 원한다.

- 능력과 Merit(Competence and Merit)

미국의 번영과 안보 발전에 의거하며 능력과 merit(업적주의)의 증진에 의거한다. 실력 위주의 정책은 위대한 문명의 장점이다, 최상의 능력을 보유한 미국인을 고용할 것이며, 그들은 승진될 것이고, 존경받게 될 것이다, 그렇게 되면 개혁과 번영이 뒤따를 것이다.

미국 전략의 선결 사안

-대규모 이민의 시대는 끝났다(The Era of Mass Migration Is Over)

미국으로 유입되는 더 이상 대규모 이민은 없을 것이다. 국경 안보는 국가안보의 최우선 순위다.

- 핵심적 권리와 자유의 보호(Protection of Core Rights and Liberties)

미국의 목표는 하나님께서 미국 시민들에게 주신 자연법적 권리를 확보하는 일이다. 이 같은 목표를 달성하기 위해 미국 정부 부서들은 엄청난 권력을 부여받고 있다. 그러나 그 같은 권력은 결코 남용될 수 없다.

- 책임분담 및 책임이전(Burden-Sharing and Burden-Shifting)

미국이 홀로 가장 큰 부담을 담당하던 시대는 지나갔다. 미국의 동맹국들은 각자 자신 지역의 안보를 위해, 그리고 미국과의 집단 안보를 위해 더 큰 비용 분담을 감당해야 할 것이다.

- 평화를 통한 국가들의 재정렬(Realignment Through Peace)

미국의 이해가 심각하지 않은 지역일지라도 그곳의 평화를 추구하는 일은 세계를 향한 미국의 영향력을 증진시키는 효과적인 방안이며 미국의 이익을 위해 국가들을 재정렬시키는 효과를 얻게 할 것이다.

- 경제안보(Economic Security)

경제 안보는 국가안보를 위해 필수적으로 중요하다. 이를 위해 미국은 무역에서의 균형을 추구하며 중요한 물질들의 공급망을 안정적으로 확보할 것이다. 미국은 또한 공업화를 다시 추구할 것이며 해외로 나갔던 공장들을 다시 찾아올 것이다. 미국은 방위산업을 재건할 것이며, 에너지 패권도 확립할 것이다.

지역별 미국의 국방정책

세계의 모든 지역이 미국에게 똑같이 중요한 것은 아니다. 국가안보의 핵심은 가장 중요한 국가이익을 수호하는 데 있다. 그러나 테러리즘과 같은 특정 종류의 위협은 지역을 초월할 수 있다.

A. 서반구(Western Hemisphere)

오랫동안 무시해 왔지만 미국은 서반구에 대해 새로운 종류의 트럼프식 몬로 독트린을 적용할 것이다. 미국은 서반구에서의 압도적 지위를 다시 확립할 것이다. 이 지역에서 미국의 안정적인 지위를 위협하는 나라를 허용하지 않을 것이다.

이를 위해 미국은 지구 전체에 전개되어 있는 미국 군사력을 조종, 서반구에서의 심각한 위협에 대처할 수 있도록 할 것이다. 다음으로 서반구의 위협에 대처하기에 적당한 해안경비대(Coast Guard)와 해군을 갖출 것이다. 남미의 마약 카르텔을 차단할 것이며 남부 국경의 안정을 도모할 것이다. 특히 전략적으로 중요한 지역에 대한 접근 능력을 확대시킬 것이며 서반구에서의 중요한 물자의 공급망을 확보할 것이다.

외부 세력이 서반구에 침투하는 것을 적극적으로 차단할 것이다. 과거 그랬던 것은 전략적 실책이었다. 국방정책 보고서는 중국이라는 이름을 명시하지 않고 비서구적 경쟁자(Non-Hemispheric competitors)들이라는 표현을 사용했지만 미국은 중국의 서반구에 대한 영향력 확대를 허락하지 않을 것임을 분명히 밝히고 있다.

B. 아시아(Asia)

트럼프의 국방정책은 서반구 다음으로 아시아를 중요 지역으로 표시하고 있다. 미국의 경제적인 미래를 승리로 이끌기 위해, 군사적인 분쟁 방지를 위해 그리고 미국의 힘을 통한 지도력을 발휘하는 데 가장 중요한 지역이 아시아라는 의미다. 특히 트럼프 대통령은 지난 30년 동안 미국이 중국에게 시장을 활짝 열며 잘못 생각해 왔던 중국에 대한 가정(mistaken assumption)을 단칼에 바꾸었다는 사실을 강조한다. 미국은 그동안 미국의 기업가들에게 중국에 투자할 것을 종용했고, 미국의 제조업들이 중국으로 이전할 것을 권유했다. 그럼으로써 미국은 '법에 기반한 국제질서(rules based international order)'에 중국이 진출하는 것을 도와주었다. 그 결과 중국은 부유하고 강하게 되었다. 중국은 이 같은 힘을 자신에게 유리하게 활용하고 있다. 미국의 엘리트들은 지난 4번의 행정부를 지나며 중국을 도왔다. 아시아는 현재 구매력 기준(PPP) 세계 GDP의 절반, 명목 GDP로는 세계의 1/3을 생산하는 지역이 되었다. 그 결과 아시아는 경제적, 지정학적으로 미국에게 가장 중요한 전쟁터가 되었다.

트럼프 대통령은 2025년 10월 아시아 순방을 통해 아시아 국가들과 안보와 경제적인 측면에서 대단히 중요한 합의들을 도출했다. 그럼으로써 자유롭고 개방된 인도 태평양 지역을 구축하는데 큰 발전이 있었다.

1979년 중국이 개방한 이후 미국과 중국의 관계는 미국에게 극히 불균형적인 것이었다. 가난했던 중국은 이제 미국과 맞먹는 나라가 되고 말았다. 그런데도 미국의 태도는 여전히 과거의 가정에 뿌리를 두고 있었다. 중국은 2017년에 시작된 미국의 관세 정책 변화에 적응하기 위해 부분적으로 공급망 장악을 강화했으며, 특히 세계의 저소득 및 중간소득 국가(즉, 1인당 GDP 13,800달러 이하)에서 그러했다. 이는 앞으로 수십 년 동안 가장 치열한 경제 전장(戰場)이 될 것이다. 중국은 저소득 국가로의 수출을 2020년에서 2024년 사이에 두 배로 증가했다. 미국은 멕시코를 포함한 12개국의 중개업자와 중국이 세운 공장을 통해 간접적으로 중국산 제품을 수입하고 있었다. 오늘날 중국의 저소득 국가로의 수출은 미국으로의 수출보다 거의 네 배에 달한다. 트럼프 대통령이 2017년에 처음 취임했을 때, 중국의 대미 수출은 GDP의 4% 수준이었으나 현재는 GDP의 2% 조금 넘는 수준으로 감소했다. 그러나 중국은 여전히 다른 국가들을 통해 미국으로 우회적인 수출을 이어가고 있다.

앞으로 미국은 중국과의 경제 관계를 재조정하여 상호주의와 공정을 우선시하고, 미국의 경제적 독립을 회복할 것이다. 미국은 2025년 30조 달러 경제에서 2030년대에는 40조 달러 경제로 성장, 세계 최고의 경제 대국 지위를 유지할 수 있게 될 것이다. 미국의 궁극적인 목표는 장기적인 경제 활력을 위한 토대를 마련하는 것이다.

이 같은 목표는 인도-태평양 지역에서 전쟁을 방지하기 위한 강력하고 지속적인 억지력의 확립과 동시에 이루어져야 할 것이다. 결국 미국은 중국을 제압하고 세계 1등 국가의 위치를 확립한다는 목표를 갖는다는 의미다.

상기 목적의 달성을 위해 몇 가지 사안이 시급하다.

첫째, 미국은 미국의 경제를 지키고 보호해야만 한다. 이는 다음과 같은 것들을 종식시키는 것을 의미한다: 역시 중국이 행해왔던 관행들을 정지시키는 것들이다

- 약탈적이고 국가 주도적인 보조금 및 산업 전략

- 불공정한 무역 관행

- 일자리 파괴와 탈산업화

- 대규모 지적재산권 절도와 산업 스파이 행위

- 미국의 핵심 자원(광물 및 희토류 포함) 접근을 위협하는 공급망에 대한 위협

- 미국의 마약중독 위기를 악화시키는 펜타닐 전구체 수출

- 선전, 영향력 행사, 기타 형태의 문화적 전복 활동

둘째, 미국은 조약 동맹국 및 파트너들과 협력해야 한다. 약탈적 경제 관행을 억제하고 세계 경제에서 미국의 우월적 지위를 보호하며, 동맹국 경제가 경쟁 세력에 종속되지 않도록 해야 한다. 인도와의 상업적(및 기타) 관계를 지속적으로 개선하여 뉴델리가 호주, 일본, 미국과 함께하는 4자 협력(쿼드)을 통해 인도-태평양 안보에 기여하도록 할 것이다. 더 나아가 미국은 동맹국과 파트너들의 행동을 조율하여 단일 경쟁국의 지배를 방지하는 공동 이익을 추구해야 한다. 여기서 단일 경쟁국은 중국을 의미한다.

미국은 동시에 첨단 군사 및 이중 용도 기술에서의 우위를 유지하고 발전시키기 위해 연구에 투자해야 한다. 특히 미국은 해양, 우주, 핵을 비롯해 AI, 양자 컴퓨팅, 자율 시스템과 같은 미래 군사력의 향방을 결정할 기술, 그리고 이를 뒷받침할 에너지에 집중할 것이다.

아메리카 퍼스트(America First) 외교는 글로벌 무역 관계의 균형을 추구한다. 우리는 동맹국들에게 미국의 경상수지 적자가 지속 불가능하다는 점을 분명히 했다. 유럽, 일본, 한국, 호주, 캐나다, 멕시코 등 주요 국가들이 중국 경제를 가계 소비 중심으로 재조정하는 무역정책을 채택하도록 장려해야 한다.

2025년 5월 트럼프 대통령의 페르시아만 국가 순방은 미국 기술의 힘과 매력을 보여주었다. 그곳에서 대통령은 미국의 우월한 AI 기술에 대한 걸프 국가들의 지지를 확보하며 파트너십을 심화시켰다.

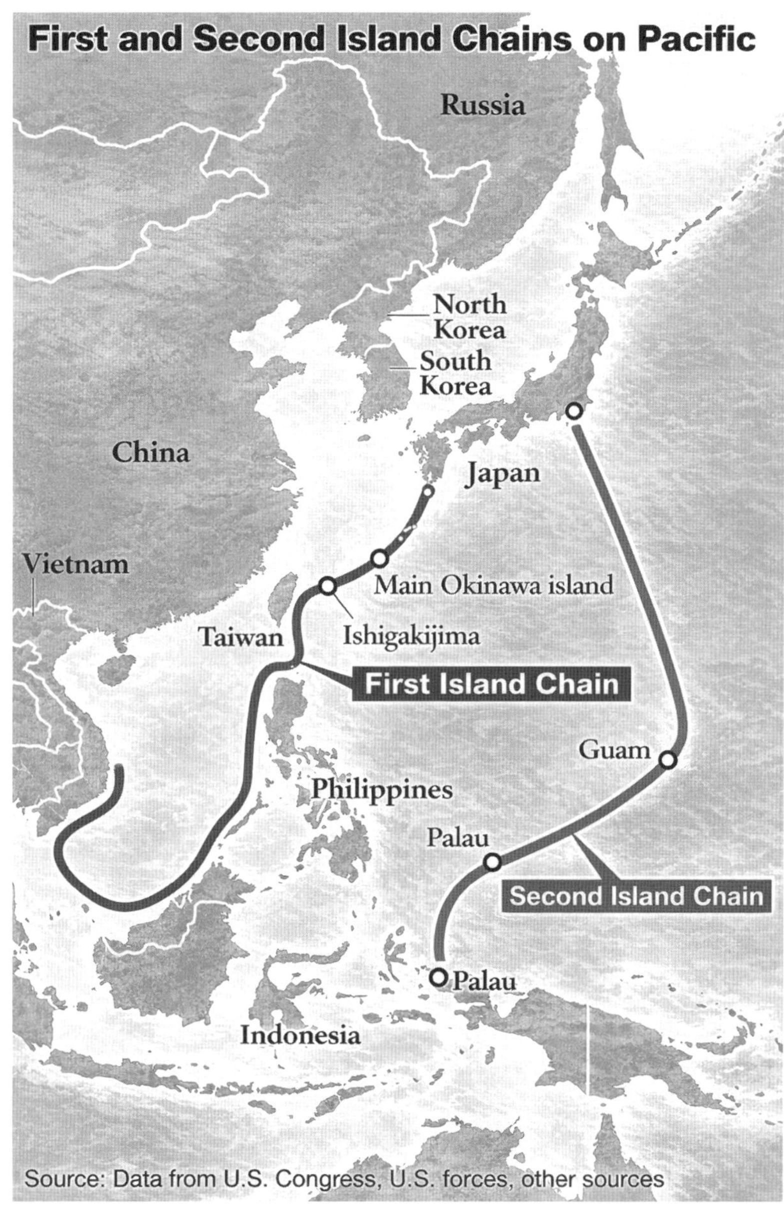

제1도련선과 제2도련선. 중국 해군은 제2도련선까지 진출한다는 계획을 가지고 있지만 아직 목적을 이루지 못하고 있는 상황이다. 이들은 본래는 미국이 서태평양 방위 및 중국을 봉쇄 하기 위해 설정한 선이다

장기적으로 미국의 경제 및 기술적 우위를 유지하는 것이 대규모 군사 충돌을 억제하고 방지하는 가장 확실한 방법이다. 유리한 재래식 군사 균형은 전략적 경쟁의 필수 요소다. 대만에 대한 집중은 정당하며, 이는 부분적으로 대만의 반도체 생산 지배력 때문이고, 더 중요한 이유는 대만이 제2도련선에 직접 접근할 수 있게 하고 동북아와 동남아를 두 개의 독립된 전구로 나누기 때문이다. 세계 해상 운송의 3분의 1이 매년 남중국해를 통과하기 때문에 이는 미국 경제에 중대한 영향을 미친다. 따라서 대만을 둘러싼 충돌을 억제하는 것이 우선적 과제이며, 군사적 우위를 유지함으로써 달성함이 바람직하다. 미국은 대만해협의 현상 유지에 대한 미국의 오랜 정책을 유지할 것이다.

미국은 제1도련선 어디에서든 침략을 차단할 수 있는 군대를 구축할 것이다. 그러나 미국 군대가 혼자서 이를 수행할 수는 없으며, 그래서도 안 된다. 동맹국들은 집단 방위를 위해 더 많은 지출과 행동을 해야 한다. 미국의 외교 노력은 제1도련선 동맹국과 파트너들이 미국 군대에 항구 및 기타 시설 접근을 확대하고, 자국 방위에 더 많은 지출을 하며, 무엇보다 [중국의] 침략 억제를 위한 역량에 투자해야 한다. 미국은 제1도련선의 해양 안보 문제를 상호 연결시키고, 대만을 점령하려는 시도나 미국에 불리한 군사 균형을 차단할 수 있는 미국과 동맹국의 역량을 강화할 것이다.

중요한 안보 과제는 경쟁국(중국)이 남중국해를 통제할 가능성이다. 적대적인 세력이 세계에서 가장 중요한 교역로에 통행세를 부과하거나, 더나아가 임의로 폐쇄·재개할 수 있게 하는 일이다. 모두 미국 경제와 광범위한 미국의 이익에 해로운 일이다. 이를 막기 위해 강력한 억지력과 조치가 필요하다. 군사력, 특히 해군 역량에 대한 추가 투자뿐 아니라 인도에서 일본에 이르기까지 문제 해결에 이해관계가 있는 모든 국가와의 강력한 협력이 필요하다.

트럼프 대통령의 일본과 한국에 대한 방위비 분담 증대 요구에 따라, 우리는 이들 국가가 방위비를 늘리도록 촉구해야 한다. 특히 적을 억제하고 제1도련선을 보호하기 위해 필요한 역량(신규 역량 포함)에 집중해야 한다. 우리는 또한 서태평양에서의 군사적 존재를 강화하고, 대만과 호주와의 관계에서 방위비 증대에 대한 단호한 입장을 유지할 것이다.

C. 유럽은 다시 위대해져야 한다(Promoting European Greatness)

트럼프 행정부는 유럽의 진짜 문제는 훨씬 더 심각하다는 사실을 잘 인식하고 있는 것 같다. 유럽은 세계 GDP에서 차지하는 비중을 점차 잃어 왔다. 1990년 25%에서 오늘날 14%로 줄어들었는데, 이는 창의성과 근면성을 약화시키는 유럽국가들에 만연한 정치 경제 사회 문화적 규제 때문이다. 유럽의 경제적 쇠퇴는 문명적 소멸이라는 훨씬 더 심각한 사안에 가려져 있다. 유럽이 직면한 더 큰 문제에는 국가 정체성과 자신감 상실 등이 포함되는 것으로 유럽의 자유주의 문명이 붕괴되고 있다는 것이다.

트럼프는 유럽의 심각성을 '현재의 추세가 계속된다면, 대륙은 20년 이내에 알아볼 수 없을 정도로 변할 것이다. 따라서 특정 유럽 국가들이 신뢰할 만한 동맹으로 남을 만큼 강한 경제와 군대를 유지할 수 있을지는 불분명하다'라는 말로 표현한다. 트럼프는 유럽이 유럽으로 남아 문명적 자신감을 되찾고, 실패한 규제 중심의 정책을 버리기를 원한다.

또한 러시아의 우크라이나 전쟁으로 인해 유럽과 러시아의 관계는 크게 악화되었고, 많은 유럽인들은 러시아를 실존적 위협으로 간주한다. 러시아와 유럽 국가 간의 갈등 위험을 완화하기 위한 미국의 외교적 개입이 필요하다. 미국의 핵심 이익은 우크라이나에서의 적대 행위를 신속히 중단시켜 유럽 경제를 안정시키고, 전쟁의 의도치 않은 확대를 방지하며, 러시아와 전략적 안정을 재확립하고, 전후 우크라이나의 재건을 가능하게 하여 생존가능한 국가로 만드는 것이다.

우크라이나 전쟁은 역설적으로 유럽, 특히 독일의 대외 의존도를 증가시켰다. 오늘날 독일의 화학 기업들은 자국에서 확보할 수 없는 러시아 가스를 사용해 중국에 세계 최대 규모의 가공 공장을 건설하고 있을 정도다.

그럼에도 불구하고 유럽은 미국에 전략적·문화적으로 중요하다. 유럽은 최첨단 과학 연구와 세계적 문화 기관의 본거지다. 유럽을 포기하는 것은 이 전략이 달성하려는 목표를 스스로 무너뜨리는 행위가 될 것이다. 미국 외교는 진정한 민주주의, 표현의 자유, 그리고 유럽 국가들의 개별적 성격과 역사를 자랑스럽게 유지하는 것을 계속 지지해야 한다. 미국은 유럽의 정치적 동맹국들이 이러한 정신적 부흥을 촉진하도록 격려하며, 애국적 유럽 정당들의 영향력이 커지고 있는 것은 큰 낙관의 이유가 된다.

미국의 목표는 유럽이 현재의 궤도를 수정하도록 돕는 것이다. 미국은 성공적으로 경쟁하고, 어떤 적대 세력도 유럽을 지배하지 못하도록 하기 위해 강한 유럽을 필요로 한다. 미국은 유럽 대륙, 특히 영국과 아일랜드에 감정적으로 애착을 가지고 있다. 이들 국가의 성격은 전략적으로도 중요하다. 우리는 창의적이고 유능하며 자신감 있는 민주적 동맹국들이 안정과 안보 조건을 확립하기를 기대한다. 우리는 과거의 위대함을 회복하려는 국가들과 협력하기를 원한다.

미국의 유럽 정책은 다음을 우선시한다:

- 유럽 내 안정 조건과 러시아와의 전략적 안정 재확립

- 유럽이 스스로 서서 동맹된 주권 국가 집단으로 운영되도록 하고, 적대 세력에 의해 지배되지 않도록 자국 방위에 대한 일차적 책임을 지도록 함

- 유럽 국가 내에서 현재 궤도에 대한 저항을 육성

- 유럽 시장을 미국 상품과 서비스에 개방하고, 미국 노동자와 기업에 대한 공정한 대우 보장

- 중앙, 동부, 남부 유럽의 건강한 국가들을 상업적 유대, 무기 판매, 정치 협력, 문화 및 교육 교류를 통해 강화

- NATO가 영구적으로 확장되는 동맹이라는 인식을 종식시킨다.

- 유럽이 중상주의적 과잉 생산능력, 기술 절도, 사이버 스파이 행위 및 기타 적대적 경제 관행에 맞서 행동하도록 장려한다.

D. 중동: 부담 분담과 평화 구축
(The Middle East: Shift Burdens, Build Peace)

지난 반세기 동안 미국 외교정책은 다른 어떤 지역보다 중동을 우선시해왔다. 그 이유는 명백하다. 중동은 수십 년 동안 세계에서 가장 중요한 에너지 공급원이었고, 초강대국 경쟁의 주요 무대였으며, 세계로 확산될 위험이 있는 갈등으로 가득 차 있었던 지역이었다.

현재 이러한 역학 중 최소 두 가지는 더 이상 유효하지 않다. 에너지 공급은 크게 다변화되었고, 미국은 다시 에너지 수출국이 되었다. 트럼

프 대통령은 걸프 지역, 아랍 파트너, 이스라엘과의 동맹을 성공적으로 재활성화시켜 중동에서의 전쟁의 위협도 대폭 줄였다.

갈등은 여전히 중동의 가장 골치 아픈 역학이지만, 2023년 10월 7일 이후 이스라엘의 행동과 2025년 6월 트럼프 대통령의 '미드나잇 해머 작전'으로 이란의 핵 프로그램은 일단 파괴되었다. 이스라엘-팔레스타인 갈등은 여전히 어려운 문제이지만, 트럼프 대통령이 협상한 휴전과 인질 석방 덕분에 보다 영구적인 평화를 향한 진전이 이루어졌다. 트럼프 행정부가 제한적 에너지 정책을 철회하거나 완화하고 미국의 에너지 생산이 증가함에 따라, 미국이 중동에 집중해야 할 역사적인 이유는 줄어들었다.

E. 아프리카

오랫동안 미국의 대아프리카 정책은 자유주의 이념을 제공하고, 나아가 이를 확산하는 데 초점을 맞추어 왔다. 미국은 대신 선택된 국가들과 협력하여 갈등을 완화하고, 상호 이익이 되는 무역 관계를 촉진하며, 원조 중심의 패러다임에서 투자와 성장 중심의 패러다임으로 전환해야 할 것이다. 미국은 아프리카의 풍부한 천연자원과 잠재적 경제력을 활용할 수 있어야 한다.

현재 진행 중인 갈등(예: 콩고민주공화국-르완다, 수단)에 대한 합의 협상과 새로운 갈등(예: 에티오피아-에리트레아-소말리아) 예방, 그리고 원조 및 투자 접근 방식을 수정하는 조치(예: 아프리카 성장 및 기회법)가 필요하다. 아프리카 일부 지역에서 다시 부상하는 이슬람 테러활동에 경계해야 하며, 장기적인 미군의 주둔이나 약속은 피할 것이다.

미국 상품과 서비스에 시장을 개방할 의지가 있는 유능하고 신뢰할 수 있는 국가들과의 파트너십을 이룩해야 한다. 아프리카 투자에서 즉각적인 투자 수익 가능성이 있는 분야는 에너지 부문과 핵심 광물 개발이다. 미국이 지원하는 원자력, 액화석유가스(LPG), 액화천연가스(LNG) 기술 개발은 미국 기업들에게 수익을 가져다줄 수 있으며, 핵심 광물 및 기타 자원 경쟁에서 미국을 유리하게 만들 수 있다.

이상 2025년 12월 4일 발표된 트럼프 2기의 국가안보전략 보고서를 요약했다. 역시 동 보고서는 트럼프 2기 안보 정책의 핵심지역은 아시아, 특히 중국이라는 점을 재차 강조하고 있으며 인도 태평양 지역의 미국 동맹국들에게 미국의 대중국 정책에 동참할 것을 강하게 요구하고 있다.

제11장
트럼프의 관세 및 무역정책

미국은 오랫동안 국가 목표를 달성키 위해 경제적 수단을 사용해 온 나라다. 미국의 군사력 사용이 빈번한 것처럼 보이지만 미국은 평소에는 경제적 수단을 활용하다가 궁극적인 수단으로 군사력을 사용했다. 경제적인 수단은 미국의 외교에서 평시에 항상 사용되는 수단이었다. 초강대국이 된 이후 미국은 자유무역을 선호했지만 미국이 약소국이었던 시절 미국은 적극적인 보호 무역을 채택하기도 했다. 미국이 가난했던 시절 국민들로부터 소득세를 거둘 수 없었던 미국 정부는 외국으로부터 세금을 걷는 방법으로 관세를 활용했다.

미국 국민들의 세금 중에 소득세(Income Tax)는 미국 건국 이후 오랫동안 존재하지 않았던 제도였다. 미국의 소득세는 처음 남북전쟁 시기인 1862년에 도입되었고, 현재와 같은 영구적인 제도로 정착한 것은 1913년 헌법 제16차 수정 이후의 일이다. 그 이전 미국 정부의 수입원 중 큰 비중을 차지했던 것이 관세수입이었다.

트럼프는 외교정책 목표를 위해 관세정책을 능란하게 활용하고 있는데 주표적은 중국을 향하고 있다. 트럼프가 인식하기에 중국은 불공정한 경제관행을 통해 막대한 부를 축적했고 그 부를 통해 미국의 패권에 도전, 미국의 국가안보를 위태롭게 만든 나라라고 보기 때문이다.

특히 트럼프는 세계화 시대를 미국에 불리한 시대로 보고 세계화주의자들이 말하는 자유무역을 비판한다. 진정한 의미의 자유무역은 국제경제 관계에서 성립되기 어렵다고 보는 것이다.

어떤 무역도 자유무역일 수는 없다

트럼프의 대외 경제정책 중 가장 중요한 것은 무역정책이다. 트럼프의 무역정책을 알기 위해 한 권의 책을 읽어야 한다면 단연 로버트 라이트하이저(Robert Lighthizer) 박사가 저술한 '어떤 무역도 자유무역은 아니다(No Trade is Free)'일 것이다.[305] 이 책은 부제인 Changing Course, Taking on China and Helping America's Workers(정책을 전환하고, 중국과 대결하고, 미국의 노동자들을 돕자)가 보여주듯 중국의 불공정 무역 행태를 정조준한 책이다. 트럼프 2기 행정부 외교정책의 제1 목표가 중국의 도전을 제압하는 데 있다는 점에서 보았을 때 트럼프의 대중국 관세정책은 너무나 자연스레 나온 정책이다.

중국을 제압하기 위한 정책이 무역정책의 단계에서 성공할 수 있다면 트럼프는 마치 레이건 대통령(1981-1989 재임)이 총 한 방 쏘지 않은 채, 대제국 소련을 붕괴시키고 미국을 유일 패권국의 반열에 올려 놓았던 역사적 업적에 버금가는 대업을 이루는 대통령으로 기록될 수 있을 것이다.

2025년의 상황을 보았을 때 트럼프의 무역정책이 미국의 대전략을 성공적으로 이룩할 가능성은 대단히 높아 보인다. 중국이 미국을 대체하는 전 지구적 패권국이 될 가능성은 2024년 11월 트럼프가 재선됨으로써 사실상 물거품이 되었다고 볼 수 있을 정도다.

라이트하이저 박사는 레이건 대통령 재임 당시 미국 제1대 무역대표부 부대표를 역임했고 트럼프 1기 동안에는 미국의 제18대 무역대표부 대표로 재직했던 국제무역 전문가이다. 트럼프 대통령의 무역 대표로 재직하던 중 라이트하이저는 중국과 치열한 무역 협상을 벌였고 중국의 급속한 경제 발전을 사실상 꺾어 놓을 수 있는 1단계 미중 무역협정을 체결했었다. 라이트하이저는 중국이 미국의 회사들을 불공정하게 취급했으며, 미국의 지적재산권을 도둑질했고, 통화 조작을 했다고 보며 이 같은 불공정 행위들을 종식시키기 위해 중국과 치열한 싸움을 벌였다. 라이트하이저는 중국산 상품들에 대해 대폭적인 관세를 부과하는 조치를 구체화 시켰다.

트럼프 행정부 2기는 1기에서 시도했던 대중국 경제 압박정책을 더욱 거세게 몰아붙여 중국을 미국에 대한 패권 도전자의 반열에서 탈락시키게 될 것이다. 지난 4년 바이든 재임 기간 동안 중국은 트럼프 1기 시절보다 약간의 여유를 가질 수 있었지만 중국은 자국의 경제를 회복시키는 데 실패했다. 바이든 행정부도 대중국 정책에 관한 한 트럼프 1기의 기조를 대체적으로 그대로 유지했기 때문이며 특히 중국경제가 회복하는 데 실패한 결정적인 이유는 사실상 중국이 야기한 코로나 팬데믹에 제대로 대처하지 못했다는 데 있다.

2024년 전반기 이래 수많은 중국경제 관련 전문가들이 중국경제는 현 정치 체제, 즉 공산당 지배 체제가 유지되는 한 회생 가능성이 없다고 진단하기 시작했다. 2025년 초가 되어서는 시진핑 정권의 안정성조차도 보장받을 수 없는 상황에 이르렀다, 2025년 10월 17일 중국 국방부는 그동안 회자되어 왔던 시진핑이 군권을 잃었다는 사실마저 공개적으로 발표했다. 시진핑을 지지하는 초고위급인 상장(上將, 우리나라의 경우 대장급)들이 대거 당적과 군적을 박탈당했다는 것이다.

중국의 대내외적 상황이 어려움에 처한 가운데 중국의 도전을 완전히 제압하겠다는 트럼프의 재선은 중국 공산당의 미래를 더욱 암울하게 만들 것이며 트럼프는 특유의 무역정책을 통해 자신의 대전략 목표인 '중국을 제압하고 미국의 완전 패권 시대를 연다'를 달성하고자 할 것이다.

자유무역 회의론자 라이트하이저

라이트하이저 박사는 트럼프 2기 내각의 장관으로 초대되지는 못했지만 그는 트럼프 1기 중 트럼프의 무역에 관한 발상 그 자체를 180도 바꾸어 놓은 인물이었다.[306] 좌편향적인 정치 평론지인 폴리티코(POLITICO)는 라이트하이저가 지난 15년 동안 트럼프의 멘토였음에도 불구하고 이번 내각에 채용되지 못했다는 사실을 보고 트럼프 2기는 보호무역이 완화될 것이라고 논평을 하고 있었지만 트럼프는 2024년 11월 5일 당선 직후부터 관세(Tariff)를 미국이 휘두를 수 있는 황금의 보도로 활용하고 있었다. 트럼프는 외국과 정치적인 문제를 해결하기 위해서도 관세를 전가의 보도(傳家의 寶刀)처럼 사용하고 있다.

예로서 캐나다의 트뤼도 정권이 미국에 중국이 제조한 마약 펜타닐을 유입시키고 불량한 인물들을 대거 미국으로 유입시키는 데 분노한 트럼프는 이 같은 일이 중지될 때까지 캐나다에서 미국으로 수출되는 모든 상품에 25%의 관세를 물리겠다고 협박했다. 실제로 트럼프는 2025년 2월 1일 토요일부터 캐나다, 멕시코, 중국 등 3국의 미국 수출 상품에 25% 관세를 부과하기 시작했다.

그린란드 매입 의사에 대해 덴마크 정부가 반대 견해를 표시하자 트럼프는 덴마크에 대한 관세 부과를 협상용 무기로 들고나왔다. 또한 트럼프가 추방하려는 콜롬비아 출신 불법이민자를 콜롬비아 대통령이 받아들이지 않겠다고 하자 역시 '관세'라는 수단으로 협박했다. 콜롬비아 대통령 구스타보 페트로(Gustavo Petro)는 미국 군용기에 실려 콜롬비아로 향하는 불법 이민자를 받아들이지 않겠다며 저항했다. 그러자 트럼프는 콜롬비아가 미국으로 수출하는 모든 상품에 25% 관세를 부과하겠다고 협박했다. 1주일 후에는 관세를 50% 올리겠다는 위협도 했다. 사회주의자인 구스타보 대통령은 곧바로 미국에 자신의 전용기까지 보내 불법 난민 축출 작전에 협력하겠다고 하며 무릎을 꿇었다.[307]

2025년 1월 25일 라스베이거스를 방문한 트럼프는 연설에서 관세를 잘 활용하면 미국 국민들로부터 소득세를 전혀 걷지 않아도 될 것이라는 뼈 있는 농담도 했을 정도다. 외국으로부터 관세를 많이 받아내면 미국 국민들이 소득세를 내지 않고 살 수 있을 것이라는 말이다.

라이트하이저는 2010년 미국의회 청문회에 출석함으로써 정계에 분명히 모습을 나타나게 되는데 그가 증언했던 35페이지짜리 보고서는 2000년 중국에 '최혜국 대우원칙'을 부여하기로 한 결정이 얼마나, 특히 미국 노동자 계층에 큰 재앙이 되었는지를 아주 상세하게 설명하고 있다. 라이트하이저는 미국은 임금이 정체된 상황에서 수백 만개의 일자리와 수천 개의 공장을 잃었다. 공산주의 지도자와 자유무역 및 다국적 기업에 결정적인 양보를 함으로써 미국 노동자들은 감당하기 힘든 재앙을 겪어야 했다고 주장한다.[308]

라이트하이저는 상황이 그대로 지속될 경우 미국 노동자들의 여건은 더욱 악화되리라고 예측하고 중국산 상품에 대한 관세 부과 등 구체적인 정책 제안과 함께 문제 해결을 촉구했다. 라이트하이저 박사는 2010년 청문회에서 격정적인 증언을 했음에도 불구하고 자신의 증언은 워싱턴의 정치가들에 의해 대부분 무시당했다고 토로한다.

라이트하이저가 자유무역을 통해 미국이 피해를 당한 상황들을 상세하게 제시하고 있는데 몇 가지만 인용해 본다.

1976년 최초의 애플 컴퓨터는 미국에서 생산된 것이었다. 그러나 오늘 미국인들이 사용하는 개인용 컴퓨터는 대부분이 수입품이다. 1995년 미국은 전 세계 최고 태양전지 생산국으로서 세계 총생산량의 45%가 미국에서 제조되었다. 오늘 전 세계 태양전지 생산량의 78%가 중국제이며 미제는 거의 없는 실정이다. 1960년대부터 1980년대까지 미국이 사용하는 희토류의 대부분은 캘리포니아의 마운틴 패스 광산에서 생산되었다. 오늘 전 세계 희토류 생산의 62%는 중국제이며 미국제는 단지 12% 뿐이다.

노스캐롤라이나의 가구산업에 9만 명이 종사했었지만 중국이 WTO에 가입한 후 10년도 되기 이전 절반 이상의 미국 가구산업 노동자들이 일자리를 잃었다. 현재 미국에서 판매되는 가구의 73%가 수입품이다. 1990년 미국은 약 400억 달러어치 자동차를 수입했다. 2020년에는 1,800억 달러로 자동차 수입금액이 높아졌다. 1970년대와 1980년대 미국은 세계 최고의 핵심 반도체 생산국이었다. 오늘 미국은 세계 12%를 생산한다. 미국은 역사상 처음으로 식량 수입량이 수출량을 초과하고 있다.[309]

2016년 선거전을 치른 트럼프는 이 같은 상황은 더 이상 지속될 수 없다고 보고 자유무역의 문제점을 지적하고 투쟁해 왔던 라이트하이저를 무역대표부 대표로 초청했다.

트럼프의 무역철학

라이트하이저는 세계화에 반대하는 인물로서 미국의 무역정책은 노동자계급의 가정을 돕는 데 초점을 맞추어야 한다고 믿는다. 국제무역역시 대다수 시민의 복지에 기여하고 가족을 더 굳건하게 하고, 지역사회를 더 좋게 만드는 경우에만 유익하다고 믿는다. 라이트하이저는 미국국민이 '생산자'라는 사실을 더욱 강조한다. 세계화주의자(globalists)들이 국민들을 '소비자'의 측면에서 강조하는 것과는 정반대의 관점이다.

실제로는 세계화주의자들이 '국민' 혹은 '소비자'라는 개념을 중시한다고 보기도 어렵다. 세계화주의자들는 국가를 중시하지 않는다. '우리나라'가 아니라 '세계'를 강조하는 자들이기 때문에 자국의 국민에 대해 신경 쓴다고 말할 근거는 없다. 세계화주의자들은 우리가 쓰는 물건이 외국제이든 국산품이든 그것이 뭐가 중요하냐고 말한다. '소비자'들이 값싸고 품질 좋은 물건을 외국에서 사다 쓰는 게 품질 나쁘고 값비싼 국산품을 쓰는 것보다 무엇이 나쁘냐고 반문한다. 세계화주의자들의 이론체계는 그 자체가 막강하다.

"과거 국가들은 자급자족을 위해 노력했다. 그러나 지금 국가들은 자신들이 제일 잘 만드는 물건을 수출하고, 그렇지 않은 물건들은 수입한다. 국제적 분업은 가족과 마을과 국가를 분열시키기도 했고, 끈끈했던 전통사회를 파탄 나게 했다. 모든 대륙의 흩어진 농민들과 노동자들은 고통을 당했다. 그러나 전체적으로 보았을 때, 적어도, 그들의 아이들 혹은 손자들은 그들보다 더 잘살 수 있게 되었다.[310] 이상은 세계화시대의 전 지구적 자본주의(Global Capitalism)를 분석한 하버드대학 정치학과 제리 프리덴(Jerry Frieden) 교수의 세계화 시대에 관한 막강한 이론적 옹호다.

1990년대 초반 한국도 세계화의 파도를 더 이상 막을 수 없었다. 김영삼 대통령은 외국산 농산품의 수입을 허락하지 않을 수 없었다. 당시 미국에서 생산된 쌀은 한국산 쌀 가격의 1/3에도 미치지 않았다. 쌀수입, 쇠고기 수입 등이 자유화될 경우 한국의 농업은 초토화될 수밖에 없었다. 세계화 반대론자들은 농민과 농업을 살려야 한다고 생각, 자유무역을 반대했다. 진정한 세계화주의자들은 '5%에 불과한 농민들이 입는 피해보다는 95%에 이르는 쌀과 쇠고기를 소비하는 한국인들이 입게 될 이익이 훨씬 크다'라고 말했을 것이다. 물론 한국 사람들 중 세계화를 지지하는 사람들이 노골적으로 그런 말을 하지는 않았다. 하지 않았다기보다 사회적 분위기상으로 그런 말을 함부로 할 수 없었다.

물론 자유무역을 통해 한국의 자동차 산업, 반도체 산업 등은 이득을 볼 수 있다며 세계화를 옹호하는 입장을 강력히 표명할 수 있을 것이다. 또 "우리가 월급만 잘 받으면 되지 회사 사장이 미국 사람이든 독일 사람이든 그게 무슨 상관이야"라고 말하는 사람들이 있을 수 있는데 그렇게 말하는 사람들은 세계화주의자들이다. "아닙니다. 저의 사장님이 외국인이라는 사실은 곤란해요. 내가 다니는 회사가 외국 회사라는 것도 그렇고…"라고 말하는 사람은 고리타분한 국가주의자라고 매도당할 수도 있었다.

라이트하이저와 트럼프는 국가주의를 택한 사람들이고 미국의 민주당과 지구 최고의 억만장자들 대부분은 세계화주의자들이다.

이 책을 쓰는 저자 역시 국가주의자 쪽으로 기울어져 있음을 고백한다. 아직도 인간사회를 구성하는 가장 바람직한 조직을 국가라고 생각하기 때문이며 세계화는 국가를 파괴할 수 있는 개념이라고 보기 때문이다. 국가는 적어도 인간들의 안전과 복지를 제공하는데 가장 훌륭한 조직이라고 말할 수 있다. 세계 대부분의 국민들은 국가별로 정도는 다르겠지만 자신이 속해있는 국가를 통해 안전과 복지를 보장받으며 살고 있다. 세계화 시대, 적어도 경제적인 국경이 무너진 세계에서 각국의 시민들이 과거보다 더 좋은 삶을 보장받고 더 안전한 삶을 더 훌륭하게 보장받을 수 있게 되었는지 의문스러운 일이다.

세계화 시대가 과연 국가가 중심이었던 시대보다 인간의 삶에 더욱 유리하게 되었는지에 관해 부정적인 입장을 택하는 연구 결과들도 쏟아져 나오기 시작했다. 이중 특히 이스라엘 히브리 대학의 구약학 교수이자 정치학자인 요람 하조니(Yoram Hazony)의 책은 세계화주의자들의 논리에 대한 국가주의의 가장 강력한 반격이라고 생각된다.[311]

트럼프 대통령은 미국 우선주의를 택했다. 그렇다고 그가 자유무역을 통째로 무시하는 인물이라는 의미는 아니다. 그는 공정한 무역을 강조한다. 트럼프는 다른 나라 지도자들과 국민들에게 모두들 자국 우선주의를 택하라고 권유하며 선의의 경쟁, 공정한 경쟁을 하자고 주장한다. 국가주의자로서 트럼프는 국제무역 정책에서 두 가지 대변화를 초래했다.[312]

첫째는 전임 대통령들과 달리 해외 제조업을 장려하지 않았다. 과거 대통령들은 해외 제조업을 장려하고 기업이 해외에서 생산된 제품들을 국내로 쉽게 들여오는 조치들을 장려했다. 국제 무역기구(WTO)의 결정들을 신성불가침으로 받아들였었다. 트럼프는 이 모든 것을 바꾸었다. 트럼프는 제조업의 일자리들을 미국으로 되돌리기 위해 최선을 다했다. 트럼프는 성공의 척도를 미국 내 새로운 일자리 창출, 임금인상, 공장의 미국 복귀에 두었다.

트럼프의 두 번째 공헌은 미국과 세계에 중국의 위험성을 일깨우게 한 것이다. 트럼프는 중국을 미국의 적(敵)이라고 분명히 말했다.[313] 이전의 지도자들이 애매하게 중국을 미국의 경쟁자(competitor) 운운했던 것, 혹은 심지어 우호국가라고 생각했던 것과는 판이하게 다른 입장을 견지했다. 중국과의 자유무역을 강조하던 미국 사람들은 중국이 부유하게 되면 궁극적으로 자유주의 민주주의 국가가 될 것이니 중국을 강하게 만들어 주어도 걱정할 것 없다고 낙관적으로 생각한 사람들도 많았다.[314]

트럼프와 라이트하이저는 중국을 전 세계에 자신의 체제를 강요하는 중상주의(重商主義, Mercantilist) 국가라고 보았다. 이들은 중국은 자유민주주의 질서에 반대하고 미국의 패권을 종식시키고자 하는 나라라는 사실을 정확히 인식했다. 트럼프는 1기 재임 중 미국이 중국에 대한 터무니없는 무역적자에 시달리고 중국이 휘두르는 부와 경제력에 대한 미국의 높은 의존도라는 상황을 바꾸어 놓는 데 성공했다. 코로나19가 발발하기 이전까지 트럼프의 미국은 중국에 대한 무역적자 폭을 전년 대비 5분기 동안 지속적으로 감소시키고 있었다. 즉 중국에 대한 의존도를 대폭 줄이는 데 성공하고 있었다. 트럼프는 1기 임기 중 세계의 공급망을 중국으로부터 미국 및 다른 국가로 옮겨가도록 하는 데 성공했다. 트럼프는 2020년 대선에서 패배했고 바이든 행정부가 뒤를 이었다. 정도는 약했을지 모르지만 바이든 역시 트럼프의 무역정책을 사실상 채택했다.

트럼프 대통령은 47대 대통령에 취임한 당일 즉시 수십 건 이상의 행정 명령에 서명했는데 그중 하나가 '미국 우선 무역정책(America First Trade Policy)'[315]이었다. 취임 당일 사인했을 정도로 무역에 관한 행정 명령은 트럼프 2기의 가장 중요한 외교정책 중 하나다. 트럼프는 무역정책을 '국가안보에 결정적으로 중요한 한 부분(critical component to national security)'이라고 말한다. 실제로 2024년 11월 당선자 신분으로 행한 첫 번째 관세 언급도 순수한 경제 문제만은 아니었다. 트럼프는 관세 문제를 이민과 마약 문제를 해결하기 위한 수단으로 언급했다. "관세는 영어사전에서 가장 아름다운 단어"라는 트럼프의 관세 예찬은 허풍이 아니다.[316] 트럼프 2기의 재무장관인 베센트(Scott Bessent) 역시 관세를 협상용 무기로 활용해서 미국에게 불리하게 기울어진 운동장을 평평하게 만들고 중국의 안보 위협에 대응할 수 있다는 주장을 펼치고 있다.

트럼프의 무역정책은 타국에 대한 미국의 의존도를 감소시킴으로써 미국의 핵심적인 국가안보를 충족시키기 위한 도구이기도 하다. 즉 트럼프에게 국가안보와 국제경제 문제는 동전의 양면이나 마찬가지인 것이다. 그래서 트럼프는 미국인들은 미국 우선 무역정책을 통해 이득을 볼 것이라고 주장하며 과감한 무역정책은 투자와 생산성을 높일 것이며 미국의 산업적, 기술적 우위를 제고할 것이며 미국의 경제 및 국가안보를 증진시킬 수 있으리라고 믿는다. 트럼프는 무엇보다도 무역정책을 통해 미국의 노동자, 제조업 종사자, 농민, 목축업자, 기업가 그리고 경영자들에게 이득을 돌려줄 수 있다고 보고 있다.

트럼프의 관세 및 무역정책은 중국과의 패권 경쟁이라는 맥락에서 보아야 가장 잘 설명될 수 있다. 트럼프의 무역전쟁은 사실상 중국과의 패권전쟁이다. 2018년 3월 트럼프 대통령이 중국의 경제 침략에 대처할 것을 지시한 이후 관세 부과는 중국과의 무역전쟁을 위한 수단이었고 이는 결국 중국을 약화시켜 미국에 대한 패권 도전국의 반열에서 탈락시키기 위한 미국의 대전략을 수행하기 위한 방편이었다.

그동안 미국은 중국을 개혁 개방시키고 세계 자유무역 체제에 편입시킬 경우 미국과 중국 모두가 윈윈(win win)하는 세계가 도래할 줄 알았다. 그래서 미국은 중국을 WTO에 초대했다. 2001년 12월 WTO에 가입한 덕분에 중국은 급격하게 무역 대국으로 성장하고 고도 경제성장을 이룩할 수 있었다.

경제적으로 부유해진 중국은 공산 독재국가가 더 이상 아니게 될 것이라고 미국은 기대했었다. 대부분 미국 사람들은 부유한 중국이 자유민주주의 자본주의 국가로 체제변환할 것이라고 기대했다. 그래서 미국은 중국을 미국의 공장으로 만들기로 결심했다. 미국의 도움이 없었다면 오늘과 같은 세계 2위의 경제대국 중국은 없었을 것이다. 경제학자 최병일 교수는 "미국은 중국의 경제 기적 역사의 공동저자"라 해도 그리 과장된 표현이 아니다고 썼을 정도다.[317] 스티브 배넌과 파넬, 테이어 등 분석자들은 지난 수십 년 동안 미국인들의 중국에 대한 낙관적 환상에 기반한 포용정책을 미국이 저지른 최대의 전략적 실수라고 분석했다.[318]

미국 사람들 다수가 낭만적으로 기대했던 부유하고 자유화된 중국은 나타나지 않았다. 오히려 과거 소련보다 훨씬 더 막강한, 미국의 패권에 노골적으로 도전하는 중국을 당면해야 하는 상황이 되고 말았다. 미국과 중국의 관계는 자유주의 국제정치학 이론-즉 경제 교류의 확대, 상호 의존의 확대는 평화를 초래한다는-이 얼마나 허접한 이론인지를 단적으로 보여 주고 말았다. 부유한 중국은 자유로운 국가로 변신하지 않았고 미중 관계에 평화는 오지 않았다. 미중 관계의 허무한 역사는 국제정치를 이익과 힘으로 분석하는 현실주의 이론이 궁극적인 국제 관계 이론이 될 수 있음을 또다시 증명해 주고 있다.

미국은 중국의 도전에 당장 대응해야만 한다. 중국이 더 이상 성장하게 되면 미국은 중국과 주먹(군사력)으로 싸워야 한다. 그러나 지금 싸우면 미국은 관세전쟁, 무역전쟁 등 직접 피를 흘리지 않는 전쟁으로도 중국의 도전을 물리칠 수 있다. 트럼프는 그런 전쟁을 1기 임기 중 시작했던 것이며 2기 임기 중 승리로 확정 지으려 할 것이다.

트럼프의 두 번째 임기 취임 당일인 2025년 1월 20일 미국의 재무장관은 상무장관 및 국토안보부 장관과 협의하여 외국으로부터 세금을 거두어들일 수 있는 방법을 강구해 볼 것을 지시했다. 미국의 세금 거두어들이는 기관을 IRS(Internal Revenue Service)라고 부르는 데 대해 외국(외부)으로부터 미국이 돈을 거두어들이는 것을 ERS(External Revenue Service)라고 명명하고 그것이 구체적으로 가능한 것일지를 연구해 보라는 행정명령에 사인을 했다.[319] 미국의 지렛대는 미국이 세계 최대의 소비 시장이라는 사실이다. 중국은 미국 시장 없이는 무역을 통한 성장을 기대할 수 없다.

월 스트리트 저널(Wall Street Journal)도 지지한 트럼프의 관세정책

트럼프는 경제성장, 연방 적자의 감축, 인플레 완화 등 바이든 행정부 당시 고통을 당했던 많은 미국인들의 경제생활을 향상시키기 위한 공격적인 프로그램들을 가지고 있다. 2024년 9월 5일 뉴욕의 경제 클럽에서 발표한 트럼프의 계획은 자신의 1기 임기에서 행했던 2017년의 세금감면 정책을 영속적으로 시행할 것이라고 재확인하고 있었으며 각종 규제를 철폐할 것, 정부 지출 감축, 미국의 제조업을 보호하기 위한 스마트한 관세정책을 포함하고 있다. 월 스트리트 저널은 트럼프의 관세정책을 지지하는 논설을 게재했다.[320] 세금감축, 규제철폐와 적절한 조화를 이룰 경우 관세정책은 미국의 경제를 다시 부흥시킬수 있는 조치가 될 것이기 때문이다.

관세정책은 완전한 자유무역주의자들이 언제라도 비난하는 것이다. 물론 역사를 보았을 때 미국은 관세정책에서 다른 나라들과 비교할 때 자유무역을 훨씬 더 강력하게 지지하는 편에 서 있던 나라였다. 미국은 수입된 공업제품에 평균적으로 단 2%의 관세밖에는 부과하지 않았다. 반면 다른 나라들은 대체적으로 미국보다는 높은 비율의 관세, 혹은 관세가 아닐 경우 다른 무역장벽들을 설정하고 있었다.

경제분석국(Bureau of Economic Analysis)의 분석에 의하면 미국의 무역적자는 바이든 정부하에서 폭증했으며 2022년 1조 2,000억 달러에 도달했다. 2024년 7월에는 월별 최고 적자인 1,030억 달러를 기록했다. 이 같은 불균형은 미국의 산업을 철저히 파괴했다. 2000년 이후 미국 공장 수천 개가 문을 닫았으며, 노동자 임금은 정체되었다. 공동체들은 황폐화하였고, 경제적 불평등은 심화되었다. 반면 미국에 수출하는 상품을 제조하는 외국 기업들은 번영했다. 트럼프는 이 같은 사실을 잘 인식하고 있으며 그래서 트럼프는 중국에 대해 강경한 입장을 취해 보다 좋은 무역 협상을 이끌어내고자 하는 것이며 월스트리트 같은 경제 전문지는 트럼프의 관세정책을 지지한 것이다.

트럼프 2기 미중 관세 전쟁의 전개

2025년 4월 2일 트럼프 대통령은 미국의 관세는 세계 대부분 나라들이 미국 상품에 부과하는 관세보다 훨씬 낮다는 사실을 강조한 후, 역사상 가장 과격한 조치라고 말할 수 있는 관세 폭탄을 전 세계 모든 나라를 향해 투척했다. 세계의 좌파 언론과 글로벌 리스트 지식인들은 트럼프가 세계 경제뿐만 아니라 미국 경제도 파탄내고 있다며 비난 일색의 논평을 제시하고 있지만 트럼프의 무역전쟁은 오랫동안 잘 기획, 준비되었던 정책을 집행하는 것이다.

우선 관세 폭탄을 오직 경제 문제로만 해석해서는 안 된다는 사실을 지적해야 할 것 같다. 2025년 2월 미국의 무역 및 관세정책의 역사를 개괄한 책을 저술한 알렉산더 매스터즈(Alexander Masters)는 "국제무역이 경제적인 문제이기만 한 적은 결코 없었다. 국제무역은 권력의 문제, 정치의 문제 그리고 세상을 보는 관점들(Perspectives)에 관한 문제"라고 역설한다.[321]

트럼프 대통령의 관세전쟁 역시 경제 문제이기보다는 21세기 세계의 패권국은 미국이어야만 한다는 대전략의 목표를 수행하는 과정의 일환으로 보아야 한다. 트럼프의 관세 폭탄은 미국을 확고부동한 패권국으로 만들기 위한 대전략의 일환으로써 도전자 중국을 제압하기 위한 목표를 가진 싸움이다.

트럼프와 미국의 현실주의적 전략가들은 중국의 경제력이 미국의 수준에 도달했을 때까지 기다렸다가는 진짜 총칼로 싸우는 패권전쟁을 치를 수밖에 없다는 사실을 잘 알고 있다. 이들은 중국의 경제력이 아직 미국에 미치지 못할 때, 중국의 경제력을 꺾어 놓음으로써 중국의 패권 도전을 사전에 제압해야만 한다고 주장했다. 특히 에드워드 럿왁 같은 미국 최고의 전략가는 이미 2012년 간행된 저서 《중국의 부상 대 전략의 논리》라는 책에서 중국의 부상을 사전에 제압하는 것이 전략적으로 타당한 일이라고 주장했다.[322] 럿왁 박사의 논리는 '어떤 패권국도 도전자의 도전에 자신의 지위를 평화적으로 양보한 적은 없었다'라는 역사상 불변의 진리에 기반을 둔다.

"싸우지 않고 승리하는 것이 최선의 전략"이라는 손자병법을 제일의 필독서로 삼는 트럼프는 중국의 국력이 더 이상 강대해지기 이전, 중국의 경제력을 꺾어 놓음으로써 중국의 패권 도전을 사전에 제압하고 미국의 패권을 보다 공고히 하기 위해 관세전쟁을 선제적으로 개시한 것이다.

미국과 세계 도처에서 트럼프의 관세전쟁을 비난하는 목소리가 높지만 트럼프와 트럼프 팀의 각료들은 국제무역 및 관세에 관한 상이한 관점들을 정확한 자료들을 제시해 가며 설득력 있게 설명하고 있다. 하버드 경제학박사 출신으로 국제통상을 연구하며 현재 백악관 경제 자문인 스티브 미란 박사가 수립한 작전계획[323]을 진두지휘하는 스콧 베센트 재무장관, 마르코 루비오 국무장관, 스티븐 밀러 백악관 비서실 차장 등은 트럼프의 관세 폭탄은 미국을 다시 산업국가, 공업 국가, 제조업 국가로 만들기 위한 목적에서 진행되고 있는 피 흘리지 않는 전쟁이며 미국이 반드시 승리할 수 있다는 사실을 명쾌하게 설명한다.

1995년 WTO 창설 이래 2016년에 이르기까지 미국의 역대 대통령들은 민주당 공화당 관련 없이 모두 자유무역을 신봉하는 세계화 주의자들이었다. 클린턴, 부시, 오바마는 미국이 냉전에서 소련을 물리치고 세계 유일의 강대국으로 군림했던 당시, 즉 미국의 실존을 위협하는 적대국이 없는 상태에서 낭만적인 국제정치를 즐길 수 있었던 인물들이었다.

이들은 세계 모든 나라들이 경제적 국경을 철폐하고 자유무역을 행할 경우 지구는 평화로운 세상이 될 것이라고 가정했다. 중국과 같은 나라를 개혁 개방해서 경제발전을 시키면 중국은 궁극적으로 자유민주주의 국가가 될 것이라고 믿었다. 미국과 중국이 경제적으로 통합된 하나가 될 것이라는 차이메리카(Chimerica)라는 꿈도 꾸었다. 세계화를 이룬 세상은 지구인 모두가 평화롭고 풍요한 삶을 사는 세상이 될 것이라고 믿었다. 그래서 미국은 세계화 시대를 열어나갔고 세계화의 시대는 미국이 주도했다는 의미에서 미국화의 시대라고도 불렸다.

세계화 시대를 지배한 논리는 '미국에서 개발한(혹은 발명한) 물건들이 중국의 값싼 노동력에 의해 제조된다면 그것보다 더 좋은 일이 어디 있 겠는가?'였다. 그 결과 미국의 공장들은 인건비가 싼 중국으로 옮겨가게 되었고 미국은 2000년 이후 2022년까지 최소 500만 명의 일자리를 잃 어버리게 되었다. 미국의 중산층의 소득은 정체되었다. 과거 미국 국력 의 상징이었던 강철벨트(Steel Belt)는 문 닫은 공장의 녹슨 철골 구조물로 인해 흉한 모습의 러스트벨트(Rust Belt, 녹물벨트)가 되고 말았다. 실제로 이 기간 동안 미국인 중산층의 기대 수명은 미국 건국 이래 처음으로 늘기 는커녕 감소하였다. 주요 국가 기간 산업들조차 미국에서 중국으로 이사 갔다. 철강공장조차 중국으로 이사 갔다.

트럼프는 오래전부터 완전한 자유무역은 불가능하다고 생각했고 미 국이 결코 포기하면 안 될 산업이 있다고 주장했다. 트럼프는 만약 미국 이 어느 날 전쟁을 해야만 하게 되었을 때 엄청난 양의 강철이 필요할 텐 데 그런 날이 왔을 때 과연 중국이 미국에게 강철을 판매할 것 같으냐? 고 반문했다. 트럼프는 중국에 대한 엄청난 관세를 통해 중국으로 이전 한 미국의 철강공장을 다시 미국으로 찾아오겠다고 벼르고 있다.

트럼프의 관세 폭탄은 전 세계를 향했지만 사실은 중국이 궁극적 표 적이었다. 중국을 제외한 많은 나라들이 트럼프에게 협상을 제안했고 트 럼프는 중국 외 모든 나라들에게는 90일간의 유예 시간을 주었다. 이미 트럼프 무역전쟁 선전포고 이후 1개월 정도밖에 지나지 않은 2025년 5 월 현재 78개국이 협상을 제의했고 그중에는 경제 규모가 세계 15위 이 내에 들어가는 일본, 인도, 한국, 호주, EU 등 경제 대국들 모두가 포함되 었으니 사실상 중국을 제외한 온 세계가 미국의 편이 된 것 같은 형국이 었다.

트럼프의 관세 폭탄에 시진핑이 맞대응을 하고 있다. 그러나 시진핑의 맞대응은 짜증스런 대꾸처럼 보였다. 무역전쟁의 승자는 예외 없이 수입이 많은 나라다. 이번 무역전쟁 역시 수입이 훨씬 많은 미국이 승리할 것은 불을 보듯 뻔하다. 게다가 수출 위주의 국가 발전을 도모해 온 중국이 수입과 수출이 없어도 살 수 있는 나라인 미국을 당할 수는 없다.

미국이 수출과 수입 없어도 살 수 있는 나라라고 말하는 이유는 미국만이 유일하게 식량과 에너지를 자급할 수 있는 나라라는 사실에서 나온다. 반면 미국과 사생결단의 싸움을 벌이고 있는 중국은 세계에서 에너지와 식량의 수입액이 가장 높은 나라다. 두 나라가 마치 대등한 수준에서 싸우는 것처럼 보도하는 언론들 특히 중국이 승리할 것이라고 말하는 언론들은 터무니없다. 중국은 관세전쟁에서 승자는 없다는 원칙론을 말하고 있지만 트럼프의 책사 중 한 사람인 고든 창 변호사는 중국 사람들은 모두 패자가 될 것이며 온 미국 국민들은 승자가 될 것이라고 단언했다.

관세전쟁을 벌이는 트럼프의 진짜 목적은 중국이 매년 미국으로부터 취해가는 약 3,000억 달러 정도의 무역 불균형을 해소하겠다는 것만이 아니다. 트럼프의 목적은 중국을 미국에 대한 도전자의 반열에서 낙마시키겠다는 것이며 작금 진행되는 상황은 중국의 경제 쇠락은 물론, 중국 공산당의 붕괴로 귀결될 가능성조차 있다.

트럼프 대통령의 관세 폭탄과 무역전쟁은 백악관 비서실 차장 스티븐 밀러의 말처럼 미국 역사상 최대의 사건이었다. 자유무역의 명목하에 미국을 등쳐 먹던 나라들을 손보는 것이며 특히 자유무역의 세계에서 가히 반칙왕이라고 부를 수 있는 중국의 중상주의(重商主義)적 행태를 고쳐주겠다는 것이다. 그럼으로써 트럼프는 보다 공정한 세계 무역체계를 만들어 나가고 있다. 트럼프의 미국을 다시 위대하게(MAGA)라는 목표는 미국의 중산층을 다시 살리는 일을 핵심축으로 삼고 있는데 중국과의 무역전쟁을 통해 일자리를 되찾아 옴으로서 미국의 중산층을 다시 살릴 수 있게 될 것이다. 트럼프의 관세전쟁은 미국을 세계의 완전 패권국으로 만들기 위한 사전에 정밀하게 기획된 피 흘리지 않는 전쟁이다.

미중 관세전쟁의 압도적 승자를 미국으로 보는 이유

세계 75개국 이상이 협상을 하자며 백악관으로 달려갔다. 말이 75개국이지 사실은 중국을 제외한 모두가 미국의 요구에 응했다고 볼 수 있는데 왜냐하면 75국 중에는 중국을 제외한 세계 최대 경제국가 15국이 모두 포함되어 있기 때문이다. 미국의 요구에 응한 나라들 대부분이 미국의 막대한 소비자 시장 없이 살아가기 어려운 나라들이다. 그래서 중국과 함께 힘을 합해 미국에 대항해서 싸우자는 시진핑의 외침은 허공의 메아리가 되어버렸다.

트럼프 대통령은 이번 관세전쟁을 오랫동안 준비했다. 하버드대학 경제학박사인 백악관 경제자문 스티브 미란 박사가 기획한 작전계획에 의거 국제통상 금융거래 주식거래 환차 등으로 억만금을 벌었었지만 작년부터 트럼프를 지지하며 트럼프의 재무장관으로 일하게 된 스콧 베센트가 쌍두마차로 몰고 있는 전쟁이다. 게다가 40-50대의 박력 있는 일꾼들인 밴스 부통령, 루비오 국무장관, 헥세스 국방장관과 국가 정보 관리들의 적극적인 협력 아래 진행되는 작전이다. 이 작전은 관세전쟁의 형식을 띄고 있지만 사실은 총과 칼을 사용하지 않은 채 미국이 중국에 대해 벌이는 '패권전쟁'인 것이다.

트럼프가 국가 대전략(Grand Strategy)을 구사하고 있는 데 반해 시진핑의 반응은 전략이기보다는 짜증(tantrum)이라고 미국 전문가들은 분석하고 있다. 시진핑은 마치 트럼프의 덫에 걸려든 것처럼 행동하고 있다. 관세전쟁에서 수출을 많이 하는 흑자 국가(중국)가 수입을 많이 하는 적자 국가(미국)를 이길 수 있는 방법은 없다. 즉 미국의 시장에 결정적으로 의존하는 중국이라는 제조 국가가 미국과의 관세전쟁에서 이긴다는 것은 중국의 내수시장이 미국 없어도 될 만큼 충분히 크지 않는 한 불가능한 일이다.

시진핑이 범한 실수 중 별로 관심을 끌지 못한 한 가지 사례가 있다. 시진핑은 미국의 관세전쟁 선전포고 직후 '중국은 미국의 보잉 여객기와 그 부품을 수입하지 말라'고 명령했다. 놀라운 사실은 시진핑이 타고 다니는 전용기가 보잉 747이라는 사실이다. 시진핑의 명령이 있자 즉각 미국의 한 전문가는 친구인 보잉사의 간부에게 보잉사가 747의 부품을 중국에 팔지 말 것을 요구했다. 부품 조달 없이 시진핑의 전용기가 몇 달이나 더 날아다닐 수 있을까? 중국이 국산이라고 자랑하는 중국제 C-919를 타면 될 것이라고? 우선 C-919는 장거리를 날 수 없다. 더욱 심각한 문제는 C-919 부품의 90% 정도가 미제와 유럽제라는 사실이다. 특히 엔진이 미국제이다.

세계 대부분 나라들이 미중 관세전쟁에서 미국 편을 들고 있는 이유는 미국이 더 강하기 때문이다. 특히 미국의 시장이 더 크기 때문이다. 한국 사람들은 오랫동안 미국과 중국을 G-2라고 말하며 중국의 힘을 유난히 과장해서 평가하곤 했지만 미중 두 나라는 동급(同級)의 나라가 아니다. 2024년 기준 미국의 경제력을 100으로 삼았을 경우 중국의 경제력은 64이며 미국의 군사력(국방비)을 100으로 삼았을 경우 중국의 군사력은 24 정도에 불과하다. 개인 소득을 비교할 경우 미국인들은 평균적으로 중국인 보다 약 6배 부유하다.

  국제무역 없이도 살 수 있는 나라가 지구에 단 한 나라 있다면 그게 미국이다. 미국만이 에너지와 식량을 자급하고도 남는 나라이기 때문이다. 식량과 에너지를 자급하는 미국과 세계 최대의 에너지 및 식량 수입국 중국이 무역전쟁을 벌이는 진정한 의미를 알아야 한다. 트럼프가 벌이는 싸움의 목표는 대중 무역적자 3,000억 달러를 줄이는 게 아니다. 진짜 목표는 미국의 패권에 도전하고 있는 중국의 도전을 차제에 완전히 꺾어 버리겠다는 것이다. 경제불황, 군부의 균열로 인해 리더십 위기에 직면한 시진핑과 중국 공산당의 미래는 밝지 않아 보인다.

제12장

트럼프의 대중국 정책

트럼프 외교정책의 궁극적 목표는 미국 패권에 대한 가장 강력한 도전자 중국을 주저앉히는 일이다. 중국을 주저앉힌다는 것이 중국을 멸망시킨다는 것은 아니다. 중국이 미국의 패권을 노리는 적수가 더 이상 아닌 나라가 되게 만드는 것이 트럼프의 목적이다. 마치 레이건 대통령이 소련을 붕괴시킨 것처럼 트럼프의 목적은 중국의 공산당 체제를 무너뜨림으로써 완성될 것이다.

트럼프가 원하는 중국 공산당 체제가 무너졌을 때 중국의 모습이 어떤 형태를 가지게 될지는 누구도 알 수 없다. 그럼에도 불구하고 확실한 것은 중국은 오늘날 시진핑 독재정치 체제 아래 50개 이상의 다른 종족으로 구성된 14억 이상의 인구에 대해 철권 통치를 행하는 나라는 더 이상 아닐 것이라는 점이다. 중국은 구소련처럼 분열될 수도 있다. 그 가능성은 소련의 경우보다 오히려 더욱 높다. 신장성(新疆省)이라 불리는 위구르와 티베트, 내몽고, 대만, 만주 등의 독립 가능성도 배제할 수 없다.

트럼프의 대중국 정책은 닉슨 이후 약 50년 동안 지속되어 온 미국 역대 대통령들의 정책과 판이하다. 트럼프는 다른 미국 대통령들이 중국을 포용(engagement)함으로써 중국을 경제적으로 더 부유한 나라를 만들 수 있고 그 경우 중국은 민주화를 이룩, 미국과 아무런 마찰 없이 지낼 수 있을 것이라는 통설을 전혀 믿지 않았다. 미국의 지식인들과 정치가들 대부분이 중국이 잘사는 상황이 미국에 더 안전한 국제정치 상황이라고 믿었을 때 트럼프는 그렇지 않다고 생각했다. 더 잘살게 된 중국이 민주주의 국가가 될 것이라는 낙관론도 믿지 않았다.

트럼프는 이미 2011년 간행된 책에서 중국은 미국의 적국(China is Our Enemy)이라고 선언했다. 대통령이 된 후에도 그런 말을 쓸 수 있을지 의심했지만 트럼프는 주저하지 않고 중국을 적국으로 취급하고 그렇게 대했다. 물론 그의 언변이 현란하기 때문에 언제라도 시진핑은 자신의 좋은 친구라고 말하는 것도 잊지 않았다.

트럼프는 국제정치 학자였다면 현실주의 중에서도 특히 공격적 현실주의자가 되었을 것이다. 공격적 현실주의자들은 어떤 강대국들도 궁극적으로 패권국이 되기 이전에는 결코 자신의 힘을 늘리는 일을 중지하지 않을 것이라는 권력정치 이론을 따르는 사람들이다.[324]

공격적 현실주의의 대표적 학자인 존 미어샤이머(John J. Mearsheimer) 교수는 패권국 미국은 결코 도전자 중국에게 패권적 지위를 양보할 의사가 없으며 중국 역시 미국을 향한 패권 도전을 포기할 가능성이 없는 나라라고 본다. 미국은 패권을 양보할 가능성이 없으며 중국은 패권 도전을 멈출 가능성이 없다. 결국 두 나라는 치열한 안보 경쟁에 빠져들어 갈 수밖에 없다는 것이 공격적 현실주의 이론이 진단하는 미중 관계의 본질이다.

트럼프는 시진핑과 운명을 건 패권전쟁을 하고 있는 중이다. 2025년 연말인 현재, 저자는 미국의 승리가 확실해 보인다고 전망하고 있는 편이다. 이번 장에서는 트럼프의 최종 외교 목표일 뿐 아니라 21세기 최대의 국제정치 이슈인 미중 패권전쟁을 미국의 관점에서 분석하고자 한다.

트럼프의 MAGA 대 시진핑의 중국몽

뉴트 깅리치는 《트럼프와 중국》이라는 책에서 트럼프 시대의 미중 패권전쟁을 도널드 트럼프라는 인간에 맞추어 분석했다.[325] 미국 대통령으로서 트럼프는 자유세계의 리더이다. 미국의 가치를 고수하고, 미국 민주주의를 보호하고, 법치를 지키고, 창조주가 우리 각자에게 부여한 개인의 권리를 보호하는 것이 그의 의무와 책임이다. 트럼프 대통령이 2017년 9월 유엔에서의 연설에서 "주권"이라는 단어를 21번, "자유"는 13번 사용한 것에서도 잘 나타난다. 이 같은 측면에서 트럼프는 선(善)을 대표하는 세력이다.

시진핑은 중국 공산당 총서기로서 1949년 10월 중화인민공화국이 수립된 이래 정권을 장악해온 공산주의 전체주의 독재를 주재한다. 시진핑 총서기와 중국 공산당은 중국 공산당의 권력을 유지하기 위해 감시, 통제, 속임수, 부정행위를 사용하여 미국과 같은 자유 주권 국가들의 생존을 위협하는 전혀 다른 종류의 세계를 구축하려 하고 있다. 그럼으로써 중국은 악(惡)을 대변하는 세력으로 인식된다. 자유와 억압, 자유와 통제, 자유와 감시 중 어떤 것이 선이고 어떤 것이 악인지는 이미 인류 모두가 동의하는 도덕적 기준에 의해 논쟁의 소지가 없어진 개념들이다.

미국과 중국은 지구상에 존재하는 가장 거대하고 강력한 국민국가들로서 미래 세계의 패권을 놓고 경쟁을 벌이는 나라들이다. 미국을 이끄는 트럼프 대통령의 "다시 위대한 미국(Make America Great Again!)" 정책과 시진핑 총서기의 "중국몽(China Dream, 中國夢)"은 21세기 세계정치를 최종적으로 규정할 수밖에 없는, 운명적으로 충돌할 수 밖에 없는 국가전략들이다.

이미 패권국이 된 미국과 달리 중국은 패권을 향한 도전국이다. 시진핑의 비전은 사회주의 체제를 중국인들보다 우선시하고 그들의 삶을 개선하기 위해 그것을 따르고 의지할 것을 요구한다. 그것은 트럼프 대통령이 개인과 자유를 강조하는 것과는 전혀 다른 사고방식을 나타낸다. 트럼프가 미래 성공의 소유권은 '미국 국민들 개개인 모두에게 달려 있다'라고 보는 반면, 시진핑은 각 세대의 중국인들이 하나의 전체로서 대장정을 하는 것으로 묘사했다.

트럼프 대통령과 시진핑 총서기는 각각 다른 비전을 제시했다. 그들의 이상적인 세계 사이의 간격은 생각보다 훨씬 크다. 더욱 중요한 사실은 트럼프와 시진핑의 비전은 상호 배타적이라는 것이다. 한 비전이 성공하면 다른 비전은 실패할 것이다. 만약 시진핑의 비전(중국공산당의 비전)이 승리한다면 그것은 미국인들이 소중하게 여기는 모든 것에 대재앙이 될 것이다. 그럼에도 불구하고 깅리치가 우려하듯 미국의 많은 뉴스 매체, 사업체, 많은 학계 및(주, 카운티 및 시 수준까지) 정치 지도자들은 "좋고, 새로운 중국"이라는 환상에 빠져 있었다. 미국 사회의 다수가 중국이 전체주의 공산 독재에 지배된다는 사실을 간과하고 있었다.

중국공산당은 덩샤오핑(Deng Xiaoping, 鄧小平)의 첫 미국 방문부터 40년 동안 지능적으로 선전을 추진해 옴으로써 중국이 정상적이며 수용 가능하다는 분위기를 조성해 왔다. 미국이 본 것은 진짜 중국의 가짜 얼굴이었다.

한 세대만에 처음으로, 중국과 그 공산당 지도부가 미국에게 도전이 된다는 것을 깨달은 대통령이 있으니 바로 그 사람이 트럼프 대통령이다. 그는 중국 공산당의 독재와 다양한 방식으로 경합을 시작했다. 트럼프 행정부는 가장 체계적으로 중국에 대해 비판적이고 지난 50여 년 동안 보아온 중국 공산당의 독재에 맞서는 진지한 전략을 개발하고 적용하고 있다.

인도 역시 급속도로 발전하고 있는 세계 최대의 인구 대국이지만 인도는 민주주의의 본질, 법치, 자유 언론의 일반적인 특성으로 인해 미국을 향한 위협이라기보다는 오히려 잠재적 동맹으로 간주될 수 있는 나라다. 인도네시아도 인구는 많지만 넓은 의미의 민주주의 체제를 갖춘 지역 국가이다. 브라질도 거대한 국가이지만, 강력한 법체계와 자유로운 선거 및 언론의 자유로 인해 위협이라기보다 이웃이자 가끔 미국의 동맹국이 되기도 한다.

중국이 다른 대국들과 다른 점은 레닌주의 전체주의 시스템과 중국이 당연히 모든 것의 중심에 있어야 한다는 중화사상이 결합된 독특한 관점에 의해 주도되는 체제라는 점이다. 그래서 중국은 미국인들이 믿는 자유와 법치의 미래에 치명적인 위협이 되는 것이다. 이 같은 점을 깨달은 최초의 정치가도 역시 트럼프일 것이다.

닉슨, 카터 이래 미국은 중국에 대해 거대한 소비시장을 열어주었고 중국에 많은 투자를 했으며 미국의 많은 공급망이 중국에 의존하도록 허용했다. 그런 일을 행한 미국인들은 미래의 잘살게 된, 민주화된 중국을 꿈꾸었다. 미국은 시장이고 중국은 공장이라고 생각했다. 공장과 시장은 상호 공생하는 것이지 싸울 이유가 없었다. 두 나라의 경제는 하나가 될 것으로 기대되었다. 혹자는 그 같은 세계에서 조화롭게 공존할 미국과 중국을 China+America= Chimerica라고 묘사하기도 했다.[326]

그러나 현실은 판이하게 진전되었다. 힘이 막강해진 중국은 민주국가로 변신하지 않았다. 오히려 미국의 패권을 빼앗겠다며 덤벼드는 도전국이 되고 말았다. 그 결과 미국은 미국의 정치 경제 체제에 반하는 체제와의 패권전쟁 상황에 놓이게 되었다. 만약 이 경쟁에서 진다면, 미국은 독재적 통제의 외국 전체주의 체제로 인해 침몰할 수 있다. 트럼프 대통령의 캐치프레이즈-미국을 다시 위대하게(MAGA)-개념은 시진핑 주석의 중국몽과 양립할 수 없다. 둘 중 하나가 궁극적으로 인류의 미래를 정의할 것이다. 트럼프는 미중 관계 50년 만에 처음으로 이 같은 사실을 분명하게 인식한 대통령으로서 중국과의 싸움을 벌이기로 작정했다.

미중 관계의 짧은 역사

미국과 중국이 처음 접촉한 19세기 중반 이래 미국과 중국의 관계는 대체로 우호적인 관계였다. 미국과 중국의 첫 공식 접촉은 1844년 체결된 왕샤(望夏) 조약으로 시작되었고 1979년 1월 1일, 미국과 중화인민공화국이 정식으로 국교를 수립하면서 현대적 의미의 관계가 열리게 되었다. 왕샤 조약은 미국과 청나라 사이에 체결된 최초의 공식 조약으로 미국의 상인들은 중국에서 활동할 수 있는 권리를 보장받게 되었다. 당시 미국은 다른 제국주의 열강들인 영국, 프랑스처럼 노골적인 대중국 제국주의 정책을 취하지는 않았지만 영불 양국이 중국으로부터 취득한 대등한 특권을 취할 수 있었다. 미국인들도 중국에서 미국법의 적용을 받는다는 치외 법권과 무역 특권을 확보했다.

1842년 중국(당시는 청나라, 淸)이 영국과의 아편전쟁에서 굴욕적으로 패배한 이후 맺어진 남경조약을 본떠 미국도 중국에게 불리한 불평등 조약을 체결할 수 있었다. 미국은 영국, 프랑스와 달리 방대한 영토를 보유한 국가였기 때문에 중국에 대한 영토적 이해는 없었다. 미국은 서구 열강 앞에 허약함을 여지없이 드러낸 중국을 미국의 산업과 상업 발전을 위해 대단히 큰 시장으로 여기고 있었다. 즉 미국은 중국에 대해 주로 상업적인 관심을 가지고 있었으며 1949년 중국이 공산국가가 되기 이전까지 대체적으로 우호적인 관계를 유지하고 있었다.

미국과 중국은 1950년 연말 중국이 한국전쟁에 개입하게 됨으로써 본격적인 적대 관계에 빠져들어갔다. 한국전쟁은 사실상 미국과 중국의 전쟁이라고 불릴 수 있을 정도로 양국은 한국전쟁의 실질적인 주역이었다. 물론 한국전쟁을 공식적으로 미중전쟁이라고 칭하지는 않지만 거시적 관점에서 보아 한국전쟁은 미국과 소련이 주도하는 진영 간의 대결이었고 중국은 한국전쟁 중 최대의 병력을 동원한 나라이며 역시 최대의 인명피해를 낸 국가였다.[327]

한국전쟁을 통해서 사실상 불구대천의 원수 관계로 변한 미국과 중국 관계는 1960년대 초반 중국이 공산주의 종주국인 소련과 갈등을 벌이기 시작한 무렵부터 돌파구를 찾게 된다. 공산진영이 더 이상 하나의 튼튼한 단일체(Monolith)가 아니라고 판단한 미국은 중국을 끌어안음으로써 공산진영의 내부 분열을 시도하게 된다.

키신저 박사의 중국 비밀방문, 닉슨 대통령의 방문 등으로 미국과 중국은 다시 화해의 길을 모색한다. 1969년 닉슨 대통령은 미국에 대한 중국의 불안을 대폭 경감시키는 조치를 취하는 데 바로 닉슨 독트린이었다. 닉슨 독트린은 미국의 아시아 개입을 줄인다, 아시아는 아시아인의 힘으로 방위한다는 대원칙을 갖는 것이었지만 구체적인 행동은 베트남에 주둔하고 있던 50만 명 이상의 미군을 철수함으로써 미국에 대한 중국의 불안을 대폭 경감시켜 주는 것이었다.

미국과 중국 두 나라는 1972년 닉슨 대통령의 방중을 통해 화해 무드로 들어서게 되었고 이 무렵부터 중국도 자유주의 시장경제 방식을 도입하겠다는 개혁 개방 정책으로 선회한다. 1978년 등소평(鄧小平, 덩사오핑) 주석은 중국공산당 제11기 중앙위원회 제3회 전체회의에서 체제 개혁과 대외 개방 정책을 선언했다. 계급 투쟁 중심의 극좌 노선에서 벗어나 사회주의 시장 경제를 추구하겠다는 것이었다.

정치적으로는 사회주의 체제를 유지하면서 경제는 시장 메커니즘을 도입하겠다는 것이었다. 등소평은 흑묘백묘론(黑苗白苗論)[328]으로 대표되는 실용주의적 태도를 바탕으로 중국 경제 발전을 이끌었고 미국과의 긴장 관계도 대폭 완화되었다.

이미 1972년 이후 미국과 중국의 관계는 사실상 소련에 함께 대항한다는 준동맹과 같은 수준으로 발전하고 있었다. 1978년 12월 15일 미국 정부는 중공이 중화인민공화국이라는 합법 정부임을 인정한다. 이렇게 함으로써 미국은 중국을 국제사회에 정식적인 멤버로 데뷔시켰다. 1978년 12월 15일 발표에 따라 미국과 중국은 1979년 1월 1일부터 공식적인 국교를 수립하게 되었다. 미국은 중화인민공화국을 중국의 유일한 합법 정부로 인정한 것이다.

중국에 관한 미국인들의 다양한 관점

소련을 붕괴시키고 냉전에서 승리한 미국은 자만심에 빠져 있었다. 로버트 케이건의 말처럼 미국은 소련 몰락 이후 역사의 휴일을 즐기고 있었다. 이미 역사가 되돌아오고 있다는 사실을 인식하지 못했다.[329] 사실 소련의 해체와 패배는 미국이 중국과의 수교를 통해서 이룩한 일이기도 했다. 냉전이 끝나 갈 무렵 중국은 오히려 미국 편에 서 있는 나라가 되었던 것이다. 또한 미중 관계의 전통적인 역사적 경험은 미국이 중국을 그다지 그다지 심각하게 경계하지 않아도 될 것이라는 오해를 불러일으켰다. 한국전쟁 이후 1960년대 말엽까지를 제외하면 미국과 중국의 관계는 대체적으로 양호했다. 미국이 보기에 중국은 일본처럼 미국에 직접 대드는 나라도 아니었다. 2차 대전 중 미국의 전략적 경험은 중국에 대한 미국인의 우호적인 관점을 형성하는 데 도움이 되었다. 2차 세계대전 당시 중국은 공격적인 일본을 배후에서 제어해 줄 수 있었던 미국의 동맹국이었다.

그러나 무엇보다도 미국 사람들이 부상하는 중국을 낙관적으로 대하게 된 것은 미국인들이 개발한 편협한 정치학 이론들의 영향이었다. 미국의 정치학자들은 경제가 발전하게 되면 민주주의도 함께 발전한다는 정치학 이론을 오래전 개발했다. 심지어 경제 발전은 민주주의를 가능케 하는 사회적 필요조건(Social Requisite)이라고까지 생각했다.[330] 중국이 경제적으로 발전하게 되면 중국은 자유민주주의 국가가 될 것이라고 믿었다.

중국은 한국전쟁에 개입함으로써 UN 및 국제사회에서 침략자로 낙인이 찍혔었다. 1972년 중국이 UN에 정식 가입하고, 대만을 대체하는 안전보장이사회 상임이사국이 됨으로서 '침략자'로서의 중국의 이미지는 서서히 벗어지게 되었다.

중국의 개혁개방, 미중 화해 이후 미국의 많은 중국 연구자들은 중국을 보다 방어적인 외교(Defensive Foreign Policy) 행태를 보이는 나라라고 분석하게 되었다. 미시간대학의 알렌 와이팅(Allen S. Whiting)[331] 교수를 필두

로 미국에서의 중국 연구는 중국을 공격적인 침략자적 이미지로부터 국
제체제에 적응하기 위한 '방어적 외교정책'을 택하는 국가라는 새로운
이미지를 각인시키는데 기여하였다. 알렌 와이팅 교수는 심지어 중국이
한국전쟁에 개입한 이유도 중국의 침략적 속성 때문이라기보다는 중국
이 자국의 국가안보를 위한 방어의 목적으로 마지못해 참전한 전쟁이라
고 분석했다.

미국의 힘이 쇠퇴하느냐에 관한 논쟁이 한참 벌어진 1980년대 말엽
에도 미국의 패권적 지위에 도전할 가능성이 있는 나라로서 일본이 더
우선적으로 거론되었다. 많은 분석자들은 중국이 세계 패권국의 지위에
도전하는 적극적인 국가가 되리라고 생각하지 않았다.

1990년대 말엽에도 이 같은 생각은 지속되었다. 비록 성장하는 중국
의 국력은 향후 국제체제를 불안전하게 만들 요인이 될 것이라는 경고
가 있기는 했지만 그럼에도 불구하고 중국은 '방어적'인 국가라는 1970
년대 이후의 다수설적 견해는 1990년대 후반까지도 대체로 유지되고 있
었다.

그러나 특이한 사실은 미국의 역사학자 혹은 정치학자들이 냉전 종식
이후 중국을 보다 더 폭넓게 그리고 깊이 있게 연구하기 시작했다는 점
이다. 특히 1990년대 이후 나오기 시작한 미국의 각종 권위 있는 연구서
들은 대체로 중국을 '현실주의적 전략문화(戰略文化, Strategic Culture)'를 가지
고 있는 나라로 분석하기 시작했다. 하버드대학교의 정치학 교수인 알라
스테어 이언 존스톤(Alastair Ian Johnston)은 중국의 병서들인 무경칠서(武經
七書)를 모두 분석한 후 "중국 명나라의 대외정책은 중국의 병법서에 스며
있는 공격적인 군사전략에 기초를 두고 있다"고 주장했다.[332]

부시 행정부의 대중국 정책에 큰 영향을 미쳤던 펜실베이니아대학의

아더 월드론(Arthur Waldron)[333]은 그의 만리장성에 관한 연구 및 다른 저서들에서 중국의 대외전략이 공격적인 사상에 근거한 것임을 논하고 있다. 첸 지안(Chen Jian) 교수는 한국전쟁 당시 중국은 스스로 '공격적'인 역할을 담당했다는 사실을 밝히고 있다. 첸 지안 교수는 새로이 발굴된 사료들을 근거로 하여 한국전쟁 당시 중국은 주저했다기보다는 오히려 대단히 공세적이었다는 사실을 밝힘으로써 와이팅 교수의 논지를 뒤엎은 것이다.[334]

하버드 대학의 로스 테릴(Ross Terrill)은 《신 중국제국》이라는 저서에서 중국은 역사적으로, 그리고 오늘날까지 "제국"이었다는 사실을 체계적으로 논증하고 있다.[335] 번스타인, 문로의 《다가오는 중국과의 전쟁》,[336] 유사한 제목의 피터 나바로 교수의 책[337] 등은 모두 중국의 공격성을 밝혀낸 수준 높은 학술서들이었다. 물론 90년대에 출간된 덜 학술적이며 보다 센세이셔널한 중국 위협론(팀퍼레이크 등의 《부상하는 붉은 용》)[338]들도 있었지만 미국의 지성인들은 이미 오래전부터, 비록 소수이기는 했지만, 부상하는 중국이 초래할 위협을 지속적으로 경고해 왔다.

특히 로스 테릴(Ross Terrill)의 저서는 중국을 전통적으로 제국주의적 팽창주의적, 공격적 속성을 가진 나라라고 분석하며 중국의 제국주의적 전통은 오늘의 현대 중국에서도 그대로 남아 있다고 분석했다.

국제정치 현실주의 이론의 대표적 학자인 미어샤이머 교수 역시 중국의 국력 증강을 예사로이 볼 수 없다고 말하며 미국은 향후 중국의 도전에 대해 대응하지 않으면 안 된다고 말한다. 미어샤이머 교수는 중국이 다른 나라보다 특별히 공격적이거나 팽창적인 것이라기보다 모든 강대국은 궁극적인 안보를 위해 누구라도 패권적 지위를 추구할 수밖에 없다고 전제한다. 미국에게 있어 패권을 추구하는 중국은 위협이며, 동시에

패권적인 미국은 중국에게 위협인 것이다.[339]

대표적인 세계화 주의자이며 중국의 위협에 대해 전략적으로 예민하지 못했던 빌 클린턴 대통령은 많은 사람들이 세계화의 좋은 점에 대한 명확한 인식을 결여하고 있다고 개탄하며 세계화는 모든 나라를 부유하게 만들며, 중국은 더욱 개방적이며 포용적인 사회가 될 것이고 궁극적으로 미국의 경제력을 앞서 세계 최강의 경제 대국이 될 것이라고 예측했었다.[340] 클린턴은 중국을 세계무역기구에 가입시키면서 가난한 중국이 부유한 중국보다 오히려 미국에 더 큰 위협이 된다고 말했던 국제관계에 관한 이상주의자였다.

클린턴은 물론 오바마 등 대부분의 민주당 대통령들과 다수의 학자들이 중국의 부상은 미국에 좋은 일이라고 생각했다. 그리고 적어도 지난 30년 동안 이들의 주장은 미국의 대중국 정책의 근간을 형성하던 것이었다. 학자들도 이 같은 견해에 동조했다.

자카리 카라벨은 중국과 미국은 하나의 경제로 융합될 것이라고 주장했다. 미국은 시장이고 중국은 공장이다. 경제학에서 시장과 공장은 싸울 일이 없다. 상호의존관계에 있을 뿐이다. 미국과 중국은 상호 융합된 경제이기 때문에 갈등은 없을 것이라는 국제정치학의 현실을 도외시한 경제학자의 낙관론이었다. 미국과 중국 두 나라가 갈등을 벌이더라도 두려워할 것 없다는 견해도 나왔다. 중국은 결국 미국의 도움으로 경제발전을 이룩했기 때문에 결국은 미국이 정해놓은 규칙에 따라 행동할 수밖에 없을 것이라는 환상주의적 설명도 존재했다.[341]

미국과 중국의 미래에 대한 이 같은 무개념적, 극단적 낙관론이 판을 치고 있었다. 미국과 중국이 통합될 수 있다는 황당한 상상이었다. 이 세상에서 통일을 이룬 나라들이 몇 나라 있었지만 통합이란 우세한 측이 약한 쪽을 흡수하는 형태로만 나타난다. 서독과 동독이 통일을 이룩함으로써 '통일 독일'이 되었지만 통일독일은 국호, 국가, 국기, 정치 및 경제 체제 등 모두가 서독이 통일 이전에 유지하고 있었던 모습으로 하나가 된 것이다. 즉 동서독의 통일 방식은 서독+동독=통일독일=서독이라는 방식으로 이뤄진 것이다. 베트남, 예멘의 경우도 마찬가지였다. 차이메리카라는 개념은 정치 통합까지 고려한 것은 아니었겠지만 아무튼 미중 관계의 미래에 대한 극단적 낙관론자들이 만들어 낸 개념이었다.

냉전이 한창인 무렵 브레진스키(Zbignew Brzezinski) 교수는 소련이 공산주의를 포기하더라도, 혹은 미국이 공산국가가 된다 해도 미국과 소련은 갈등 관계에서 벗어날 수 없을 것이라고 예측했다. 미국과 소련이 강대국인 한 그들은 서로 충돌할 수밖에 없는 제국(colliding empire)이기 때문이라는 것이다.[342] 국제정치 현실주의적 분석에 의하면 지금 러시아와 미국이 갈등 관계에서 벗어난 것은 러시아의 이데올로기가 바뀌었기 때문이 아니라 러시아의 국력이 미국과 라이벌이 될 수 없기 때문이라고 설명해야 할 것이다. 마찬가지로 중국의 경제력이 성장하고 중국이 민주화를 이룩한다고 해도 미국과 중국이 평화롭게 지내기보다는 궁극적으로 충돌할 수밖에 없는 제국으로 남아 있을 확률이 훨씬 높을 것이다.

미국인들의 중국 부상에 관한 다양한 생각은 트럼프 1기 집권 무렵부터 현실적인 것으로 바뀌기 시작했다. 이제 미국과 중국의 관계를 클린턴, 오바마처럼 낙관적으로 생각하는 사람들은 거의 없다.

미국의 중국 포용 정책은 미국 최대의 전략적 실패작(Strategic Failure)

2024년 3월 미국에서 지난 수십 년 동안 미국의 대중국 포용 정책은 미국이 범한 최대의 전략적 실수였다고 주장하는 책이 파넬라 테이어에 의해 출간되었다.[343] 트럼프의 중요한 자문 책사인 스티브 배넌(Steve Bannon)이 서문을 써주고 자신의 출판사에서 출간해 준 책이다. 이 책의 기본적인 주장은 다음과 같이 요약될 수 있다.

미국은 지난 수십 년 동안 중국(PRC)으로부터의 위협을 과소평가해 왔다. 그로 인한 심각한 오판의 결과 미국은 중국 앞에 나약한 처지에 놓이게 되었다. 중국의 위협에 대한 오판과 부주의의 결과 미국은 세계정치에서 지배적 위치를 잃을 위험에 처해 있다.

이처럼 진단한 후 저자들은 어떻게 이런 일이 일어날 수 있었는지에 대해 설명한다. 그들은 냉전에서 승리한 후 불과 30년이라는 짧은 기간 동안 미국이 어떻게 지배적 위치를 잃고 막강한 능력을 갖추게 된 적대 세력인 중국의 부상을 허용할 수 있었는지를 한탄하며 그 원인을 설명한다.

공산 중국을 포용하며(Embracing Communist China)라는 부제가 보여주듯 제임스 E. 파넬과 브래들리 A. 테이어는 미국이 중국을 포용한 것을 끔찍한 오판이라 진단하고 그 근본 원인을 파헤친다. 저자들은 중국의 힘이 막강하게 된 이유뿐만 아니라 미국이 이를 어떻게 저지할 수 있는지를 제시한다.

저자들은 우선 미국의 주요 정부기관들이 중국의 위협을 과소평가하거나 축소했다고 분석한다. 역사적인 "위협 축소(threat deflation)" 사례가 발생했다는 것이다. 미국은 그동안 중국의 성장하는 힘에 대한 올바른 정보를 거부했다. 중국의 위협을 심각하게 받아들이지 않았다.

소수 전략가들이 오랫동안 중국의 위협을 강조했으나 미국의 대중국 정책에 더욱 큰 목소리와 영향력을 행사한 사람들은 중국과의 거래에 이해관계가 많았던 기업가들과 금융가들이었다. 금융가, 기업가들은 중국을 제조업, 투자, 연구개발을 포함한 노동력의 값싼 공급원으로 보았을 뿐이다. 중국은 이같이 순진한 미국을 속일 수 있었다.

중국은 덩샤오핑 시절 정치 전략을 활용, 자신들이 야기하는 위협을 축소시켰다. 소련이 냉전에서 저지른 실수를 교훈 삼아, 중국은 미국과 서구 사회의 엘리트들을 집중적으로 공략하여 그들을 부유하게 만들어 주는 동시에 중국 및 중국 공산당(CCP)에 대한 좋은 인식을 형성해 나갔다. 중국이라는 거대 시장의 허상을 유혹하며 미국의 경제 엘리트들의 영향력을 조작했다.

저자들은 더 이상 중국을 미국보다 훨씬 나약한 나라라고 생각할 수 없는 지경에 이르렀으며 세계에서 가장 강력한 국가로서 미국을 대체하려 하고 있다는 중국의 야망을 적시한다. 저자들은 미국이 저지른 심각한 전략적 실패를 이해함으로써, 미국은 그것을 바로잡고 소련을 물리쳤던 것처럼 중국의 도전을 패퇴시킬 수 있다고 말한다.

트럼프의 중국관(中國觀): 공격적 현실주의

시카고대학의 미어샤이머 교수는 기왕의 국제정치 이론만으로는 국제정치의 가장 중요한 연구 주제인 패권 갈등을 설명할 수 없다고 보고 이를 설명할 수 있는 새로운 시각인 공격적 현실주의(Offensive Realism)라는 이론을 제시했다. 이 이론에 의하면 어떤 강대국도 궁극적 목표는 세계 1등, 즉 패권국이 되는 것이다. 강대국이 패권국이 되고자 하는 목표는 합리적이고 정상적이다. 패권국이 되어야 존재론적 위험에서 벗어날 수 있기 때문이다.

그래서 중국이 패권국이 되려고 노력하는 것, 그리고 미국이 패권을 유지하려 노력하는 것은 모두 합리적, 정상적인 행동이지만, 두 나라의 합리적인 행동은 결국 중국과 미국 사이의 갈등과 전쟁을 불러올 수밖에 없다는 것이 비극적(悲劇的)인 일이다. 그래서 미어샤이머 교수는 현실주의 국제정치학 제3세대 이론인 공격적 현실주의를 제시한 자신의 책의 제목을 "강대국 국제정치의 비극(The Tragedy of Great Power Politics)"이라고 명명했다.

소련을 붕괴시킨 냉전이 끝난 세상에서 미어샤이머 교수의 주장은 소수파에 불과했다. 소련을 물리쳤다는 승리에 도취한 미국 학자들 중에는 '갈등으로서의 인간의 역사는 끝났다'고 단언하기도 했었고,[344] 세계화 시대에서 중국이 부상한다는 것은 미국은 물론 세계의 경제 향상을 위해 너무나도 좋은 일이 아닐 수 없다고 주장했다.

중국이 막강해지고 있다는 사실을 우려하는 식자들에게 세계화주의 자들은 '중국이 부자가 되면 민주주의 국가가 될 터이니 괜한 걱정은 집어치우라!'고 소리쳤다. 중국을 WTO에 가입시키고 정상적인 국가로 취급해 준 미국 민주당 정권들도 마지못해 중국을 '미국의 전략적 경쟁자(strategic competitor)'라고 부르거나 바이든처럼 '중국은 결코 미국을 앞설 수 없을 것입니다'라는 말을 하기는 했었다.

물론 학자들 중에 중국의 부상을 경계해야 한다는 사람들은 미어샤이머 외에도 다수 있었지만 중국을 직접 견제하겠다고 나선 정치가는 아마도 트럼프가 처음이었을 것이다. 그는 아직 정치가가 되기 이전인 2011년 12월 간행된 《미국이 터프(Tough)해 져야 할 때: 미국을 어떻게 다시 NO. 1 국가로 만들 것인가?》라는 책에서 아무리 정치가들이 달콤하게 말한다 해도 '중국은 미국의 적이다. 지금부터 중국을 미국의 적이라고

생각하고 정책을 수립해야 할 때다'라고 단언했다.[345]

미국의 정치가들이 제대로 일하지 못했기 때문에 미국이 세계 1위의 자리를 빼앗기게 될 지경에 이르렀다고 격렬하게 비판한 트럼프는 이 책에서 중국을 노골적인 용어를 사용, '미국의 적(China is Our Enemy)'이라고 규정했다. 트럼프는 오바마 대통령이 중국을 세계 무대에 초청했지만 그 대가로 미국이 얻은 것이 무엇인가?라고 반문했다.

아직 정치가가 되기 이전이었기에 중국을 적이라고 노골적으로 표현했을지도 모르지만 트럼프는 대통령이 된 후에도 중국을 적으로 생각하고 있었다. 2018년부터 본격적으로 중국을 주저앉힐 정책을 가동하기 시작한 트럼프는 관세정책을 통해 중국 경제의 등뼈를 꺾기 시작했다. 중국의 고도성장은 트럼프 1기 재임 기간 동안 그 기세가 완전히 꺾였다.

지난 4년 동안 중국의 경제는 바이든 정부가 재임하며 트럼프와 비교할 때 비교적 온건한 대중국 정책을 시행했음에도 불구하고 회복되지 못했다. 중국 경제가 회복되지 못한 눈에 보이는 이유는 코로나 팬데믹에서 회복되지 못했다는 점도 있었지만 더욱 본질적인 문제는 중국 경제체제의 본질적인 한계 때문이었다. 진정한 자유주의 경제 체제와 민주적인 정치 체제가 보장되지 않는 한 중국의 경제는 더 이상 발전할 수 없다. 과감한 민주화는 중국을 분열과 파탄으로 몰아넣을 것이다. 공산 독재를 지속하다가는 중국은 폭발할 것이다. 두 가지 외에 다른 대안이 없다는 게 시진핑의 한계다.

트럼프 대통령은 공격적 현실주의 국제정치 이론에 입각한 중국관을 가지고 있는 동시에 특히 에드워드 럿왁 같은 미국 최고의 전략가가 이미 2012년 출간한 저서 《중국의 부상 대전략의 논리》[346]라는 책에서 중국의 부상을 사전에 제압하는 것이 전략적으로 타당한 일이라고 주장했던 바를 정확하게 이해하고 있는 인물이다. 럿왁 박사의 논리는 '어떤 패권국도 도전자의 도전에 자신의 지위를 평화적으로 양보한 적은 없었다'라는 역사상 불변의 진리에 기반을 둔다.

"싸우지 않고 승리하는 것이 최선의 전략"이라는 손자병법을 제일의 필독서로 삼는 트럼프는 중국의 국력이 더 이상 강대해지기 이전, 중국의 경제력을 꺾어 놓음으로써 중국의 패권 도전을 사전에 제압하고 미국의 패권을 보다 공고히 하기 위해 관세전쟁을 선제적으로 개시한 것이다. 이번 임기(2025.1.20-2029.1.20) 중 중국 공산당을 본격적으로 붕괴시키겠다고 벼르는 트럼프의 진정한 목표는 중국을 미국에 대한 패권 도전국의 반열에서 탈락시키는 일일 것이다. 물론 중국이 패권 도전국에서 탈락하는 방식은 여러 가지가 있을 것이다.

트럼프는 미국의 대통령으로서 지구 전체 문제를 모두 다루지만 그는 언제라도 중국을 최종 목표로 삼는다는 원칙에서 벗어나지 않는 외교정책을 시행해 오고 있다.

트럼프 1기: 중국과의 충돌을 문명의 충돌로 규정하다

1기 임기가 시작된 지 약 1년이 지난 2018년부터 트럼프는 중국을 본격적으로 주저앉히기 위한 전략을 시도하기 시작했다. 우선 트럼프는 중국에 대한 관세정책으로 전쟁의 포문을 열었다. 관세전쟁이 어느 정도 진행된 이후 트럼프 행정부는 중국과의 싸움을 문명의 충돌이라는 개념으로 정리하기 시작했다. 2019년 4월 워싱턴 이그재미너(Washington Examiner)의 조엘 거크(Joel Gehrke) 기자는 '미국 국무부 중국과의 문명의 충돌 전쟁을 준비하고 있는 중(State Department preparing for clash of civilizations with China)'이라는 글을 게재했다.[347]

미국과 중국의 갈등은 단순한 무역전쟁, 단순한 군사적 전쟁의 수준을 넘었다는 의미다. 기자는 문명의 충돌을 준비하는 장본인은 마이크 폼페이오(Mike Pompeo) 국무장관이라고 말했다. 문명의 충돌이라는 개념은 새뮤얼 헌팅턴(Samuel P. Huntington, 1927-2008)이 제시한 개념으로 냉전이 이념 간 전쟁이었으며 미국의 승리로 귀결되었지만 앞으로 다가올 전쟁은 문명 간의 충돌 전쟁이라고 진단한 데서 연유했다.

이 책은 냉전이 끝난 후, 미국이 소련에게 승리한 후 느긋한 휴일을 즐기고 있을 때, 평화는 아직 오지 않았다고 경고한 책이다. 미국 사람들은 "아! 드디어 우리는 수십 년 동안 소련과의 싸움에서 승리했구나!"하며 낙관론에 빠져 있었고 앞에서 소개한 것처럼 후쿠야마 교수가 이 같은 탈냉전 시대의 상황을 낙관적으로 분석한 것에 정면 도전한 학자가 헌팅턴이었다. 헌팅턴 교수는 앞으로 다가오는 세상은 개별 국가들이 싸우는 세상이기보다는 싸움의 주체가 국가 단위를 초월하는 문명이 될 것이라고 보았다. 헌팅턴은 세계의 문명을 서방, 라틴아메리카, 이슬람교, 힌두교, 유교, 일본 등 7개로 나누었다. 그는 앞으로도 무력 충돌이 발생할 가능성이 충분히 있는데, 그것은 이념의 차이가 아니라, 전통과 문화, 종교적 차이 등에 의한 싸움일 것이라고 예상한 것이다. 헌팅턴의 진단대로 미소 냉전이 끝난 지 얼마 되지 않은 시점에서 미국은 9·11 테러 공격을 당했고 이로 인해 헌팅턴 교수의 주장은 예언자적 명성을 얻게 되었다.

거크 기자는 이슬람 테러리스트와의 싸움이 아니라 중국과의 싸움이야말로 진짜 문명 간의 충돌이며, 마이크 폼페이오 국무장관이 이 전쟁을 체계적으로 준비하고 있다고 얘기했다. 마이크 폼페이오 장관은 중국과의 문명충돌 전쟁에 대비 미국 국무부에 팀을 구성한다. 팀장으로 모셔 온 학자가 키론 스키너(Kiron Skinner)라는 흑인 여자 교수였다. 스키너의 직책은 미국 국무부 정책국장(Director of Policy Planning at the United States Department of State)이었다. 스키너 박사는 지금 [중국과의] 싸움은 다른 문명과의 싸움이다. 문명도 다르고 이데올로기도 다른 실체와의 싸움이다. 미국은 그런 종류의 전쟁을 치러본 적이 없다고 말했다.[348] 미국이 건국 이후 처음 해보는 전쟁을 하고 있는 중이라는 말이다. 소련과 벌인 전쟁도 큰 싸움이기는 했었지만 문명의 충돌은 아니었다는 말이다. 그리고 이슬람 테러리스트와 싸운 전쟁은 상대적으로 큰 규모의 싸움은 아니었다.

출간된 지 이미 20년 정도 지난 철 지난 책이라고 생각될 무렵 트럼프 1기 미국 국무부 사람들은 중국과의 싸움을 '문명의 충돌'로 정의하고 이에 대비하고 있었던 것이다. 이를 위해 특별 임명된 스키너 박사는 레이건 대통령이 어떻게 소련을 붕괴시키고 냉전에서 승리를 거두었는가라는 주제에 관한 전문가로 하버드대학에서 정치학 박사를 받은 학자다. 2019년 현재 카네기 멜론(Carnegie Mellon)대학의 정치학 교수로 재직하고 있었던 중이었다. 스키너 박사는 스탠퍼드대학의 후버 연구소에서도 일했고, 이념적으로 상당히 보수적인 입장을 견지하고 있다.

스키너 교수는 《레이건: 손으로 쓴 기록들》[349]이라는 책을 편집했다. 레이건 대통령은 타자를 치기보다는 편지 혹은 일기장에 펜을 가지고 직접 손으로 쓰기를 좋아 했고, 글을 아주 많이 남긴 대통령인데 스키너 교수가 레이건 대통령이 쓴 편지들을 취사선택, 책으로 편집을 한 좋은 자료집이다. 레이건 대통령은 소련을 무너뜨린 대통령이다. 소련이라는 대적(大敵)을 쓰러뜨린 사람인데, 레이건 대통령의 전략을 전문적으로 연구한 학자가 중국과 일전을 준비하는 미국 국무부의 정책 기획국장으로 발탁되었다는 사실은 의미심장한 일이 아닐 수 없다.

스키너 교수가 '중국과의 싸움은 이제까지 미국이 전혀 해보지 않은 싸움이다. 그래서 미중 대결은 문명의 충돌로 정의하고 대처하지 않으면 안 된다'고 말하는 것은 미국과 중국의 갈등이 타협이나 상호 이해를 통해 쉽게 해결되지 못할 운명적인 문제임을 암시한다.

스키너 교수는 또 다른 책을 편집했는데 제목이 《냉전종식의 터닝 포인트들》[350]로 되어 있다. 냉전이 끝나는 과정은 역사의 터닝 포인트들의 연속이었다. 터닝 포인트를 몇 번 거치면서 완전히 다른 세상이 나타나게 되었다. 이 책의 서문을 스키너 박사가 집필했는데 글의 제목이 '분열적인 냉전을 넘어 이야기하기(Talking Across the Cold War Divide)'로 되어 있다. 미국이 냉전에 승리하기까지 40년 이상의 세월이 소모되었다. 정확히 45년 만에 미국이 냉전의 최종 승자가 되었는데 냉전 시대 전 기간에 걸쳐 미국 외교 정책의 기본적인 원칙을 제공했던 논문이 하나 있었다. 1947년도 포린 어페어스(Foreign Affairs)지에 익명으로 게재되었던 논문이다. 저자가 이름을 밝히지 않은 채 그냥 Mr. X라고 되어 있었던 논문으로 제목은 '소련 행동의 근원(The Sources of Soviet Conduct)'이었다.

이 논문을 작성한 사람은 냉전 시대 미국 외교의 이념적 주역이 되었던 케난(George Frost Kennan)이었다. 케난이 이 논문을 작성한 때가 1946년이었는데 그때 모스크바의 미국 대사관에 근무하던 케난이 미국국무성으로 발송했던 장문의 전보였다. 그래서 이 논문은 장문의 전보(Long Telegram)라고도 불린다.

앞으로 미국은 소련을 어떻게 다루어야 할 것이냐에 관한 정책 제안서 같은 글이었다. 케난은 이 전보에서 소련은 본질적으로 팽창주의적인 나라이며 미국은 소련을 서서히 봉쇄해야 한다고 주장했다. 그래서 나오게 된 미국의 대소련 정책이 봉쇄정책(Containment Policy)이었다. 대소 봉쇄정책은 냉전 시대 전 기간 동안 미국이 금과옥조처럼 따르던 정책이었다. 소련을 장기적으로, 서서히 그러나 확실하게 그리고 경계심을 가지고 봉쇄하게 되면, 궁극적으로 소련은 주저앉게(back down) 될 것이고 궁극적으로 미국이 승리하게 될 것이다라는 주장이었다. 이 논문이 간행된 후 44년 만에 소련은 진짜로 완전히 무너지고 말았다.

스키너 박사는 바로 케난의 이 논문을 인용, 미국의 대중국정책은 케난이 제안한 대소 봉쇄정책에 입각해서 수립되어야 한다고 말했다. 케난은 현실주의 국제정치 학자로서 봉쇄정책(Policy of Containment)과 더불어 강력한 반공주의(Strong Anti-Communism) 등을 주창했다. 케난의 X 논문처럼 스키너 박사도 현대판 X 논문을 작성해서 중국에 대적해야 한다고 주장한 것이다.

케난은 러시아의 팽창주의적 성향에 대한 장기적이고 인내심이 있는, 그러나 강력하고 방심하지 않는 봉쇄정책은 궁극적으로 소련으로 하여금, 세계 제패를 추구하는 공산주의 이데올로기를 포기하게 할 것이다라고 예측했다. 물론 조지 케난은 자기가 예상했던 것보다 미국의 외교 정책이 너무나도 군사적인 면에 치우치게 되었다고 비판한 바 있었다. 자신이 원래 의도한 봉쇄정책은 그렇게 군사적으로 치우친 것은 아니었다라고 해명하기도 했다.

스키너 박사는 중국판 X article을 원하고 있으며 중국과의 싸움은 문명의 충돌이라고 평가했다. 스키너는 '중국은 특이한 도전이다' '중국의 도전은 다른 나라와는 성질이 다른 것이다' '북경의 공산당 정권은 서구의 철학과 역사의 계승자가 아니기 때문이다'는 사실을 강조한다.

중국은 현대 국제정치의 본질을 이루는 서구 중심적인 국제정치 이론을 제대로 이해하지 못하고 있다. 그래서 서양학자들 중에는 중국을 현대 국제사회에 적응할 수 없는 나라 즉 'Mis-Fit'이라고 보는 사람조차 있을 정도다. 물론 중국 사람들은 자기가 misfit(부적격)이라고 생각하지 않을 것이다. 중국인들은 1,000년 이상 자신들의 방식으로 살아왔으니까 자신들의 삶의 방식이 올바른 것이라고 믿고 있다.

소련과 미국이 싸웠던 냉전 역시 치열한 전쟁이었다. 핵전쟁이 발발해서 지구 문명이 종식될 수도 있는 싸움이었다. 그러나 미소 냉전은 서양 국가들끼리의 싸움이었다. 마르크스(Karl Marx)주의 이데올로기는 자유주의자들의 입장에서는 진정 상극적인 이데올로기였지만 그럼에도 불구하고 미국과 소련은 모두 서방의 일원(Western Family)에 속하는 나라들이었다. 스키너 박사는 미국과 소련은 같은 코커시언(Caucasian), 즉 백인들의 나라라는 말까지 썼다. 스키너 박사는 흑인 여성인데 미국과 중국이 다르다는 사실을 강조하기 위해 Caucasian이라는 용어마저 사용했던 것이다. 세계 역사상 이제까지의 강대국들 간의 경쟁은 모두 백인 국가들끼리의 경쟁이었는데 중국과의 경쟁은 인종이 다른 나라 사이의 경쟁이라고 말한 것이다.[351]

트럼프의 미국, 주공(主攻) 방향을 중국으로 설정하다

오바마(2009.1.20-2017.1.20 재임) 대통령까지만 하더라도 미국 외교정책의 주공(主攻) 방향은 중국이라든가 혹은 러시아라는 강대국이 아니었다. 주공 방향이란 미국의 외교 및 군사전략이 초점을 맞추어 주력으로 공격하는 방향을 의미한다. 2001년 9월 11일 테러 공격을 당한 이후 미국 외교 및 군사정책의 주공 대상은 테러리즘을 야기하는 테러리스트들이었다.

오바마 대통령은 테러리스트들을 향한 드론 공격을 약 1,000번쯤 허락했다고 한다. 1,000번의 드론 공격으로 4,000명 정도의 테러리스트를 살해한 것으로 알려져 있다. 오바마 대통령의 외교 및 군사의 주공 방향은 중동에 있는 테러리스트들이었다.

스키너 박사는 테러리즘에 대한 공격을 주공 방향으로 삼고 있던 미국의 대외정책을 중국 또는 러시아라는 강대국으로 바꾸는 데 적극적으로 기여한 사람은 맥매스터(H.R. McMaster) 장군이라고 말한다. 맥매스터 장군은 미국 육사 출신의 역사학 박사이자 현역 삼성장군으로 트럼프 1기의 초대 국가안보 보좌관을 역임했다. 맥매스터 장군의 후임이 존 볼튼(John R. Bolton) 박사였다.

박사학위 논문에서 맥매스터는 당시 미국의 맥나마라(Robert McNamara) 국방장관과 존슨(Lyndon B. Johnson) 대통령을 '직무를 유기한 사람들'이라며 격렬한 비판을 가했다.[352] 바로 맥매스터 장군이 트럼프의 국가안보 보좌관으로 재임하던 중 미국 외교 및 군사정책의 주공 방향을 테러리즘으로부터 중국으로 바꾸는데 기여를 했다.

트럼프 1기의 미국은 중국을 러시아와 비교할 수 없는 막강한 나라로 인식하고 중국을 본질적, 장기적인 위협으로 간주하기 시작했다. 2016년 트럼프 대통령이 당선되기 이전 간행된 트럼프의 외교정책을 가이드하기 위한 책[353]에서 밀스와 로즈휠드는 러시아와는 냉랭한 평화라도 유지할 것을 권유하고 있다. 중국을 주적으로 삼고 봉쇄하라고 제안하는 두 교수는 중국을 봉쇄하기 위해 일본과 인도의 힘을 길러 줄 것도 조언하고 있다. 이 책에서 제안한 바를 트럼프는 놀라울 정도로 거의 그대로 채택했다.

트럼프 1기의 미국은 외교정책에 관한한 거의 완전한 의견 일치가 이루어져서 대외정책의 주공 방향을 중동의 반테러리즘 전쟁으로부터 중국봉쇄로 바꾸었다. 트럼프 대통령은 1기 임기 중 NATO 회원국들에게 국방비를 늘이라는 강한 요구를 했었다. 트럼프는 유럽 국가들이 국방을 소홀히 한다며 꾸짖는 반면 러시아를 방문해서는 러시아를 두둔하듯 말하고 행동했다.

트럼프의 대소 유화정책에 대해 미국의 외교정책 엘리트들은 격한 비난을 퍼부었다. 미국 대통령이 어떻게 러시아를 두둔할 수 있느냐는 비난이었다. 특히 민주당 사람들은 트럼프를 반역자라고까지 부르며 비판했다. 오바마 대통령 당시 CIA 국장을 역임한 브레난(Brennan) 같은 사람은 트럼프는 반역자라고 말했을 정도다.[354]

트럼프는 물론 트럼프 국무부의 핵심적인 관리들은 러시아가 아니라 힘이 막강한 중국에다 초점을 맞추고, 중국을 봉쇄하거나 궁극적으로 붕괴하는 데 정책의 초점을 맞춰야 한다고 판단하고 있다. 국무부 정책국장을 담당했던 최초의 여성 정치학자인 앤 마리 슬로터(Anne Marie Slaughter)라는 인물이 있다. 스키너 박사가 역임한 같은 직책이다. 스키너 박사가 앤마리 슬로터 교수에게 "바로 중국이 우리의 적입니다. 장기적으로 우리는 중국에 대해 대응해야만 할 것입니다"라고 말했다. 슬로터 교수는 미국의 애국주의자 중 한 사람이다. 앤 마리 슬로터 교수는 '스키너 박사의 말은 다 맞다. 스키너가 미국과 중국의 관계를 clash of civilizations, 즉 문명의 충돌이라고 본 것은 타당하다. 그리고 미국은 중국의 문제를 지정학적으로 다뤄야 한다"고 말했다. 슬로터 교수는 '우리는(중국을) 장밋빛 환상, 장밋빛 색깔이 칠해져 있는 안경을 끼고 보면(rose-colored glasses) 안 된다'라고도 말했다.

트럼프의 대중국 관세전쟁 도발의 원인

트럼프 대통령은 외교 안보 정책의 주공 방향을 중국으로 설정한 후 다양한 외교, 군사적 수단은 물론 경제적인 수단을 동원해서 중국의 굴기를 꺾기로 결심했다. 중국의 과다한 대미 무역 흑자, 중국의 불공정한 경제 관행, 중국이 불법적인 미국의 지적재산권 도둑질 등을 막기 위한 조치가 중국이 미국에 수출하는 상품들의 관세를 대폭 상승시키는 일이었다. 그러나 미국의 관세정책은 전통적으로 정치적인 문제였고 관점(Perspective)[355]에 관한 문제였듯이 트럼프의 대중국 관세정책은 궁극적으로 트럼프가 행하는 중국과의 패권 전쟁의 일환이다. 즉 트럼프의 대중국 관세정책의 궁극적 목표는 중국의 미국에 대한 패권 도전을 군사적 수단이 아닌 경제적 수단으로써 꺾겠다는 것이며 미국이 사용할 수 있는 최적의 수단이었다.

2008년 미국의 월가가 붕괴되었을 당시 세계의 압도적 다수의 사람들이 '미국의 자본주의는 끝났다'고 생각했다. 그리고 '21세기 세계의 패자는 중국이 될 것'이라고 생각했다. 그들의 논리는 간단했다. 비록 2008년 현재 미국의 경제력과 종합 국력이 중국보다는 우위에 있을지 몰라도 미국은 연평균 2-3%의 경제 성장을 보이는 반면 중국은 7-8%의 성장률을 보이고 있으니 대략 30년 정도 지나면 중국이 미국의 국력을 앞서 세계 1위의 국가가 될 것이라는 단순한 생각이었다.

이 같은 논리는 국제정치의 다이내믹스(dynamics)를 통째로 무시한 발상이다. 역사 이래 어떤 패권국도 자신의 지위를 '평화적'으로 양보한 적이 없었다[356]는 사실을 무시한 생각이기 때문이다. 패권국은 도전자를 경계하기 마련이다. 도전자의 도전에 제대로 대응하지 못한 패권국일지라도 전쟁에서 패배하기 이전, 자신의 지위를 평화적으로 양보한 적은 없었다. 즉 패권국들은 도전자의 도전에 항상 예의주시하기 마련이며 가능한 한 전쟁이 아닌 다른 수단으로 도전국의 도전을 미연에 방지하려고 노력하는 것이다.

미국은 패권국이 된 후 도전자들을 하나씩 물리쳤다. 소련의 도전을 물리쳤고, 성격은 조금 다르지만 일본, 독일 등의 경제적인 도전자들도 물리쳤다. 이들을 물리치기 위해 미국이 취한 방식 중 언제라도 가장 중요한 것은 경제적인 수단이었다. 만델바움 교수가 분석하듯 미국은 외교정책 목표를 설정한 이후 이를 달성하기 위해 무엇보다도 경제적인 수단을 우선적으로 동원하곤 했다.[357]

트럼프 대통령은 1기 임기가 시작된 후 약 1년 정도가 지난 2018년 본격적으로 중국과 무역전쟁을 시작했다. 중국이 미국에 수출하는 상품들에 대해 높은 관세를 메기기 시작했다. 중국 상품이 터무니없이 싼 값으로 미국에 판매되고 있다는 사실만이 문제가 아니었다. 또한 중국의 불공정무역만도 문제가 아니었다. 트럼프의 대중국 관세 전쟁의 궁극적인 목표는 중국의 경제를 주저앉히기 위함이었다. 그럼으로써 미국의 패권에 도전하는 중국의 성장을 막겠다는 원대한 목표를 가지고 있는 전략 계획의 일환이었다.

보통 사람들은 물론이거니와 상당 수준의 엘리트들조차도 국제정치에서 국가들이 벌이는 경쟁을 마치 운동경기장의 선수들이 지켜진 룰에 따라 선의의 경쟁을 벌이는 것으로 착각하는 경향이 높다. 운동 선수들에게는 스포츠맨십(sportsmanship)이라는 것이 있다. 그러나 국가 간에는 모두가 지키는 규칙이란 없다. 국제법들과 조약들이 있기는 하지만 국가들이 그 법률들을 잘 지키지 않기 때문에 역사에는 그토록 많은 전쟁이 발발했던 것이다.

특히 패권국들 간의 경쟁은 법에 의해 지배당하지 않는다. 도전받는 강대국은 도전하는 강대국을 약화시키기 위해 온갖 수단을 사용한다. 미국은 중국이 미국과의 거래를 통해 강대국이 되었다는 사실을 잘 알고 있다. 그리고 중국이 급속한 경제발전을 이룩하는 동안 여러 가지 반칙을 범했다는 사실도 잘 알고 있다. 트럼프는 중국이 더 이상 크는 것을 지금 당장 제어하지 않고 있다가는 미국의 패권을 지키기 위해 결국은 대전쟁을 벌일 수밖에 없을 것이라는 국제정치 이론을 잘 알고 있다.

트럼프가 벌이는 중국과의 경제전쟁은 중국이 미국과 동급의 대제국이 되는 것을 사전에 막기 위한 방안이다. 어느 날 중국의 경제가 미국 수준에 도달한다면 그때 미국은 미국의 패권을 지키기 위해서 군사적 수단에 호소하는 방법밖에 남지 않게 될 것이다. 트럼프의 미국이 중국의 경제발전을 꺾어 놓는 데 성공한다면 중국은 궁극적으로 미국의 패권에 도전할 수 있는 나라의 대열에서 탈락하게 될 것이다. 그리고 미국은 피를 흘리는 진짜 전쟁을 치르지 않은 채 미국의 패권을 지킬 수 있을 것이다.

트럼프 1기의 대중 관세전쟁의 결과

트럼프의 관세정책은 중국의 경제발전의 기세를 꺾어 놓았다. 중국 정부가 발표하는 통계자료들이 믿을 수 없는 것이기는 하지만 중국 경제발전의 예봉이 꺾인 것은 중국 측 자료로도 증명이 된다. 물론 연평균 9-10%의 고도 경제성장을 무한정 계속할 수 있는 나라는 없을 것이며 중국도 예외가 아닐 것이다. 그러나 트럼프의 대중국 관세 폭탄은 중국의 경제성장률을 둔화시키는데 직접적으로 기여했을 것이다.

중국은 1978년 개혁개방을 이룩한 이후 적어도 중국 정부의 공식 발표에 의하면 2010년대 초반까지 두 자릿수에 가까운 고성장을 이어갔다. 2015년 이후부터 성장률이 6%대 이하로 떨어지며 '고속 성장'은 '중속 성장'으로 전환되었다. 2017년 6.9%였던 성장률은 2018년 트럼프 무역전쟁의 영향으로 6.6%로 내려갔다. 2019년에는 6.0%로 내려갔다. 2020년 트럼프 대통령 1기 재임 마지막 해의 중국 경제 성장률은 2.3%로 내려갔다. 코로나 팬데믹의 영향도 물론 고려되어야 하겠지만 트럼프의 대중 관세정책은 중국의 고도경제성장을 정지시킨 효과를 가져왔다고 보아도 될 정도다.

2020년대가 시작된 이후 중국의 경제발전 속도는 더욱 둔화되었다. 2021년 반등이 있기는 했지만 2022년 다시 3.0%로 내려갔다. 2021-2023년 사이에 기저효과와 경기부양책으로 중국의 경제 성장률이 반등하기는 했지만, 구조적 문제들로 인해 성장률은 5% 이하에 머무르고 있었다. 부동산 경기 침체, 인구 감소는 물론 트럼프가 야기한 경제전쟁의 여파 때문에 중국 경제의 미래 전망은 암울하다.

압도적 다수의 전문가들이 2025년 이후 중국의 경제 전망을 비관적으로 보고 있는 편이며 장기적으로 중국의 경제성장은 년 0.7~0.8% 수준까지 둔화될 것으로 예측될 정도다. 중국 정부의 발표에 의하면 2025년 예상 성장률이 5%라고 되어 있지만 액면 그대로 믿기는 어렵다. 실제로 2024년을 전후한 몇 해를 살펴보면 중국의 경제성장 속도는 미국의 경제 성장 속도보다 오히려 속도가 더 느려진 상황이다.

IMF 자료를 인용해서 미국과 중국의 GDP 비율을 계산해 보면 2023년은 65.98%, 2024년은 64.38%, 그리고 2025년에는 64.37%로 나타난다. 미세하기는 하지만 중국의 경제력이 미국에서 차지하고 있는 비중은 점차 줄어들고 있는 추세를 뚜렷이 보이고 있는 것이다.

트럼프의 중국 포위 전략

트럼프 외교의 궁극적 표적은 중국이지만 트럼프는 중국을 직접 공격하는 방법과 더불어 중국을 고립시키기 위한 각종 다양한 전략을 취하고 있다. 2기 대통령에 취임하자마자 트럼프는 그린란드를 미국이 차지하고 싶다, 파나마 운하를 되찾아와야겠다, 캐나다는 미국의 51번째 주로 편입되어야 한다 등등 황당한 말들을 해대었다. 그러나 트럼프의 황당한 제안들은 모두 중국을 마지막 표적으로 삼고 있는 정교한 전략적 포석이었다.

캐나다에 대한 트럼프의 정책

2024년 대선이 승리한 직후 당선자 시절 트럼프는 멕시코와 캐나다에 대해 관세를 대폭 올리겠다고 말했는데 그 이유는 캐나다와 멕시코가 중국산 마약 펜타닐의 중개지가 되고 있다는 것이었다. 캐나다와 멕시코를 경유해서 미국으로 유입되는 치명적인 중국산 마약 펜타닐은 미국 젊은이들 사망의 첫 번째 원인이었다. 매년 미국 국민 수십만 명이 펜타닐 과다복용으로 목숨을 잃고 있었다.

트뤼도(Justin Treudo) 캐나다 총리는 2024년 12월 트럼프의 저택인 마러라고로 찾아가서 캐나다는 미국관세 25%를 감당할 수 없다며 선처를 호소했다. 트럼프는 트뤼도 총리를 향해 조롱하듯 '관세를 내기 싫으면 캐나다 전체가 미국의 한 주로 들어오면 될 것'이라고 말했다. 그리고 나선 캐나다 총리를 주지사(governor)라고 부르기 시작했다. 트럼프로부터 심각한 모욕을 당한 트뤼도는 결국 2025년 1월 6일, 캐나다 수도 오타와에서 기자회견을 통해 총리직과 여당 대표직에서 물러나겠다고 밝혔다.

마크 카니(Mark Carney)는 2025년 4월 28일 총선에서 승리하여 캐나다 제24대 총리로 당선되었다. 트뤼도와 마찬가지로 사회주의적 성향을 가진 인물이다. 트럼프의 험악한 언급들이 캐나다 국민들을 분노하게 만들었고 결국 다시 시회주의, 반미 성향의 총리를 선출했다고 해석되었다. 트럼프의 캐나다에 대한 투박한 언급들이 트럼프가 원하지 않던 정치가의 당선을 초래했다고 비판 받았지만 트럼프의 심오한 계획이 효과적으로 작동한 사건이라고 보아야 옳다. 캐나다에 또 다시 사회주의 좌파적 성격의 정부가 들어서자 서부의 보수적인 주들이 반발하기 시작했다. 캐나다 석유산업의 주력을 이루는 앨버타주는 더 이상 지긋지긋한 캐나다 중앙정부의 환경 규제와 사회주의적 정책에 순응하지 않겠다며 반기를 들었다. 이 판에 캐나다 연방에서 탈퇴 독립 국가가 되던지 혹은 미국에 편입되겠다며 나선 것이다.

파나마 운하 문제

트럼프 대통령은 2024년 대선 승리 직후 파나마에 대해서도 시비를 걸었다. 시비의 내용은 간단하다. 미국은 파나마 운하를 건설한 나라이며 파나마라는 나라도 건설했다. 미국은 파나마 운하를 단 1불만 받고 파나마에게 넘겼다. 파나마 운하의 운영권은 파나마가 가지고 있었으며 파나마는 운하를 통해 큰돈을 벌 수 있었다. 대규모 상선이 파나마 운하를 통과할 때 파나마 정부는 1척당 통과비로 5억 원 정도를 거두어들였

다. 그런데 왜 그 파나마 운하를 중국이 통제하고 있단 말인가?라는 것이
트럼프가 파나마에게 물은 질문이다.

트럼프는 "파나마 운하, 우리는 그 운하를 파나마에게 주었습니다. 파
나마 운하를 중국이 관리하고 있습니다. 우리는 그것을 중국에 준 적이
없습니다. 찾아올 것입니다"[358]라고 자신의 트루스 소셜에 글을 올렸다,
단순 명료하고 강력한 주장을 한 것이다. 트럼프는 파나마에 중국군이
주둔하고 하고 있다고 주장하며 파나마를 되찾아오기 위해서 필요하다
면 군사력도 사용할 것이라고 말했다.

트럼프를 적극 지지하는 텍사스주 상원의원 테드 크루즈(Ted Cruz)는
트럼프 취임 직후인 2025년 1월 28일 파나마가 파나마 운하 조약을 위
반했는지 여부에 관한 공식적 조사위원회 결성을 요구했고 이 무렵부터
중국은 황급히 파나마에 있는 중국 간판들을 떼어내기 시작했다. 중국이
파나마에 깊숙이 개입하고 있었다는 증거다.

미국의 압박에 파나마 정부는 굴복하지 않을 수 없었다. 파나마는 중
국과의 일대일로 협정을 재계약하지 않겠다고 미국에 약속했다. 온 세계
에 자신의 교두보를 만들고자 했던 중국의 일대일로 계획은 이미 망가
지고 있었지만 파나마에서 치명타를 또 당한 것이다. 파나마는 세계적인
주요 항해로가 지나는 곳으로 중국 확장정책의 중요한 거점이었다.

2월 3일 마르코 루비오 국무장관은 취임 후 첫 외국 방문지로 파나마
를 택했다. 마르코는 파나마 대통령과 협상, 파나마에 대한 중국의 침투
작전을 차단했다. 매년 파나마 정부는 미국 해군함정의 파나마 운행 통
과료로 2,500만-3,000만 달러 정도를 부과하고 있었다. 파나마는 2월 2
일 더 이상 미국 군함들의 파나마 운하 통과료를 부과하지 않겠다고 약
속했다. 파나마는 미국 정부가 보유하고 있는 모든 함정들의 파나마 통

과를 무료로 해 주기로 약속했다.

그린란드섬(Greenland Island)

북극 가까운 곳에 세계 제일의 큰 섬인 그린란드가 있는데 트럼프는 역시 2024년 당선 직후 정교한 전략계획 아래 그린란드를 미국이 구입할 것이라고 말했다. 2,166,086 km²에 이르는 이 섬은 현재 덴마크 영토로 되어 있지만 그린란드 주민은 독립 수준에는 미치지 못하지만 상당한 수준의 자치를 누리고 있다. 대한민국의 21.7배 크기인 이 섬은 미국 본토의 1/4이나 되는 광대한 영토다. 그러나 그린란드에 거주하는 인구는 2025 현재 55,700명에 불과하다.

트럼프가 그린란드를 미국 땅으로 만들겠다는 의도를 제국주의적인 것으로 보는 시각이 많지만 그린란드가 러시아, 중국의 침략을 받지 않고 있는 이유는 이미 그린란드에 주둔하고 있는 미국군과 미국기지 때문이라고 말할 수 있다. 냉전시대(1945-1990) 동안 그린란드에는 미국의 전투폭격기 부대가 주둔했을 정도였지만 소련이 붕괴된 후 미국은 그린란드에 소규모의 병력만이 주둔하는 우주기지를 운용하고 있다.

미국은 이미 18세기부터 그린란드를 미국 영토에 편입하고 싶어 했고 여러 차례 제안도 했었지만 트럼프 대통령은 과거 어느 때보다 더욱 공개적으로 매입 의도를 밝혔다. 1기 재임 중인 2019년에도 매입 제안을 한 바 있었고 2번째 당선 직후 다시 그린란드 매입 의사를 밝힌 것이다. 2025년 5월 트럼프는 그린란드를 합병(annexation)할 생각도 배제하지 않겠다고 말했다.[359) 트럼프의 언급이 과격해진 데에는 다 그럴 만한 이유가 있다.

그린란드는 지정학적으로 무엇보다도 자유 진영을 방어하는 데 군사 전략적으로 중요하다. 냉전이 끝난 이후 특히 중국의 개입이 점차 심각해지고 있는 상항에서 북극권에 대한 중국의 영향력을 차단하기 위한 조치를 트럼프 대통령이 선제적으로 취하고 있는 중이다. 물론 그린란드에는 아직 개발하지 않은 자원들이 풍부히 매장되었을 것이라는 기대도 있다. 그린란드에는 희토류 금속, 철광석, 아연, 금, 구리, 우라늄 등이 매장되어 있으며 석유, 천연가스와 석탄도 매장되어 있다고 알려져 있다.

트럼프의 대만 지원

트럼프의 대아시아 정책 중 가장 큰 신경을 쓸 부분은 중국이다. 트럼프는 그동안 중국에 관한 책을 전문가 수준으로 읽었던 사람이다. 트럼프가 미국 국민들에게 추천한 책 10권 중 손자병법과 마키아벨리의 군주론이 들어있고 5권은 중국 관련 책들이라는 사실을 결코 간과할 수 없다. 대체적으로 중국의 부정적인 측면을 부각시킨 책들이며 최소한 중국은 미국과는 생각과 행동이 다른 나라라는 사실을 강조한 책들이다.

대만관계법을 초월하는 트럼프의 대만 정책

트럼프의 대만 정책은 닉슨과 모택동의 데탕트 이후, 그리고 1979년 카터 대통령의 미국과 중국이 공식적으로 수교한 이후 미국 역대 대통령이 취해 왔던 대(對)대만 정책과 현저히 차별화된다. 과거 대통령들은 소위 대만관계법(Taiwan Relations Act)이라는 것에 기준을 맞춘 대만 정책을 택하고 있었다. 대만관계법은 1979년 미국이 중국과 수교하면서도 대만과의 관계를 유지하기 위해 제정한 미국 국내법으로, 대만의 안보와 미국과의 교류를 보장하는 특별한 법이다. 1979년 4월 10일 미국 의회에서 통과된 법으로 중화인민공화국(중국)과 공식 외교관계를 수립하기 위해 대만(중화민국, 中華民國, Republic of China)과의 외교관계를 단절하면서도 대만을 전통적 우방으로 존중하기 위해 상업·문화·기술 교류와 안보 지원을 계속할 수 있는 근거를 제시한 법안이다.

대만관계법의 주요 내용은: 대만과의 비공식 관계 유지: 미국 내에 대만 대표부(타이베이 경제문화 대표처)를 두고 교류 지속한다; 대만이 스스로 방어할 수 있도록 방어용 무기 판매 및 군사적 지원을 허용한다; 대만의 안전과 사회·경제 체제를 위협하는 행위가 있을 경우, 미국 대통령은 이를 심각한 우려로 간주하고 의회에 보고해야 한다 등이다. 대만관계법은 미국 국내법임에도 불구하고, 외국의 방위를 보장하는 이례적인 사례가 되었다.

1982년 미국 정부는 대만관계법과 함께 미국의 대중국 정책의 핵심 기준이 된 '6개 보장(Six Assurances)'을 발표한다. 그 내용은: (1) 대만에 대한 무기 수출에 기한을 두지 않는다; (2) 무기 판매 시 중국과 사전 협상하지 않는다; (3) 미국은 양안(중국-대만) 문제의 중재자가 되지 않는다; (4) 대만관계법을 수정하지 않는다; (5) 대만의 주권에 대한 입장을 바꾸지 않는다; (6) 대만이 중국과 협상하도록 강요하지 않는다 등이다. 중국은 이 법안이 하나의 중국 원칙을 위배한다며 대만관계법 폐지를 강력히 요구했다.

대만의 총통 중 미국의 코넬대학을 졸업한 인물이 있었는데, 리덩휘(Lee Teng-hui, 李登輝)라는 사람이다. 리덩휘 총통을 미국이 초청을 했는데, 중국이 하도 난리를 쳐서 리덩휘의 모교가 있는 뉴욕주를 벗어나지 않는 조건으로 미국에 초청한 적이 있었다(1995년 6월). 그것도 공식 방문이 아니라 사적인 여행으로 격을 낮추어야만 했다. 그럼에도 불구하고 리덩휘 총통의 뉴욕 방문은 대만의 승리라고 평가되었던 사건이었다.

티베트의 종교 지도자 달라이 라마(Dalai Lama) 역시 미국에 초청하기 힘든 인물이다. 중국이 길길이 뛰며 반대하기 때문이다. 달라이 라마는 티베트 독립운동의 상징인물이기 때문이다. 미국의 고위급 인사가 대만을 방문하려 할 경우 중국 정부는 예외 없이 그 사람에게 전화를 걸어서 격렬하게 항의한다. 예를 들어 미국의 어느 주지사가 대만을 방문하려 한다면 중국 정부 관리가 그 주지사한테 전화를 건다. 그리고 당신 주에 있는 중국 관련 기업을 폐쇄할 것이라고 협박한다. 또한 그 주의 기업 중 중국에 나와 있는 기업 혹은 공장을 문 닫게 하겠다고 협박한다. 중국 당국은 이처럼 온갖 행패를 부려서 미국 관리들의 대만 방문을 무산시키곤 했다.

동시에 미국은 중국의 비위를 건드리지 않기 위해 대만의 고위층 인사들이 미국을 방문하는 것을 제약하고 미국의 고위 관리들의 대만 방문도 제약했다. '하나의 중국'이라는 원칙을 지키기 위해서였다. 앞에서 논한 바처럼 대만의 리덩휘[360]총통이 모교인 뉴욕주 소재 코넬 대학을 방문했을 시 미국 정부 초청이 아니라 코넬 대학이 초청하는 방식을 취하고 뉴욕주를 벗어나지 않는다는 제한을 가했다. 중국의 요구대로 미국은 대만에 미국의 고위 관리 파견을 자제했고 미국의 군용기들이 대만에 착륙하는 것도 자제했다.

그러나 트럼프는 그동안 불문율로 여겨 왔던 미국-중국-대만 관계를 파탄 내는 놀라운 조치를 취한다. 2016년 12월 2일 당선된 지 한 달이 조금 못 된 시점 트럼프는 대만의 차이잉원(蔡英文) 총통의 당선 축하 전화를 받고 10여 분 이상 통화를 했다. 1979년 이후 미국의 어떤 대통령도 하지 않았던 일을 대통령 당선자 신분인 트럼프가 행한 것이다. 차후 깅리치 박사는 차이잉원의 전화는 사전에 트럼프와 조율한 것임을 밝혔다. 트럼프는 이처럼 행동함으로써 중국에게 미국의 정책이 바뀔 것임을 노골적으로 알려 주었다. 중국은 트럼프와 차이잉원의 통화는 대만을 향한 중국의 주권을 훼손하는 일이라고 공식적으로 항의했다.

미국 대통령들은 중국과의 외교 마찰을 우려하여 중국 정부가 분노하는 일을 하지 않도록 노력해 왔던 것과는 전혀 달리 트럼프는 의도적으로 중국 정부를 분노케 했던 것이다. 재임 5년 차로 접어들며 역시 이전 중국 국가주석들과 달리 공격적 행태를 보이고 있던 시진핑에게 일격을 가한 것이다.

미국 내에서도 트럼프의 행동에 대한 비난이 쏟아져 나왔다. 기존 미국의 대중국 정책을 위배한 것이라는 비난이었다. 트럼프는 이 비난에 대해 앞으로 자신은 이제껏 행해 왔던 '미국의 대중국 외교 정책을 재고하겠다'며 자신의 입장을 변호했다.

트럼프와 대만 총통의 직접 통화는 트럼프가 기존의 미중 관계를 대폭 변화시킬 의도가 있음을 의도적으로 밝힌 사건이었다. 대만의 처지는 트럼프가 대통령이 된 이후 대폭 바뀌게 된다. 다시 국제적인 관심의 대상이 되기 시작했다. 2016년 대선전에서 트럼프와 경합을 벌였던 아칸소 주지사 출신 정치인이자 목사이기도 한 마이크 허커비(Mike Huckabee)는 "프로토콜은 깨질 수밖에 없는 것이며 대만은 민주주의 시장경제를 신봉하는 미국의 진정한 친구다. 중국은 공산주의국가이며 독재국가다. 우리는 친구를 친구라 하지 못하고 적을 친구처럼 여기며 지내왔다. 그것은 잘못이다"며 트럼프와 대만총통의 전화 대화를 두둔했다. 미국의 유력 정치인이 대만을 미국의 진정한 친구라고 말한 것 자체만으로도 중국은 충격을 받지 않을 수 없었을 것이다.

트럼프 1기 재임 기간 동안 중국을 향한 미국의 전통적인 자제 행동은 대폭 변했다. 2020년 8월 보건장관 알렉스 아잘(Alex Azar)이 대만을 방문했다. 트럼프 1기 재임 기간 동안 워싱턴에 있는 대만 대표부의 대사관 승격 가능성조차 논의되었다. 2020년 7월 30일 자 미국의 소리 방송(VOA)은 워싱턴에 대만외교부의 책임자로 파견되어있는 비킴 샤오(Bi-khim Hsiao)가 아마도 미국 주재 초대 대만 대사가 될 것이다. 그는 사실상의 대사(de facto Ambassador)나 마찬가지다라고 보도했다.[361]

트럼프 1기 첫 번째 국무장관으로 내정되었던 렉스 틸러슨(Rex Tillerson)은 2017년 1월 11일 열린 인준 청문회에서 중국에 분명한 신호를 보냈다. 첫째 중국은 더 이상 인공 섬을 건설하지 말 것; 둘째, 중국이 건설한 인공 섬에 접근하는 것을 불허한다는 초강경 언급을 했던 것이다. 우연의 일치라고 볼 수 없는 일이지만 1월 12일 미국 서해안을 담당구역으로 하는 미해군 제3함대 소속 항공모함 칼 빈슨호가 7함대 담당 구역인 서태평양의 남지나해를 향해 출발했다. 트럼프의 대만 정책은 중국의 최대 국가전략인 대만통일을 정면으로 거부하는 것으로 나타났다. 트럼프는 대만의 존재를 강화시키기 위한 여러 가지 법안들도 통과시켰다.

타이베이 법(Taipei Act)

2020년 8월 TAIPEI ACT라는 법안이 미국 의회에서 통과되었다. 타이베이는 대만의 수도 이름이다. 한문으로 대북(臺北) 중국 발음으로 타이베이다. 트럼프 대통령이 취임한 2017년 이후, 미국과 중국의 관계는 사실상 돌이킬 수 없는 관계로 진입했다. 트럼프 재임 4년째인 2020년 3월 4일 미국 하원은 타이베이 법안을 통과시켰고 일주일 후인 3월 11일 같은 법안이 상원에서도 통과되었다. 타이베이 법안의 원이름은 Taiwan Allies International Protection and Enhancement Initiative다. '대만 동맹의 국제적 보호 및 증진 법안'으로 번역할 수 있을 것이다. 이 법안을 줄여서 TAIPEI Act of 2019이라고 부른다. 2019년 5월에 법안이 처음 발의되었기 때문에 그 이름을 붙였다. 2020년 3월 26일 트럼프 대통령이 사인함으로써 법으로 확정되었다.

타이베이 법안은 이제까지 미국에서 만들어진 대만 관련 법안 중에서 어떤 것보다 강력한 법안이어서 이 법안의 통과를 본 학자들은 '미국이 대만을 독립시키기로 결심하였다'라고까지 얘기할 정도였다. 2020년 3월 미국이 대만을 2020년 RIMPAC(환태평양 연합국 합동 해군훈련)에 초청할 것이라는 이야기도 나올 정도였다.[362]

타이베이 법이 요구한 것들이 많다. 이 법안은 미국 국무부로 하여금 세계를 향한 대만의 외교관계 및 파트너십을 증진시키기 위해 행한 일들에 관한 보고서를 제출하라고 요구했다. 미국 의회가 미국 국무부로 하여금 대만이 국제무대에 더 적극적으로 진출할 수 있도록 도와주라고 요구한 것이다. 그리고 그 결과를 보고서로 만들어 미국 의회에 제출하라는 내용이 포함되어 있다. 법안에는 "대만은 스스로 통치하고 있는 정부다(self-governing)"라는 말이 들어가 있다. '대만은 독립국'이라는 말을 에둘러 한 것이다.

중국이 대만을 '도망가려는 지역(renegade region)' 떨어져 나가려는 지역이라고 부정적인 호칭을 하고 있는 것과 비교할 때 트럼프 행정부의 대만 관련 언급은 중국과의 일전을 각오한 언급일 것이다. 중국은 세계 모든 나라들과 국제기구를 향해 대만과의 관계를 단절하라고 요구해 오고 있다. 대만을 공식 정부로 인정하는 나라들과는 적대적인 관계를 갖고 있다. 중국의 경제력이 커지다 보니, 많은 나라들이 중국의 눈치를 보아서, 대만과의 공식적인 거래를 끊고 있는데, 미국은 더 이상 그 같은 일이 일어나지 못하도록 하는 법안을 만든 것이다.

타이베이 법안은 미국 하원과 상원에서 2/3의 찬성을 받아야 통과가 되는데, 3월 4일 투표 당일, 하원의원 20명이 결석을 해서 415명이 투표, 415:0으로 만장일치로 통과되었다. 3월 11일 상원에서도 만장일치로 통과되었다.

그동안 대만은 불량국가(Rogue State)로 취급되었다. 지구 위에는 200개 이상의 나라가 있는데, 2025년 연말 현재 대만과 대사(大使)급 외교관을 교류하고 있는 나라는 12개밖에 안 된다. 그런데 트럼프의 출현은 결국 대만은 살아나는구나, 살아날 뿐만 아니라 독립국이 될는지도 모르겠다라는 생각을 할 수 있을 정도로 국제정치가 바뀌고 있다.

TAIPEI ACT를 만든 목표는 다음과 같다. 대만에게 손해를 가할 수 있는 심각하거나 중요한 행동을 하는 국가들에 대해, 미국 국무부는 경제 안보 및 외교적 거래를 줄이는 것을 고려할 수 있도록 했다. 어떤 나라가 중국의 압박 때문에 대만과의 관계를 악화시킬 경우, 미국은 그 나라에 대한 경제 원조를 줄이고 외교관계도 나쁘게 해서 그 나라를 더 힘들게 만들겠다는 것이다. 즉 중국의 압력을 받는 나라가 압력을 회피할 수 있도록 하기 위한 목적을 가진 법안인 것이다.

이 법안은 미국 정부가 대만의 국제기구 가입을 지지하고, 대만이 국제사회의 지지를 더 많이 받도록 후원하는 목표를 가지고 있다. 대만은 2,300만 인구를 보유한 번영하는 자유로운 민주주의 국가다(Taiwan is a free, democratic, and prosperous nation of 23,000,000 people)라는 타이베이 법안의 언급은 중국 당국이 격노할 수밖에 없는 내용이다.

타이베이 법안은 2016년 이후, 즉 차이잉원이 대통령이 된 이후, 대만을 고립시키기 위해서 중국이 한층 더 압박을 가하고 있었다는 사실을 지적했다. 2016년 이후 대만과 국교를 단절한 나라들의 이름을 다 열거했다. 감비아(Gambia), 사오토메와 프리치페(Sao Tome and Principe), 파나마(Panama), 도미니카 공화국(The Dominican Republic), 부키나 파소(Burkina Faso), 엘 살바도르(El Salvador), 솔로몬 군도와 키리바티(The Solomon Islands, and Kiribati) 등이 2016년 이후 대만과 외교관계를 단절한 나라들이다. 중국의 압박 때문에 중국과 좋은 관계를 갖기 위해서 이들 나라들은 어쩔 수 없이 대만을 포기한 것이다. 대부분이 이름도 모를 작은 나라들이기는 하지만 이들은 중국의 압력 때문에 대만과 단교를 할 수밖에 없었다.

아시아 안심 법안(Asia Reassurance Initiative Act)

2018년 대만 관련 법안이 하나 더 나왔었는데 그 법안 이름은 아시아 안심 법안(Asia Reassurance Initiative Act)이다. 트럼프 1기 재임 시에 만들어진 법안이었다. 아시아에 있는 미국의 친구 나라들에게 '너무 겁먹지 마라. 중국이 막강한 나라가 됐더라도 너희들은 미국이 잘 지켜주고 보호해 주겠다'라는 내용의 법안이다. 이름도 reassurance, 재확인해 주는 법안, 안심 법안이라고 되어 있다. 아시아 안심 법안에는 다음과 같은 언급들이 있다: (1) 미국과 대만의 긴밀한 경제, 정치, 안보 관계를 지지하는 것이 미국의 정책이다. 미국은 아시아 안심 법안을 통해서 대만을 미국이 확고하게 도와주는 것이 미국의 정책이어야 한다는 사실을 명기했다.

(2) 이 같은 목적들을 이룩하기 위해 미국의 대통령은 다음과 같은 일을 해야만 한다. (i) 중국이 가해오는 현재, 그리고 미래의 위협에 대항할 수 있도록, 미국은 정기적으로, 대만에 대해 방위 물자를 제공해야 한다. 미국은 필요하다면 대만에게 중국에 대한 비대칭 무기를 제공해야 한다고 규정하고 있다.

비대칭 능력(asymmetric capabilities)은 약한 나라가 강한 나라를 상쇄할 수 있는 군사력을 의미한다. 즉 대만은 중국에 비해 군사력이 훨씬 약하지만 중국에 대해 비대칭 능력을 보유할 수 있으며 그런 능력을 통합하고 발전시킬 수 있으며, 그러기 위해서 미국은 이동 가능하고, 생존성도 높고, 값도 싼 능력을 대만에 지원해야 한다는 것이다. 바로 이상의 사안들을 미국의 대통령이 대만에게 해 주어야 할 의무라고 법적으로 명시한 것이다.

또한 아시아 안심법은 미국 군부의 고위급 인사들, 즉 미국 고위급 장성의 대만 방문을 장려해야 한다고 정하고 있다. 국방부의 고위 관리들이 대만을 자주 방문하도록 대통령이 독려해야 한다는 것이다.

미국이 가입하고 있는 국제기구에 가입하는 조건이 반드시 국가라는 자격을 요구하지 않는경우도 많은데 미국은 모든 국제기구에서 대만의 멤버십을 적극 지지해야 한다는 내용도 있다. 이 법안은 국제기구들에 대해 대만에 옵저버(Observer) 자격을 부여하라는 요구를 하고 있다. 대만을 최소한 국제기구들에 옵저버로 참여시켜야 된다고 요구한다. 모든 국제 기구들에서 근무하는 미국 대표들은 대만의 가입을 위해 강한 목소리를 내야 한다고 강조한다. 투표에도 열심히 참석하고 미국의 영향력을 활용해서 그런 기구에 대만을 불러들어야 한다는 것이다. 대만을 사실상 독립국가로 인정하겠다는 수준까지 나가는 법안인 타이베이 법안은 아

시아 안심 법안 등과 더불어 세계 외교사상 중요한 역사적인 다큐멘트가
될 수 있을 것이다.

대만 보장 이행법(Taiwan Assurance Implementation Act)

트럼프 대통령은 2025년 12월 2일 '대만 보장 이행법'에 서명했다. 이
법은 미국 국무부가 대만과의 공식 접촉 제한 지침을 최소 5년마다 재검
토하고 의회에 보고하도록 의무화하는 내용을 포함하고 있으며 대만과
의 교류를 확대할 수 있는 기회를 적극적으로 모색하도록 규정하고 있
다. 이 법안은 미국 의회 상·하원 모두에서 만장일치로 통과되어 초당적
지지로 확정된 법이다. 미국 의회의 반중국적인 태도가 얼마나 강력한가
를 알 수 있다. 국무부는 대만과의 접촉 제한 지침을 5년마다 정기적으
로 검토해야 함과 더불어 검토 후 개선 방안 및 이행 계획을 90일 내에
의회에 보고하도록 되어있다.

대만은 즉각 환영을 표시했다. 대만 총통부는 이 법은 "미국과 대만이
공유하는 민주주의·자유·인권 가치를 상징한다"고 평가했다. 당연히 중
국은 강력히 반발했다. 중국 외교부와 대만사무판공실은 트럼프의 법안
서명이 '하나의 중국 원칙'을 훼손한다고 비판했다.

이 법안이 가지는 의의는 기존에는 국무부 내부 지침으로 대만과의
접촉을 제한했으나, 이번 법안으로 제도적인 정기 검토 체계가 마련됐다
는 점이다. 미국의 정권 교체와 관계없이 미국의 대만 접근 방식이 지속
적이고 탄력적으로 유지될 수 있는 기반을 마련한 것으로 평가할 수 있
다. 특히 2025년 11월 7일 일본 총리 다카이치 사나에의 대만 관련 발언
이후 일본과 중국의 관계가 극도로 악화되고 있는 가운데 트럼프 대통령

이 사인한 반중국적 법안이라는 사실이 중요하다.

트럼프 2기 대중국 정책

트럼프는 1기 재임 중과 마찬가지로 2기가 시작된 2025년 1월부터 본격적인 중국 주저앉히기 작전에 돌입했다. 트럼프 1기의 대중국 정책으로 인해 사실 중국의 급성장은 꺾이고 말았다. 시진핑이 꿈꾼 중국몽은 시간 계획이 있는 국가전략이었다. 중국몽은 중국 공산당 창립 100년이 되는 2021년과 중화인민공화국 창건 100년이 되는 2049년까지 중국이 달성할 목표의 시간표를 설정했다.

우선 2021년까지 시진핑은 중국을 소강사회(小康社會)로 만들겠다고 계획했다. 소강사회는 전란 등 난세를 벗어나 백성의 삶이 안정된 상태를 말한다. 그 후 중화인민공화국 100주년인 2049년에 이르기까지 중국을 대동사회(大同社會)로 만든다 했다. 대동사회는 유교 경전 예기(禮記)에 나와 있는 유가(儒家)의 유토피아로서 '천하가 한 집처럼 화합한 시대'를 의미한다. 공자는 태평성대로 불리는 요순시대(堯舜時代)를 묘사하며 이를 대동사회로 묘사했다. 중국몽이란 이처럼 한 마디로 중국이 세계 최고의 나라가 되겠다는 꿈이다.

이 꿈을 이룩하기 위한 정책이 두 가지 있었다. 하나는 2013년 착수되기 시작한 일대일로(一帶一路)로 바닷길과 현대판 실크로드인 육로를 확보하고 육로와 해로에 있는 유라시아, 아프리카 각국들에 투자하고 인프라를 건설함으로써 중국의 영향력을 대폭 확대한다는 패권 추구 정책이었다. 정책이 시작된 지 불과 10년 정도가 지난 오늘, 일대일로는 실패라고 볼 수밖에 없는 상황이 되었다. 일대일로의 실패 현상을 현저하게 나타내 주는 사례는 트럼프의 파나마 운하, 이란 핵 제거, 베네수엘라의 마두로 축출 등이다.

중국몽을 이루는 두 번째 시간 계획은 2015년 국무원 총리였던 리커창에 의해 제창된 것으로써 2025년까지 제조업의 고도화를 이루고, 2049년까지 세계적인 제조업 강국으로 도약하겠다는 장기목표였다. 이 정책의 기획자인 리커창이 2023년 10월 68세의 나이에 갑자기 사망한 이후 중국의 목표는 이루어지지 못했다. 2023년 사망 얼마 전 리커창은 '중국은 소강사회를 이룩하기는커녕 국민 9억 6,400만 명이 한 달에 당시 한국 돈 36만 원도 벌지 못하는 빈곤한 삶을 살고 있는 중이다'고 말했다. 즉 중국몽의 1단계는 중국 최고위급 경제전문가의 진단으로도 비참한 실패라고 볼 수 있는 상황이 되었다. 2025년까지 제조업 고도화 달성을 이룬다는 중국몽의 목표도 이미 실패를 노정하고 있다.

이처럼 중국몽 1차 달성 시간표가 어긋나게 된 가장 큰 이유는 트럼프 제1기의 마가(MAGA, 미국을 다시 위대하게) 독트린이었다. 중국으로 이전한 미국의 공장들을 다시 미국으로 되돌아오게 하기 위해 트럼프는 2018년부터 중국에 대해 무역전쟁을 개시했고 중국의 고도 경제성장을 멈추는 결과를 초래케 했다.

트럼프 제2기 마가 독트린의 목표는 중국을 미국에 대항하는 도전자의 반열에서 완전히 탈락시키는 것이다. 지구에 패권국은 하나밖에 존재할 수 없다. 시진핑의 중국몽이라는 이름의 패권 도전장을 트럼프는 마가 독트린을 통해 정확히 저격(狙擊)했다. 1기 재임 시 중국 부상의 기세를 꺾어 시진핑의 소강사회 도래를 막은 트럼프는 2기에서는 중국의 힘을 더욱 약화시켜 도전국의 반열에서 아예 탈락시킬 것이다.

현재 트럼프는 세계의 각종 소규모 분쟁을 종식시키고 있는데 2기 임기 취임 후 10개월 동안 8개의 전쟁을 종식시켰다. 아직 전쟁이 완전히 끝난 상태는 아니지만 우크라이나와 러시아의 전쟁은 2025년 연말 현재 휴전 협상의 성공이 가시화되고 있다. 미국의 러우 전쟁을 종결시키려는 중요한 전략적 의도 중 하나는 러시아-중국이라는 동맹의 축을 와해시키기 위함이다. 러시아를 다시 미국 편으로 끌고 와서 중국을 붕괴시키려는 미국의 전략에 동참하게 하는 것이다.

냉전 중 미국은 중국과 화해를 함으로써 중국을 당시 미국 국가 대전략의 궁극적 목표였던 소련 붕괴를 위한 작전에 함께 참여하는 파트너가 되게 했던 적이 있었다. 이번에는 러시아를 다시 미국편으로 만듦으로써 중국 주저앉히기 전략에 러시아도 동참시키는 것이 트럼프의 목표다. 그래서 트럼프는 이미 1기 재임 시부터 러시아의 등을 두드려 주면서 중러 동맹을 와해시키고 있었다. 충격과 공포의 외교정책이라고 말할 수 있는 과감한 트럼프식 외교는 2기 임기가 시작된 후 약 10개월 정도 중국의 주변을 건드리면서 변죽을 울리고 있었다. 친중적인 캐나다, 멕시코, 파나마 정부에 대한 중국의 영향력을 차단시키고 있었다. 2026년 1월 트럼프는 중국의 중요한 교두보이자 동맹의 하나인 베네수엘라의 마두로 정권을 종식시켰다. 트럼프는 2기 임기가 시작되자마자 세계의 모든 친중국 국가들을 하나씩 손봄으로써 중국의 손과 발을 하나씩 제거해 나가는 중이다.

트럼프 2기 취임 이후 정권 교체를 당한 나라들 대부분은 친중 정권이었다는 공통점을 가지고 있다. 네팔의 친중 정권이 2025년 가을 급속히 붕괴되었다. 2025년 연말 현재 흔들거리고 있는 정권들인 인도네시아, 브라질, 영국, 프랑스, 캐나다 역시 친중 정권들이다.

트럼프는 물론 중국에 대한 공격도 그치지 않는다. 큰 타격보다는 작은 잽을 쉬지 않고 날리고 있는데 2025년 2월 25일 트럼프가 제안한 놀라운 이민정책은 중국을 향해 작은 주먹 하나를 날린 것이었다. 500만 달러를 내는 사람에게는 영주권(Green Card)보다 더 혜택이 좋은 골드 카드(Gold Card)를 주겠다는 것이다. 2017년 중국이 자랑하던 AI가 중국몽이 무엇이냐는 질문에 "돈 벌어서 미국으로 이민 가는 것"이라고 대답, 중국 공산당을 분노케 했다는 일화가 있다. 500만 달러를 내고서라도 미국을 가고 싶어하는 부자들이 제일 많은 나라는 단연코 중국이 아닐까? 시진핑은 중국의 부자들이 미국으로 이민가는 것을 어떻게 할 것인가? 트럼프의 한마디는 시진핑을 또 다른 딜레마에 빠지게 했음이 틀림없다.

트럼프의 꿈, 완전 패권의 달성: 중국을 제압함으로써 가능하다

2020년 선거에서도 승리했다고 믿지만 어쩔 수 없이 백악관을 떠나야 했던 트럼프는 2025년 다시 백악관을 차지한 이후 미국 역사상 그 어떤 대통령도 할 수 없었을 정도로 부지런히, 과격할 정도로 일을 해나가고 있다. 트럼프의 백악관 홈페이지에 게재되었던 말대로 미국은 황금시대를 맞이할 것이며 미국은 되돌아왔다(America is Back!).

트럼프의 목표는 미국을 완전한 패권국(Complete Hegemon)[363]으로 만드는 것이다. 앞에서 논의했듯 트럼프의 미국은 압도적인 강대국으로써 능히 세상을 자신이 유리한 곳으로 바꾸어 나갈 능력을 가지고 있다. 트럼프는 미국은 단순한 패권국이 아니라 마치 소련이 멸망한 후 약 10여 년 미국이 향유했던 유일 패권국 시대 이상의 도전자 없는 미국의 완전한 패권시대를 만들 것을 꿈꾸고 있다. 트럼프가 꿈을 실현하기 위해 두 번째 노력을 시작한 지 약 1년이 되었다.

백악관 홈페이지 첫째 화면, 미국을 되찾는다는 의미의 혁명, 보수주의혁명

트럼프 2기 첫해 2025년 포석은 완전 패권 장악을 위한 탐색전

트럼프 대통령이 세계에서 제일 큰 섬으로 대한민국 영토의 21.7배에 이르는 그린란드섬을 구입하겠다는 의사를 밝혔음은 이미 앞에서 논한 바 있다. 파나마 운하 반환 요구, 캐나다를 미국의 51번째 주로 만들겠다는 농담 같은 진담, 그리고 오랫동안 '멕시코만(멕시코灣, Gulf of Mexico)'이라고 불렸던 텍사스로부터 플로리다에 이르는 미국 남쪽 바다를 앞으로는 미국만(Gulf of America)이라고 부르자는 트럼프를 최악의 제국주의자라고 부르는 사람도 있다.

트럼프 2기 취임을 바로 일주일 정도 남긴 무렵 호주의 트럼프 지지자들이 X 계정을 통해 트럼프 대통령에게 호주도 미국의 한 주로 편입시켜 달라는 황당무계한 제안을 했다. 호주를 미국의 53번째 주로 만들어 호주를 다시 위대하게 만들어 달라는 부탁인 것이다. 아마도 그들은 이웃 나라 뉴질랜드를 52번째 미국의 주라고 생각했던 모양이다.

이처럼 일견 황당무계해 보이는 트럼프의 제안들은 사실은 오랫동안 고심해 왔던 트럼프의 세계 전략이 본격적으로 구현되는 것으로 보아야 옳다. 미국은 물론 세계의 모든 강대국들은 저마다 자신이 궁극적으로 세계의 패권국이 되겠다는 대전략을 가지고 있다. 2025년 1월 20일 역사상 가장 막강한 미국 대통령에 다시 취임한 트럼프는 미국이 진짜 '완전 패권국'이 될 수 있는 절호의 기회를 장악하려 하고 있다

미국은 오랫동안 패권국 혹은 초강대국이라고 불렸지만 사실 미국은 모든 일을 마음 먹은 대로 할 수 있는 시절은 없었다. 2차 대전 이후 미국이 초강대국이 되었을 때 미국은 적어도 군사력에서만큼은 미국과 대등하거나 혹은 더욱 강하다고 평가되었던 소련과 경합해야만 했다. 소련이 버티고 있던 시절, 미국은 북한, 북베트남, 1950년 대의 중공 등 3등급 공산국가들이 벌이는 전쟁에서도 승리할 수 없었다. 뒷배인 소련과 직접 전쟁을 벌일 엄두가 나지 못해서 북한, 중공과는 비기고 북베트남과의 싸움에서는 지고 말았다.

소련이 붕괴한 후 약 10년 정도 미국은 유일 패권국의 지위를 누리는 듯했지만 오랫만에 휴일을 맞이한 미국의 지도자들은 대전략을 수립하고 세계 문제에 대처하기보다는 오히려 '역사의 휴일'을 즐기고 싶어 했다. 소련을 붕괴시킨 후 넋 빠진 것처럼 쉬고 있던 미국의 모습을 로버트 케이건 박사는 '역사의 휴일'이라고 묘사했었다.[364] 그러나 미국 홀로 패권국이 되어 즐기려 했던 역사의 휴일은 오래 가지 못했다. 소련 붕괴 10년 만에 미국은 최악의 테러 공격을 당했고 테러리즘과 싸우느라 정신 못 차리는 동안 과거 소련보다 오히려 훨씬 막강한 주적 중국이 나타났

기 때문이다.

트럼프는 1기 재임 당시 중국의 도전을 멈추기 위한 노력에 일정부분 성공을 거두었다. 2018년 이후 벌인 중국과의 무역전쟁을 통해 중국 경제 성장의 동력을 꺾어 놓은 트럼프는 2020년 선거에서 패배 중국 두들겨 패기 전략을 더 이상 수행할 수 없었다. 허약하기는 했어도 바이든 역시 중국의 도전에 대응했고 중국은 자신이 야기한 코로나 팬데믹으로 인해 트럼프로부터 당한 경제적 상처를 치유할 수 없었다.

트럼프 2기는 트럼프의 말대로 미국의 황금시대(Golden Age)를 이룩하겠다는 것을 목표로 하고 있다. 트럼프가 추구하는 것은 미국의 완전 패권, 즉 누구도 도전할 수 없는 미국의 시대를 만드는 것이다. 2기 취임도 하기 전 트럼프는 미국의 완전 패권달성을 위한 표적으로 그린란드와 파나마를 택했다. 이미 캐나다, 영국, 프랑스, 독일의 친중국, 친이슬람 정권을 손보겠다고 나선 미국은 패권 도전국 중국을 직접 공격하기 위해 사전적으로 취한 조치들이다. 트럼프는 그린란드와 파나마를 미국 휘하에 두겠다고 선언했다. 돈으로 안 되면 군사력을 사용할 수도 있음을 숨기지 않았다.

이미 1867년 앤드류 존슨(Andrew Johnson, 17대) 대통령 당시부터 미국은 그린란드에 눈독을 들였었고 1946년 트루먼 대통령은 100만 달러라는 액수까지 제시하며 그린란드를 구입하고자 했었다. 2019년 1기 임기 시 트럼프는 그린란드 구입 의사를 밝혔고 2기 임기 중인 지금 트럼프는 그린란드가 '미국의 국가안보를 위해 절대적으로 필요'하다고 말함으로써 반드시 접수하겠다는 의지를 강력하게 표명했다.

트럼프는 이처럼 중국이라는 패권 도전국을 도전자의 반열에서 탈락시키기 위한 대전략을 2기 임기 첫 번째 해인 2025년 한 해 동안 정말

부지런히 추구했다.

트럼프는 결코 미국의 패권을 양보하지 않는다

국제정치의 역사상 어떤 패권적 강대국도 도전국의 도전에 평화적으로 자신의 지위를 양보한 적은 없었다. 많은 한국인들은 미국이 부상하는 강대국 중국에게 평화적으로 패권적 지위를 양보할 것으로 생각하고 있는데 이것은 역사의 경험을 전혀 무시하는 생각이다. 미국은 전쟁에 지지도 않은 채로 자신의 패권을 중국에게 물려줄 수 있는 전략문화(戰略文化, Strategic Culture)를 가지고 있는 나라가 아니다. 중국에게 허약했다고 비난받는 바이든조차 "중국은 세계에서 가장 부유한 국가, 세계에서 가장 강력한 국가가 되는 것을 목표로 하고 있다"며 "내가 보는 앞에서 그런 일은 일어나지 않을 것"이라고 말했다.[365]

그럼에도 불구하고 오늘 미국의 힘이 약해졌다고 주장하는 학자들, 중국이 결국 세계의 패권국이 될 것이라고 분석하는 사람들도 있다. 제프리 삭스(Jeffrey Sachs) 같이 이름이 있다는 학자들조차 그렇게 말하고 있다. 2025년 11월 하순 이후 불거지고 있는 일본과 중국의 갈등을 설명하는 가운데 제프리 삭스는 중국의 부상은 구조적인 것이다. 미국의 쇠락도 구조적인 것이다. 일본의 도박은 환상이다는 어처구니없는 말을 하고 있다.[366] 고든 창 변호사는 제프라 삭스의 주장에 대해 '중국은 부상하고 있는 중이 아니라 붕괴하고 있는 중'이라는 반박 글을 달았다.[367]

이 같은 잘못된 주장을 반박할 수 있는 자료들은 흘러넘친다. 중국의 부상이 멈추었을 뿐만 아니라 중국은 무너지고 있다는 주장이 압도적인 다수설이다.

외교정책 잡지(Foreign Policy) 2021년 9월 24일자에 세계적인 국제정치학자 할 브랜즈(Hal Brands) 교수와 마이클 베클리(Michael Beckley) 교수의 의미심장한 글이 실렸다. 글의 제목은 "중국은 몰락 중에 있다: 그리고 그게 문제다"라는 도발적인 것이었다.[368] 이 논문은 책으로 확대되어 출판되었다. 책의 제목은 《위험한 지역: 다가오는 중국과의 전쟁(Danger Zone: The Coming Conflict With China)》[369]이라고 되었다. 두 저자는 중국의 힘이 절정(絶頂, Peak)을 넘어섰고 앞으로 중국의 상대적 국력은 더욱 추락할 것이라는 현실은 중국의 지도자들로 하여금 '지금' 무엇인가를 성취하지 못할 경우 영영 그 일을 성취할 수 없다는 강박관념에 빠지게 할 것이며 그래서 지금 당장 원하는 바를 취득하고자 할 것이라 분석한다.

시진핑의 중국몽 중 가장 중요한 것 중 하나는 대만을 합병하는 일일 것이다. 중국의 상대적인 힘이 앞으로 더욱 늘어날 것이라면 시진핑은 시간을 끌며 기다릴 수 있다. 시간은 중국 편일 터이니 말이다. 그러나 중국의 힘이 절정을 지나 쇠퇴기로 접어들었다면 지금 하루라도 빨리 대만을 점령해야 한다. 지금 시간을 놓치면 앞으로 대만을 점령할 가능성은 점점 줄어들 것이고 영영 대만을 합병할 수 없을지도 모른다. 브랜즈와 베클리 교수는 중국이 처한 현상을 Peaking Power Trap, 즉 '힘의 절정기를 지났다는 사실에서 유래하는 함정'이라고 묘사했다.

중국의 힘이 상대적으로 쇠락하고 있다는 사실이 중국 지도자들의 마음을 급하게 만들었고 그래서 전쟁의 가능성이 높아졌다는 분석이다. 저자는 이 두 교수의 분석을 오늘 중국과 세계가 당면한 국제정치 현상을 가장 정확하게 설명한 것으로 보고 있다.

중국을 이미 15년 전부터 적으로 간주해야 한다고 주장했던 트럼프의 MAGA 운동의 성공은 필연적으로 중국의 희생을 통해서만 가능하다. 미국 중산층의 일자리 회복을 근간으로 하는 MAGA 운동은 중국이 가져간 공장들을 미국에 다시 가져오는 일부터 시작하기 때문이다. 트럼프는 2018년 3월 자신 집권 1년 동안 미국인의 일자리가 300만 개 늘어났음을 자부했다. 300만 개의 미국인 일자리 증가는 300만 개의 중국인 일자리 감소와 동의어가 될지도 모른다. 절대로 남에게 지는 것을 싫어하는 트럼프가 중국의 도전에 양보할 가능성은 전혀 없다.

제13장

트럼프와 북한

트럼프의 미국과 김정은의 북한은 동급이 아니다

미국과 북한은 북한이 말하듯 최악의 적대관계다. 그러나 우리나라 언론들이 말하듯 미국과 북한은 마주 보고 달리는 두 대의 기관차에 비유될 수는 없다. 적어도 1991년 소련이 무너진 이후 특히 2017년 트럼프 대통령이 미국의 대통령으로 취임한 이후 미국과 북한 관계는 서로 마주 보며 달리는 기차라기보다는 서로 마주 보며 달리는 신형 탱크와 털털거리며 달리는 경차라고 비유해야 맞다. 미국과 북한은 맞장을 뜨기에 두 나라는 너무나도 국력 격차가 심각하다. 미국 CIA가 매년 발행하는 세계 모든 국가들의 국력 자료집인 World Fact Book 2025-2026[370]에 북한의 GDP는 280억 달러라고 되어 있다. 그것도 금년 자료가 아니라 2013년도 추정치이다. 구매력 기준으로 다시 계산할 경우 북한의 GDP는 400억 달러가 된다. 북한의 GDP는 세계 138위에 해당한다.

CIA 자료집은 북한의 경제성장은 거의 없는 것으로 기록한다. 2013년의 경우는 -1.1%, 2014년의 경우는 1%였을 정도다. 북한의 경제성장률은 세계 나라들 중 202등이라니 거의 꼴찌나 마찬가지다. 세계에서 GDP 대비 국방비 비율이 제일 높아 무려 20-30%를 국방비로 지출하는 북한은 매년 70억-110억 달러 정도의 국방비를 지출하는 것으로 되어 있다.[371] 미국 상하 양원에서 결정한 국방수권법에 의하면 미국의 2025 년도 국방비는 9,247억 달러다. 미국의 국방비는 북한 국방비의 84 배-132배에 이른다. 미국의 2025년 GDP 추정치는 30.51조 달러다. 미국 GDP는 북한 GDP의 1,090배에 이른다. 즉 북한이 1년 동안 버는 돈은 미국이 단 8시간 만에 버는 돈에 불과하다.

이 같은 국력 격차의 진실을 알고 미국과 북한 관계를 분석해야 한다. 트럼프 대통령은 미국의 국력을 완전히 활용하는 인물이다. 맹수들은 작은 동물을 잡을 경우에도 온 힘을 쏟는다고 한다. 트럼프의 미국은 작은 나라와 대결할 경우에도 자신의 능력을 온전히 발휘하는 나라라는 사실을 염두에 두어야 한다.

또한 어느 경우라도 국제관계는 국력차(國力差)의 함수라는 사실을 알아야 한다. 미국은 경제력에서는 1,000배 이상, 군사력에서도 대략 100배 이상 북한보다 막강한 나라다,

북한이 미국과 맞장뜰 수 있던 시절이 있었다

북한이 미국과 맞장뜰 수 있었던 세월이 있었다. 1948년 9월 9일 북한 정권이 수립된 이후부터 1991년 소련이 멸망할 때까지 약 43년 정도, 북한은 소련을 믿고 미국에 대항할 수 있었다. 과감하게 6·25 한국전쟁을 도발했으며 1950년 7월 5일 북한군은 경기도 오산에서 맞닥뜨린 미국군과의 최초 전투에서 미국군을 격파했다. 미국군 스미스 부대 인원

540명 중 181명의 전사 및 실종자를 내게 만드는 승리를 거두었다.

한국전쟁 당시 미군이 가지고 있던 바주카포를 맞은 북한군 탱크는 잠시 멈칫하다가 다시 공격할 수 있는 세계 최고급 소련제 T-34 전차였다. 물론 1950년 7월 5일의 전투에서 북한군의 병력은 스미스 부대의 약 10배에 이르는 대병력이기도 했지만 미국이 우습게 볼 수 없는 막강한 군사력이었다.

1968년 1월의 미국 정보함 푸에블로함(USS Pueblo) 납치 사건과 미국 정찰기 EC 121기 격추 사건을 기억하는 분도 많을 것이다. 당시 북한은 미국의 정보함과 정찰기를 나포하고 격추시킬 수 있을 만큼 강했다. 북한의 실력이 막강했기보다는 북한의 뒷배인 소련이 막강했었기에 가능한 일이었다. 미국은 북한의 도발 행위에 속은 뒤집혀 졌지만 달려가서 두들겨 팰 형편이 되지 못했다.

1976년 8월 18일 판문점에서 미루나무 가지치기 작업을 감시하던 미국군 장교 두 명이 북한군이 휘두르는 도끼에 찍혀 죽은 사건이 있었다. 당시 미국은 니미츠급 항공모함과 B-52 폭격기 등을 동원해서 북한을 위협했지만 미국이 할 수 있는 일은 미루나무의 밑둥이를 잘라버리고 당시 북한 주석인 김일성의 사과를 받아낸 것이 전부였다.

그래서 미국과 북한과의 관계를 마치 막강한 두 나라 관계처럼 인식하는 오해가 생겼다. 그러나 이제는 세월이 달라졌다. 특히 미국 대통령이 트럼프인 세상은 과거의 미국-북한 관계를 완전히 바꾸어 버렸다. 적어도 트럼프의 미국은 겨우 북한 정도의 나라에게 굽신거리며 눈치 보아야 하는 나라는 아니게 되었다.

트럼프의 두 번째 임기가 약 1년 가까이 지난 현재 미국군 장교 두 명이 판문점에서 북한군이 휘두르는 도끼에 맞아 숨지는 사건이 또다시 발생했다고 가정해 보자. 그때 트럼프 대통령은 어떻게 행동할 것인가? 아마도 도끼를 휘두른 북한군 지휘부 혹은 그보다 훨씬 더 중요한 북한의 핵심적 전략 표적이 미국군의 B-2 스텔스 폭격기에 의해 초토화되고 말 것이다. 김정은의 주석궁 혹은 김정은의 지하 벙커는 초토화되어 버릴 것이다.

트럼프 시대의 미북 관계는 다시 '정상적'인 국제관계로 회귀했다. 약소국이 자신을 밀어주는 강대국의 백(back)을 믿고, 적대적 강대국에게 맞장을 뜰 수 있었던 시절은 지나갔다.[372] 1968년처럼 혹은 1976년처럼 북한이 미국에 대들 수는 없게 되었다. 특히 트럼프 대통령이 있는 미국에게 대들 수 없다. 미국은 지금 자국의 막강한 힘을 언제라도 사용하겠다는 대통령이 있는 세계의 극초 강대국이지만 북한은 주요 상대인 대한민국 GDP의 1/60에도 미치지 못하는 경제력을 가진 지구 최악의 빈곤 국가일 뿐이다.

그럼에도 불구하고 북한은 트럼프가 무시할 수 있는 나라는 아니었다. 북한 그 자체가 중요하거나 막강해서라기보다는 트럼프가 원하는 국제정치를 이룩하기 위해서 북한은 반드시 손 보지 않을 수 없는 나라 중 하나이기 때문이다.

트럼프가 원하는 외교 목표는 이미 앞에서 논한 바처럼 처칠처럼 서구 자유주의 기독교 문명을 수호하고 레이건처럼 미국의 패권에 도전하는 중국 공산당을 붕괴시키는 일이다. 트럼프 대통령이 목표를 달성하는 과정에서 북한은 중국, 러시아, 이란과 함께 제거되어야 할 적국 중 하나다. 특히 북한은 트럼프가 주적으로 삼고 있는 대중국 정책을 수행하는 과정에서 반드시 처리해야 할 중요한 표적 국가 중 하나라는 점에서 북한은 허약함에도 불구하고 트럼프의 관심 대상국이다.

트럼프가 보는 핵보유국 북한

　동물 행동학자 콘라드 로렌츠(Konrad Lorenz) 교수는 동물들의 공격성에 관해 연구한 후, 인간의 미래에 대해 대단히 우울한 전망을 했던 학자로서 유명하다. 그는 동물을 두 가지 종류로 분류했는데 하나는 사자나 늑대와 같은 맹수, 그리고 토끼 혹은 비둘기와 같은 맹수가 아닌 동물이다. 맹수는 일격에 상대방을 죽일 수 있는 날카로운 발톱 혹은 이빨을 가지고 있는 동물을 의미하는데 이들은 싸움을 잘할 뿐 아니라 싸움의 빈도도 대단히 높다.

　다른 부류의 동물인 비둘기는 평화의 상징이라고 말하며 토끼 역시 귀엽고 평화로운 동물로 인식된다. 비둘기나 토끼는 상대방에게 치명타를 입힐 수 있는 무기를 가지고 있지 못한 동물들이다. 그래서 우리들은 비둘기, 토끼의 싸움을 잘 볼 수 없고 이들을 평화의 상징으로 생각하게 되었다. 그러나 로렌츠 교수는 동물 행동을 연구하면서 우리들이 알고 있는 상식을 격파하는 놀라운 결과를 발견했다.[373] 로렌츠 교수는 우연히 비둘기 두 마리가 처절하게 싸우는 장면을 목격했다. 두 마리가 싸우는 모습은 상상을 초월하는 처절한 것이었다. 강력한 무기도 아닌 부리로서 서로 상대방을 쪼아대는 싸움을 하는데 그 모습이 문자 그대로 피바다라고 말할 정도였다. 이긴 녀석도 스스로 빈사 상태에 이르러 잘 날지도 못하고 퍼덕거릴 정도로 지쳤고 부리에 피가 맺혔다. 그럼에도 불구하고 그 녀석은 상대방이 죽을 때까지 상대를 쪼는 일을 멈추지 않았다.

　콘라드 로렌츠 교수는 맹수가 아닌 비둘기가 그처럼 처절한 싸움을 하는데 상대방을 일격에 죽일 수 있는 치명적인 무기를 가진 맹수들이 종을 유지하는 것이 어떻게 가능할지 궁금해졌다. 더구나 그 녀석들은 비둘기 혹은 토끼와 달리 싸움이 일상적인 일이 아닌가?! 로렌츠는 동물원 우리 속에 있는 늑대 두 마리가 싸우는 것을 관찰했다. 처절한 싸움 끝에 패배한 녀석이 상대방에게 목을 내놓는 장면을 목격했다. 승리한 늑대에게 패배한 늑대가 자신의 목숨에 관한 생사여탈권을 주는 것 아닌가! 로렌츠 교수는 이긴 늑대가 송곳니를 드러내며 으르렁거리다가 상대방의 목을 물어 죽이는 대신, 싸움을 평화롭게 끝낸다는 사실에 충격을 받았고 그 유명한 《공격성에 관하여(On Aggression)》라는 명저를 집필하게 되었다.

로렌츠 교수는 싸움을 밥 먹듯이 하고, 상대방을 일격에 죽일 수 있는 무기를 가진 맹수들이 종(種)을 보존할 수 있는 이유를 목을 내밀며 항복한 늑대와, 항복한 녀석을 물어 죽이지 않는 승리한 늑대의 행동에서 찾았다. 로렌츠는 목을 내미는 행동을 '유화(宥和)의 제스처(Appeasement Gesture)'라고 명명했다. 맹수들의 경우 패자가 항복을 해도 승자가 패자를 죽이지 않는 행동을 방어기제(Inhibition Mechanism)라는 개념으로 설명했다.

방어기제란 맹수들이 수만 년 살아오며 생성한 생물학적 진화의 결과라고 보았다. 그래서 맹수들은 상대방을 일격에 죽일 수 있는 무기도 있고. 싸움도 자주하지만 종이 멸망할 일이 없었다고 설명한 것이다.

비둘기나 토끼는 상대방을 일격에 죽일 수 있는 치명적인 무기도 없고 싸움도 자주 하지는 않지만 일단 싸움이 발발할 경우 그들은 항복할 줄도 모르고, 항복한 녀석을 살려 주는 방어기제도 없는 부류의 동물이다. 그래서 비둘기의 싸움이 늑대의 싸움보다 훨씬 처절하게 끝나는 것이다. 물론 비둘기류의 동물들은 방어기제가 없어도 종이 멸망할 일은 없다. 싸움을 자주 하지 않기 때문이다.

로렌츠는 생물학적으로 인간을 토끼나 비둘기 부류에 포함된다고 보았다. 무하마드 알리 정도를 예외로 한다면 보통의 인간이 상대방을 일격에 쓰러뜨릴 수 있는 치명적인 무기를 가지고 있지는 못하다. 그런데 문제가 생겼다. 비둘기류의 동물인 인간이 지혜를 통해 늑대와 사자의 발톱과 송곳니를 가질 수 있게 된 것이다.

생물학적으로 '유화의 제스처'를 개발하지 못했고 맹수와 같은 '방어기제'도 아직 갖추지 못한 인간이 무지막지한 살상력을 갖춘 치명적 무기를 보유하게 된 것이다. 로렌츠 교수는 생물학적 방어기제가 없는 인간이 늑대의 이빨을 가지게 되었다는 사실에 좌절했고 특히 핵무기의 발명은 인간이 저지른 대죄(大罪) 중 하나라고 보았다. 유전적으로 비둘기 부류인 인간이 늑대의 무기를 갖추게 된 상황은 비극을 넘어서 인간이 저지른 큰 죄악 중 하나로 보았던 것이다.[374)

트럼프뿐 아니라 소위 5대 핵보유국인 미국, 러시아, 영국, 프랑스, 중국인들은 자신들을 방어기제를 갖춘 맹수처럼 생각한다. 5대 핵보유국 외에 다른 나라들 특히 약소국들이 핵을 보유하는 일을 적극적으로 거부하는데 그 이유는 약소국들이 핵을 보유하는 경우 그 핵을 함부로 사용할 가능성이 훨씬 높다고 믿기 때문이다. 마치 방어기제를 갖추지 못한 약한 동물들이 어쩌다가 한번 싸움이 일어나면 상대방이 죽을 때까지 싸움을 그치지 못할 것이라고 보는 것이다.

미국이 북한 핵을 더욱 우려하는 이유는 테러리즘과도 맞물려 있다. 2001년 9월 11일 발생했던 대규모 테러 이후 미국은 갑자기 북한 핵에 더욱 주목하게 되었고 그 본질적인 이유는 북한의 핵폭탄이 테러리스트의 손에 들어갈 수 있다는 염려 때문이었다. 북한과 같이 가난한 나라, 북한 지도자 같은 이들이 통치하는 부랑자 정권(Rogue Regime)은 핵 보유를 이룩할 경우 하지 못할 일이 없으리라는 우려다.[375] 미국의 전문가들은 '한국에서 전쟁이 발생하는 것이 북한의 핵이 알카에다의 손에 들어가는 것보다 차라리 덜 위험한 일'이라고 까지 말할 정도였다.[376]

미국시간 2018년 1월 30일 밤 행한 트럼프의 연설은 우리나라 언론들이 미국 민주당계 언론들의 조롱조 해설을 앵무새처럼 전달하는 것과는 달리, 공화당과 무당파 사람들에 의해 A급 연설로 평가된 수준급 연설이었다. 특히 한국 관련 부분은 감동적인 것이 아닐 수 없었다. 미국 대통령 연두 연설 중에서 일개 특정 국가가 그렇게 큰 비중으로 이야기된 적은 없었다. 트럼프는 ISIS, 쿠바, 베네수엘라 등 미국의 적들을 언급한 후 "그러나 어떤 정권들도 북한의 독재정권보다 자신의 국민들을 전체주의적으로 잔인하게 압제하는 경우란 없습니다. 북한의 무책임한 핵무력 추구는 아주 가까운 시일 내에 미국의 본토를 위협할 것입니다. 우리는 지금 이 같은 상황이 현실화되는 것을 방지하기 위해 최대의 압박을 가하고 있는 중입니다"라고 말했다.

트럼프는 양보와 타협은 침략과 도발을 야기할 뿐이라는 과거의 교훈을 잘 알고 있으며 이를 다시 반복하지 않겠다고 천명했다. 김정은을 도덕적으로 타락한(depraved) 정권으로 단정한 트럼프는 북한을 여행하다가 북한 정권에 의해 반국가 사범으로 체포되어 고문을 받은 후 미국에 와서 며칠 만에 사망한 버지니아 대학생 오토 웜비어(Otto Wombier) 군의 부모와 가족들을 의회에 초청했다. 눈물을 흘리는 웜비어 군의 가족은 위로의 박수를 받았고 트럼프는 이들은 북한의 만행을 직접 경험한 사람들이며 우리는 이들로부터 북한이 어떤 위협인지를 알게 되었으며, 북한에 대한 결의(resolve)를 다진다고 연설했다.

이어서 트럼프 대통령은 한국인들도 잘 모르는 탈북인 지성호 씨를 소개했다. 먹을 것을 구하기 위해 석탄을 훔치다가 기차에 치여 왼쪽 팔과 다리가 절단된 꽃제비 출신의 지성호 씨는 쌍지팡이를 집은 채 10,000Km 이상의 거리를 이동, 잔인한 독재정권에서 탈출하여 자유를 찾아왔다고 말했다. 트럼프 대통령은 자유가 얼마나 중요한가를 말하며 이제는 인조 다리를 갖게 되었지만 자유를 찾는 대장정의 도구였던 지팡이를 들어 보이라고 말했고 지성호 씨는 오른팔로 지팡이를 들어 흔들어 보였다. 그 누구에게도 감동적인 장면이 아닐 수 없었다.

미국의 대통령이 핵 문제를 훨씬 넘어서서 김정은 정권의 잔인함을 극적으로 강조하고 있는 의미가 무엇인지 알아야 한다. 미국 사람들의 51%는 오토 웜비어 군이 죽은 지 1달 정도 지난 2017년 7월의 여론조사에서 북한 문제를 해결하는 방법은 결국 군사적 수단 외에는 없다는 사실에 동의했다. 공화당을 지지하는 국민들의 경우 73%가 군사적 해결이 유일한 방편이라고 말했다. 미국 국민들이 군사적 해결방법에 동의했다는 사실의 의미를 이해해야 한다.

핵시대의 군축이론과 CVID 그리고 북한

핵무기는 다른 무기와 그 본질이 다른 무기다. 핵무기가 아닌 무기를 재래식 무기라고 하는데 재래식 무기란 지구 멸망을 초래할 정도의 무기는 아니다. 그런데 핵무기는 그 파괴력이 도를 넘다 보니 쓰는 무기가 아니라 '쓰지 않기 위해' 만든 무기가 되었다. 사실 다투는 두 나라 중 한 나라는 핵무기를 가지고 있고 다른 한 나라는 핵이 없을 경우 핵이 있는 나라는 전쟁을 하지도 않은 채 상대방을 협박해서 원하는 바를 얻을 수 있다. 한스 모겐소(Hans J. Morgenthau) 교수는 이 같은 상황을 다음처럼 묘사했다. "다투고 있는 두 나라 중 한 나라가 핵무장에 성공할 경우 다른 나라는 전략적 옵션이 두 가지 중 하나로 줄어든다: 1) 전쟁을 하다가 죽는 것; 2) 미리 항복을 하는 것."

지금 북한이라는 지구 최악의 불량국가가 핵무기를 만들어 놓고 있다. 이미 대한민국 방방곡곡을 공격하기에는 충분하다. 북한의 미사일들은 이미 수천Km를 날 수 있으니 일본마저 북한 핵미사일의 사정권 안에 들어갔다. 그런데 북한은 그것만으로는 안되는 상황이다. 한국이나 일본을 공격할 경우 미국이 가만 있지 않을 것이기 때문이다. 그래서 북한은 미국까지 날아갈 수 있는 핵폭탄과 미사일을 만들어야만 한다. 그날이 오면 미국 혹은 한국과 싸우지 않은 채 자신이 원하는 적화 통일을 평화롭게 달성할 수 있는 것이다.

한 가지 상황을 가정해 보자, 어느 날 북한이 미국의 로스앤젤레스를 핵 폭격할 수 있는 날이 왔다고 가정하자. 그날이 왔을 때 북한은 미국에게 다음과 같이 협박할 것이다. "한국을 통일하고 싶은데 미국 때문에 못하고 있다. 미국이 뭔데 우리의 통일을 반대하는가? 나는 남조선을 통일하기 위해 전쟁이라도 벌일 것이다. 만약 미국이 한국 편에 서서 개입할 경우, 북한은 로스앤젤레스를 핵 공격하는 수밖에 없다. 부탁컨대 미국은 서울을 구하기 위해 로스앤젤레스를 목숨 거는 바보 같은 짓은 하지 말기 바란다."

이때 미국은 어떻게 해야 할 것인가. 대단히 난감한 상황이 아닐 수 없다. 2018년 3월 북한이 난데없이 미국과 협상을 하자며 나왔다. 북한의 목표는 협상을 통해 미국을 건드리는 핵무기를 만들지 않을 테니 동결 수준에서 상황을 끝내자고 한 것이다. 트럼프 대통령은 미국은 이 같은 상황은 절대로 받아들일 수 없다고 말하며 동결이 아니라 CVID를 해야 한다고 주장했다. 그렇다면 CVID는 무엇이고 그것이 북한 핵의 동결(Freeze)과 어떻게 다른 것인가?

국제정치 역사상 단 한 번도 성공적으로 이루어 진 적이 없는 군축의 경우가 CVID이지만 북한의 핵을 CVID 시키지 못하는 경우 여러 나라들이 위태로운 상태에 빠지게 된다. CVID란 문자 그대로 완벽하고(Complete), 검증 가능하고(Verifiable), 돌이킬 수 없는(Irreversible), 해체(Dismantlement)를 의미한다. 즉 북한의 핵을 완전히 없애며, 미국이 스스로 이를 검증하며, 다시는 북한이 핵 개발을 할 수 없을 정도로 완벽하게 핵을 폐기하는 것을 의미한다.

2025년 두 번째 임기를 시작한 트럼프 대통령은 역시 북한에 대한 미국의 목표는 북한 핵을 CVID하는 것이라고 분명히 말했다.

이 정도가 되지 않은 채 북한이 원하는 수준에서 핵 동결로 귀결된다면 그때 한국과 일본은 한스 모겐소 교수가 말한 비참한 운명에 처하게 될 것이다. 그럴 경우 미국 역시 지금과 같은 어려운 상황이 해소되기는커녕 더욱 악화될 가능성이 높은데 왜냐하면 일본은 그런 상황을 감내하는 대신 스스로 핵무장을 선택할 것이기 때문이다.

일본은 문자 그대로 하룻밤 자고 나면 완벽한 핵 강국이 될 수 있는 능력을 가진 나라다. 일본이 핵무장 할 경우 미국은 북한보다 훨씬 힘든 잠재 적국을 하나 더 만드는 꼴이 되고 말 것이다. 그래서 2018년 2월 키신저 박사는 북한의 핵을 동결시키는 것은 전혀 문제의 해결 방식이 될 수 없다고 잘라 말했던 것이다.

그렇다면 과연 트럼프 대통령은 북한의 핵 능력을 CVID 시킬 수 있을까? 원칙적으로 불가능하다고 말해야 맞다. 우선 북한이 한발이라도 숨겨 놓으면 이를 찾아낼 방법이 없다. 미국이 아무리 정찰 능력이 뛰어나다고 하더라도 보물찾기 식으로 숨겨 놓은 조그만 핵폭탄까지 100% 검증한다는 것은 현실적으로 불가능하다.

더욱 힘든 일은 불가역적(irreversible)으로라는 부분이다. 이 정도를 달성하기 위해서는 북한의 경우 핵 과학 기술이 백지상태로 환원되어야 한다. 핵 기술자들과 과학자들이 다 없어진다 해도 가능할지 알 수 없는 일이다. 그래서 북한의 핵을 비핵화시키는 것은 이론적이기는 하지만 현실적인 일은 아니다.

그러면 트럼프는 북한의 핵을 CVID 시킬 수 있는 방법이 전혀 없는 것일까? 이 질문에 대한 대답은 "있다"이다. 미국은 최근 북한을 비난할 때 북한이 핵보유국이라는 사실보다 북한 정권이 더 이상 합리적인 정권이 아니라는 점을 강조하기 시작했다. 트럼프 1기 당시 부통령이었던 펜스는 북한 정권을 찾아보기 힘든 악(rare evil)이라 했으며 트럼프 대통령은 김정은을 "미친 것이 확실한" 인간이라고 표현한 바 있다. 그런 북한을 CVID 시키는 방법은 정권 교체(regime change)뿐이다. 트럼프 1기 CIA 국장과 국무장관이었던 폼페오는 오래전부터 북한 핵을 해결하기 위해 북한 정권을 교체하는 수밖에 없음을 말했고, '내일 북한의 현 정권이 사라진다 해도 놀라지 않을 것'이라고 말한 적도 있었다.

김정은과 같이 자기 고모부인 장성택을 10,000명이 보는 앞에서 고사포로 쏘아 죽이고, 아무리 배가 다르지만 그래도 망명 생활을 하는 형 김정남을 독가스로 살해하는 인간이 핵무장을 갖추고 있다는 사실을 미국은 용인해 줄 수는 없을 것이다. 다만 CVID는 현실적으로 불가능한 상황이기 때문에 택할 수 있는 방법은 정권 교체 외에는 없다.

즉 핵이 있어도 문제가 되지 않을 정권으로 교체하는 것이다. 트럼프는 1기 임기 4년 동안 북한에 대해 군사적 폭격 위협을 가하기도 했고 만나서 대화도 했으며 김정은을 설득하기 위해 우호적인 편지도 여러 차례 보냈다. 이 모든 노력은 북한의 핵을 완전히 제거하기 위해서 혹은 최소한 핵을 가지고 있더라도 재앙적인 문제가 되지 않는 정권으로 북한 정권의 성격을 바꾸기 위해서였다.

트럼프도 알고 있던 핵포기가 불가한 북한

쉽게 남북한 간 평화가 이루어질 수 있었다면 북한은 그토록 오랫동안 밥을 굶어가며 핵폭탄과 미사일을 만드느라 고생하지 않았을 것이다. 한국전쟁이 끝난 직후인 1954년부터 핵을 만들고 싶어 했던 북한이니 핵개발 노력이 시작된 것은 이미 70년도 넘은 일이다. 북한의 핵개발은 김정은이 태어나기 거의 30년 전부터 시도된 일이었다.

1967년 김일성은 '미국이 원자탄을 사용하면 우리도 사용할 수 있다'고 말함으로써 핵무기 소유의 간절한 꿈을 말한 적이 있었다. 아직 김일성이 살아 있을 무렵 김정일은 '수령님 대에 조국을 통일하려면 하루빨리 미국에 도달할 수 있는 핵미사일을 만들어야 한다. 그래야 마음 놓고 조국 통일을 주체적으로 단행할 수 있다'고 말했다. 김정일의 이 같은 언급은 당대 미국 최고의 국제정치 학자들이 개발한 핵전략 이론을 정확하게 이해하고 있는 사람의 언급이었다. 북한이 미국의 도시 한 두 개를 핵 공격할 수 있게 되는 날 북한은 미국의 개입을 두려워하지 않은 채 한국을 무력 공격할 수 있으리라 생각했다.

북한의 핵폭탄이 미국에 도달한다는 것은 북한에게는 꿈의 전략이 완성되는 것이다. 그리고 꿈에도 그렸던 상황이 가까이 다가온 시점이다. 여기까지 오는데 북한은 정말 눈물겨운 세월을 지냈다. 1988년 북한 핵

문제가 공식적으로 국제문제로 비화된 이후, 중국마저도 북한의 핵 개발에 압박을 가했다. 1990년대 초반 덩샤오핑은 김일성을 베이징으로 불러 무려 12일 동안 설득과 협박을 했다. 그때 김일성은 마지못해 '북한은 핵을 개발할 의지가 없다'고 밝힌 적이 있다. 김일성은 그러나 핵의 완성을 보지 못하고 죽었다. 한국과 중국이 수교를 한 이후 김정일은 '이제 믿을 것은 핵폭탄밖에 없다'고 말하며 북한의 과학자들을 독려했다.[377]

핵 개발 3대를 이어받은 김정은은 2017년 5월 14일 약 3개월 공백 후에 미사일 발사가 성공하자 그 다음날 대대적인 기념행사를 벌였다. 북한 언론들은 '자손만대에 물려줄 주체탄이 완성되었다'고 기록하고 북한의 과학자들과 지도자들은 감격해서 '눈물바다'를 이루었다고 보도했다. 그리고 2018년 1월 김정은은 신년사에서 미국을 향해 협박했다. 자신의 사무실에 있는 단추를 누르면 미국은 불바다가 될 것이라며 말이다. 김정은은 그렇게 말함으로써 핵전략의 진실을 잘 모르는 사람이라는 사실을 노출했다. 이 세상 어떤 나라의 대통령이 핵무기를 자기 손으로 직접 발사하나? 북한이 핵무기 체계(Nuclear Weapon System)를 갖추었다고 말하려 한 것이었겠지만 대단한 뻥이 포함된 얘기였다.

김정은에게는 대단히 불행한 일이지만 트럼프는 결코 김정은의 손에 미국에 도달할 수 있는 핵미사일을 쥐어줄 수는 없다며 치고 나왔다. 트럼프 대통령은 당장이라도 북폭을 단행할 것처럼 김정은을 압박했고, 결국 김정은은 미국과 비핵화를 위한 대화를 할 수 있다고 말했다. 그렇게 말한 것이 2018년 3월 5일 한국 특사 5명이 방북했을 때이니 핵 단추가 있다고 말한 지 불과 64일 지난 시점이었다.

한국 특사들이 미국을 방문, 트럼프 대통령에게 김정은으로부터 들었다는 말을 전해주자 트럼프도 김정은과 회담할 수 있다고 말했다. 트럼프 1기 임기가 13개월 지난 2018년 3월 8일이었다. 이후 대한민국의 분위기는 대폭 변했다. 전쟁이 코앞에 다가온 것처럼 전전긍긍하다가 트럼프 대통령이 자신도 김정은과 대화한다는 말 한마디 듣고, 한반도에 봄이 왔다고 흥분하고 있었다.

트럼프 대통령을 수행, 싱가포르 회담에 참석했던 전 백악관 대변인 사라 허커비 샌더스(Sarah Huckabee Sanders)의 회고록에 재미있는 일화가 나온다. 싱가포르행 대통령 전용기가 싱가포르에 접근하자 트럼프 대통령은 "싱가포르에 착륙할 준비가 되었나요. 이곳은 김 위원장이 죽거나 혹은 살 수 있는 유일한 기회일 것이요"라고 말했다.[378) 사라 샌더스는 그럼에도 불구하고 사안이 너무나 위중하기 때문에 김정은과의 만남이 농담은 아닐 것이라는 사실을 보좌관들은 다 알고 있었다고 기술했다. 트럼프는 김정은을 만나러 가는 자리에서도 대화를 통한 북핵 폐기란 불가능한 일이라는 사실을 잘 알고 있었다.

북한을 향한 트럼프의 전쟁 위협

김정은은 결국 회담장에 나오기로 했지만 그것이 당시 한국 문재인 정부의 유화정책 혹은 선의 때문은 아니었다. 버티다가는 트럼프의 미국에게 맞아 죽을 것 같아 대화의 장으로 나온 것이라고 보아야 옳다. 실제로 트럼프 대통령과 미국의 관리들은 한결같이 강한 압박의 결과 북한이 대화의 장으로 나온 것이라 말하며 북한이 핵 폐기를 선언할 때까지 최대의 압박을 지속할 것임을 다짐하고 있었다.

김정은의 핵 공갈: 2018 신년사

2018년 1월 1일 신년사에서 김정은은 미국을 마음껏 능멸했다. 김정은은 미국과 그 추종 세력들의 핵 위협과 공갈이 계속되는 한 그리고 북한의 문 앞에서 연례적이라는 감투를 쓴 전쟁 연습 소동을 걷어치우지 않는 한, 핵 무력을 중추로 하는 자위적 국방력과 선제 공격능력을 계속 강화해 나갈 것이라고 협박했다. 김정은은 북한은 스스로의 힘으로 국가의 평화와 안전을 지켜낼 것이며 세계의 평화와 안정을 수호하는 데도 적극 기여할 것이라고 말했다. 김정은은 "지난해 국가 핵 무력 완성으로 공화국은 되돌릴 수 없는 전쟁 억제력을 보유하게 됐다"며 "핵 단추가 내 사무실 책상 위에 항상 놓여있다는 것은 위협이 아닌 현실임을 똑바로 알아야 한다"며 미국을 협박했다. 김정은은 이어 "미국 본토 전역이 우리의 핵 타격 사정권 안에 있다"면서 "미국은 결코 나와 우리 국가를 상대로 전쟁을 걸어오지 못한다"고 덧붙였다.

김정은의 언급은 심각한 과장이기도 하지만 핵전략의 상궤를 크게 벗어나고 있다는 게 더욱 큰 문제다. 미국이 인식하듯 북한의 지도자는 합리적인 인물이 아니었다. 모든 핵전략 이론은 인간이 합리적, 이성적이라는 가정하에 수립되는데 미국이 보기에 비합리적, 비이성적 인간인 김정은이 핵을 보유하고 있으며 선제공격하겠다고 협박한 것은 결코 간과하면 안 될 일이었다. 김정은은 "선제공격능력"을 계속 강화해 나갈 것이라며 협박했다.

선제공격능력이란 핵전략 이론가들에 의해 First Strike Capability라고 지칭되는 능력으로 미국도 소련도 결코 가져보지 못했던 꿈의 능력이다. 선제공격능력이란 상대방을 먼저 공격함으로써 궤멸시키고 자신은 살아남을 수 있는 능력을 의미한다. 미국과 소련은 결코 선제 공격능력을 갖추지 못했다. 두 나라는 영어로는 Second Strike Capability라고 지칭되는 "보복공격능력"을 갖추고 있었을 뿐이었다. 보복 공격능력이란 상대방이 먼저 전면 공격을 가한다할지라도 살아남아 보복을 할 수 있는 능력을 말한다. 미국과 소련은 어느 나라도 상대방을 공격해서 전멸시키고 자신은 살아남을 수 있는 능력, 즉 선제공격능력을 보유한 적이 없었다.

그런데 김정은이 신년사에서 "선제공격능력"을 계속 강화해 나갈 것이라고 말한 것이며 핵전략이론을 오랫동안 연구해 온 미국이 보기에 김정은의 언급이 허풍임에도 불구하고 그대로 놓아둘 수 없는 정신 나간 인물로 보지 않을 수 없었을 것이다. 그 당시 한국 국민들은 북한이 오래간만에 대화의 장으로 나왔는데 미국은 왜 자꾸 북한을 향해 무력공격 위협을 가하는 것인가? 라며 미국을 의심했지만 미국은 김정은이 더 이상 핵을 개발하는 것을 방치할 수 없는 상태에 이르렀다고 판단했다.

코피 터트리기 작전(Bloody Nose Strike)

미국 정부 일각에서는 김정은을 더 이상 그대로 놓아둘 수 없고 무력 공격을 하는 수밖에 없다고 생각하는 정책 결정자들이 존재하고 있는데 그들이 제시한 방안 중 하나가 소위 '코피 터트리기 작전'이라는 것이었다. 2018년 1월 9일 월스트리트 저널에 처음 소개된 이 작전은 김정은을 제거하는 수준까지는 아니지만, 김정은에게 모욕을 주기에는 충분한 수준의 공격을 가함으로써, 큰 전쟁을 회피하면서 김정은으로 하여금 스스로 핵을 포기하도록 유도하겠다는 방안이었다. 무력을 사용해서라도 북한 핵을 해결하겠다는 결기를 보인 작전임은 틀림 없었지만 문제가 많았다.

코피 작전(Bloody Nose Strike)이라는 군사개념은 다양한 논란을 야기했다. 이미 이 계획에 반대 의사를 표명한 빅터 차 교수는 트럼프 행정부에 의해 주한 미국 대사 내정자의 자리를 박탈당하는 사고조차 발생했다. 사실 코피 작전이라는 개념은 군사작전으로 확립된 개념이 아니었다. 미국의 군사전문가들이 상용하는 용어도 아니며, 군사용어로 정립이 된 말은 더더욱 아니다. 1월 9일 월스트리트 저널의 보도 이후 언론 등에서 갑자기, 흔히 나타나고 있는 용어일 뿐이다. 용어 그 자체도 통일되어 있지 못했다. 코피 타격(Bloody Nose Strike)이라는 말도 있고 코피 공격(Bloody Nose Attack)이라는 말도 있으며 또한 코피 전략(Bloody Nose Strategy)이라는 말도 있었다.

미국의 언론들이 보도하는 바에 의하면 코피 전략이란 트럼프 행정부가 북한의 핵을 제거하기 위한 방편으로 군사력을 사용할 가능성을 하나의 옵션으로 생각하고 있다는 사실을 전제하고, 군사력 사용에 관한 다양한 방식 중에서 아주 약한 단계, 즉 김정은 정권 혹은 북한의 핵시설 등을 파괴하는 대신 문자 그대로 코피를 흘리게 하는 수준의 공격을 가함으로써 북한으로 하여금 핵을 포기하게 만든다는 구상을 의미했다.

북한과 대규모 전쟁을 벌이기보다는 아주 제한된 군사 공격을 통해 북한 정권에게 '미국이 정말로 공격을 하는구나'라는 겁을 주고 그렇게 함으로써 북한의 도발 의지를 꺾고 궁극적으로는 대화 등 외교적 수단으로 문제를 해결하겠다는 발상이었다. 코피 작전은 개념적으로 현 북한 정권의 멸망 혹은 붕괴를 전제하지 않는다. 오히려 김정은(정권)의 건재를 가정한다. 겁을 주어 김정은을 굴복시킴을 목표로 하는 것이지 김정은 정권의 붕괴를 목표로 하는 것이 아니었다. 과거의 역사를 볼 때 김정은이 코피 적전에 굴복하고 핵을 폐기할지도 의문이었다.

1993년 미국과 이라크 전쟁 당시 부시 대통령은 후세인 대통령에게 48시간 내에 가족들과 이라크를 떠나라는 최후통첩을 발했지만 후세인은 이를 무시하고 버텼다. 오히려 한판 붙어보자는 식으로 행동했다. 북한의 경우, 적어도 이제껏 김정은이 미국에 대해 한 말들만 본다면 코피가 났다고 뒤로 물러설 것으로 보기는 어렵다. 코피 작전은 북한이 미국의 공격을 당한 후 되받아치지 못하는 경우, 그리고 더 이상의 도발을 포기하는 경우라야 성공했다고 말할 수 있다. 가장 유사한 경우는 레이건 대통령 당시 미국이 카다피의 텐트를 포격, 카다피의 수양딸을 죽인 적이 있었는데 그것도 사실은 딸을 죽이려던 작전이기보다는 카다피를 표적으로 했다는 점에서 코피 작전이라고 말하기 어렵다.

만약 미국이 북한의 핵 시설, 미사일 시설, 핵실험 시설 등 핵 개발 관련 군사시설을 공격하려 한다면 그것은 코피 작전 수준의 작은 작전으로는 불가능한 일이 될 것이다. 북한에는 여러 개의 핵 관련 군사시설들이 있을 터인데, 그중 1-2개 정도를 파괴하는 것이 코피 작전일 것이다. 코피 작전의 효용성에 대해 의문을 가질 수밖에 없는 더 중요한 이유는 그토록 심각한 북한 핵 문제를 해결하기에 코피 작전은 그 심각성(seriousness)이 약해 보이는 방안이라는 점이다. 사자나 호랑이는 먹이를 사냥할 때 그 먹이가 작은 토끼든 큰 사슴이든 혼신의 노력을 다해 공격한다고 한다. 트럼프는 스타일상 혼신의 힘을 다하는 맹수형 정치가다. 미국의 전략가들이 논했던 코피 작전은 트럼프에게는 체질이 맞는 전략이 아니었다.

화염과 분노(Fire and Fury)의 폭격 협박

1기 재임 시 트럼프와 그의 관리들은 북한 핵을 평화적으로 해결할 수 없다는 사실을 강조했다. 그래서 무력 공격의 대안을 항상 열어두고 있었다. '북한 핵의 위험은 더 이상 과장할 수가 없다'라는 맥매스터 국가안보보좌관의 언급 혹은 '북한과의 전쟁은 상상할 수 있는 일이지만, 미국을 공격할 수 있는 북한의 핵을 방치한다는 것은 상상할 수 없는 일'이라는 던 포드 합참의장의 언급은 미국의 북한 핵 제거를 위한 공격을 '필요한 전쟁(War of Choice)'의 범주로 해석할 수 있게 했다.

즉 미국은 평화적인 수단으로 북한 핵 문제가 해결 불가능하다고 판단되면 북한을 무력 공격할 것이 거의 확실하다. 트럼프 대통령은 역사상 첫 번째로 적국의 핵시설을 파괴함으로써 핵무장을 사전에 방지한다는 전례를 세웠다. 2025년 6월 트럼프는 이란의 핵시설들을 놀라운 폭격 작전을 통해 제거하는 데 성공했다.

트럼프 1기 첫해인 2017년 미국의 관리들은 트럼프 스스로 북한 핵 문제를 해결할 수밖에 없다는 사실을 강조했다. 특히 그동안 미국이 기대했던 중국의 도움은 받기 어려울 것이라 생각했다. 예로서 클린턴 대통령 당시 국방장관을 역임했던 윌리엄 페리(William Perry)는 북한 문제를 해결하기 위해 중국에 의존하지 말라고 조언했다.[379]

먼저 북한이 말 폭탄의 문을 열었다. 2017년 8월 7일 북한 당국은 "미국이 극악한 범죄 대가를 백배 천배로 받게 될 것이라며 최후 수단도 불사하겠다"고 협박했다. 트럼프 대통령은 다음날인 8월 8일 "북한은 전 세계가 본 적이 없는 화염과 분노에 직면하게 될 것"이라고 말했다. 같은 날 제임스 매티스 국방장관은 "북한 정권의 종말과 국민의 파멸을 이끌 행동을 중단하라"고 경고했다. 8월 10일 트럼프 대통령은 북한이 지속적으로 반발하는 데 대해 "[화염과 분노 발언이] 충분히 강하지 않았던 것 같다. 생각지 못했던 일이 북한에 일어날 것"이라고 다시 협박했다.

트럼프 대통령의 멘토격인 댈러스 제일 침례교회의 로버트 제프리스(Robert Jeffreys) 목사는 "하나님께서는 트럼프 대통령에게 김정은 같은 인간을 제거하라는 권위를 주셨다"고 조언하고 "트럼프처럼 미국을 보호하는데 진심인 사람이 대통령이라는 사실을 하나님께 감사드린다"고 말했다.[380] 트럼프의 군사작전을 전폭 지지한다는 영향력 있는 목사님의 언급이었다. 긴장이 지속되는 가운데 트럼프는 북한의 핵시설을 정밀 타격하는 계획을 세웠다.

2025년 6월 이란의 핵시설을 폭격했던 B-2스텔스 폭격기와 폭격기에 장착된GBU-57 Guided Bomb Unit 57 벙커 버스터 폭탄 61m 지하를 뚫고 들어가서 폭발하는 폭탄이다

NBC TV 방송은 트럼프의 명령이 떨어지면 B-1B 폭격기로 북 미사일 기지를 선제타격하는 작전이 마련되었다는 기사를 보도했다.[381] 실제로 트럼프는 2017년 5월 18일 이후 동해 바다에 항공모함을 2척이나 투입하면서 북한에 대한 압박 작전을 시작하고 있었다. 5월 28일에는 또

한 척의 미국 항공모함이 한반도 근해에 접근하고 있었다. 항공모함 3척이 한 지역에 집결해 있는 경우는 대단히 희귀한 사례로 큰 전쟁이 준비되고 있음을 암시하는 것이었다. 1991년 부시 대통령(41대)이 이라크를 공격하기 위해 대규모 병력을 투입했을 때와 같은 규모의 항공모함 함대가 한반도 해역에 진출해 있었던 것이다.

트럼프는 2017년 8월 11일 자 트위터에 "북한이 비이성적으로 행동할 경우에 대비, 군사적인 해결책이 완벽하게 준비되어 있다. 김정은이 다른 길을 찾기 희망한다. 평화적 해결을 누구보다도 원하는 사람은 바로 나 자신이다"는 글을 게재했다.[382] 한반도는 전쟁이 언제라도 발발할 수 있는 위기 상황에 놓여 있었다.

이 같은 최악의 압박 상황 속에서 미국과 군사적 대결을 할 수 없다는 사실을 아는 김정은은 대화를 모색하지 않을 수 없었을 것이다.

트럼프와 김정은의 회담

대화를 통한 북핵 문제 해결의 어려움

2025년 10월 하순 대한민국 경주에서 APEC 회의가 열렸다. 트럼프와 시진핑이 참석하게 되어 있었고 한국의 언론들은 트럼프가 김정은을 만나고 싶어 한다는 투로 보도했다. 그러나 북한은 APEC 가입국도 아니고 트럼프가 김정은을 애타게 만나고 싶어 하는 상황도 아니었다. 지난 6월 이라크의 지하 핵시설들이 미국의 폭격기에 의해 무참하게 파괴되는 모습을 본 김정은이 트럼프를 만나고 싶은 생각도 없었을 것이다. 특히 이란의 최고 지도자 하메네이가 공개적으로 트럼프에 의해 인신 모독을 받는 장면을 보았을 김정은이 트럼프를 만나 긁어 부스럼을 낼 필요도 없었다. 트럼프는 하메네이를 언제라도 죽일 수 있다고 협박하는 편지에서 그러나 당장은 목숨이 안전할 테니 항복하라고 윽박질렀다. X에 게재된 트럼프의 편지는 한나라의 지도자가 감당하기에는 너무나 큰 굴욕이었다.[383]

결국 한국 언론인들의 허무하고 멍청한 기대는 성사되지 않았다. 그들은 아쉬워하는 듯했다. 그러나 그들이 모르는 사실은 미국과 북한 간의 문제는 회담을 통해서 해결될 문제가 아니라는 사실이었다. 트럼프는 김정은을 만나지 못해 아쉬웠을까? 그렇지 않았을 것이다. 트럼프는 2025년 10월 아시아 순방을 통해 챙길 수 있는 것을 대부분 성공적으로 챙겼기 때문이다.

이런 질문을 하기 전에 트럼프는 김정은을 만난다면 그에게 무엇을 요구할까? 김정은은 트럼프에게 무엇을 요구할까? 둘이 요구하는 것들 중에 타협 가능한 부분이 있을까?를 물어보아야 한다. 아마도 김정은은 북한 핵을 인정할 것, 그리고 북한에 대한 제재를 풀어줄 것을 요구했을 것이다. 현 상태에서 북한 핵개발 동결을 대가로 만남을 시도했을 것이다. 반면 트럼프는 핵을 완전히 없앨 것, 국가를 개방할 것, 불량한 짓을 그만할 것을 요구했을 것이다. 현재 상태로 미국과 북한이 대화를 해서 타협을 이룬다는 것은 사실상 불가능하다고 보아야 한다. 2018년 6월 12일 싱가포르에서의 만남 역시 마찬가지로 어려운 일이었다. 북한은 트럼프에게 지킬 수 없는 약속을 해주었고 2019년 2월 하노이 회담의 결렬은 북한과의 대화가 얼마나 어려운 일인지를 증거해 준다.

2018년 6월 12일 싱가포르 미북 정상회담

대화가 성사되기 전 김정은은 몇 가지 유화적인 제스처들을 취했었다. 사실상 못쓰게 된 핵실험 시설을 폐기한다고 말하고 폭파하는 모습을 동영상으로 공개하기도 했다. 솔직히 풍계리 핵실험 시설이 왜 못 쓰게 되었는지에 대해서는 궁금한 부분이 너무 많다. 미국의 언론 보도에 의하면 풍계리 핵실험 시설이 붕괴되어 200명 이상이 죽은 적이 있었다. 수많은 과학자와 기술자들이 목숨을 잃은 것이다. 미사일 발사 실험도 하지 않겠다고 했다. 북한은 이미 완성되었으니 더 이상 실험이 필요 없다는 식으로 말한 것이다. 김정은은 북한의 언론 매체들에게 북한이 핵 보유국이 되었다는 사실을 주민들에게 잘 주지시키라는 지시를 하달했다고 한다.

그럼에도 불구하고 문재인 정부는 북한과의 대화를 추구했다. 2018년 3월 5일 평양을 방문한 한국의 안보실장에게 김정은은 미국과 대화를 통해 핵을 폐기할 용의가 있다고 말하고 한국은 설레는 마음으로 그 사실을 미국에 전달했다.

마이크 폼페오 국장은 김정은이 대화를 하겠다는 말을 전해 들은 후 2018년 3월 31일 은밀히 김정은을 만나고 왔다. 그러나 그 이후 트럼프 대통령의 언급은 그다지 희망적인 것은 아니었다. 트럼프는 자신은 북한 핵문제가 잘 해결되기를 희망하지만 일이 잘될 수도 그러지 못할 수도 있다는 언급을 지속적으로 반복하고 있었다. 희망이 없어 보이면 아예 회담 자체를 열지 않을 수 있으며, 만남 중이라도 결과가 기대되지 않을 경우 회담장을 떠날 것이라고 말하기도 했다.[384]

미국 국회의원들이 많이 구독한다는 The Hill은 회담이 실패하게 될 경우 전쟁이 발발할 확률은 100%라고 말했다. 김정일과 비교적 우호적이었던 오바마 정부 시절의 크리스토퍼 힐(Christopher Hill), 북한에 대해 유약하다고 주한 미국대사 지명에서 철회된 빅터 차 교수조차 북한의 최근 언급들은 핵 폐기와는 거리가 먼 것이라고 비판적으로 말하고 있었다.

미국은 전통적으로 전쟁을 언제라도 활용 가능한 수단으로 인식하는 나라이며 특히 오늘날은 군사적 초강대국이라는 속성으로 인해 끝까지 인내하기보다 군사력에 호소할 가능성이 다른 나라들에 비해 대단히 높다. 그동안 미국은 북한의 도발에 대해 인내해 왔다. 오바마의 대북 전략적 인내 정책(Policy of Strategic Patience)이 바로 그것이다.

그러나 트럼프 정부는 기왕의 미국 정부와 대단히 상이한 대북 정책을 전개했다. 우선 트럼프는 북한에 대해 전략적 인내를 하지 않을 것임을 분명히 했다. 두 가지 이유 때문이다. 첫째는 문제를 적당하게 덮어둘 수 없는 트럼프라는 화급한 대통령의 성격에서 연유하는 것이며; 둘째는 북한 핵이 야기하는 위험이 더 이상 방치할 수 없는 상황에 이르렀기 때문이다. 조금 더 전략적 인내를 했다가는 미국 본토가 김정일의 핵폭탄 공격 범위에 들어가게 된다는 절박한 상황에 처할 수 있다고 인식한 것이다.

이 같은 상황에서 트럼프 행정부는 우선 대화를 하자고 요구했다. 트럼프의 대화 개시에는 전제조건들이 있었다. 당시 유엔 대사 니키 헤일리(Nikki Haley)는 북한이 미국과 대화하기 이전 행할 조치로서 첫째 핵과 미사일 실험을 상당히 오랜 기간 동안 중지할 것; 둘째 핵 폐기를 목표로 하는 대화를 원한다고 말할 것을 제시했다. 이 두 가지 조건이 충족되면 트럼프 대통령은 대화에 나설 것이라고 언급했다.

우여곡절이 있었지만 2018년 6월 12일 싱가포르에서 역사적인 미북 정상회담이 열렸다. 트럼프 대통령은 북한의 최선희가 펜스 부통령을 멍청한 인간이라고 비하한 것을 꼬투리 삼아 회담을 파기한다고 통보하는 편지를 보내기도 했고 그 편지 속에는 미국이 북한을 공격하지 않게 되기를 하나님께 기도한다는 문장조차 포함되어 있었다. 트럼프 대통령의 개인 법률고문인 루디 줄리아니(Rudy Juliani) 전 뉴욕시장은 김정은이 미-북 정상회담을 열기 위해 무릎 꿇고 빌었다(begged on his hands and knees)고 밝혔다.[385]

북한은 미국보다 대화가 더욱 급한 상태였을 것이다. 대화가 없을 경우 완전파멸(Total decimation)이 있게 될 것이라고 트럼프가 위협했기 때문이다.

미국 국무장관 폼페오는 2018년 5월 8일 두 번째로 북한을 방문, 김정은과 90분 동안 회담을 한 후 북한에 억류되었던 한국계 미국인 3명과 함께 미국으로 돌아왔다. 미국 정부는 국무장관 전용 비행기와 병원 시설을 갖춘 보잉 737기를 북한으로 파견, 억류되었던 미국인 3명을 데리고 왔다. 미국은 이들을 데리고 오는 과정을 생중계했다. 보잉 737기는 미국과 북한 간의 장거리 비행을 할 수 없는 비행기로서 평양을 출발 일본 요코다 미 공군기지와 알래스카 앵커리지를 경유 워싱턴 부근의 앤드류스 공군기지까지 18시간 이상의 비행을 했다.

워싱턴 근교의 앤드류스 공군기지에는 소방차 두 대가 사다리차를 서로 맞대고 대형 미국국기를 게양, 이들을 환영했다. 감동적인 장면은 3인의 미국인이 공항에 도착한 후 트럼프 대통령 부부가 직접 비행기로 들어가서 억류당했던 3인을 영접한 후 그들과 함께 비행기에서 걸어 내려왔고, 계류장에는 펜스 부통령과 폼페오 국무장관도 함께 있었다는 사실이다. 미국 현지 시간으로 2018년 5월 10일 새벽 2시 40분경의 일이었다.

한국인 억류자에 대해서는 말도 꺼내지 않고 있는 북한이 미국인들을 석방한 이유는 어디에 있을까? 트럼프식 외교의 또 하나의 승리라고 말하며 자부하고 있는 미국인들이 많았다. 실제로 트럼프는 역대 어느 미국 대통령보다 북한을 강하게 압박했다. 김정은을 '미친 것이 확실한 인간'이라고 말했고 '꼬마 로켓 맨(Little Rocket Man)'이라고도 했으며 말로 안 될 때는 언제라도 군사력을 사용하겠다고 협박했다.

미국 언론들은 트럼프의 최대한 압박정책을 독트린이라는 말로 미화하기 시작했으며, 트럼프의 최대한 압박 독트린(Maximum Pressure Doctrine)으로 인해 김정은이 양보하기 시작한 것이라고 분석했다. 김정은이 자발적으로 협상 테이블에 걸어 나온 것이 아니며, 자발적으로 미국인들을 석방해 준 것도 아니다. 북한은 이들을 모두 미국의 간첩이자 북한의 안전을 위협하는 흉악한 정치범으로 간주하고 감금했었다.

공산주의자들이 회담을 할 때마다 상황 선점에 능한데 김정은이 트럼프에게 승리하지 못하고 있다는 사실이 분명했다. 우선 대화를 앞두고 억류하고 있었던 3명의 미국인을 미국으로 송환함으로써 기선을 제압당하고 말았다. 미국 사람들의 입장에서 보면 억류당한 3명의 미국인은 미국이 최악의 경우, 즉 무력으로 북한 핵을 해결하려 할 경우, 인질이 될 수밖에 없었던 사람들이었다. 자국 국민들이 피해를 당할 것을 확실히 알면서 폭격 작전을 결행하기는 대단히 어려운 일이었을 것이다.

미국은 이미 북한에게 자신의 목표를 너무나도 분명하게 보여주었다. 얼마 전까지 북한이 핵무기를 완전하고(complete), 검증가능하고(verifiable), 다시 회복할 수 없도록(Irreversible), 해체(dismantlement)해야 한다는 주장인 CVID는 북한에게는 더욱 가혹한 PVID로 바뀌기도 했다. P란 '영구히

(permanent)’라는 의미다. 즉 북한은 영구적으로 핵을 폐기하라는 것이다. 이미 미국은 북한에게 핵 과학자들을 외국으로 내보내라는 거의 극단적인 조치마저 요구한 것으로 보도되었다.

미국은 핵무기뿐만 아니라 화학무기도 없애야 한다고 요구했다. 북한은 단계별로 핵을 폐기하겠다고 말하고 있지만 트럼프는 그 말의 본의가 시간벌기라는 사실을 잘 알고 있기에 전혀 동의하지 않았다. 결국 김정은은 중국의 보잉 747기를 빌려 타고 싱가포르까지 날아갔다.

싱가포르 정상회담의 다양한 평가

미국과 북한의 정상이 만났다는 것이 너무나도 기이하고 비현실적(surreal)인 일이었기 때문인지 몰라도 이 회담의 결과에 대해 정반대의 평가가 나오고 있다. 어떤 경우든 이 회담은 역사적인 회담이라고 불리기에 족하다. 미국과 북한의 정상이 만났다는 사실 그 자체가 역사의 한순간이 될 수 있는 일이기 때문이다. 정상회담의 결과에 대해서는 아주 다양한 평가들과 해석이 존재한다. 우선 미국의 주류언론들은 거의 모두가 트럼프가 싱가포르에서 양보만 하고 얻은 것이 없다고 비난하고 있지만 이는 전혀 놀라운 일은 아니다. 미국의 주류언론들은 대통령 선거 때부터 오늘에 이르기까지 트럼프의 모든 것을 거의 무조건적으로 그리고 감정적으로 비판하고 있었기 때문이다. 미국 주류언론은 트럼프의 정책이 아니라 트럼프가 대표하고 있는 보수적, 전통적, 미국적인 가치를 반대한다.

대부분이 좌파인 미국의 주류언론은 미국의 정체성(identity)을 놓고 트럼프와 대립 중이다. 트럼프가 대북 강경책을 구사할 당시 미국의 주류

언론들은 모두 트럼프야말로 '핵전쟁을 초래하고야 말 인간'이라고 비난
했었다. 이번 정상회담 이후 저들은 트럼프가 너무 양보를 많이 했다, 김
정은의 인권 문제를 비난하지 않았다, 구체적이지 못하다, 시간이 명기
되지 않았다, 얻은 것은 없고 주기만 했다 등등 별의별 이유를 제시하며
트럼프를 비판하고 있었다.

왜 인권 문제를 거론하지 않았느냐? 라는 기자들의 질문에 대한 트럼
프의 대답이 명쾌하다. "당신들(기자들)이 북한의 핵폭탄에 의해 죽는 것을
막는 일이 더 시급하기 때문이야." 트럼프는 만약 오바마가 북한과 자신
이 이번에 얻어낸 수준의 협의를 북한으로부터 얻어내었다면 언론은 오
바마를 영웅으로 취급했을 것이라는 트윗도 날렸다. 트럼프는 폭스 뉴스
의 해니티(Sean Hannity) 기자와의 대담에서 자신은 레토릭(Rethoric)을 사용
하는 것을 싫어하고, 그럴 때마다 바보 같은 기분이 들기도 하지만 할 수
없이 그래야 할 때가 있다며 자신이 김정은을 추켜세운 사실을 인정하고
변호했다. 미국 상·하 양원 의원들은 2018년 6.12 회담에 대해 조심성
있는 지지를 보내고 있었다.

한국에서의 트럼프에 대한 비난은 소위 '보수 우파 진영'에 속하는 사
람들로부터 나오고 있었다. 이들은 트럼프가 속았다고 말하며 트럼프가
한국을 배반했다고 말하기도 한다. 트럼프가 회담장을 박차고 나오지 않
았다고 분노하며, 김정은을 치켜세웠다고 분노하고, 앞으로도 북한을 폭
격하지 않을 것 같아서 화가 났다고 말한다. 또한 트럼프와 김정은의 공
동 선언이 모호하고 별 볼 일 없다고 비난한다. 어떤 보수 신문은 '트럼프
완패'라는 제목을 달기도 했다. 며칠이 지난 후 미국의 북핵에 관한 비핵
화의 시간 계획이 점점 늘어지고 있다고 비판하며 마치 북한의 비핵화가
물 건너간 일처럼 말하기도 한다.

답답한 일이며 올바르지 못한 분석이다. 우선 이들은 트럼프가 한국의 대통령이 아니라 미국의 대통령이라는 사실을 혼동했다. 트럼프는 싸움을 하기 위해 싱가포르에 간 것이 아니라 김정은을 설득하러 갔다는 사실도 알아야 한다. 공동 발표문이 허접하다고 말하려면 우선 공동 발표문을 정밀 분석해 보아야 한다. 트럼프가 잘했는지 못했는지를 알려면 트럼프의 협상 행태에 관한 공부를 보다 진지하게 해 보아야 한다.

그리고 어떤 경우라도 강대국이 약소국과 협상을 해서 완패하는 경우란 있을 수 없다는 국제정치의 현실을 부정하면 안 된다. 강대국이 약소국과의 협상에서 완패한 것이 사실이라면 그 협상이 폐기되는 데까지 도대체 며칠이나 필요하겠는가? 완패했다고 생각한다면 강대국이 그 협상의 결과를 존중하겠는가?

저자는 싱가포르 회담을 트럼프의 기가 막히는 전략적 승리라고 본다. 미국의 대북한 전략의 기초에 의거할 때, 그리고 작금 형성된 전략 상황을 고려할 때 트럼프는 결정적인 승기를 포착한 것이 틀림없었다. 회담이 준비되는 과정에서 트럼프는 평소 자신이 말했던 협상의 원칙과 기술을 그대로 지켰다. 우선 회담이 열리는 과정에서 김정은은 트럼프의 페이스에 말려들었다.

한국 특사들이 2018년 3월 5일 북한을 방문했을 때 김정은은 미국 대통령과 만날 용의가 있다고 말했다. 이 말을 들은 한국 특사단은 미국을 방문 3월 8일 트럼프 대통령에게 이 말을 전했고 말을 전해 들은 트럼프는 즉석에서 자신도 김정은을 만날 용의가 있다고 말하며 한국 특사들보고 그 사실을 발표하라고 했다. 그러던 중 남북한 정상회담이 4월 27일 판문점에서 열렸고, 5월 10일 트럼프 대통령은 미국과 북한의 정상회담이 6월 12일 열릴 것이라고 발표했다. 그러다가 사단이 발생했다. 5

월 10일 정상회담을 약속한 후 약 1주일 지났을 때 북한은 어깃장을 놓기 시작했다. 5월 16일 김계관의 언급, 5월 17일 리선권의 언급, 그리고 5월 24일 북한 외무성 부상 최선희가 펜스 부통령을 정치적인 바보(Political dummy)라고 한 말은 트럼프를 분노하게 만들었고 트럼프는 공식적으로 회담이 없을 것을 선언했다. 트럼프가 회담을 파기한다고 보낸 편지에는 미국은 북한을 핵 공격할 능력이 충분하지만 그럴 일이 없기를 하나님께 기도한다는 내용조차 있었다. 트럼프는 김정은을 향해 마음이 변하면 언제라도 편지 혹은 전화를 하라고 썼다. 놀랍게도 북한의 반응은 대화를 하자는 것이었다.

5월 하순에도 트럼프는 북한에 대해 막말을 수없이 해대었다. 대화에 응할 경우 트럼프는 김정은이 권좌에 지속적으로 앉아 있는 것을 허락(allow)하고 적당한 보호(adequate protection)를 제공해 주겠다고 말했다. 그런데 만약 대화에 응하지 않을 경우 북한 정권을 완전하게 파멸(total decimation)시키겠다고 협박했다.

트럼프가 직접 사용한 언어들은 외교에서 쓸 수 있는 말이 아니다. 조폭 세계에서나 가능한 말들을 막 해대었다. 6월 1일 회담이 다시 확정되었다고 발표했다. 그리고 5일 후인 6월 6일 트럼프의 변호사인 루디 줄리아니(Rudy Juliani)는 김정은이 '무릎 꿇고 싹싹 빌어서(begged on his hands and knees)' 회담이 열리게 되었다며 북한을 모욕했다.

북한은 이때도 별말이 없었다. 결국 중국이 소유한 미국제 비행기 보잉 747기를 빌려 타고 싱가포르 회담에 참석했다. 호텔비도 없어서 누가 김정은 팀의 호텔비용을 지불해야 할지에 대해서도 말이 많았다. 트럼프는 김정은과의 단독회담에서도 정상적인 경우 할 수 없는 행동과 말을 했다. 두 지도자와 하나의 운명(Two Leaders One Destiny)이라는, 김정은을 가르치고 설득하는 비디오를 보여주었고 북한이 제공한 것이라고 의심되는 화학탄으로 시리아의 아사드 대통령이 자국 국민들을 무참하게 살해한 데 대해 트럼프 자신은 토마호크 미사일 58발을 쏴서 그를 처벌했다는 말까지 했다. 단 한발도 명중하지 않은 것이 없었다고 부연 설명도 해 주었다.

미국에게 북한은 적(敵, enemy)국임이 분명하다. 그러나 미국은 북한 정도 수준의 국력을 가진 나라를 적수(敵手, rival)로 보지는 않는다. 그래서 미국의 대북한 전략은 더 큰 대전략(grand strategy) 혹은 세계 전략의 맥락에서 보아야 한다. 현재 미국의 세계 전략에서 미국이 전략적 위협(strategic threat)으로 간주하는 나라는 북한이 아니라 중국이다. 북한과 같은 허약하고 망해가는 나라가 미국의 전략적 위협이 될 수는 없다. 물론 북한은 국력상 약소국이기는 하지만 미국에게도 핵을 가지고 말썽부리는 짜증나는 존재임은 분명하다. 그러나 북한 그 자체가 미국 대전략의 직접적 표적 혹은 상대는 아니다. 북한의 핵도 마찬가지다. 중국의 핵, 러시아의 핵 등 미국을 공격할 수 있는 핵이 수천 발 이상 존재하는 상황에서 미국이 실제로 존재하고 있는 것인지의 사실 여부조차 불분명한 북한 핵을 놓고 사단을 벌이고 있다는 사실의 본질을 잘 이해해야 한다.

미국은 모든 나라의 핵을 막지 않는다. 미국은 친구 나라들인 영국, 프랑스, 인도, 이스라엘의 핵은 사실상 방치했다. 미국이 막은 핵은 이란, 리비아, 그리고 북한의 핵이다. 이들은 미국에 의해 깡패(rogue)로 분류되는 나라들이다. 미국은 양아치의 핵을 막을 뿐이지 친구의 핵은 뭐라 하지 않는다. 그리고 미국식 국제정치 이론에 의하면 양아치는 언제라도 미국의 친구가 될 수 있다. 이미 200 수십 년 전, 조지 워싱턴 대통령은 고별사에서 미국에게는 결코 영원한 적과 영원한 친구는 있을 수 없다는 사실을 강조했다. 미국은 핵폭탄까지 투하해 가며 싸운 적국인 일본과 지금 세계 최상의 우호 관계를 유지하고 있다.

트럼프는 싱가포르 회담을 통해 미국이 이루려는 대전략의 단계를 하나씩 진행해 가고 있다. 북한의 핵을 제거한다는 명분으로 북한과 직접 거래할 수 있는 상황을 마련했고 동시에 중국을 경제적, 심지어 군사적으로 압박하고 있다.

싱가포르 정상회담이 열리기 직전 미국은 남지나해에 미국의 항공모함, B-52 폭격기, 그리고 북한은 물론 중국도 대단히 두려워하는 F-22 스텔스 전투기를 무려 14대 일본에 전개 시켰다. 미국은 일석이조(一石二鳥) 전략을 구사했다. 중국과 북한을 동시에 미국 외교의 주요 대상으로 삼아 일을 진행하고 있는 중이다. 트럼프의 능청은 대단하다. 트럼프는 자신의 아주 좋은 친구 시진핑 덕분에 북한과 대화를 할 수 있게 되었다며 시진핑을 추켜세웠다. 트럼프의 대전략은 김정은을 시진핑으로부터 떼어내는 것이다. 그리고 현실적으로 그 같은 놀라운 상황이 나타나고 있었다.

2017년 여름 존 볼튼은 북한 핵문제를 해결하는 가장 최선의 방법은 북한이 한국에 의해 통일되는 것이라고 말했다. 이를 다른 말로 한다면 한반도 전체를 미국이 장악하는 것 혹은 미국의 영향권 아래 두는 것이 미국의 전략적 목표가 되어야 한다는 말이다. 싱가포르 미·북 정상회담은 미국이 북한을 중국으로부터 떼어내는 작업의 일환이었다.

트럼프는 김정은에게 협박은 물론 집요한 회유도 병행했다. 전통적인 포함외교(Gunboat Diplomacy)의 술책이 동원되었다. 프리드리히 대왕은 '군사력이 동원되지 않는 외교는 마치 악기가 동원되지 않는 음악회와 같다'라고 말한 바 있었다. 트럼프 대통령은 김정은에게 완전한 파멸이냐 미국이 보장해 주는 정권을 유지할 것이냐 둘 중 하나를 택하라고 강요했다. 각종 최신 무기를 북한과 남중국해 부근에 동원해 놓고 말이다.

공산주의자들이 회의를 할 때 가장 먼저 따지는 셋팅(setting)에서부터 김정은은 밀리고 들어갔다. 트럼프는 회담 전 김정은에게 핵을 포기하면 북한을 '위대한 경제 및 금융국가(great economic and financial power)'로 만들어 주겠다고 말했다. 김정은이 회담하며 하룻밤 머문 장소는 트럼프가 말한 위대한 금융 국가의 모델인 싱가포르였다.

김정은은 일단 트럼프의 요구를 들어주었다. 이러쿵저러쿵 말이 많지만 폼페이오 국무장관과 트럼프만큼 김정은의 마음을 잘 아는 사람은 없다고 보아야 하는 상황이 싱가포르 회담을 통해 이루어졌다. 두 사람이야말로 김정은과 1:1로 몇 시간 이상 이야기 한 세계에서도 몇 안 되는 사람들이 되었다.

그동안 반미주의를 정권이 존재하는 정당성의 근거로 삼아 왔던 김정은 정권이 더 이상 반미를 부르짖기 어려운 상황이 되었다. 미국이 한국과의 군사훈련을 중지한다고 말한 것은 북한에게 조건을 건 것이다. 북한은 한·미 연합훈련을 격렬히 반대해 왔지만 그것 때문에 북한 주민들을 달달 볶고 억압할 수도 있었다. 미국이라는 나라를 믿을 수 없기에 핵을 만들 수밖에 없다며 여기까지 왔다.

싱가포르 미·북 정상회담은 70년 이상 지속되어 온 북한의 행보를 멈추거나 바꾸는 결정적인 계기를 제공했다. 물론 북한이 국가의 진로를 바꿀 수 있느냐의 여부를 싱가포르 회담 하나 가지고 판정할 수는 없다. 북한이 행로를 바꿀 경우 북한은 중국 진영에서 미국 진영으로 국가대전략을 바꾸는 일이 될 것이다. 그러나 미국을 속이고 핵무기를 지속적으로 보유 개발하려 한다면 길어도 수개월 이내에 한반도 상황은 다시 원점으로 돌아갈 것이다. 실제로 원점으로 돌아갔다. 북한은 2019년 2월 하노이에서 열린 2차 미북 정상회담에서 싱가포르의 약속을 이행할 수 없음을 밝혔고 트럼프는 회담장을 박차고 걸어 나가 그길로 미국으로 출발했던 것이다. 트럼프에게 남은 방법은 북한을 고사(枯死) 혹은 폭사(爆死) 시키는 방법뿐이게 되었다.

싱가포르 이후 가장 머리가 복잡한 사람은 김정은일 것이다. 트럼프는 김정은의 나라가 부유한 금융 국가가 될 수 있다고 했지만 김정은이 부유한 금융국가가 된 북한의 지도자로 남아 있을 수 있다는 것이 과연 가능할까? 김정은이 판단할 일이다. 역사는 그런 경우란 있을 수 없다는 사실을 말해 준다. 김정은이 원하는 '체제보장'은 불가능한 일이다.

'체제안전'은 어느 경우라도 각국 스스로가 하는 일이다. 어떻게 남의 나라가 주권국의 체제 안전을 보장해 줄 수 있단 말인가? 미국이 북한의 체제안전을 보장해 준다는 말은 근본적으로 말이 되지 못한다. 미국이 김정은 체제의 안전을 정말로 보장해주려면, 미군이 북한지역에 진주하여 반김정은 쿠데타 혹은 시위가 일어나면 진압해주고, 중국·러시아·일본 혹은 한국 등이 북한을 향해 쳐들어오면 미군을 동원해서 막아주면 된다. 그것이 체제안전 보장이다. 즉 주석궁을 미국 해병대가 지켜주면 되는 일이다. 말이 되지 않는다.

북한에 대한 체제안전 보장이란 미국이 북한을 군사적으로 공격하지 않는다는 보장을 해주는 것인데 그런 체제안전 보장은 2000년 미·북 공동선언에서부터 2018년 9.19 공동성명 등에 이르기까지 이미 미국이 여러 차례 북한 정권에게 보장해 준 것이다. "미국은 핵무기 또는 재래식 무기로 북한을 공격하지 않는다"는 구체적인 조항까지 명문화되어 있는 상황에서 미국이 더 이상 북한의 체제보장을 해 줄 방법도 없다.

싱가포르 회담을 관찰한 후 미국의 보수적 잡지 내셔널 리뷰(National Review)지의 논설은 "아무리 현실정치적인 고려를 하지 않을 수 없다고 하더라도 김정은 같은 하찮은 살인자(tinpot killer)를 장래가 촉망되는 청년이라고 묘사한 것은 너무 지나쳤다"고 비판했다. 실제로 트럼프는 6월 12일 열렸던 싱가포르 미북 정상회담에서 김정은을 그렇게 치하했다. 내셔널 리뷰지는 "김정은을 상대해야 하지만 그는 북한 인민들에 기생해서 살고 있는, 모든 인도적 규범을 위반하며 세계에서 가장 잔인한 나라를 이끄는 인간"이라는 사실을 잊으면 안 된다고 경고했다.

저자는 김정은이 어떻게 싱가포르까지 갈지가 궁금했다. 외교에는 격식과 허세도 필수적인 것인데 북한은 싱가포르까지 자신 있게 날아갈 비행기도 없는 나라였기 때문이다. 미국까지 갈 수 있는 핵미사일을 갖고 있다고 호언하는 나라의 지도자는 중국이 빌려준 비행기를 타고 싱가포르에 도착했다. 싱가포르에 도착 이전, 김정은과 그 일행이 묵고 싶어 하는 샹그릴라 호텔의 경비를 누가 내야 하는가의 문제조차 제기되었다.[386)]

싱가포르 합의문 해설

트럼프 대통령이 포괄적(comprehensive)인 합의를 이루었다고 말했지만 공동성명의 길이는 400단어도 안 되는 짧은 문서였다. 공동선언의 4개 문항을 심각하게 읽어 보고 그 의미를 파악해 볼 필요가 있다. 1항은 미국과 북한이 각각 두 나라 국민들의 평화와 번영에 관한 염원에 따라 새로운 미북 관계를 형성하자는 것이다. 북한에도 '평화와 번영을 염원하는 국민'이 있기는 한 것인지 자못 의미심장한 문구다. 제2항은 미국과 북한이 한반도에 지속성 있는 평화 체제를 구축하자는 것이다. 3항은 북한이 홀로 임무를 담당해야 하는 나라로 되어 있는데 4월 27일 판문점 회담에서 약속한 한반도의 완전한 비핵화를 향해 헌신할 것을 재확인한다는 말이다. 비핵화를 이뤄야 할 행위 주체가 오직 북한뿐이다. 3항의 영문은 다음과 같다. Reaffirming the April 27, 2018 Panmunjom Declaration, the DPRK commits to work toward the complete denuclearization of the Korean Peninsula. 네 번째 항목은 북한이 한국전쟁 당시 미국군 전사자 및 실종자의 유골 발굴에 적극 협력한다는 것인데 이 항목이 가장 구체적이며 가장 의미심장한 것일 수 있다.

트럼프 대통령은 회담 후 인터뷰를 통해 자신이 취임한 후 수많은 미국 시민이 편지 등을 통해 북한 지역에서 전사한 미군 병사의 유골을 찾아 달라고 호소했음을 밝히고 이들의 애타는 요청을 들어줘야 한다고 말했다. 한국전쟁에서 전사한 미군 중 유골을 발굴하지 못한 7,800명이 있는데 그중 5,300명이 북한지역에서 전사한 것으로 알려져 있다. 발굴 작업이 진행되고 있었지만 지지부진했다. 1996년부터 2005년에 이르는 10년간 겨우 229세트의 미국인 유물들이 발견되었을 뿐이다. 5,000명 이상의 미군 사체가 아직 북한지역에 있다는 의미다. 5,000명 이상의 미군 전사자 유골을 발굴하기 위해 얼마나 많은 미군 병사들이 북한에 들어가서 발굴 작업을 전개하게 될 것인지도 상상해 보자. 그렇지 않아도 미국 의회는 1968년 원산 앞바다에서 나포되어 북한당국이 미제국주의의 침략성을 교육시키는 시설로 대동강에 띄워놓은 푸에블로(Pueblo)호를 돌려 달라는 결의안을 낸 상황이다.

불과 4가지 항목밖에 되지 않는 짧은 문건이지만 북한이 이를 들어주기 위해서는 대단한 일을 벌이지 않을 수 없었을 것이다. 트럼프는 작은 문건에 모든 내용을 다 담을 수 없다고 말했다. 트럼프는 문자로 표현되지는 않았지만 많은 것들이 약속되었음을 말했다.

북한에게는 상당히 불행한 일이겠지만 트럼프는 북한과 같은 부랑자(Rogue)가 통치하는 나라가 미국 본토를 공격할 수 있는 핵폭탄과 미사일 보유를 결코 허락하지 않을 것이다.

미국에는 북한의 핵을 결코 용납할 수 없으며, 반드시 그렇게 하겠다는 결기를 가지고 있는 대통령이 현직에 재임 중이다. 과거 오바마, 부시, 클린턴 대통령 등은 그런 결기를 가지지 못했다고 비판 당하고 있지만 그런 비판은 완전히 타당한 것은 아니다. 이들은 자신이 대통령에 재임하는 기간 중 북한의 핵폭탄이 미국까지 날아올 가능성이 없었던 시절의 인물들이었다. 그래서 그들은 북한 핵에 대해 '전략적으로 인내(Strategic Patience)'할 수 있는 여유가 있었다. 트럼프는 전임 대통령들과 달리, 잘못할 경우 LA, 샌프란시스코는 물론 뉴욕마저도 북한 핵폭탄의 공격에 노출시키는, 그래서 전략적으로 큰 오점을 남기는 대통령이 될지도 모르는 시점에서 대통령직을 수행하는 인물이라는 점에서 다르다.

김정은에게는 대단히 불행한 일이지만 트럼프는 전임자들에 비해 상대적으로 매우 강성인물이라는 점도 작금 진행 중인 핵 위기의 성격을 규정하는 중요한 요인이 아닐 수 없다. 트럼프 대통령은 전쟁이라도 할 기세로 북한을 몰아붙였고 그의 강압정책은 어느 정도 효과를 나타내었다. 트럼프는 싱가포르 회담 이후 적어도 500일 이상 도발을 자제했었다. 회담 이후 인터뷰에서 트럼프는 자신의 강압정책, 즉 막강한 힘을 통한 평화(Peace through Strength) 정책의 결과 미북 정상회담을 열 수 있게 되었다고 말했다.

2019년 하노이 정상회담 결렬

싱가포르 회담 이후 8개월 정도 지난 2019년 2월 27일 하노이에서 제2차 미북 정상회담이 열렸다. 대부분 사람들이 북한 핵 문제가 드디어 해결되는구나라며 낙관론에 빠져 있었다. 당연히 하노이 회담에 큰 기대를 걸었으며 성공을 기대했다. 회담 직전 저자는 하노이 회담이 결렬될 것이라는 내용의 강의를 했었다.[387]

하노이 회담은 싱가포르에서의 약속을 확인하는 회담일 터였다. 싱가포르의 약속을 이행하기 위해서는 김정은이 비핵화를 결정하고 북한이라는 완전 폐쇄 국가의 개방을 단행해야 할 일이었다. 트럼프는 공개된 문서에는 나와 있지 않았지만 핵을 폐기하고 국가를 개방한 이후에도 김정은 정권의 안전을 보장해주겠다는 약속을 다양한 경로를 통해 언급했다.

과연 김정은이 비핵화를 단행하고 북한을 개방할 수 있을까? 전혀 그럴 가능성이 없다고 보았기 때문에 저자는 하노이 회담에서 트럼프와 김정은은 결과를 도출할 수 없을 것이라고 예상했던 것이다.

예상대로 하노이 회담은 회의 도중 파장이 되고 말았다. 트럼프와 그의 각료들은 회담 도중 더 이상 할 말이 없다며 걸어나갔다. 곧바로 공항으로 달려가 대통령 전용기를 타고 미국으로 향했다. 이 같은 모양으로 대화를 통해 북한 핵 문제가 해결될 수 있다는 환상은 끝나고 말았다. 회의 결렬 이후 미국은 북한을 전략적으로 교살하기 위한 작전마저 수립했을 정도였다. 북한은 2019년 5월 4일 522일 만에 미사일 발사실험을 재개했다.

이후 트럼프와 김정은은 편지도 주고받았고 2019년 6월 30일 DMZ

에서 잠깐 만나기는 했지만 다시 싱가포르에서의 분위기로 돌아갈 수는 없었다. 국제관계를 분석하기 위해 학자들은 자신을 국제정치의 특정한 정책결정자라고 생각하고 그의 입장에서 상황을 보는 연습을 한다. 하노이에서 회담 도중 트럼프 대통령이 자리를 박차고 나간 상황에 당면한 김정은의 입장을 생각해 보자.

하노이까지 무려 3일 동안 기차를 타고 달려온 김정은이었다. 북한 주민들은 회담이 성공하게 될 것이고 그렇게 되면 미국의 제제가 없어질 것이기 때문에 생활 형편이 훨씬 좋아질 것이라고 기대하고 있었다. 그래서 열렬한 환송식을 하면서 김정은을 회담장으로 보낸 것이다.

그런 회담이 결렬되고 말았다. 그것도 김정은에게는 치욕적인 방식으로 결렬되었다. 김정은이 그 당시 기분이 어땠을지를 생각해 볼 필요가 있다. 아마 최악의 모욕감과 약소국의 지도자로서 아무런 방안이 없었다는 사실에 김정은은 치를 떨었을 것이다. 김정은의 분노는 당시 하노이 회담을 준비했던 북한의 관리들의 숙청으로 나타났다. 북한 같은 일인 독재국가에서 책임져야 할 인물은 정상에 위치한 1인이지만 피해를 입는 사람은 언제라도 아랫사람들이다. 당시 북한의 미국 특사였던 김혁철은 강제 노동장에 보내졌고 이념 재교육을 받지 않을 수 없었다. 김혁철의 죄목은 미국의 스파이짓을 했다는 것이었고 2019년 3월 19일 평양의 미림 비행장에서 처형당한 것으로 알려졌다. 그 외에도 김영철을 비롯한 고위 간부들이 처벌당한 것으로 알려져 있다. 김영철은 폼페오 장관의 카운터 파트였는데 강제노동형에 처해 졌다.

트럼프와 김정은은 각각 상대방의 본질을 정확하게 이해하게 되었을 것이다. 트럼프는 2020년 대선에 집중하기 위해 북한에 대한 관심의 크기를 줄일 수밖에 없었다. 2020년 11월 대선에 실패한 트럼프는 4년

간 백악관을 떠나있다가 2025년 1월 20일 다시 47대 대통령으로 복귀했다.

2025년 2기 집권 후 트럼프와 북한

김정은이 두려워하는 트럼프와 루비오

임기를 걸러 두 번째 대통령이 된 트럼프는 1차 임기에서 이루지 못한 일들을 2차 임기에서는 적극적으로 밀어붙일 것이다. 트럼프의 정책은 지난 수십 년 동안 보아왔던 '세계와 더불어'가 아니라 '미국 우선'이 될 것이며, 그렇기 때문에 많은 나라들이 트럼프의 재선을 우려하기도 하며 두려워했다. 트럼프의 당선을 반기는 대표적인 나라는 이스라엘, 일본, 대만 등이며 트럼프의 당선에 절망하는 나라는 중국과 이란이다. 특이한 사실은 북한이 아무런 반응도 보이지 않고 있었다는 점이다. 김정은은 트럼프의 당선에 대해 1주일도 더 지나는 동안 아무런 반응을 보이지 않고 있었다. 트럼프 재임 시 아부하는 편지도 보냈던 김정은은 트럼프 재선을 환영한다는 말을 못 하고 있었다,

우리나라 많은 사람들이 가지고 있었던 중요한 오해 중 하나는 트럼프가 김정은을 좋아한다는 것이었다. 물론 트럼프는 김정은에 대해 우호적인 말들을 많이 했지만 동시에 김정은을 가장 험악하게 다룬 미국 대통령 중 하나였다. 싱가포르에서 대화하기 전까지는 북한을 지상에서 없애버리겠다고 협박했던 인물이다. 대화가 시작된 후 한 때 트럼프는 평화적으로 북한 핵을 제거하고 북한을 개방할 수 있다고 생각했다. 그래서 싱가포르에서 제1차 미북 정상회담이 열린 직후 트럼프는 김정은을

괜찮은 인물이라고 추켜세우기도 했다. 그러나 몇 개월 후 제2차 미북 정상회담이 열린 하노이에서 트럼프는 김정은이 평화적인 방법으로는 핵을 폐기할 수도 나라를 개방할 수도 없는 인물임을 알게 되었다.

김정은의 본심을 알게 된 트럼프는 회담을 하다 말고 자리를 박차고 나갔다. 뒤도 돌아보지 않은 채 전용기를 타고 미국으로 향했다. 트럼프 가 김정은과 친하다고 믿는 사람들은 이 장면을 다시 한번 생각해 보아 야 한다.

사실 하노이 회담이 열릴 당시 미국은 하노이에서 가까운 곳에 있는 하이퐁항에 항공모함을 정박시키고 있었다. 강대국 외교의 전형적인 행 태로 학자들은 이를 포함외교(砲艦外交, Gunboat Diplomacy)라고 부른다. 트 럼프는 김정은에게 '말로 하자. 그렇지 않을 경우 저 항공모함이 일을 벌 여야 할 것'이라며 윽박질렀고 김정은은 핵폐기와 북한의 개방은 결코 할 수 없는 일이라고 버텼던 것이다.

핵폐기와 개혁개방은 자신의 죽음이라는 사실을 아는 김정은은 어쩔 수 없었을 것이다. 북한이라는 국가와 국민을 구하기 위해서는 핵폐기와 개혁개방을 단행해야 하지만 그것은 곧 김정은 정권의 죽음을 의미한다 는 사실은 김정은과 북한의 딜레마가 아닐 수 없다.

그래서 김정은은 트럼프의 재등장을 두려워한 것이다. 트럼프는 김정 은이 기대고 있는 푸틴을 조종할 수 있으며 그동안 북한의 뒷배가 되었 던 중국을 본격적으로 제압해서 약화시키겠다고 벼르고 있다. 트럼프 2 기 내각의 면면도 강성(强性) 그 자체였다. 특히 국무장관 마르코 루비오 는 싱가포르 회담 직후 트럼프가 김정은을 칭찬하자 다음처럼 말한 적도 있었다. "김정은에게 아부해서 좋은 거래를 하려는 것은 알고 있지만 그 는 절대로 트럼프 대통령의 말처럼 '재능있는 인물'은 아니다. 아버지와 할아버지로부터 가업을 물려받은 괴짜로서, 민주주의 국가였다면 선거를 통해 유기견(버려진 개)을 잡는 사람의 조수로도 선출될 수 없는 못난 인물이다"[388]

김정은을 상대할 가치조차 없는 인물로 보고 있는 루비오 상원의원은 2025년 1월 트럼프 2기의 초대 국무장관으로 임명되었다. 미국의 대북정책을 담당할 핵심 인물이 될 루비오의 대북관은 트럼프 2기 미북 관계의 모습이 어떤 것일지를 가늠하게 해준다.

트럼프 2기 대북정책의 기조: 북한핵의 전면 폐기

한국의 낙관론자들은 트럼프와 신임 미국 국방장관이 북한을 '핵 보유국'이라고 말한 것에 대해 흥분해서 미국이 북한 핵을 허용할지도 모른다며 말한다. 미국까지만 도달하지 않는다면 현재 수준에서 북한의 핵을 허용할지도 모른다는 근거 없는 기대도 했다.

그러나 그 같은 기대는 2025년 2월 11일 미일 정상회담 직후 열린 기자회견에서 미국은 북한의 완전한 비핵화를 추구하겠다는 언급을 통해 산산조각나고 말았다.

미국이 북한의 핵을 일정 수준에서 즉 미국에 도달하지 못하는 수준에서 눈감아 줄 것이라는 기대는 북한 정권의 속성과 북한이 보유한 핵폭탄의 의미, 그리고 북한의 핵전략을 전혀 모르는 사람들의 허무한 기대였을 뿐이다.

트럼프의 미국은 자신만 안전하며 대한민국과 일본은 북한의 핵 공격 앞에 노출되어도 괜찮다고 생각한 적이 없다. 대한민국과 일본은 미국의 이 같은 생각을 믿기에 자체 핵무장 대신 미국의 핵우산에 의존하고 있는 것이다.

트럼프의 미국이 북한의 핵을 완전히 제거해야 한다고 강조하는 또 다른 이유는 북한 정권을 언제라도 핵폭탄을 중동의 테러리스트들에게 돈을 받고 팔 수 있는 사악한 정권으로 보기 때문이다. 미국은 북한 같은 부랑자 정권이 핵폭탄을 몇 발 정도는 가지고 있어도 된다고 생각한 적은 결코 없었다.

트럼프 2기는 북한 핵에 대한 접근 방법이 과거와는 다르다. 이란에 대해서 구체적인 방법을 이미 제시했던 것과 같은 방식으로 북한핵을 완전히 제거할 것이다. 미국의 무자비한 폭격을 통해 핵을 제거당하든지 혹은 미국과 종이에 글을 써서 핵을 완전히 포기할 것을 합의하고 검증을 받던지 혹은 이란의 신정주의(Theocracy)적 독재체제와 흡사한 김정은 정권을 교체하든지 등 세 가지 방안이 있을 뿐이다.

핵을 포기한 김정은 정권이 살아갈 방법이 있겠냐고 물을 것이다. 미국과 세계는 이미 오래전 그럴 수 있는 방법을 제시했었다. 김정은 정권은 말을 듣지 않았다. 이런 것을 자업자득이라고 한다.

미국은 이미 오래전부터 북한을 중국 러시아 이란과 더불어 미국이 손 보아야 할 4대 불량 국가로 지정하고 있었다. 2025년 7월 9일 미국 상원 군사위원회를 통과한 2026 회계연도 미국 국방수권 법안도 역시 중국, 러시아, 이란, 북한을 미국의 4대 주적으로 명기하고 있다. 미국 학자들은 이 네 나라를 '유라시아 대륙의 독재국가들(Eurasian Dictatorships)'이라고 말한다. 트럼프 행정부의 외교 안보 정책은 이 4나라의 독재정권들을 붕괴시키는 데 초점을 맞추고 있다.

2025년 6월 13일 이스라엘은 이란의 핵이 완성 직전에 이르렀다고 판단, 이란에 대한 기습공격을 감행했다. 이스라엘은 이란의 핵시설은 물론, 이란의 군 장성들 및 핵 과학자들을 쪽집게 폭격으로 제거하는 데 성공했다. 더 나아가 이스라엘은 이란의 석유 및 천연가스 등 에너지 저장시설을 폭격, 파괴함으로써 이란이 더 이상 중국에 에너지를 수출할 수 없도록 했다. 이스라엘 공군이 정밀 폭격을 했지만 이란의 핵시설이 지하 90m 이상 되는 곳에 숨겨져 있었기에 이스라엘 공군의 능력만으로는 이란 핵시설을 완전히 파괴하는 것이 불가능했다. 미국이 과연 이 전쟁에 참전할 것인가는 의문이었다. 트럼프 대통령은 우선 이란의 최고지도자 아야톨라 하메네이에게 항복하고 핵 개발을 중지하라고 요구했다. 이란의 최고지도자는 항복 대신 결사 항전을 택했다.

결국 미국은 사상 최대의 폭격 작전을 감행했다. 전문가들도 예상하지 못했던 놀라운 작전이 성공적으로 이루어졌다. 미국 본토 내 미주리주의 공군기지에서 발진한 일곱 대의 B-2 폭격기들은 100대 이상의 전투기와 공중 급유기의 지원을 받아 37시간 간의 비행 작전을 전개했다. 미국 본토에서 출발한 이 폭격부대는 18시간 비행 끝에 이란 상공에 진입했고 이란의 핵 시설들을 정밀 폭격했다. 이스라엘이 이미 무력화시킨 이란의 방공망은 미국 폭격기 편대의 이란 상공 진입을 알지도 못했을 정도였다. 미국이 보유한 GBU-57 벙커 버스터 폭탄은 지하 60미터를 공격할 수 있는 폭탄인데 이는 김정은의 지하 벙커가 지하 60m 정도 된다는 사실에서 개발된 무기라고 알려졌다.

이란 핵 시설이 지하 90미터에 있기 때문에 미국의 GBU-57 벙커 버스터로 파괴가 불가능하다라는 주장도 있었다. 미국 공군은 GBU-57 폭탄을 반복해서 같은 곳에 투하하는 방식으로 이란 핵시설을 모두 파괴했다. 빠른 속도로 하늘을 날고 있는 폭격기가 공격한 바로 그 자리를 다시 공격할 수 있다는 놀라운 사실을 보여주었다. 미국의 폭격 직후 이란은 사실상 무조건 항복을 하지 않을 수 없었다.

이 사건에 가장 전율했을 인물은 북한의 김정은이 아닐 수 없다. 미국은 이란을 정밀 폭격함으로써 이란의 친구들인 러시아 중국 북한 모두에게 심각한 메시지를 보냈다. 독재자들이 아무리 깊은 곳에 벙커를 만든다 할지라도 미국이 과시한 정밀 폭격 능력 때문에 독재자들의 안전은 이제 더 이상 보장할 수 없게 되었다.

많은 분석자들이 이란 다음은 북한이라고 말한다. 만약 현재 이란의 신정주의적 독재정권이 1979년 이전의 비교적 자유로운 그리고 친미적인 정권으로 바뀌게 된다면 이는 중국과 러시아에게 치명적인 일이 될 것이며 북한의 미래도 보장할 수 없는 일이 될 것이다.

2기 임기가 시작된 이후 트럼프 대통령은 아직 북한을 직접 표적으로 하는 외교정책을 개시하지는 않았다. 뉴욕에 주재하는 북한 대표부에 여러 차례 편지를 보냈는데 북한 당국이 수령 그 자체를 거부한 것으로 알려져 있다.

트럼프는 2기 취임 후 약 10개월 동안 세계 방방곡곡의 친중 반미국가들과 독재국가들 그리고 반미 이슬람 국가들의 정권들을 순차적으로 정리하고 있다. 2026년 1월 미국은 베네수엘라의 마두로 정권을 제거하는 데 성공했다. 곧 북한 문제에 접근할 것이라고 기대된다. 북한핵을 제거하고 북한 정권의 성격을 바꾸는 게 트럼프의 목표다. 이 목표를 위해 트럼프는 외교와 무력을 모두 활용할 것이다. 어떤 방식으로 북한 문제가 종결될 것인지는 김정은의 선택에 따라 달라질 것이다.

제14장

트럼프와 한국

트럼프의 한국 인식

트럼프는 미국의 보수주의 우파를 대표하는 정치가이지만 트럼프 1기에서 당면했던 한국의 정부는 진보좌파적인 문재인 정부였었다. 그리고 트럼프 2기 임기가 시작된 2025년 1월부터 6월까지 한국에는 실질적인 정부가 존재하지 않았고 6월 이후 이재명 정부 역시 문재인 정부와 성격이 비슷함으로써 트럼프의 미국과 조화적인 측면보다는 갈등적인 측면이 많이 노정되는 모습을 보이고 있다.

2024년 대선 기간 동안 한국 언론들은 압도적으로 트럼프의 부정적인 측면을 강조했고 당연히 카멀라 해리스에 대해 우호적이었다. 한국인들 보고 미국 대선에 투표를 하게 했다면 거의 4:1 정도로 해리스가 압승했을 것이라는 자료도 있다.[389]

우리나라 언론이 미국의 대선에 대해 냉정한 보도와 분석을 하고 있지 못했기 때문에 이 같은 황당한 일이 벌어진 것이다. 한국 언론과 지식인들의 압도적인 다수는 2016년과 2024년 선거에서 모두 힐러리 클린턴과 카멀라 해리스의 당선을 확신하고 있었다.

저자는 2016년의 선거에서 그리고 2024년의 선거에서 트럼프의 당
선을 예측했었는데 상상력을 발동한 것이 아니고 미국 정치와 미국의 권
위 있는 여론조사 기관의 자료를 인용해서였다. 2024년의 경우 카멀라
해리스가 민주당의 후보가 된 7월 말 이후 선거 직전인 10월 말까지 미
국의 가장 권위 있는 두 개 여론조사 기관인 아틀라스 인텔(Atlas Inrel)과
라스무센 리포트(Rasmussen Report)의 자료는 카멀라 해리스가 결코 트럼
프를 여론조사에서 앞선 적이 없다는 사실을 보여주고 있었다. 아틀라스
인텔사는 2024년 대선에서 각 후보의 득표율을 가장 정확하게 예측한
기관이었다.

미국 외교 정책의 변화는 당의 교체가 아니라 인물의 교체를 통해 이뤄진다

많은 한국 사람들이 미국의 민주당과 공화당은 본질적으로 차이가 나
는 외교정책을 가지고 있다고 착각하고 있다. '그렇지 않다'가 올바른 답
이다. 우리나라의 경우 청와대를 차지한 정당이 누구냐에 따라 대북정책
이 상당히 달라지는 현상이 나타나곤 했지만 미국의 대외정책은 민주당,
공화당에 별 차이가 없다. 우리나라 사람들은 민주당은 보다 평화 지향
적이고 공화당은 보다 공격적, 전투적 외교정책을 전개하는 것으로 알고
있지만 그것 역시 틀린 지식이다. 미국 역사상 큰 대외 전쟁들인 1차 세
계대전, 2차 세계대전, 한국전쟁, 월남전쟁은 모두 민주당 대통령들이 개
입했던 전쟁이다. 냉전이 종식된 후 발발한 걸프전쟁, 이라크-아프가니
스탄 전쟁의 경우만 공화당 대통령들인 부시 부자(41대, 43대)가 시작한 전

쟁이었다.

민주당과 공화당의 외교정책의 다른 점을 애써서 부각시켜 보자면 민주당은 '국제주의적 개입(international intervention)'정책, 공화당은 '고립주의적 불개입(isolationist non- intervention)'정책을 선호한다고 말할 수 있다. 혹은 공화당은 보다 현실주의적이고 민주당은 보다 이상주의적이라고 말할 수도 있다.

역시 우리 국민들이 완전히 오해하고 있는 것은 미국의 이상주의자들은 평화적 외교를 선호하고, 현실주의자들은 쉽게 전쟁을 결정한다는 생각이다. 정반대가 오히려 맞다. 미국의 이상주의적 대통령들인 윌슨, 루스벨트, 트루먼, 케네디, 존슨 그리고 아들 부시가 전쟁을 일으킨 사람들이었다. 대부분이 민주당 소속 대통령들이다. 오직 9·11 이후 아프가니스탄, 이라크 전쟁을 개시한 조지 부시(43대)만 공화당 소속 대통령이었다. 한국 사람들이 흔히 알고 있는 바와 달리 조지 W. 부시 대통령은 '윌슨주의적 이상주의자(Wilsonian idealist)'로 분류되는 인물이다.

미국의 이상주의 대통령들은 세계를 자신이 원하는 곳으로 만들 수 있다고 믿는다. 그리고 미국은 그런 사명을 가지고 있다고 보고 쉽게 전쟁을 결정한다. 반면 현실주의 대통령들은 전쟁에 개입하기 전에 과연 그 전쟁이 미국의 국가이익에 기여할 수 있는 것인가를 '현실적'으로 따져보기 마련이다. 미국의 대표적 현실주의 국제정치학자들은 존슨의 월남전쟁, 부시의 이라크 전쟁을 격렬하게 반대했다. 그들의 반대 논리는 '미국의 심각한 국가이익'이 걸려 있지 않은 곳에서 치르는 전쟁을 반대한다는 것이었다. 현실주의자들이 보기에 베트남과 이라크는 미국의 사활적 이익이 걸려 있는 지역들이 아니었다.

북한을 '악의 축'으로 명명했던 부시 대통령 재임시절((2001.1.20-

2009.1.20)과 김정일과도 대화도 하겠다며 대통령 임기를 시작한 오바마 대통령의 8년 임기(2009.1.20-2017.1.20) 중 미국의 대북한 정책에 별다른 차이점을 찾아볼 수 없다.

미국의 대북 정책은 언제라도 미국의 국가이익에 충실했다. 그리고 민주당, 공화당 어떤 대통령이라도 국가이익에 충실한 대외정책을 전개할 뿐이다. 대통령이 민주당 출신이냐 공화당 출신이냐보다는 오히려 대통령의 개인적인 성향과 스타일의 차이가 더 중요하다. 스타일이 달라진다 하더라도 그 변동의 폭은 크지 않다. 국가이익을 수호한다는 범위 내에서의 변화일 뿐이다. 국가안보에 여야가 없다는 말은 미국 대외정책의 역사적 경험에서 유래하는 말이다. 한국의 경우도 국가안보에 여야가 없다고 말할 수 있을지는 최근 역사를 보았을 때 불확실하다. 미국의 경우 어느 정당 출신이 대통령이 되느냐는 국가안보정책에 별 차이를 내지 않는다. 인물이 달라도 미국의 외교정책을 바꾸어 놓을 정도로 충격적인 변화는 없다.

트럼프의 한국에 대한 인식

2016년 미국 공화당 대통령 후보 시절 트럼프는 여러 차례 미국의 한반도 정책에 대해 충격적인 언급을 했다. 트럼프의 언급들은 정교하게 완성된 정책이기보다는 선거 과정에서 득표를 위한 언급들이었다고 보는 편이 오히려 타당하다. 한국 국민들을 놀라게 한 트럼프 후보의 한국 관련 언급들은 다음과 같이 정리해 볼 수 있었다.

첫째. 한국은 상당히 잘 사는 나라임에도 불구하고 방위비 분담에 인색하다. 방위비 분담금을 대폭 올려야(100%로) 할 것이다.

둘째, 그러나 만약 한국이 방위비 분담금 인상을 주저한다면 주한미군은 철수해야 한다.

셋째, 한국이 핵무장 하는 것을 미국이 막을 필요가 없다.

넷째, 북한을 통치하는 자는 미친 인간(Maniac)이다.

다섯째, 김정은과 대화할 수 있다

대한반도 정책 외에 아시아 국가들에 대한 트럼프의 정책 언급은 중국을 경제적으로 처벌할 것과 일본 역시 자신의 힘으로 국방을 강화할 것으로 요약된다. 트럼프는 특히 중국을 의도적으로 미국과 불공정무역을 행하는 나라로 보고 있으며 미국의 일자리는 물론, 미국의 지식을 훔쳐가며, 환율을 조작하는 나라로 본다. 일본에 대해서도 주일미군 주둔 분담금을 더 내야 하며, 그렇지 않을 경우 주일미군은 철수해야 한다. 일본이 핵을 만들겠다면 만들어도 좋다라고 언급했다.

트럼프가 이 같은 언급을 했을 당시 한국은 주한미군 주둔비용의 1/3 정도를 내고 있었고 일본은 주일미군 주둔비용의 75% 정도를 지불하고 있었다. 주둔비용을 방위비로 혼동하고 있는 한국인들이 대다수인데 주둔비용이란 미군이 한국 주둔을 위해 발생하는 비용인 물값, 전기값, 청소비 등을 말하는 것이지 주한미군이 사용하는 탄약, 기름 등 전쟁 및 훈련에 필요한 비용을 의미하는 것은 아니다.

트럼프의 이 같은 언급에 대해 한국의 언론들은 트럼프의 막말이라고 논평했다. 왜 그런 말을 했는지, 그리고 그의 언급을 앞뒤가 맞는 것인지 따져볼 생각도 하지 않았다. 트럼프의 언급을 분석하기에 앞서서 우리가 우선적으로 알아야 할 일은 미국 국민들 상당수가 트럼프의 언급에 대해 적어도 마음속으로 지지하고 있다는 사실이다. 일반 국민들뿐이 아니다. 트럼프의 한반도 정책 관련 주장은 미국 사회 일각에서, 특히 일류 전문가들에 의해 이미 제기된 문제를 다시 공론화시킨 것이라고 볼 수 있는 것들이 대부분이다.

우리나라 언론들은 트럼프가 공화당 후보가 될 가능성조차 없다고 보았고 트럼프가 대통령에 당선될 가능성도 없다고 보도했다.

미국 대선후보의 공약과 한미동맹의 충격적 변화 사례

트럼프는 대선 기간 중 한미동맹의 본질을 바꾸어 놓을 언급을 한 최초의 후보는 아니다. 그리고 트럼프의 대한 정책은 그다지 놀랄 필요도 없는 것이다. 1951년 대선 당시 공화당의 아이젠하워(Dwight Eisenhower) 후보는 한국전쟁을 조기에 종식시키겠다는 구호를 들고나왔고 1975년 선거전 당시 민주당의 지미 카터(Jimmy Carter) 후보는 '주한 미군 전면 철수'를 공약으로 들고나왔다. 아이젠하워와 카터는 대통령에 당선되어 자신의 약속을 지키려 노력했다. 한국은 당시 통일을 이룩하고 싶었지만 아이젠하워는 전쟁을 빨리 끝내고 싶었다. 카터 역시 대통령에 당선된 후 주한미군 철군 정책을 적극적으로 추진했다.

그러나 아이젠하워도 카터도 자신의 정책을 성공적으로 집행하지 못했다. 아이젠하워는 1951년 1월 대통령에 취임한 후 2년 반 이상인 1953년 7월 27일까지 한국전쟁을 치러야 했고, 이승만 대통령에게 휴전을 반대하지 않는 대가로 한미동맹을 맺어주지 않을 수 없었다.

카터의 정책은 한반도 상황과 세계정치 상황을 무시한 것으로서 '주한미군을 주둔시킴으로서 박정희 대통령의 독재를 지원할 수 없다'라는 전혀 비현실적인 정책이었다. 도덕주의자인 카터는 박정희 대통령의 독재는 강하게 비난하는 반면 김일성의 초독재는 오히려 두둔, 옹호했다는 점에서 황당한 엉터리가 아닐 수 없었다. 카터는 한국 정부와 국민들을 고통스럽게 만들기는 했지만 자신의 대선공약을 지키지 못했다. 대부분 미국의 대통령들은 지난 70년 이상 한미동맹의 가치를 소중히 여겼고 한미동맹에 충격적인 변화를 야기한 대통령은 아무도 없었디. 트럼프 역시 한미동맹을 훼손하지 않았다. 1기 임기 중 단 한 명의 주한미군도 철수하지 않았으며 한미동맹을 약화시키는 어떤 조치도 취하지 않았다.

트럼프의 대한반도 정책은 미국 사회 일각의 견해를 반영하는 것

트럼프의 한국 관련 언급은 카터의 철군정책과는 아주 본질이 다른 차원의 것이었다. 대선공약으로 확정된 정책도 아니었으며 정책으로 간주하기에는 논리적으로 허술하며 이율배반적인 부분도 있었다. 무엇보다도 트럼프는 취임한 이후 한미동맹을 강화시키는 방향으로 정책을 수행했다. 트럼프는 공격적 현실주의 입장에서 한반도 문제에 접근했다.

막강한 군사력 건설을 강조하는 트럼프, 미국 군사력의 막강함을 외교정책의 전제조건으로 보는 트럼프가 전 세계 주요 거점들에 주둔하고 있는 미군을 본토로 철수시키겠다는 것은 논리적으로 모순이다. 미국 본토를 지키기 위해서라면 그토록 막강한 군사력이 필요 없다. 그럼에도 불구하고 우리가 트럼프의 언급을 가벼이 보면 안 될 심각한 이유들이 있다.

우선 트럼프가 말한 주한미군, 주일 미군 철수, 양국의 핵보유 허용, 중국에 대한 사실상의 경제전쟁 선포 등은 트럼프의 개인적인 발상만은 아니라는 사실을 알아야 한다. 미어샤이머 교수와 같은 미국의 최고급 국제정치학자가 이미 오래전 트럼프와 유사한 언급을 했고 최근 트럼프 주장의 근거가 된 언급을 한 학자들도 다수 존재한다.

석유의 자급, 지정학적 유리함 등으로 인해 미국이 또다시 압도적으로 막강한 패권국이 되고 있음을 분석한 피터 자이한(Peter Zeihan)은 "미국은 더 이상 한국의 휴전선, 독일의 찰리 검문소를 지킬 필요가 없다"고 말한다.

이안 브레머(Ian Bremer)도 미국은 앞으로 오랫동안 유일 패권국으로 남을 것이라며 미국과 세계의 현황을 분석한 후, 다음번 대통령이 고려해야 할 세 가지 외교정책 옵션을 제시했다.[390] 브레머는 가급적 미국은 국제적 개입을 줄이는 편을 추구해야 한다고 제안한다.

한국 사람들은 미국 대통령은 모름지기 세계 경찰의 역할을 잘 수행해야 하며 보다 자비스러운 나라가 되어야 할 것이라고 생각한다. 그러나 클린턴의 국무장관 올브라이트 박사가 했던 말, 즉 미국은 없어서는 안 될(Indispensable) 나라가 더 이상 아니다. 케네디 대통령의 '미국은 세계를 위해 횃불을 들고 나가야 한다'는 말은 지금은 철 지난 이야기가 되고 말았다.

미국은 그렇게 하지 않아도 될 여유 있는 상황을 맞이한 것이다. 오바마 대통령도 자신의 대중동 정책이 적극적이지 못하다는 비판에 대해 "솔직히 중동에 대한 관심이 줄었다"고 고백했다. 2020년이면 석유를 자급하게 될 미국이 중동문제에 열을 낼 필요는 없다. 사우디를 지킬 필요도 없게 되었다. 오바마는 영국이 국방비를 GDP의 2% 이상으로 올리지 않는다면 미국과 특별한 관계를 유지할 수 없다며 영국마저도 안보를 무임승차하는 나라라고 비난했을 정도다.[391]

한국에 대해 아주 비판적인 더그 밴도우(Doug Bandow)는 한국을 '무임승차'하는 나라, 좋은 복지정책을 자랑하지만 안보에는 신경을 덜 쓰는 나라라고 비난하며 미국의 대한국 안보 지원을 중지시켜야 한다며 목소리 내고 있었다. 박근혜 대통령 재임 시의 일이었다.

하버드 대학 정치학 교수 스티븐 월트(Stephen Walt)가 말한 것처럼 "행복한 진실은 미국은 이미 대단히 안전하며, 다른 나라들은 꿈에서나 그려볼 수 있는 지정학적 이점을 향유하고 있다(The happy truth is that the United States is already very secure, and it enjoys geopolitical advantages that other states can only dream about)." 이 같은 상황에서 트럼프가 말한 외교 정책 언급들은 오히려 자연스러운 일이다.

결국 한국에게 방위비 분담금을 더 내게 해야 한다는 주장, 한국이 응하지 않을 경우 미군을 철수시킬 것이라는 언급, 한국의 핵무장을 허락할 것이라는 언급은 미국의 유일 패권시대에 형성된 전 지구적 전략 구도에서 보았을 때 그렇게 황당한 말도 아니다. 미국은 더 이상 국제적 세력균형에 신경 쓰지 않아도 될 정도로 충분히 압도적 지위를 향유하고 있기 때문에 일본, 독일도 지키지 않아도 될 여유로운 상황을 맞이했다. 주일 및 주독 미군 철수 운운은 냉전 시절 감히 꺼낼 수도 없었던 말이었다.

트럼프의 언급은 협상가가 협상을 유리하게 이끌기 위해 던진 말이라는 측면이 많았다는 사실도 인식해야 한다. 트럼프는 결코 일방적인 철군을 말하지 않았고, 구체적으로 따져본다면 미군 주둔 경비인 대략 9,000여억 원을 내라는 말이다. 미군의 장비나 식량값을 부담하라는 말도 아니다. 북한이 도발할 때마다 한반도에 출동, 전개되는 미국 군사비를 내라는 소리도 아니다. 이재명 정부의 한국은 2025년 11월 14일 미국과의 합의에서 미국이 요구한 돈보다 더욱 융숭한 액수인 330억 달러를 주한미군을 위해 포괄적으로 사용하겠다고 약속했다. 트럼프는 원했던 것을 얻은 것이다.

트럼프는 한국의 전략적 가치를 잘 알고 있다. 특히 트럼프 외교의 1차적 목표가 중국인데 한국을 결코 소홀히 할 수 없다. 그래서 트럼프는 한국에 대해 본질적인 시비는 걸지 않는다.

한국이 분담금을 올리지 않을 경우 미군은 철수하겠다고 했지만, 핵무장을 해도 된다는 언급을 덧붙인 것은 역시 한국의 전략적 가치를 잘 인식한 사람의 언급이다. 만약 트럼프가 한국을 적대 세력으로 보았다면 핵무장 용인 발언은 결코 할 수 없었을 것이다. 미국에 우호적인 한국, 일본의 핵무장을 결단코 막아야 한다는 발상은 없다. 게다가 트럼프의 한국 핵무장 언급은 중국과 북한을 염두에 두고 한 말이라고 보아야 한다.

한국의 핵무장은 곧바로 일본의 핵무장을 초래할 것이고 일본의 핵무장은 중국에게는 악몽이 될 것이다. 트럼프가 한국의 핵무장을 허용할 수도 있다는 말은 중국에게 북한의 핵무장을 어떻게 할 것이냐고 묻는 것과 마찬가지다. 지금 북한의 핵무장을 포기시킬 수 있는 가장 큰 지렛대를 쥐고 있는 나라는 중국 아니겠는가?

트럼프 연설문에 나타난 한국 인식과 통일문제

트럼프 대통령은 1기 임기 중인 2017년 11월 8일 서울의 국회의사당에서 명연설을 했다. 그의 연설문은 트럼프 대통령의 한국에 대한 인식, 한반도 통일에 대한 인식을 어떤 문서보다 더 정확하게 알려주는 역사적인 문서다. 트럼프의 한국 국회연설에 나타난 그의 한국관과 통일관을 살펴보자.

트럼프는 "우리 양국의 동맹은 전쟁의 시련 속에서 싹텄고 역사의 실험으로 강해졌습니다. 인천 상륙작전에서 폭찹 힐 전투에 이르기까지 한미 장병들은 함께 싸웠고, 함께 사망했고, 함께 승리했습니다"고 말함으로써 한국과 미국은 함께 싸운 동맹임을 강조했다. 우리가 흔히 말하는 혈맹(血盟)이며 동맹 중에서도 최상급이라는 의미다. 트럼프 연설 초반부는 한국군과 미군이 한국전쟁 당시 싸웠던 전투의 이야기들이 많이 나온다. "1953년 정전협정 서명 당시 3만 6천여 미국인이 한국전에서 전사했고 10여만 명이 부상을 입었습니다. 굉장히 큰 부상이었습니다. 이들은 영웅이며 경의를 표합니다. 우리는 또한 한국민들이 자유를 위해 치른 엄청난 대가를 기억하며 경의를 표합니다."

트럼프는 한국이 얼마나 빨리 전쟁의 상처를 딛고 일어설 수 있었는지를 감탄조로 말한다.

"전 세계가 알다시피 그 이후 두 세대에 거쳐 기적과 같은 일이 한반도 남쪽에서 일어났습니다…. 이에 대해 축하의 말씀을 드립니다." (박수) 미국 역시 감탄할 일이 최근에 일어나고 있다며 자신의 업적을 자랑한다. 그리고 한국의 경이로운 경제발전에는 한국을 도와주는 미국의 힘이 있었음을 과시한다. 자신 외교정책의 기본인 "힘을 통한 평화"를 이야기하며 "지금 현재 한반도 주변에 배치된 것들이 3대의 큰 항공모함입니다. 이 항공모함에는 F35와 F18이 탑재돼 있습니다. 우리는 핵잠수함을 적절하게 배치해 두고 있습니다. 미국은 완전히 군사력을 재구축하고 있고 수천억에 달하는 돈을 지출해서 가장 새롭고 가장 발전된 무기체계를 위해 노력하고 있습니다"고 말한다. 한국도 함께 노력에 동참하자는 의미다.

한국의 현대사에 나타나는 일들을 샅샅이 알고 있다는 투로 IMF 당시 한국인의 금 모으기 운동까지 칭찬한다. 실제로 트럼프는 한국에 대해 미국의 어떤 대통령보다 많은 것을 상세하게 알고 있는 인물이다. 문민 대통령이라는 용어도 알고 있고, 한국의 자유 총선에 대해서도 잘 알고 있음을 과시했다. 한국의 과학기술 발전을 찬양하며 "한국 작가들은 연간 약 4만 권의 책을 저술하고 있습니다. 한국 음악가들은 전 세계의 콘서트장을 메우고 있습니다. 한국 학생들의 대학 졸업률은 전 세계 최고 수준에 달하고 있습니다"라는 자료도 제시한다. 한국의 골프 선수들의 역할, 6.3 빌딩, 롯데월드타워를 말하며 한국을 자유민주주의 자본주의 체제의 대표적 성공 사례로 부추긴다.

트럼프는 "한국의 기적은 자유국가의 병력이 1953년 진격했던 곳, 이곳으로부터 24마일 북쪽으로만 미쳤습니다. 기적은 거기서 멈춥니다. 거기서 모두 끝납니다. 바로 거기서 멈춰지는 것입니다. 번영은 거기서 끝나고 북한이라는 감옥국가가 시작됩니다"라고 말함으로써 자유민주주의 대한민국과 공산 독재체제의 북한을 구분한다. 북한에 관해서도 아주 정확한 자료들을 제시하면서 말이다. "북한 주민들은 배관이 갖춰지지 않은 곳에서 생활하고 전기를 쓰는 가정은 절반에도 못 미칩니다. 부모들은 교사에게 촌지를 건네며 자녀들이 강제노역에서 해방될 것이라는 희망을 품습니다." 북한의 만연한 부정부패조차 다 알고 있는 트럼프다.

"한 사람의 작은 위반, 예를 들면 버려진 신문지에 인쇄된 독재자 사진에 실수로 얼룩을 묻히면 이것이 그 사람 가족 전체의 사회 신용 등급에 수십 년간 영향을 미칠 수 있습니다." "한 9살짜리 소년이 10년간 수감생활을 하기도 했습니다. 소년의 조부가 반역죄로 고발당했다는 이유였습니다. 또 한 학생은 김정일의 삶에 대한 세부 사항 하나를 잊었다고 학교에서 구타당했습니다."

트럼프는 스스로 기독교도임을 자부하며 기독교적인 관점에서 한반도를 바라보기도 한다. "전쟁 전 기독교 근거지였던 곳이었지만… 기도

하거나 종교 서적을 보유했다가 적발되면 억류와 고문, 그리고 대부분 처형까지 감수해야 합니다"라며 북한의 종교 탄압을 이야기한다.

"한쪽 한국에서는 사람들이 스스로 삶과 국가를 꾸려나가고 자유와 정의, 그리고 문명과 성취의 미래를 선택했습니다. 다른 한쪽 국가는 부패 지도자들이 압제와 파시즘 탄압으로 자국민들을 감옥에 가뒀습니다. 이 실험 결과는 이제 도출됐고 이 결과는 극명합니다." 트럼프가 인식하는 남한과 북한에 관한 정확한 관점이다.

트럼프는 한반도의 안보 상황에 대해서도 소상한 정보를 갖고 있다. "북한 체제는 수없이 한국에 침투했고 고위 지도자 암살을 시도했으며 또한 한국 함선들을 공격했고, 오토 웜비어를 공격해 결국에는 이 젊은 이가 죽음에 이르도록 했습니다." "이 와중에 북한 체제는 핵무기를 추구했습니다. 북한 정권은 헛된 희망을 품고 궁극적 목표를 협박으로 달성할 수 있다는 생각으로 핵무기를 개발해온 것입니다." 트럼프는 단호하게 북한은 핵보유국이 될 수 없다고 말했다. "그 목표는 우리가 허락하지 않을 것입니다." "분단된 한국은 그 마법(spell)에 걸려 있습니다. 한국도 지금 북한에서 일어나는 일들이 앞으로 계속되는 것을 절대 허락하지 않을 것입니다." 트럼프의 북한에 관한 결정적인 언급이다.

트럼프는 대북 강경책을 쓸 것임을 암시한다. "북한 체제는 미국의 과거 정부를 유약함으로 해석했습니다. 이것은 치명적인 오산이 될 것입니다. 우리 정부는 과거 행정부와 비교했을 때 매우 다른 행정부입니다." 2025년 트럼프 행정부는 문자 그대로 과거 행정부와 딴판인 행정부다. 2017년 시작된 트럼프 1기와도 판이하게 다르다.

트럼프는 한국의 중요성을 잘 알고 있다. 중국과 싸우는데 한국은 사활적으로 중요한 전략적 자산이다. 그래서 트럼프는 "미국의 힘과 결의를 의심하는 자는 우리 과거를 되돌아보고 더 이상 의심치 말아야 합니다. 우리는 미국이나 동맹국이 협박·공격받는 것을 허용치 않을 것입니다. 우리는 미국 도시들이 파괴위협을 받는 것을 허용하지 않을 것입니다. 협박받지 않을 것입니다. 우리는 역사상 최악의 잔혹이 이곳에서 반복되도록 하지 않을 것입니다. 이 땅은 우리가 지키기 위해 싸우고 생명을 걸었던 땅입니다." 한국에서 미국은 피를 흘렸다. 한국에서 다시 전쟁이 발발하도록 방치하지 않겠다. 그러니까 한미동맹을 협박하지 말라는 의미다.

2017.11.6. 한국 국회에서 연설하는 트럼프 대통령

"바로 그래서 제가 이곳에 왔습니다. 자유롭고 번영하는 한국의 평화를 사랑하는 국가들을 위한 메시지를 들고 왔습니다. 변명의 시대는 끝났습니다. 이제는 힘의 시대입니다. 평화를 원한다면 우리는 늘 강력해야 합니다." "세계는 핵 파멸로 위협하는 불량정권을 관용할 수 없습니다. 책임 있는 국가들이 힘을 합쳐 북한의 잔혹한 체제를 고립시켜야 합

니다. 어떤 형태로도 북한을 지원하거나 공급하거나 받아줘서는 안 됩니다." 북한이 더 이상 협조하지 않을 경우 고사시키겠다는 말이며 정권 교체를 의미한다.

트럼프는 북한에 대해 종교적 접근을 암시하기도 했다. "북한은 당신(김정은)의 할아버지가 꿈꿨던 천국이 아닙니다. 그 누구도 가서는 안 되는 지옥입니다. 하지만 하나님과 인간에 대해 당신이 지은 범죄에도 불구하고 우리는 더 나은 미래를 위한 길을 제공할 준비가 돼 있습니다." 북한을 지옥에 비유했다는 사실은 더 이상 말 듣지 않을 경우 북한을 제거해야 할 대상으로 본다는 의미다. 트럼프는 북한 스스로의 체제변화를 요구하고 있지만 그것이 사실상 실현 불가능하다는 사실도 잘 알고 있다.

트럼프는 마지막으로 거의 기도문이라고 해도 될 정도의 종교성이 짙은 언급으로 한국의 자유 통일을 지지하겠다고 말한다. "우리는 함께 자유로운 하나의 한국, 안전한 한반도, 가족의 재회를 꿈꾸고 있습니다. 우리는 남북을 잇는 고속도로와 친척이 서로 얼싸안는 장면을 꿈꿉니다. 핵 악몽이 가고 아름다운 평화의 약속이 오는 날을 꿈꿉니다. 그날이 올 때까지 우리는 강인함을 유지하면서 방심하지 않습니다. 우리의 눈은 북한에 고정돼 있고 가슴은 모든 한국인들이 자유롭게 사는 그 날을 위해 기도할 것입니다. 하나님의 가호가 한국국민과 미국을 축복하기를 기원합니다."

트럼프 2기: 한국은 중국과의 대결에서 필수적인 전략기지

한국에서 치러지고 있는 미중 패권 전쟁

21세기 세계의 국제정치는 미국, 유럽의 자유주의 선진국, 일본, 호주 등이 한편을 이루고 러시아, 중국, 이란, 북한 등 통칭 유라시아 독재국가들(Eurasian Dictatorship)이 한편을 이루는 갈등 구조로 재편되었다. 미국 정부는 2023년 미 하원외교위원회의 요구에 따라 미국의 적대국 순서를 중국, 러시아, 북한, 이란으로 규정했다.

중국, 러시아, 북한이 자유주의 진영의 3대 적국으로 규정된 마당에 이들 3개국에 가장 가까이 존재하는 자유 진영의 한국은 미국이 대전략에 필수적인 요충이다. 폭스 뉴스는 미국의 중국 및 아시아 전문가 고든 창(Gordon Chang) 박사를 초청했었는데 그는 2024년 연말 한국의 계엄 사태를 한국 내의 친중, 종북 세력과 미국, 일본 등 자유 진영을 지지하는 세력의 갈등이라고 소개했다. 보다 전문적인 채널에 출연한 고든 창 박사는 윤석열 대통령은 북한과 중국의 고도의 침략 위협에 대처하기 위해 자국 국민들의 지지를 잃어 가면서도 일본과의 관계를 회복하고 미국과의 동맹을 돈독히 했다고 치켜세웠다. 그는 수년 전 집필한《한국을 잃는 일(Losing South Korea)》이라는 작은 책자에서 미국 등 서방 진영이 한국을 중국, 북한 측에 넘겨준다는 것은 자유 진영 방어망의 중요한 축을 잃게 되는 대단히 위험한 일이라며 경고했다.[392] 고든 창 박사는 문재인 정부는 한국 방위의 유일한 대안인 한미동맹을 서서히 폐기시키기 원했다고 보고 있었다.

더욱 노골적인 반박은 미국 국무부 산하의 VOA 2024년 12월 10일 자 방송에서 나왔다. '외교정책은 탄핵 사유가 될 수 없다'는 타이틀 아래 미국의 외교 안보 전문가들이 출연, 한국 야당의 탄핵안을 격하게 비난했다. 미 국무부에서 한국을 담당했던 에번스 리비어(Evans J.R. Revere)는 탄핵안에 한미일 삼국 파트너십이 공격당한 것은 충격적인 일이라며 분개했다.

탄핵소추 안에 가장 격하게 반응한 전문가, 허드슨 연구소의 케네스 와인스타인(Kenneth Weinstein) 박사는 '우리는 아주 분명하게 함께해야 할 필요가 있다. 한국은 미국이 필요하다. 한국은 일본이 필요하다. 한국이 미국, 일본과 거리를 두어도 된다는 생각을 할 수 있는 시대는 지나갔다. 트럼프는 이번에는 그 같은 일을 허락하지 않을 것이다.' 트럼프 1기(2017-2021) 시 한국은 중국, 북한과는 우호적, 일본에 대해서는 적대적인 태도를 보였다. 와인스타인 박사는 트럼프 2기는 한국의 그 같은 행동을 인내하지 않을 것(Trump will not stand for it this time)이라고 말했다.

트럼프는 중국을 패권 도전자 지위에서 탈락시키는 것을 대중 외교정책의 목표로 삼고 있다. 트럼프는 한국을 미국의 대전략 달성을 위한 최적의 파트너로 보고 있다. 트럼프는 오래전 협력하는 나라에게는 보상을, 훼방꾼은 처벌하겠다고 선언했다. 한국이 택할 전략은 분명하다. 망하기 직전의 유라시아 독재국가들의 편을 설 수는 없는 일이다.

트럼프 2기 주한 미군과 한미동맹

한국 사회 일각에서 주한미군의 역할이 한국에게 불리하게 바뀌고 있다며 걱정하는 이들이 많았다. 미국은 한국 안보를 한국에만 맡기고 주한미군은 중국의 공격을 막기 위해서 다른 곳으로 이동할 것이라며 큰일 났다고 우려한다. 그러나 이 같은 우려는 한미동맹. 그리고 주한미군의 기본적인 성격을 잘못 이해한 데서 나오는 오해다.

한미동맹과 주한미군의 기원은 한국전쟁이었다. 우리는 이 전쟁을 남한과 북한 간의 싸움이라고 이해하고 있지만 미국 사람들과 세계의 국제정치 전문가들은 한국전쟁을 미국과 소련 그리고 중국의 싸움으로 보는 경향이 훨씬 높다. 실제로 한국전쟁에 가장 많은 병력을 보낸 나라는 중국이며 군인 인명 피해 최다국 역시 중국이다. 한국전쟁은 세계 역사상 중국과 미국의 전쟁이었다고 보아도 문제가 없다.

한국전쟁이 발발하기 불과 360일 전인 1949년 6월 30일 미국은 대한민국에 주둔했던 미군을 전면 철수시켰다. 이승만 박사와 한국민들 다수가 미군 철수를 극구 반대했음에도 불구하고 주한미군이 철수한 이유는 미국의 국가 이익상 대한민국이 그다지 중요하지 않았기 때문이었다. 그러나 한국전쟁이 발발한 지 단 일주일도 되기 전 미국은 육·해·공 및 해병대를 모두 파견 한국을 보호해 주었다. 헨리 키신저 박사는 한국에서 미군 철수 결정은 미국의 국가이익 분석의 결과였지만 한국전쟁 참전 결정은 국가이익과 직접적인 관련 없는 도덕적인 일이었다고 설명한다.[393] 한국 자체가 중요해서라기보다는 소련의 잘못된 행동을 방치할 수 없다는 도덕적 의미에서 한국전에 참전했다는 것이다. 이처럼 애초부터 주한미군의 역할은 한반도를 초월하는 세계적인 차원의 일이었다.

미국 군부와 국무부는 한국과의 동맹 체결을 적극적으로 반대했지만 이승만 박사의 귀신과 같은 외교 능력과 더불어 급변하는 국제정세는 한미동맹 체결을 가능케 했다. 한국전쟁은 미소 냉전을 돌이킬 수 없는 것으로 만들었다. 미국은 소련을 봉쇄하지 않을 수 없었고 이승만 박사의 대전략 역시 한미동맹을 체결함으로써 한국을 자유주의 미국이 주도하는 동맹의 최전선에 위치한 전략 요충으로 만드는 것이었다. 냉전 기간 동안 대한민국은 미소 대결의 최전선에 서서 미국이 최종적으로 승리하는데 혁혁한 기여를 했다.

냉전 시대 당시 미국의 주적은 소련, 중국 그리고 특히 양국의 지원을 받는 북한이었다. 그래서 미국은 소련과 북한의 침략을 방지하기 위한 가장 중요한 지역인 서부전선, 동두천, 의정부 등에 미군을 주둔시켰다. 그러나 소련이 망하는 1991년 12월, 미국은 휴전선 방위를 모두 한국군에 이양했다. 당시 주한미군이 한반도에서 철수해도 되는 전략적 환경을 맞이했지만 같은 무렵 새로운 도전자가 등장하고 있었으니 바로 중국이었다.

신냉전이라고 불리는 미중 패권 경쟁 시대가 시작된 것이다. 2004년 자신의 저서의 한국 독자들을 향한 번역서 서문에서 미어샤이머 교수는 한반도에 주둔하는 미군은 중국을 견제하는 것이라고 공개적으로 말했다. 그는 어느 날 중국의 도전이 더 이상 미국 패권에 대한 위협이 아니라고 인식되는 날, 미국은 아시아에서 철수하게 될 것임을 분명히 했다. 냉전 시대의 주한미군은 소련, 신냉전 시대의 주한미군은 중국견제의 기능을 갖는 것이라고 미국의 대가가 솔직하게 말해 준 것이다.

상호방위조약 본문은 한미동맹이 적용되는 지역을 태평양 지역(Pacific Area)이라고 명기하고 있다. 우리가 잘못 알고 있듯 한미동맹과 주한 미군은 애초부터 북한을 억제하기 위한 장치만은 아니었던 것이다. 적어도 2차 대전 이후 미국의 불변하는 세계 전략은 아시아와 유럽 대륙에서 미국에 버금가는 강대국의 출현을 저지하는 것이었다. 미국 국가 대전략의 본질은 중국, 일본, 소련(러시아) 그 누구도 아시아 혹은 유럽의 패권국이 되지 못하게 하는 것이며 주한미군은 오랫동안 미국의 대전략에 기여한 한반도를 초월하는 군사력이었다.

2025년 3월 30일 일본을 방문한 미국 국방장관(이후 전쟁부 장관)에게 일본 방위성 장관은 아시아 전체를 하나의 전쟁 구역(戰區, One Theater)으로 간주하자고 제안했고 미국은 이를 받아들였다. 이는 전쟁하자는 소리가 아니라 중국과 북한의 야욕을 더 큰 힘으로 억제하자는 것이다. 대만해협 전쟁은 결국은 한반도의 전쟁으로 비화할 것이 분명하기 때문이다. 중국이 대만을 공격할 경우 중국은 한국을 교전 당사국에서 제외시켜 줄까? 청일전쟁(1895), 러일전쟁(1904)의 주전쟁터가 '허약한 먹잇감'이라는 사실 외에는 전쟁 발발에 아무런 책임도 없었던 한반도였다. 과거나 지금이나 한국은 중국과 일본의 싸움 중국과 미국의 싸움에서 결코 중립지역이 될 수 없는 지정학적 운명 아래 살고 있는 나라다.

한미동맹은 한미 양국이 중국 소련 그리고 북한을 공통의 적으로 삼아 형성된 군사 조약이다. 그래서 한미상호방위조약 전문은 한미동맹의 적용 범위를 "태평양 지역(Pacific Area)"이라고 분명하게 규정하고 있다. 많은 한국 국민들이 한미방위조약이 오로지 북한과 한반도에서의 안전만을 보장하기 위한 것으로 잘못 알고 있다. 한미동맹의 작동 범위는 태평양 지역이다. 태평양지역에는 중국, 대만이 당연히 포함된다.

한미동맹의 적용 범위가 한반도에 국한되는 것으로 착각하고 있는 한국의 식자들은 미국에게 '우리를 제발 중국 문제에 끌고 들어가지 말아 달라'고 읍소하는 촌극도 벌였다. 북한을 더 이상 적국으로 간주하지 않겠다는 정권이 들어설 때마다 한미동맹은 홍역을 치렀다. 미국은 북한과 중국을 적으로 간주하는데 한국이 중국과 북한을 적으로 간주하지 않는다면 동맹의 필수 요건인 '공통의 적'이 없는 상황이니 당연히 한미동맹은 뿌리부터 흔들릴 수밖에 없었다.

그러나 주한미군은 우리가 생각하듯 단순한 것이 아니다. 2018년 김정은을 만난 당시 미국 CIA 마이크 폼페오 국장은 김정은에게 "중국은 주한미군이 철수하면 위원장께서 매우 행복해 할 것이라 말합니다"고 말했다. 그러자 김정은은 책상을 치고 크게 웃으면서 "중국은 거짓말쟁이입니다. 중국은 한반도를 티베트나 신장처럼 다루기 위해 주한 미군을 철수시킬 필요가 있습니다. 나는 나 자신을 보호하기 위해 주한미군이 필요합니다"라고 응답했다.[394]

1970년대 중국의 주은래는 주한미군의 철수에 반대했는데 그 이유는 주한미군이 존재하는 것이 한반도에서 전쟁이 발생하는 것 혹은 주한미군 철수를 빌미로 일본이 재무장하는 것보다는 낫다고 보았기 때문이다. 이승만 박정희 대통령 시절 미국의 전문가들은 주한미군의 기능을 북한군의 남침 방지는 물론 한국군의 북침 방지 기능도 있다고 보았다. 이처럼 주한미군의 기능은 한국인의 편협한 관점만으로는 설명될 수 없다.

2025년 현재 주한미군의 세계 전략적 기능은 중국을 억제하는 데 초점을 맞추고 있다. 서방 선진국 대부분이 중국을 세계적 우환(憂患)의 본질이라고 보기 때문이다. 트럼프는 재임 1기에 단 한 명의 주한미군도 감축하지 않았다. 2기 임기 중에도 트럼프가 주한미군을 감축할 가능성은 거의 없다. 중국이 막강한 상대로 남아 있는 한 주한미군이 철수할 가능성은 당분간 없다고 볼 수 있다.

트럼프 1기 동안 트럼프는 한미동맹을 약화시킬 수도 있는 일체의 요구들을 허락하지 않았다. 문재인 정부는 전시작전 통제권 전환, 종전 선언 등을 요구했지만 트럼프 1기 당시 백악관은 이를 모두 일축해 버렸다.

트럼프 2기 첫해인 2025년 12월 10일 미국 하원은 아예 한국에 있는 주한 미군을 감축시키지 말 것, 기왕의 작전 통제권 전환에 관한 변경을 금지하라는 조항이 들어 있는 2026년도 국방수권법을 통과시켰다.

트럼프의 대전략이 중국을 제압하는 데 있는 한 트럼프는 한미동맹의 전략적 가치를 결코 소홀히 취급하지 않을 것이다. 실제로 2025년 11월 14일 한국 정부와 미국 정부 사이의 합의는 한미동맹의 압도적 강화를 이야기하고 있다.

2025년 하반기, 더욱 막강해지고 있는 주한미군의 화력

　이재명 정부 수립 이후 세간이 우려했던 바와는 전혀 달리 주한미군이 철군 혹은 감축되기는커녕 오히려 더욱 막강해지고 있다는 놀라운 현상이 전개되었다. 이재명 대통령은 집권 이전 주한미군은 점령군이며 그렇기 때문에 철수시켜야 한다고 주장한 적도 있었다. 그러나 취임 연설에서 그는 '굳건한 한미동맹'을 강조했을 뿐 아니라 8월 25일 미국을 방문했을 시 '이제 더 이상 한국은 안미경중(安美經中)을 할 수 없게 되었다'고 말했다. 그동안 미국과 중국의 관계가 좋았던 시절, 한국은 미국으로부터 안보를 보장받고 중국으로부터 경제적 이득을 취할 수 있었는데 그런 상황을 반영하는 용어가 안미경중이었다.

일반적인 미 공군 비행대대가 18~24대 규모임을 감안하면, 31대로 구성된 주한미군의 슈퍼 비행대대는 그 자체로 전역 단위의 작전을 독자적으로 수행할 수 있는 능력을 상징한다. 이러한 부대는 북한의 위협에 신속히 대응하고, 유사시 전쟁 억지력의 최전선 역할을 수행하게 된다

물론 이재명 정부는 진실로 미국과의 동맹 관계를 강화시키려는지 구체적인 행동을 보이고 있지는 않았다. 말과는 달리 아직도 이재명 정부의 본질은 친중적, 친북적이라고 생각하는 이들이 많다.

그러나 한국 정부의 실질적인 입장과는 전혀 관계없이 미국은 주한 미군을 세계 전략에 부응하는 막강한 군사력으로 전환시키고 있는 중이다. 2024년 여름 오산에 주둔하고 있는 미국 제7공군은 일반적으로 18대-24대로 구성되는 비행대대보다, 훨씬 막강한 슈퍼 비행대대를 배치한 바 있었다. F-16기 31대로 구성되는 슈퍼 비행대대는 단시간 내 압도적인 화력을 적에게 투사할 수 있는 막강한 타격력을 갖는다. 미국은 2025년 10월에 두 번째 슈퍼 비행대대를 오산기지에 배치하였다.

2025년 9월 하순 미국은 신형 공군 전력 두 가지를 세계 어느 곳보다 먼저 한국의 기지에 배치하였다. 제2차 대전 중 해체되었던 제431원정 정찰 비행대대를 다시 부활시켜 오산 기지에 배치한 것이 그중 하나다. 431 원정 정찰 비행대대는 정보, 감시, 정찰 분야의 임무를 수행할 것이며 이 비행대대가 보유할 주력 전투기는 그 이름도 유명한 MQ-9 리퍼 무인 전투기이다. MQ-9 리퍼 무인 전투기는 그동안 적국의 요인 암살을 주특기로 삼는 무시무시한 무기로서 이름을 날렸다. 이란의 솔레이마니 장군을 암살한 무인기 MQ-9 리퍼는 온 세상의 독재자들이 치를 떠는 무기로서 한국에도 드문드문 배치되어 훈련을 행한 적이 있었다. 리퍼는 Reaper라고 쓰며 우리말로 번역한다면 '저승사자'가 적당할 것이다. 리퍼의 작전 반경은 1,100Km이기 때문에 북한은 물론 중국도 작전 범위 내에 포함된다. 7Km 상공에서 14시간 체공이 가능하며 헬파이어 미사일로 무장한 리퍼는 폭격은 물론 정찰 능력도 탁월하다.

또 하나 미국이 배치한 무기체계는 IFPC라는 것으로 Intelligence,

Fusing, Protection Capability^(정보, 융합, 방어능력)를 의미하는데 드론과 미사일 등 다양한 공중 위협을 요격하는 이동식 지상 기반 방어체계이다. IFPC는 속칭 '미국판 아이언 돔'으로 불리며 세계에서 처음으로 한국에 배치되었다. 북한은 물론 중국을 겨냥하는 무기체계가 아닐 수 없다.

2025년 10월 2일 미국은 오산 기지에 배치되었던 A-10 지상 공격기 24대를 전량 철수시키고 A-10보다 훨씬 막강한 최신예 F16 전투기를 배치했다. 새로 배치된 F16 전투기들은 일본 미사와 기지에서 날아온 최신 업그레이드된 새로운 기종으로써 한반도의 공군력을 대폭 강화시키게 되었다. 미국의 전쟁부는 주한 미군의 근무 기간을 1년 더 연장시키는 조치도 취했다. 순환 주기를 늘임으로써 주한미군을 더욱 안정적으로 만든 조치다.

주한미군의 전투력을 대폭 강화시킨 미국은 대단히 빈번하다고 말할 수 있을 정도로 한국 및 일본의 해군과 공군 전력이 동원된 연합훈련을 실시하고 있는 중이다.

2025년 10월 3일, 미국 육군 장관은 '주한미군은 북한은 물론 중국의 위협에도 대응하는 군사력'이라는 점을 분명히 언급했다. 10월 8일 미국의 전쟁부 차관보 지명자는 "한국군의 역량은 중국을 억제하는데도 기여할 수 있다"고 말했다. 일부 한국 사람들이 중국문제에 미국이 한국을 끌고 들어간다며 불만을 표시하기도 하지만, 한미상호방위조약에서 한미동맹이 작동되는 지역은 "태평양 지역^(Pacific Area)"이라고 분명히 표시하고 있고 중국은 당연히 한미방위조약이 적용되는 범주에 포함된다.

한국 정부도 결단해야 될 시간이 다가왔다. 중국과 북한의 눈치를 보면서 한미동맹을 약화시킬 것인가? 아니면 동맹의 편에 서서 중국과 북한을 억제하려는 미국의 노력에 동참할 것인가? 솔직히 우리에게 선택의 여지는 없다. 한국이 어떤 전략을 취하던 미국은 세계 제일의 강대국으로 자신의 전략을 밀고 나갈 것이다. 다만 한국이 자신의 대전략에 어긋나거나 방해되는 행동을 할 경우 미국은 그 대가를 반드시 물을 것이고 한국은 그 대가를 치러야만 할 것이다. 국가이익을 위해 우리는 어떻게 해야 할런지를 물을 필요도 없다.

2015년 11월 14일 한미 양국은 상당히 양호한 한미동맹 및 협력 강화를 위한 합의를 이룩했다.

2025년 11월 14일 트럼프-이재명의 합의서(Joint Fact Sheet on President Donald J. Trump's Meeting with President Lee Jae Myung)

트럼프-이재명 Fact Sheet라는 이름으로 백악관 홈페이지와 한국정부 공식 홈페이지에 게제된 약속은 트럼프 대통령의 한국에 대한 인식과 의지가 강하게 담겨있는 역사적인 다큐먼트가 될 것이다. 2025년 11월 14일 한미 양국 정부가 합의한 내용이 무엇인지를 발표문을 기준으로 살펴보기로 한다.

한미 양국의 경제협력

우선 한미 양국은 트럼프 대통령이 전개하고 있는 세계적인 관세정책에 합의했다. 양국 정상은 조선, 에너지, 반도체, 의약품, 핵심 광물, 인공지능/양자 컴퓨팅을 포함하되 이에 국한되지 않는 다양한 분야에서 한국의 투자가 경제 및 국가안보 이익을 증진하는 것을 환영했다. 이 협정에는 미국이 승인한 조선 부문에 대한 한국의 1,500억 달러 투자가 포함되어 있으며, 이는 '승인된 투자(Approved Investments)'로 불린다. 또한, 이 협정에는 전략적 투자에 관한 양해각서(MOU)에 따라 추가적으로 약속된 2,000억 달러의 한국 투자가 포함되며, 이는 미국과 대한민국 대표자들이 서명할 것으로 예상된다.

미국은 2025년 4월 2일자 행정명령 14257호(개정 포함)에 따른 상호 관세 목적을 위해, 대한민국 원산지 물품에 대해 한미 자유 무역 협정(KORUS FTA) 또는 미국 최혜국(MFN) 관세율 중 더 높은 비율 또는 15%의 관세율을 적용할 것이다.

미국은 자동차, 자동차 부품, 목재, 제재목 및 목재 파생품에 대한 대한민국의 섹션 232(Section 232) 부문별 관세를 15%로 인하할 것이다. 이러한 대한민국 제품 중 KORUS FTA 또는 MFN 관세율(해당되는 경우)이 15%와 같거나 그 이상인 경우에는 추가적인 섹션 232 관세가 적용되지 않는다. 이러한 대한민국 제품 중 KORUS FTA 또는 MFN 관세율(해당되는 경우)이 15% 미만인 경우에는 KORUS FTA 또는 MFN 관세와 추가적인 섹션 232 관세의 합이 15%가 될 것이다.

의약품에 부과되는 모든 섹션 232 관세에 대해, 미국은 대한민국 원산지 물품에 15%를 초과하지 않는 섹션 232 관세율을 적용할 의향이 있다. 반도체(반도체 제조 장비 포함)에 부과되는 모든 섹션 232 관세에 대해, 미국은 대한민국과의 섹션 232 관세에 대해 [미국이 결정하는 바에 따라] 한국의 반도체 무역 규모만큼 크거나 그 이상을 포괄하는 향후 합의에서 제공될 수 있는 조건보다 불리하지 않은 조건을 제공할 의향이 있다.

미국은 특정 제품(예: 제네릭 의약품, 제네릭 의약품 원료, 제네릭 의약품 화학 전구체, 미국 내에서 구할 수 없는 특정 천연자원)에 대해 수정된 2025년 4월 2일자 행정명령 14257호에 따라 부과된 추가 관세 중 '제휴 파트너를 위한 잠재적 관세 조정 목록(Potential Tariff Adjustments for Aligned Partners)'에 명시된 특정 제품에 대한 추가 관세를 제거할 의향이 있다. 또한 미국은 수정된 행정 명령 14257호, 수정된 포고문 9704호, 수정된 포고문 9705호, 포고문 10962호에 따라 부과된 관세에서 대한민국산 특정 항공기 및 부품에 대한 관세를 제거할 것이다.

한미 양국의 합의에는 외환 시장 안정에 관한 내용도 포함되었다. 미국과 대한민국은 각자의 MOU 포함 약속과 관련하여, MOU가 대한민국 외환 시장 안정에 미칠 수 있는 잠재적 영향에 대해 철저히 논의했다. 양국은 MOU상의 약속이 시장 불안정을 야기해서는 안 된다는 상호 이해에 도달했다. 신뢰할 수 있는 파트너로서, 양국은 대한민국이 어떤 해에도 총액 200억 달러를 초과하는 미국 달러를 조달하도록 요구받지 않을 것에 동의한다. 대한민국은 시장에 미치는 잠재적 영향을 최소화하기 위해 시장 매입 이외의 수단을 통해 미국 달러를 조달하기 위해 가능한 한 최선의 노력을 다할 것이다. MOU 약속 이행이 한국 원화의 무질서한 움직임과 같은 시장 불안정을 야기할 수 있다고 판단될 경우, 대한민국은 자금 조달 금액 및 시기 조정을 요청할 수 있으며, 미국은 이러한 요청을 성실하게 고려할 것이다는 내용이다. 한미양국은 상업적 관계도 강화시키기로 약속했다. 양국은 한국 기업들이 트럼프 대통령 임기 동안 미국에 총 1,500억 달러의 외국인 직접 투자를 하겠다고 8월에 발표한 것을 환영했다. 양국은 이러한 투자를 촉진하기 위해 최선의 노력을 다할 것이다.

양국 정상은 대한항공(KAL)이 8월에 GE 에어로스페이스 엔진을 장착한 보잉 항공기 103대에 대한 구매 주문을 발표한 것을 환영한다. 보잉과의 약속은 360억 달러 규모로, 보잉 737 MAX 제트기, 787 드림라이너, 777X 여객기 및 화물기를 포함하며, 이로써 KAL의 2025년 총 주문량은 150대 이상의 보잉 항공기가 될 것이다.

미국과 대한민국은 '서울에서 미국 제품 구매(Buy America in Seoul)' 이니셔티브를 환영하며, 이는 대한민국이 주 정부와 협력하여 미국 기업(중소기업 포함)을 위한 연례 전시회를 개최하여 미국 제품의 한국으로의 수출을 촉진한다.

대한민국은 추가적인 수정 없이 한국에 들어올 수 있는 미국 원산지 연방 자동차 안전 기준(FMVSS) 준수 차량에 대한 50,000대 상한선을 제거할 것이다. 대한민국은 또한 미국 인증 당국에 제출된 서류 외에 배출 가스 인증 절차에서 추가 문서를 요구하지 않음으로써 미국 자동차 수출에 대한 규제 부담을 줄일 것을 약속했다.

대한민국은 다음을 포함하여 식량 및 농산물 무역에 영향을 미치는 비관세 장벽을 해결하기 위해 미국과 협력할 것도 약속했다. 양자 협정 및 의정서에 따른 기존 약속이 이행되도록 보장, 농업 생명공학 제품에 대한 규제 승인 절차 간소화 및 밀린 미국 신청 건 해결, 미국 원예 제품 요청을 전담하는 미국 전용 창구(U.S. Desk) 설립, 특정 용어를 사용하는 미국산 육류 및 치즈에 대한 시장 접근 유지에 합의했다.

미국과 대한민국은 네트워크 사용료 및 온라인 플랫폼 규제를 포함한 디지털 서비스에 관한 법률 및 정책 측면에서 미국 기업이 차별받지 않고 불필요한 장벽에 직면하지 않도록 보장하고, 위치, 재보험, 개인 데이터를 포함한 국경 간 데이터 전송을 촉진하기로 약속했다. 또한, 미국과 대한민국은 세계 무역 기구(WTO)에서 전자 전송에 대한 관세의 영구적 유예를 지지할 것을 약속했다.

양국 정상은 경쟁력을 보존하고 안전한 공급망을 유지하기 위해 경제 및 국가안보 조율을 강화할 필요성을 인정했다. 여기에는 관세 회피 방지 협력, 불공정하고 비시장적인 정책 및 관행을 다루기 위한 상호 보완적 조치, 인바운드 투자 및 아웃바운드 투자 규정 강화가 포함되며, 양국은 국제 조달 의무가 동일한 약속을 한 국가에 이익을 제공하도록 보장할 것이다.

한미동맹의 현대화

미국은 주한 미군(USFK)의 지속적인 주둔을 통해 대한민국 방위에 대한 약속을 강조했다. 미국은 핵 능력을 포함한 모든 범위의 역량을 활용하여 한국에 대해 확장 억지력을 제공하겠다는 약속을 재확인했다. 양국 정상은 핵 협의 그룹(Nuclear Consultative Group)을 포함한 협의 메커니즘을 통해 협력을 강화하기로 약속했다. 이재명 대통령은 대한민국 법적 요건에 따라 국방비를 가능한 한 빠른 시일 내에 GDP의 3.5%로 증액하겠다는 대한민국의 계획을 공유했으며, 트럼프 대통령은 이를 환영했다. GDP 대비 3.5% 국방비는 한국의 국방 전문가들이 오랫동안 제시했던 적정 비율을 상회하는 충분한 국방예산이 되리라고 생각된다.

대한민국은 또한 2030년까지 250억 달러를 미국 군사 장비 구매에 지출할 것을 약속했으며, 대한민국 법적 요건에 따라 330억 달러에 달하는 주한 미군에 대한 포괄적 지원을 제공할 계획을 약속했다.

양국 정상은 전시 작전 통제권 전환을 위한 동맹 협력을 계속하기로 약속했다.[395] 미국의 지원을 받아 대한민국은 북한(DPRK)에 대한 연합 재래식 방어를 이끌기 위해 필요한 군사 역량을 강화하기 위한 노력을 가속화할 것을 다짐했다. 여기에는 첨단 미국 무기 시스템의 획득과 첨단 무기 시스템을 포함한 양자 방위산업 협력의 확대가 포함된다.

미국과 대한민국은 북한을 포함, 동맹에 대한 모든 지역적 위협(Regional Threat)에 대한 미국의 재래식 억지 태세를 강화할 것이다. 여기서 중요한 부분은 한미동맹의 범위가 한반도를 초월하는 동북아시아 지역임을 확인했다는 점이다. 당연히 중국 문제도 한미동맹의 대상이라고 확인되었다. 그동안 한국은 한미동맹을 북한과의 문제로 제한시키려는 경향이 있었다. 한미 상호 방위조약에는 한미동맹 적용 범위를 태평양 지역(Pacific Area)이라고 분명히 정하고 있었다.

미국과 대한민국은 사이버 공간 및 우주 분야에서 협력을 확대할 것도 다짐했다. 양국 정상은 또한 군사 영역에서 AI에 대해 계속 협력할 의사를 재확인했다. 군사적 공격에 사이버를 포함시켰다는 점이 중요하다. 중국과 북한은 대한민국에 대한 사이버 공격을 개시한 지 이미 오래되었다.

한반도 및 역내 문제에 대한 한미 협력

양국 정상은 한반도와 인도-태평양 지역 모두에서 평화, 안보, 번영에 전념하기로 했다. 양국 정상은 북한의 완전한 비핵화와 한반도의 평화 및 안정에 대한 약속을 재차 강조했으며, 2018년 미북 싱가포르 정상회담 공동성명 이행을 위해 협력할 것을 다짐했다. 즉 북한 핵은 완전히, 검증가능하게, 되돌이킬 수 없게 해체되어야 한다는 목표를 재확인한 것이다.

양국 정상은 북한 정책에 대해 긴밀히 조율하기로 합의하고, 북한에 의미 있는 대화로 복귀하고 대량 살상 무기(WMD) 및 탄도 미사일 프로그램 포기를 포함한 국제적 의무를 준수할 것을 촉구했다. 또한 "양국 정상은 일본과의 3자 파트너십을 강화하기로 약속"했다.

양국 정상은 항행 및 상공 비행의 자유와 기타 합법적인 해양 사용을 수호하기 위한 노력을 재확인했다. 이들은 모든 국가의 해양 주장이 국제 해양법을 준수해야 한다는 점을 재확인했다. 지난 10년 이상 중국이 해양에서 도발적, 불법적인 행동을 취해 왔다는 사실에 대한 대응이라는 점에서 역시 중요한 항목이다.

한미 양국은 "대만해협 전반의 평화와 안정 보존의 중요성을 강조"했다. 한미 양국은 "대만해협 문제의 평화적 해결을 장려하고 현상 유지를 일방적으로 변경하는 것에 반대"했다. 이 언급 역시 대단히 중요하다. 작금 중국이 대만을 무력으로라도 통일하겠다는 데 대해 한미양국은 이를 분명히 반대한다는 표현이기 때문이다.

해양 및 원자력 파트너십 심화

미국은 미국 조선소 및 미국의 인력에 대한 투자를 포함하여, 미국 조선산업의 역량을 현대화하고 확대하는 데 기여하겠다는 대한민국의 약속을 환영했다. 대한민국은 대한민국의 민간 및 해군 원자력 프로그램에 대한 미국의 지원을 환영했다.

한미 양국은 유지보수, 수리 및 정비(MRO), 인력 개발, 조선소 현대화, 공급망 회복력을 포함하여 조선 실무 그룹을 통해 추가적으로 협력하기로 약속했다.

이러한 이니셔티브는 대한민국에서의 미국 선박 건조 가능성을 포함하여 미국 상선 및 전투 준비 태세를 갖춘 미군 함정의 숫자를 가능한 한

빨리 늘이게 될 것이다. 이 항목 역시 대단히 중요하다. 트럼프 대통령은 미국 해군의 중국해군에 대한 양적 열세를 우려하고 있었으며 임기 중 최대한 다수의 군함을 건조할 계획을 가지고 있다. 그러나 미국의 선박 건조능력의 한계로 인해 트럼프는 한국에게 선박 건조를 의뢰할 계획을 가지고 있었고 이번에 공식적으로 합의를 이룬 것이다. 대한민국이 미국의 군함을 건조해 준다는 사실은 한미동맹의 차원이 달라지는 일이 될 것이며 한국에 전략적 기회는 물론 경제적 기회가 될 수 있을 것이다.

한미양국은 원자력 분야에서도 협력하기로 했다. 미국은 대한민국의 평화적 목적을 위한 민간 우라늄 농축 및 사용 후 핵연료 재처리로 이어질 과정을 지지한다고 약속했다. 미국은 대한민국이 원자력 추진 공격 잠수함을 건조하는 것을 승인했다. 미국은 이 조선 프로젝트를 위한 요구 사항(연료 조달 방안 포함)을 진전시키기 위해 대한민국과 긴밀히 협력할 것도 약속했다.

독자 여러분들께서는 트럼프 대통령이 2025년 1월 20일 취임 이후 겨우 1년밖에 지나지 않은 동안에 세계를 얼마나 바꿔 놓은 대통령이 되었는지를 모두 다 잘 알고 있을 것이다.

미국의 외교 및 전략을 전문으로 공부하는 저자는 지난 일 년은 그 어느 해보다 트럼프의 외교 정책을 따라가느라 정신이 없을 정도로 바빴다.

트럼프는 확실히 세상을 바꿔 나가는 변혁적 정치가임이 분명하다. 앞으로 3년 후 트럼프 대통령이 백악관을 떠날 때 세계가 얼마나 변해 있을지 가히 상상이 되지 않는다. 아마도 트럼프 대통령은 세계의 친중, 반미, 사회주의, 이슬람 국가들의 정권을 대부분 붕괴시켜 놓을 것이다. 이 정권들을 한마디로 말한다면 모두가 자유를 탄압하는 정권들이다. 전통적인 미국의 친구 국가인 캐나다, 영국, 프랑스, 독일 등의 좌파 정권들도 그때는 더 이상 존재하지 않을 것이다.

작년 2월 26일 트럼프 대통령은 내각의 대부분을 구성한 이후 처음으로 전체 내각 회의를 열었다. 그때 트럼프 대통령은 주택부장관, 스콧 터너에게 기도를 부탁했다. 스콧 터너 장관은 하나님께 트럼프 대통령을 뽑아 주셔서 감사하다고 기도했고 트럼프 대통령께서 자기들을 이 같은 직책에 임명하시고, 하나님께서 자신들의 임무를 감당하라고 기름 부어 주심으로써 자신들의 역할을 할 수 있게 해준 데 대해서 감사하다고 기도했다. 기름 부어주심이라는 의미의 각별한 뜻을 이해해야 트럼프 팀이 하는 일의 감을 잡을 수 있다. 트럼프 2기 내각은 모두가 열정적인 기독교도들로 세계의 자유와 안전의 확산을 하나님께서 미국에게 주신 소명이라고 믿고 일하는 사람들이다.

2026년 1월 3일 마두로 정권을 붕괴시킨 후 트럼프 대통령은 베네수엘라 30,000,000명에게 자유를 갖다주었다고 선언했고 이란을 향해서는 자유를 향한 이란 국민들의 숭고한 의지를 무시하지 말라고 경고했다.

트럼프 대통령은 자신의 사무실에 처칠의 흉상과 레이건 대통령의 큰 초상화를 걸어놓고 자신은 21세기의 처칠, 21세기의 레이건이 될 것을 목표로 하고 있다. 처칠은 세계 역사에서 서구 기독교 자유 문명의 수호자로 알려져 있고 레이건 대통령은 공산주의 종주국 소련을 무너뜨리고 미국 유일의 패권 시대를 열었던 대통령이었다. 트럼프 대통령은 레이건처럼 오늘날에 공산주의 종주국 중국을 무너뜨리고 유일 미국 패권 시대를 열어갈 것이 분명하다.

이 책을 준비하면서 국제정세가 전광석화처럼 바뀌고 있음을 느꼈다. 앞으로도 몇 년 동안 세계는 엄청난 속도로 바뀔 것이다. 트럼프가 지향하는 세계는 미국이 완전 패권을 장악하는 세계일 것이며 세계의 독재자 사회주의 그리고 자유주의를 반대하는 정권들이 줄줄이 무너진 보다 자유로운 세상일 것이다. 지금 트럼프 대통령이 하는 일은 미국 헌법에 나온 하나님께서 인간에게 주신 양도할 수 없는 권리 즉 생명 자유 행복의 추구라는 미국의 기독교적 건국 정신을 전 세계로 확장하는 노력이다.

트럼프 대통령의 임기가 끝난 후에라야 트럼프 대통령의 외교 정책과 세계 정치를 제대로 분석할 수 있을 것이지만 대한민국에서 트럼프 대통령에 대한 몰이해가 너무 널리 퍼진 상황에서 트럼프 대통령에 대한 올바른 이해는 우리나라의 미래에도 너무나도 중요한 일일 것 같아 서둘러 책을 내게 되었다. 앞으로 변한 상황을 반영한 수정판을 곧 낼 수 있기를 기대한다.

주(End Note)

제1장 서론: 트럼프 시대의 미국과 세계정치

1) Constitutional Amendments-Amendment 22-"Term Limits for the Presidency" No person shall be elected to the office of the President more than twice, and no person who has held the office of President, or acted as President, for more than two years of a term to which some other person was elected President shall be elected to the office of President no more than once. https://www.reaganlibrary.gov/constitution-al-amendments-amendment-22-term-limits-presidency

2) The Economic Times (04 February, 2025) James Carville on Kamala Harris: Democrats started their '7th string quarterback' by fielding the ex-vice president in U.S elections

3) Daily Mail, 2023.9.26. "Kamala Harris is incompetent, unqualified and the worst vice president in 40 years, according to voters in Brutal Daily Mail Poll."(카멀라 해리스는 데일리 메일지의 잔인한 여론 조사에 의하면 지난 40년 동안 가장 무능하고, 자격 부족했던 부통령이었다)

4) Ipsos Poll, 2024.7.2. "Only Michelle Obama beats Trump as an alternative to Biden in 2024."

5) Rapid Response 47 @RapidResponse47 2025년 2월 10일 X에 개시된 자료 재인용.

6) Peter Suciu, "U.S. Army breaks recruiting record - Biggest surge in 15 years." https://news.clearancejobs.com/2025/02/07/u-s-army-breaks-recruiting-records-biggest-surge-in-15-years/

7) Pete Hegseth, *The War on Warriors: Behind the Betrayal of the Men Who Keep Us Free* (New York: Broadside Books, 2024).

8) 이상신, 민태은, 윤광일, 구본상 공저 〈KINU 통일 의식조사 2021: 미중갈등의 인식〉.

9) Antonio Pequeño IV, "Four FEMA Officials Fired After Musk's DOGE Claims Agency Funded Migrant Housing In 'Luxury' Hotels." *Forbes*, 2025.2.11.

10) Sean Hannity, "Victories Since Trump Elected", Fox News, 2024.11.12.

11) Newsmax TV (2023.8.28.)는 미국인들의 62%는 트럼프가 대통령이었다면 우크라이나 전쟁은 발발하지 않았을 것이라고 믿는다는 여론 조사 결과를 발표했다.

12) Kayla Epstein BBC News, New York. (2024.10,20) Trump says China respects him because Xi knows he is 'crazy'.

13) Trump warns "all hell will break out" if hostages not released by Hamas before his

inauguration Updated: Economic Times (Jan 08, 2025).

14) Anat Peled, "Trump Warns Hamas to Free All Hostages by Saturday: The president's comments come after Hamas said it would postpone this week's exchange over a dispute." The Wall Street Journal (2025.2.11.).

15) Fox News, 2025.2.11. Bret Baer 기자와의 인터뷰. Rapid Respond 47 posted on X.

16) 트럼프 개인의 심리적 경험을 의미한다. 외교사를 연구하는 학자들이 즐겨 쓰는 개념으로 지도자들의 인생 경험에서 그의 정책을 도출한다. 장 밥티스트 뒤로젤, 이기택 (역)《국제정치사 이론》(서울:박영사 1989).

17) Fox News First Interview with Trump since Inauguration 2025.1.22

18) Fox News 2025.2.13는 트럼프의 개혁 정책 집행 속도를 보며 이를 번개(Lightening)라는 말로 묘현했다.

19) 지면의 제약으로 독립된 장을 구성하는 지역은 중국, 북한, 한국 등 3지역으로 한정했다. 나머지 지역(서반구, 유럽, 중동 등)에 관한 트럼프의 외교정책은 제 장 트럼프의 외교정책에서 다루기로 했다.

제2장 MAGA란 무엇인가?(What is MAGA?)

20) Peter Navarro, *The New MAGA Deal: The Unofficial Deplorables Guide to Donald Trumps's 2024 Policy Platform*(Canada: Winning Team Publishers, 2024), Stephen K., Bannon's Forward. p. xiv.

21) 경기 불황 중인데도 물가가 계속 오르는 현상

22) Peter Navarro, *Op. Cit*, p.xvi.

23) 로 대 웨이드(Roe v. Wade) 판결에서 미국 연방대법원은 수정헌법 제14조에 내포된 사생활의 권리가 낙태를 기본적 권리로 보호한다고 결정했다. 그러나 정부는 임신 단계에 따라 낙태 접근을 규제하거나 제한할 수 있는 권한을 유지했다. 트럼프 사법부가 이를 번복 낙태를 금지하는 조치를 취하자 민주당이 들고 일어났다.

24) Ibid., p. 3.

25) Ibid., p. 4.

26) 남미 스페인 계열의 미국 시민들을 라티노(Latino)라고 칭한다.

27) 2025.2.21. X에 올린 Elon Musk의 글.

28) Charlie Kirk,The *MAGA Doctrine: The Only Ideas That Will Win the Future*(New York: Broadside Books, 2020).

29) Ibid., p. xiii

30) 물론 Trump의 모든 일을 부정적으로 보도하는 미국의 올드 미디어와 그것을 그대로 옮겨적는 한국의 올드 미디어들은 현실을 정확하게 보도하지 않고 있을 뿐 아니라 트럼프를 오히려 잘못하고 있는 대통령이라는 오보를 내고 있다.

31) 대통령의 재임 가능 횟수(2회) 제22차 수정헌법(22nd Amendment, 1951년 비준)에 의해 다음과 같이 제한되었다: "No person shall be elected to the office of the President more than twice…" 어떤 사람도 대통령직에 최대 두 번 이상 당선될 수 없다" 미국 헌법 제2조 제1절은 대통령의 1회 임기를 4년으로 정하고 있다.

32) 선거인단 득표수에서 트럼프는 312:226의 승리를 기록했다. 전 국민 득표수에서도 트럼프는 77,237,942표(49.9%), 민주당의 카멀라 해리스는 74,946,837표(48.4%)를 얻었다. 2024년 선거에서 재적(100명)중 34명을 새로 선출한 상원 선거 결과 공화당은 지난 선거보다 4석을 더 확보 상원 의석 53석으로 다수당이 되었다. 민주당은 이번 선거 결과 후 47석으로 상원의원 숫자가 줄어 들었다. 435명 전원을 새로 선출한 2024년 하원의원 선거에서 공화당은 220석, 민주당은 215석을 차지했다. 2024 년 11월 5일 선거에서는 11개 주의 주지사 선거도 함께 진행되었는데 11곳 중 8곳에서 공화당이 승리했고 민주당의 3곳에서 승리했다. 2024 주지사 선거 이후 50개 주 중 공화당 주지사를 보유한 주는 27주, 민주당 주는 23주가 되었다.

33) The Twenty-second Amendment (Amendment XXII) to the United States Constitution limits the number of times a person can be elected to the office of President of the United States to two terms, 물론 정치 싸움에 능란한 트럼프는 2025년 취임 후 얼마 안 된 시점에서 Trump 2028이라는 글자와 숫자가 새겨진 모자를 만들어 판매함으로서 민주당과 좌파들을 경악하게 만들었다.

34) Michael Mandelbaum, *The Four Ages of American Foreign Policy: Weak Power, Great Power, Superpower, Hyperpower*(New York: Oxford University Press, 2022). 이 책에서 저자마이클 만델바움 교수는 미국은 건국 무렵부터 100년 동안(1765-1865)은 약소국(Weak Power)이었다고 평가하고 있다.

35) Amanda Onion, "How the Great Compromise and the Electoral College Affect Politics"https://www.history.com/news/electoral-college-founding-fathers-constitutional-convention(August 9, 2023). 아맨다 어니온(Amanda Onion) HISTORY.com.의 편집장이다. 아맨다 어니온은 Newsweek, ABC News, Discovery News 등에도 기고하고 있는 역사가이다.

Larger states wanted congressional representation based on population, while smaller states wanted equal representation. They met in the middle.

36) Ibid.

37) 1876년 공화당의 러더퍼스 헤이즈(Rutherford Hayes) 대통령, 1888년 공화당의 벤자민 해리슨(Benjamin Harrison) 대통령, 2000년 공화당의 부시(George W. Bush) 대통령, 2016년 공화당의 트럼프(Donald J. Trump) 대통령은 전국 득표율에서는 졌지만 선거인단 수에서 우위를 점해 당선되었던 후보들이다.

38) Donald J. Trump, *Crippled America: How to Make America Great Again*(New York: Threshhold Editions, 2015).

39) Donald J. Trump, *Time to Get Tough: Making America # 1 Again*(Washington D.C.: Regnery, 2011).

40) Ibid, p. 48.

41) 아이어코카(1924-2019)는 당대 최고의 경영인으로 알려져 있던 인물이며 포드 자동차 사장을 역임했다.

42) The Megyn Kelly Show, 2024년 가을 현재 230만 명의 구독자를 가지고 있다.

43) 미국의 주간지 Newsweek는 선거 직전 호인 2016년 11월 1일 자를 그렇게 만들었다.

44) 2024년 12월 28일 기준 1권당 124.95달러 한화 약 15만 원에 팔리고 있었다.

45) https://projects.fivethirtyeight.com/2016-election-forecast/

46) The New York Times, November 8, 2016.

47) Pew Research Center, (November 9, 2016) "Why 2016 election polls missed their mark?" https://www.pewresearch.org/short-reads/2016/11/09/why-2016-election-polls-missed-their-mark/

48) Doug Wead, *Game of Thorns:The Inside Story of Hilary Clinton's Failed Campaign and Donald Trump's Winning Strategy*(New York: Center Street, 2017), p. 3에서 재인용.

49) Ibid.

50) 미국선거인단 총수는 538표인데 한 후보가 300표 이상을 획득하는 경우 '압승'이라는 용어로 표현한다.

51) 미국의 선거인단 제도에 대해서는 이 책 pp. 49-63에서 상세하게 설명되었다.

52) NBC News analysis from October 2016, "Democrats held a nearly 5-to-1 advantage over Republicans in paid campaign staff during that year's presidential election."

53) 1951년 비준된 미국헌법 수정안 22호는 "누구도 미국 대통령에 두 번 이상 당선될 수 없다"고 규정하고 있다.

54) 프랭클린 D. 루스벨트는 1933년 3월 4일부터 1945년 4월 12일까지 미국의 제32대 대통령으로 재임했다. 총 12년이 넘는 기간 동안 대통령직을 수행했으며, 이는 미국 역사상 가장 긴 재임 기록이다. 그는 4번 연속으로 대통령에 당선된 유일한 인물이며, 대공황과 제2차 세계 대전이라는 격동의 시기에 미국을 이끌었다.

55) 저자는 2016년 대선 직전 워싱턴에서 열린 한미 해군 학술회의(KIMS-CNA Annual Sea Power Conference)에 참석해서 선거 직전의 미국 분위기를 관찰할 수 있는 기회를 가졌다.

56) Fox News, 2016.10.22.

57) MBC TV News 2016.10.23.

58) Robert "Buzz" Patterson, Lt. Col. US Air Force (Retired), *Conduct Unbecoming: How Barak Obama is Destroying the Military and Endangering Our Security*(Washington D.C.: Regnery, 2010). 이 책의 저자는 클린턴 대통령의 핵 가방을 들고 다녔던 로버트 패터슨 중령이다. 오바마의 국가안보 정책에 대한 가장 신랄한 비판서 중의 하나다.

59) 2024년 선거전에서 오바마의 부인인 미셸 오바마가 실제로는 남성이라는 의혹, 그리고 오바마 본인이 동성애자일지도 모른다는 의혹이 끊임없이 제기되었다.

60) 오바마가 과연 미국에서 출생한 사실이 맞는가에 관한 의혹은 끊임없이 X 등에 게재되고 있다. 오바마가 상원의원에 출마했을 당시 그가 케냐 태생(Kenyan Born Obama) 후보라는 신문 기사 사진이 게재되기도 했었다.

61) Time Almanac 2025에 의하면 미국의 기독교 신자들은 개신교, 가톨릭, 유대교 등을 합했을 경우 2억 5,352만 7,746명에 이른다. 미국 인구의 73.7%에 해당하는 수치다.

62) John E. O'Neill(Author), Jerome R. Corsi(Author), *Unfit For Command: Swift Boat Veterans Speak Out Against John Kerry*(Washington DC: Regnery, 2004).

63) Gary J. Byrne, *Crisis of Character: A White House Secret Service Officer Discloses His First Hand Experience with Hillary, Bill and How they Operate*(New York: Center Street, 2016), pp. 1-3.

64) Dick Morris, *The Return: Trump's Big 2024 Comeback*(New York: Humanix, 2022) 모리스는 이 책에서 트럼프는 반드시 다시 출마할 것이며 공화당 경선에서 승리하고 대선에서도 승리할 것이라고 분석했다.

65) Dick Morris and Eileen McGann, *Armageddon: How Trump Can Beat Hillary*(New York: Humanix Books, 2016).

66) 위의 책 제1장, A Dozen Reason Hillary Clinton Should No Be President, pp. 21-86.

제5장 트럼프가 치른 세 번의 대선: 두 번째 2020 미국 대선

67) 저자는 트럼프의 낙선에 대해 과연 공정한 선거였는지 의심한다. 미국 대선의 당락 결과를 결정하는 각종 지표에서 트럼프는 압도적으로 유리한 위치에 있었기 때문이다. 실제로 2024년 대선에서 승리한 트럼프는 2020년의 선거가 부정선거였기 때문에 자신이 낙선되었음을 확실하게 말하고 있으며 2020년 대선이 부정선거였다는 사실을 밝히기 위한 본격적인 수사를 진행하고 있다.

68) 조선일보 2024년 7월 24일 〈송의달이 만난 사람〉 "4년 전 트럼프 승리 예측한 전문가, 이번에도 이긴다는 5가지 이유."

69) Three Simultaneous Lightning Strikes on the Trump Hotel Chicago at 2:14am on Thursday. #storm #chicago#ilwx#news #weather pic.twitter.com/fLIIa8kVkm,

2020.10.22.

70) https://www.rasmussenreports.com/public_content/politics/elections/election_2020/white_house_watch_oct28

71) Jeffrey Lord, *Swamp Wars: Donald Trump and the New American Populism vs. The Old Order*(Bombadier Books, 2019).

72) Rassmussen Report 2020년 10월 28일 보도.

73) 1900년 이후 재선에 실패한 대통령은 39대 카터, 41대 부시뿐이었다. 38대 대통령이었던 포드(Gerald R. Ford) 대통령이 대통령 재임 중 대권 도전에 실패한 적이 있기는 했지만 그는 단 한 번의 선거도 거치지 않고 부통령, 대통령에 취임했던 인물이기 때문에 예외적인 사례라고 보아야 할 것이다. 그는 1973년 애그뉴 부통령이 부패 스캔들로 사임한 이후 1973년 10월 12일 부통령을 승계했고, 1974년 8월 9일 닉슨 대통령이 워터게이트 부정선거 스캔들로 사임한 후 대통령직을 승계 함으로써 미국 역사상 최초로 선거를 치르지 않고 부통령, 대통령직에 오른 인물이 되었다.

74) The Gallup Poll 2020년 10월 7일.

75) Economist/YouGov Weekly tracking poll. 2019년 11월 30일 및 The Hill, 2020.6.17. 공화당 당원들의 트럼프 지지율이 93%였다는 자료는 https://www.statista.com/chart/20324/republican-trump-lincoln-better/

76) 저자가 2020년 10월 미국의 각종 여론 자사 자료를 근거로 작성한 data.

77) https://www.theepochtimes.com/these-models-predicted-trumps-victory-in-2016-heres-what-they-say-for-2020_3533139.html?utm_medium=email&utm_source=promotion&utm_campaign=EET1018&utm_term=1for4M-Premium&utm_content=1

78) 귀하께서는 자신을 어느 정당이라 생각하십니까? 2020년 9월 14-28일: 공화당 28, 무당파 42, 민주당 27. 2016년 9월 14-28일: 공화당 27, 무당파 40, 민주당 32. https://news.gallup.com/poll/15370/party-affiliation.aspx

79) Breitbart, 2020년 10월 4일.

80) 물론 트럼프도 고령(1946년생, 2020 대선 당시 74세)이었지만 트럼프는 육체적 정신적으로 대단히 건강했다.

81) 38% of Voters Think Biden Has Dementia, Monday, June 29, 2020. Rasmussen Report.

82) Bannon's WarRoom@Bannons_WarRoom, 2024년 11월 3일.

83) Trump, Truth Social, 2025. October.

84) 2021년 1월 14일자. Analysis box by Anthony Zurcher, North America reporter BBC 분석: 또 다시 새로운 역사를 쓴 트럼프.

85) 1차 탄핵은 2020년 2월 5일 상원에서 면죄되었다. 내란죄로 기소된 2차 탄핵 역시 상원에

서 면죄되었다.

86) Kash Pramod Patel, *Government Gangsters: The Deep State, the Truth, and the Battle for Our Democracy*(New York: Post Hill Press, 2023).

87) The Advocate "Nancy Pelosi shouts 'shut up' at far-right reporter who asked accusatory January 6 question." Christopher Wiggins Fri, October 17, 2025.

제6장 2024년 미국 대선

88) 트럼프 외에도 전임자의 취임식에 참여하지 않았던 전임 대통령들 중에는 존 애덤스(John Adams) 제2대 대통령이 제3대 토머스 제퍼슨의 취임식(1801년)에 불참했고 6대 대통령 존 퀸시 애덤스(John Quincy Adams)는 제7대 앤드루 잭슨의 취임식(1829년)에 불참했다. 앤드루 존슨(Andrew Johnson) 제17대 대통령은 제18대 율리시스 S. 그랜트의 취임식(1869년)에 불참했다. 모두가 트럼프와 비슷한 이유 때문이었다. 트럼프의 불참은 1869년 이후 152년 만에 처음 있는 일이었다. 그러나 후임자의 승리를 인정하지 않은 대통령은 트럼프가 처음이었다.

89) Eric Trump(Author), Donald J. Trump(Foreword) *Under Siege: My Family's Fight to Save Our Nation*(New York: Threshhold Edition, October 14, 2025).

90) "Trump is over? Not so fast." Analysis by Chris Cillizza, CNN Editor-at-large 1:26 PM EST, Fri January 8, 2021.

91) "Congress prepares to certify Trump's Election Victory on January 6" The Epoch Times. 2025. 1. 4

92) "How Trump pulled off an incredible comeback" 6 November 2024 Sarah Smith, North America editor.

93) Dick Morris, *The Return: Trump's Big 2024 Comeback*(New York: Humanix Books, 2022) 2022년 7월 12일 간행.

94) 극단적인 반트럼프 방송인 MSNBC 기자 알리 벨시는 2023년 9월에 발간된 저서에서 트럼프가 당면하고 있는 각종 소송이 무려 91개에 이른다고 주장한다. Ali Velshi, *The Trump Indictments: The 91 Criminal Counts Against the Former President of the United States*(New York: Mariner Books, September 25, 2023).

95) Sofi Sinozich, "With midterm primaries under way, Trump retains majority GOP support: POLL Support for a Trump-directed party hasn't faded in the past year." May 3, 2022, 7:00 PM ABC News.

96) "Trump announces 3rd bid for White House: The former president made the announcement in an address from Mar-a-Lago." By Olivia Rubin and Will Steakin. November 16, 2022, 12:10 PM.

97) 미국 16개 주에서 민주당, 공화당 대선 후보를 선발하기 위한 제일 대규모의 예비선거가 열

리는 날을 Super Tuesday라 한다. 대선이 있는 해의 2월 혹은 3월의 화요일이다.

98) 2024. 11. 10 MSNBC.

99) Channel A, 2024. 6. 29

100) Newsmax, Greg Kelly show. Newsmax는 2024년 크리스마스 무렵 시청자 수에서 CNN 을 돌파했다고 보도했을 정도로 청취자가 급증하는 뉴스 채널이 되었다.

101) Fox News, 2024. 6. 29

102) Washington Post, 2024. 7. 10

103) The Epoch Times 2024. 7. 15

104) 트럼프 대통령은 이 사건을 보다 철저하게 수사할 것이다. 트럼프가 임명한 FBI 국장 Kash Patel은 초강성 인물로 2025년 현재 부패 및 부정 사건을 철저하게 파헤치고 있는 중이었다.

105) 암살이라는 용어 대신 미국 주류 언론은 He Falls at Rally(트럼프 유세 중 쓰러지다), Trump injured in Incident at Rally(트럼프 유세 중 부상당하다) 식으로 상황을 묘사했다.

106) 보수 언론 Sky Australia(2024. 7. 14)는 이 같은 미국 주류 언론들의 태도를 비판적으로 보도했다.

107) Johny Debb, 'When was the last time an actor assassinated a President?' Posted on X 2024년 8월 23일. 링컨 대통령을 암살한 인물이 영화배우였다.

108) 조선일보. 2024년 7월 15일.

109) The New York Post, 2024. 7. 15

110) Fox News, 2024. 7. 14 Jesse Watters Show.

111) Matthew Impelli, CNN 2024. 7. 16

112) 2024. 7. 17 Biden on X.

113) 형사 범죄인들을 그의 키를 알 수 있게 하는 눈금이 그려져 있는 배경 앞에 세워놓고 찍은 사진을 의미한다.

114) Thread Reader App @threadreaderapp. 2025년 1월 12일 X에 경찰이 폭동을 일으키지 도 않는 군중들을 향해 먼저 발포했다는 증거가 될만한 동영상이 공개되었다. 이후 2021년 1월 6일 사건은 민주당이 만들어낸 음모 및 조작이라는 주장이 걷잡을 수 없이 퍼지고 있다.

115) Steve Bannon은 2024년 11월 23일 트럼프 승리 후 트럼프를 사냥하던 인간들은 이제 트 럼프에게 사냥을 당할 처지에 놓일 것 'hunters are about to become the hunted'이라 고 경고했다.

116) 트럼프는 자신의 재산을 대략 90억 달러로 추정했었다. Donald J. Trump, *Crippled America*(New York: Threshhold Edition, 2015), p. 175.

117) Breitbart, 2024. 2. 26

118) Hindustan Times, 2024. 2. 20

119) Fox News, 2024. 2. 29

120) Trump@Trump War Room 2025.10.29

121) Toll Record는 얼마나 많은 횟수의 전화 통화가 있었는지 어떤 번호들과 통화를 했는지에
관한 기록을 의미한다. 트럼프가 잭 스미스를 미친놈이라고 말한 근거가 될 수도 있겠다.

122) 1972년 6월 17일, 백악관과 리처드 닉슨 재선 위원회의 사주를 받은 5명의 괴한이 1972
년 미국 대통령 선거를 앞두고 워싱턴 D.C.의 워터게이트라는 지역에 있는 민주당 전국위
원회(Democratic National Committee; DNC) 사무실에 침입해 불법적인 도감청과 상대
후보자 사보타지를 한 사건을 말한다. 권력형 비리 사건에 붙는 접미사 '~게이트'의 어원이
된 사건으로 유명하다. 사건이 드러났을 당시에는 큰 관심을 모으지 못했지만, 1973년 2월
닉슨이 재선 임기를 시작한 직후 미국 상원에 의해 진상조사 위원회가 설치되고 각종 언론
들이 보도를 하기 시작하며 사건이 확대되었다. 닉슨이 직접적으로 연루된 것은 아니었지
만, 닉슨이 대통령의 권한을 남용해 사건을 은폐하려 하고 미국 국민들에게 거짓말을 한 것
이 들통나는 바람에 닉슨에 대한 여론이 크게 악화되었고 결국 미국 상하원은 대통령 탄핵
절차를 밟았다. 탄핵의 위기에 놓인 닉슨 대통령은 1974년 8월 9일, 현직 대통령으로서는
미국 역사상 유례없는 사임을 하고 말았다.

123) X 계정에 게시된 Kylie Jane Kremer@KylieJaneKremer Oct 31, 2025를 참조해서 작
성한 것임.

124) 2025. 9. 28 트루스 소셜에 의하면 FBI는 1월 6일 274명의 요원을 군중 속에 침투시켰다.

125) Rasmussen Report, 2024. 10. 30 Atlasintel, Atlas National Poll 10/12/2024.

126) Fox News 2024년 7월 12일.

127) Fox News, 2024년 7월 9일, "Fox News senior White House correspondent Peter
Doocy asked White House press secretary Karine Jean-Pierre on Tuesday who the
Pentagon calls if a nuke is launched toward the U.S. after 8 p.m."

128) Kamala Harris는 7월 21일 바이든 사퇴 이전까지 미국 역사상 가장 비호감 부통령 중 하
나였다. 2023년 6월 26일자 NBC 여론 조사에 의하면 미국의 등록 유권자 49%가 카멀라
해리스를 사상 최악의 부통령이라고 응답했다. 부통령 사상 최악의 경우보다도 17%가 더
낮은 수준이었다.

129) Axios의 Alex Thompson의 언급. NBC News 2023년 6월 26일 보도.

130) Christopher Cadelago, 2024년 6월 12일자 POLITICO.

131) 2024년 5월 말 3,996명을 대상으로 행한 조사. Politico/Morning Consult. Catherine
Kim. 2024년 5월 말 3,996명을 대상으로 행한 조사. Politico/Morning Consult.

132) 2023년 9월 26일 발표된 한 여론 조사 결과에 의하면 미국 사상 최악의 부통령은 순서대
로 1위 카멀라 해리스, 2위 마이크 펜스, 3위 딕 체니, 4위 댄 퀘일, 5위 조 바이든, 6위 조
지 H. 부시, 7위 앨 고어였다.

133) Benny Johnson, 2024. 8. 17

134) Interview with Sean Hannity, Fox News, 2025.1.XX.

135) JD Vance News @JDVanceNewsX I want to see how many of you honestly think

president Trump won the 2020 election. Do you believe he did? Yes or No. 번역한 다면 여러분들 중에 얼마나 많은 분들이 정직하게 2020년 선거에서 트럼프가 당선되었다고 생각하고 계시는지를 알고 싶습니다. 여러분들은 트럼프가 승리했었다고 믿으십니까? 그렇다 입니까 아니다 입니까?

136) Jon Herbert et.al. *The Ordinary Presidency of Donald J. Trump*(Palgrave Studies in Political Leadership, New York: Palgrave, 2019.)

137) https://projects.fivethirtyeight.com/polls/favorability/donald-trump/ 여론 조사에 의하면 2024년 12월 19일 트럼프에 대한 미국인의 호감도는 46.5%로 지난 3년 중 어떤 시점보다 높았으며 상승세를 보이고 있다.

138) Fox News, 2025.8.7. Former Speaker of the House Newt Gingrich says it feels "like CHRISTMAS every SINGLE DAY" under Trump.

139) 소위 Pax Romana, Pax Britannica, Pax Americana의 논리를 말한다. 하나의 압도적인 패권국이 존재하는 세상은 당대의 패권국이 주도하는 질서하에 평온한 상태(stability)가 유지된다는 논리다. 이 이론은 학문적으로 실증된 이론이기도 하다. 패권국이 존재하던 시절 전쟁 발발 확률은 확실히 낮았다. 이춘근, 《전쟁과 국제정치》(서울: 북앤피플, 2022, 2024 Recover edition) 참조.

140) 2023년 8월 27일자. Newsmax TV는 미국인들의 62%는 트럼프가 대통령이었다면 우크라이나 전쟁은 애초에 발발하지 않았을 것이라고 믿는다는 여론 조사 결과를 보도했다.

141) June 21, 2023, NBC News.

142) August 3, 2023,CNN News.

제7장 2020년과 2024년 대선의 부정선거 의혹

143) 어느 해 3월 8일 북한은 최고 인민 회의 대의원 선거를 실시했는데 당시 북한의 포스터에는 "3월 8일은 최고 인민회의 대의원 선거의 날, 모두 다 찬성 투표하자!"라는 구호로 선거를 독려하고 있었다.

144) 2024년 1월 13일 토요일에 중화민국(대만)의 총통을 선출하기 위해 치러졌던 선거로 민진당의 라이칭더(賴淸德) 후보가 당선되었다. 대만 독립을 추구하는 민진당(民進黨)은 차이잉원(蔡英文) 총통에 이에 3차례의 대만 총통 선거에서 연거푸 승리했다. 당선자는 2024년 5월 20일에 취임하게 되며, 대만 국회인 입법위원 선거도 총통 선거와 동시에 치러졌다.

145) Eric Eggers, *FRAUD: How the Left Plans to Steal the Next Election*(Washington DC: Regnery, 2018).

146) The Heritage Foundation, *"Five Shocking Cases of Election Fraud"*(eBook).

147) Rudy Giuliani, 2020년 11월 7일 X에 게재.

148) Kyle Becker, "The election software system in Michigan that switched 6.000 votes from Trump to Biden is called Dominion." 이 주장은 차후 소프트웨어 실수가 아니라

human error(인간적 실수)였다며 반박되었고, 득표수가 올바르게 수정되었다는 주장도 나왔다. 진실을 알기 어려운 상황이다.

149) John McLaughlin and Jim McLaughlin, Tuesday, 15 December 2020. 02:17 PM. Current | Bio | Archive.

150) Lin Wood@LInwood, 2020.12.2. Tweeter.

151) Mail Online. December 3, 2020. Mike Flynn 예비역 미국 육군 중장은 제25대 국가안보 보좌관, 트럼프 1기 초대 국가안보 보좌관. 그는 계엄령을 선포, 헌법을 일시 중지시키고 선거를 새로 하는 것이 내란을 막는 길이라고 조언했다.

152) 성경 구약 여호수와 6장 1절-27절.

153) Mon., December 07, 2020, The Gazette.

154) CBS TV, 2022년 6월 20일.

155) ABC TV, 2021년 1월 20일.

156) 2025년 10월 25일, posted on Trump Truth Social.

157) 2025년 10월 27일 posted on Trump Truth Social.

158) Monica Crowley@MonicaCrowley Oct 27. 2025. President Trump on the stolen 2020. election: "We now know everything" BUCKLE UP.

159) NBC 15 News, 2024.10.17

160) Mail Online News Source: @JimFergusonUK 7:10AM·Jan12,2025

161) 조선일보 2025. 8. 16

162) @ChanelRion@OANN 1:38 AM. Aug, 10, 2025.

163) Rod D. Martin@RodDMartin 7:49 AM. Aug. 8, 2025.

164) Trump, Truth Social, 2025. 1. 5

165) Rapid Response 47 @RapidResponse47 Aug 18, 2025.

166) Ibid.

167) October 24, 2024 by Megan Brenan. Gallup Poll. 2024년 10월 1일-12일에 조사되었다.

168) August 3, 2023, CNN News.

169) June 21, 2023, NBC News.

170) November 9, 20245:00 AM ET NPR.

171) Nick Adams 2024.12.25. posted on X.

172) Posted on X, 2024 년 11월 3일.

173) CBS News, 2022. 6. 20

174) @BoLoudon ??WOW! President Trump says he "has it all documented" on how the 2020 election was stolen from him. 9:29 AM · Dec 30, 2024.

175) Daily Mail On Line, 2024. 11. 10

176) Megan Brenan, "Americans Endorse Both Early Voting and Voter Verification.

Smaller majorities favor automatic voter registration and sending absentee ballot applications to all citizens," October 24, 2024. Gallup Poll.

177) 앱스타인은 미국은 정치적 영향력이 있는 인사들에게 어린 여자아이들과의 섹스 파티를 제공했다는 의혹을 받고 있으며 캐시 파텔은 앱스타인과 거래한 정치가, 저명인사들의 명단을 공개하겠다고 벼르고 있다.

178) RealRobert@Real_Rob Nov. 14, 2025.

제8장 인간 트럼프

179) Fox News, Hannity Show, 2025. 2. 19 Musk told Hannity that "President Trump is a good man" who has been "unfairly targeted by the media." "I've spent a lot of time with the president and not once have I seen him do something mean or cruel or wrong — not once," Musk said of Trump.

180) Fox News, 2025. 4. 28

181) Elon Musk@elonmusk Deeply honored to support President @realDonaldTrump in this revolutionary administration. 2025. 2. 16

182) Steven Miller, MD,PhD@SageListner 2025.1.6. posted on X.

183) Donald J.TrumpNews@ realTrumpNewsX 2025. 1. 5 유럽 주둔 미군 병력 철수 위협은 US Homeland Security News@defense_civil25, 2025. 2. 16

184) Fox News, 2025. 2. 6

185) Harold Lasswell, *Power and Personality*(Thomas William Salmon Memorial Lectures. New York: Praeger, 1976).

186) Michael G. Smith, *Donald Trump: The Man, The Myth, The Legend*(Coppel, Texas, EZ Way Publishing, 2025), p. 10.

187) Ibid., p. 15.

188) DOGE said on its website on Wednesday it had saved $55 billion in federal spending overall since President Donald Trump took office on January 20, through a mix of contract cancellations, firing workers and asset sales. 절감된 돈의 20% 정도를 납세자들에게 되돌려 주는 방안도 이야기되고 있었다. Benny Johnson @bennyjohnson 2025. 2. 20

189) Michael G. Smith, *Op. Cit.*, p. 17.

190) 'GROSS DISTORTION': President Trump's legal team amended its lawsuit to include more of Kamala Harris' "word salad" remarks, accusing the media giant of a "cover-up." https://trib.al/v9pKP2b

191) The Hill Economist/YouGov Weekly Tracking Poll, 2019. 11. 30 Weekly tracking poll. 2019. 11. 30

192) Fox News, 2025. 2. 14

193) George Friedman, *The Storm Before the Calm: America's Discord, the Crisis of the 2020s, and the Triumph Beyond*(New York:Vintage, 2021)

194) Anne-Marie Slaughter, *The Idea that Is America: Keeping Faith with Our Values in a Dangerous World*(New York: Basic Books, 2007).

195) Eric Trump, *Under Seize: My Family's Fight to Save Our Nation*(New York: Threshold Edition, 2025).

196) J. D. Vance, *Hillbilly Elegy: A Memoir of a Family and Culture in Crisis*(New York: Harper Paperback 2018).

197) Eric Trump. *OP. Cit.*, Chapter 1. My Father the Fighter(제1장, 파이터로서의 나의 아버지).

198) Ibid., p.11.

199) Eric Trump, Ibid., p. 17.

200) 트럼프의 IQ가 156이라는 자료는 본인 혹은 공적인 기관에서 공식 발표된 것은 아니지만 X 등 사이버 공간에서 널리 소통되었던 자료다.

201) Donald J. Trump, *Art of the Deal*(New York:Random House, 1987), 이 책의 한국어 번역판은 이재호(역) 《거래의 기술》(서울:김영사, 1988). 한국판은 2016년 다시 간행되었다. 도널드 트럼프, 이재호(역) 《거래의 기술: 트럼프는 어떻게 원하는 것을 얻는가?》(서울: 살림, 2016).

202) Paul Kennedy, *The Rise and Fall of the Great Powers: Economic Change and Military Conflict from 1500 to 2000*(New York:Random House, 1987).

203) 이 이야기는 2024년 12월 9일 X에 게재된 글에서 인용했다. A Man of Memes@RickyDoggin.

204) Newt Gingrich, *Understanding Trump*(New York: Center Street, 2017), p.xvi.

205) Ibid.

206) May 7, 2016 @ 1:36 PM "Real Time with Bill Maher."

207) 홍지수, 《트럼프를 당선시킨 PC의 정체》(서울: 북앤피플, 2017).

208) 트럼프의 한국 국회 연설문(2017. 11. 08)

209) 연합뉴스 2024. 10. 16

210) Newt Gingrich, *OP. Cit.*, p. 3.

211) 물론 MAGA는 정교한 정치적 독트린이며 정책 강령이다.

212) Newt Gingrich, *OP. Cit.*, p. 6.

213) Newt Ginglich, *Op.Cit.*, p. xvi.

214) https://en.wikipedia.org/wiki/Contract_with_America

215) Wall Street Journal, 2024. 9. 19

216) Marco Rubio는 2024년 11월 트럼프가 차기 행정부의 국무부 장관으로 내정했다.

217) Ted Cruz는 2024년 11월 5일 선거에서 당선, 3선 상원의원이 되었다.

218) Jesse Watters, 2025년 8월 7일 Fox TV. Former Speaker of the House Newt Gingrich says it feels "like CHRISTMAS every SINGLE DAY" under Trump.

219) Newt Gingrich, *Understanding Trump*, p. 7.

220) "Interesting how the U.S. sells Taiwan billions of dollars of military equipment but I should not accept a congratulatory call."

221) Newt Gingrich, Ibid., p. 11. 이 부분은 Trump의 대중국 정책(본서 12장)에서 다시 자세히 설명할 것이다.

222) Ibid., p. 13.

223) Donald J. Trump and Bill Zanker, *Think Big: Make it happen in business and life* (New York: Collins, 2008).

224) Newt Ginglich, *Op. Cit.*, p. 20.에서 재인용. 영어 원문은 WE ARE one people, with one destiny. We all bleed the same blood. We all salute the same great American flag. And we are all made by the same God.

225) Ibid., p. 23.

226) Ibid., p. 24.

227) Ibid.

228) Ibid., p. 25.

229) Ibid.

230) Ibid., P. 28.

231) Ibid., p. 33.

232) Ibid., pp.37-38.

233) 원문은 WE will MAGA for all Americans.

234) 2017. 1. 20 트럼프 취임사 중에서. "Whether we are black or brown or white, we all bleed the same red blood of patriots, we all enjoy the same glorious freedoms, and we all salute the same Great American Flag"

235) NBC의 앵커 레스터 홀트(Lester Holt)가 사회를 보았고 뉴욕의 햄스테드에서 9월 26일 밤 진행되었다. Hempstead, New York.

236) Jeffry A. Frieden, *Global Capitalism: Its Fall and Rise in the Twentieth Century*(New York: W.W. Norton, 2006)

237) Peter Goodman, *How the World Run Out Everything* 장용원(역), 《공급망 붕괴의 시대》(서울: 세종, 2024).

238) Maria Bartiromo and James Freeman, *The Cost: Trump, China, and American Revival*(New York: Threshold Editions, 2020).

239) Stephen E. Strang, *God and Donald Trump*(New York: Frontline, 2017)

제9장 트럼프의 외교 정책

240) Donald J. Trump, *Crippled America: How to Make America Great Again*(New York: Threshold Editions, 2015), pp. 30-31. 이 책의 한글 번역판은 김태훈(역) 《불구가 된 미국: 어떻게 미국을 다시 위대하게 만들 것인가》(서울:이레미디어, 1016).

241) Ibid., p.32.

242)"John Mearsheimer: We are Moving to a Multipolar World with Three Great Powers." https://valdaiclub.com/multimedia/video/john-mearsheimer-we-are-moving-to-a-multipolar-world-with-three-great-powers/ 2017년 1월 18일 자 인터뷰.

243) 2025. 9. 7 Glenn Diessen 교수와의 인터뷰 Prof. Mearsheimer discusses the West's failure to adjust to a multipolar world as the source of its decline.

244) 아래에서 사용된 자료들은 wikipdeia 등 권위 있는 국력 자료를 교차 체크해서 저자가 작성한 것이다.

245) Nuno P. Monteiro, *Theory of Unipolar Politics*(Cambridge Studies in International Relations, Series Number 132 Cambridge University Press, 2014)

246) Peter Zeihan, *Absent Superpower: The Shale Revolution and a World Without America*(New York: Zeihan on Geopolitics, 2017) 이 책의 한글판은 홍지수(역) 《셰일 혁명과 미국 없는 세계: 세계 질서의 붕괴와 다가올 3개의 전쟁》(서울:김앤김북스, 2019).

247) Robert Kagan, *The Jungle Grows Back: America and Our Imperiled World*(New York: Knopf, 2018) 이 책의 한글판은 홍지수(역) 《밀림의 귀환: 자유주의 세계질서는 붕괴하는가》(서울: 김앤김 북스, 2021).

248) TIME 2015년 6월 1일 자.

249) Madeline Albright는 국제정치학자 출신의 국무장관으로 미국 역사상 최초의 여성 국무장관으로 발탁되었다.

250) Ian Bremmer, *Superpower: Three Choices for America's Role in the World*(New York: Portfolio, 2015)

251) 2025년 10월 9일 이스라엘 하마스 전쟁은 일단 휴전을 이루는 데 성공했다. 트럼프의 노력이 효과를 본 것이다.

252) Nick Adams, *Trump and Churchill: Defenders of Western Civilization*(New York: Post Hill Press, 2020).

253) Nick Adams, *Trump and Reagan: Defenders of America*(New York: Post Hill Press, 2021).

254) 2019년 11월 24-26. 여론조사. 공화당을 지지하는 사람들 중 53%가 Trump가 Lincoln 대통령보다 훌륭한 대통령이라고 응답했다, 47%는 링컨이 보다 훌륭하다고 응답. 무당파

중 22%, 민주당 지지자 중에도 6%가 트럼프가 링컨보다 훌륭한 대통령이라고 응답했다. Statista. https://www.statista.com/chart/republican-trump-linc...

255) Stephen Kinzer, *Overthrow: America's Century of Regime Change from Hawaii to Iraq*(New York: Times Books, 2006).

256) Daniel Quinn Mills and Steven Rosefielde, *The Trump Phenomenon and The Future of US Foreign Policy*(Hackensack, N.J: World Scientific Publishing, 2017). 초판본에는 간행일이 2017이라고 되어 있지만 이 책은 2016년 10월 18일 출간되었다.

257) Michael Mandelbaum, *The Four Ages of American Foreign Policy: Weak Power, Great Power, Superpower, Hyperpower*(New York: Oxford University Press, 2022).

제10장 트럼프의 국방정책

258) Henry A. Kissinger, *Does America Need a A Foreign Policy : Toward a Diplomacy for the 21st Century*(New York: Simon and Schuster, 2001).

259) Donald J. Trump, *Time to Get Tough: Making America #1 Again*(Washington DC: Renery Press, 2011) 앞에서 여러 차례 소개한 이 책은 지금 트럼프의 MAGA 운동의 효시로 치부되고 있다.

260) 현실주의 제2세대인 방어적 현실주의를 대표하는 학자와 저서는 Kenneth N. Waltz, *Theory of International Politics*(New York:Waveland Press, 2010)

261) John J. Mearsheimer, *The Tragedy of Great Power Poitics*(NewYork: WW.Norton ,2000) 이 책은 공격적 현실주의를 대표하는 이론서이다. 이 책의 한글판은 이춘근(역)《강대국 국제정치의 비극》(서울: 나남출판, 2004). 2014년 2판이 간행되었다. 한글판 2판은 이춘근(역)《강대국 국제정치의 비극: 미중 패권전쟁의 시대》(서울:김앤김 북스, 2016).

262) Michael Graham, "America's Military and Donald Trump"-Commentary: CBS News 2018년 5월 28 일자.

263) Donald J. Trump, *Crippled America: Make America Great Again*(New York: Threshold Editions, 2015), chapter 4. Foreign Policy: Fighting for Peace.

264) 주한미군은 통칭 28,500명이라고 칭한다. 그러나 2017년 11월 서울을 방문한 트럼프 대통령은 국회 연설 등 여러 차례 주한 미군의 숫자를 32,000명으로 언급하고 있다.

265) Michael Graham, *Op Cit.*

266) 한국 언론은 트럼프가 자신의 생일날 미군을 시가행진시켰다고 말하고 있지만 그날은 미국 육군 창설 250년이 되는 날이었다. 물론 트럼프 생일도 6월 14일인 것은 맞다. 1946년생.

267) 트럼프는 13세부터 18세까지 뉴욕 군사학교를 다녔다. 뉴욕 군사학교는 사립 중고교 과정의 학교로서 장교가 되기 위한 준비를 하는 교육기관이다. 트럼프는 군에 입대하지는 않았지만 자신의 군경험은 군에 입대했던 사람보다 적지 않다고 말한다.

268) U.S. News and World Report, June 1, 2016.

269) 孫子兵法 第3編 謀攻編.

270) BBC Breaking News June 12, 2018. 트럼프의 언급은 "Anyone can make war, but only the most courageous can make peace"였다.

271) Fox News, April 6, 2017.

272) Brendan Simms and Charlie Laderman, *Donald Trump: The Making of a World View*(New York: I.B. Tauris Co., 2017).

273) Trump, Announcement Speech, June 15, 2015.

274) Interview with Rona Barrett(NBC, "Rona Barrett Looks at Today's Super Rich") 6 October, 1980. recited from Simms and Laderman, Op. Cit. p. 5.

275) Trump. *Crippled America*, p. 31.

276) Ibid., p. 35.

277) Ibid., p. 38.

278) Ibid., p. 47. 트럼프는 "Everything begins with a strong military. Everything"이라며 막강한 군사력의 존재가 모든 것의 시작이어야 한다고 말한다.

279) Michael Graham, CBS News (May 28, 2018) Commentary: America's military and Donald Trump.

280) Ibid.

281) 동 연설문. 본문은 "America has always been the country that boldly leads the world into the future, and my budget will ensure we do so and continue to do exactly that."

282) 미국은 재정적자가 너무 커지는 것을 막기 위해 균형 예산 및 긴급 적자 통제법(Balanced Budget and Emergency Deficit Control Act)'을 만들었고 이 법에 따라 목표한 적자 수준을 초과하면 자동으로 예산을 깎는 조치를 의미한다.

283) Michael Graham, *Op. Cit.*

284) Ibid.

285) The New York Times, February 7. 2017.

286) 이곳에서 이용한 자료는 스톡홀름 평화연구소(SIPRI)의 자료를 사용한 것으로서 다른 자료들, 예로서 미국 국방부 발표 혹은 영국 국제전략연구소(IISS)의 자료와 약간 상이한 부분이 있다. SIPRI는 다른 연구소보다 일반적으로 방위비 수치를 더 높이 발표하는 경향이 있다. 괄호 속의 수치는 영국 국제전략연구소가 제시한 국방비 자료이다.

287) SIPRI, Military Expenditure Date April. 2025.

288) 이 부분은 저자가 Strategy 21(한국 해양 전략 연구소 간행 학술지 2017년 겨울호)에 기고했던 논문을 요약, 정리한 것이다.

289) 실제로 미국 해군이 양적 규모가 가장 작았던 시절은 1924년부터 1930년에 이르는 기간으로 당시 미국 해군의 척수는 135-140척 수준이었다. 미국 해군력 규모 변동에 관한 상세한

자료는 미국 해군사 및 유산 기록 사령부(Naval History and Heritage Command) 홈페이지에서 볼 수 있다. https://www.history.navy.mil/research/histories/ship-histories/us-ship-force-levels.html

290) https://www.history.navy.mil/research/histories/ship-histories/us-ship-force-levels.html 미국 해군이 보유한 각종 함정의 숫자에 관한 상세한 역사적 자료(건국 이후부터 현재까지)가 위 주소의 인터넷 홈페이지에 게재되어 있다. 미 해군력은 역사상 가장 많은 척수를 보유했던 해는 1953년 1,122척이었다.

291) 김기주, "트럼프 시대 美 해군력 부활의 전략적 함의" KIMS Periscope, 2017년 4월 11일 자.

292) Seth Cropsey, *Mayday: The Decline of American Naval Supremacy*(New York: Overlook Duckworth, 2013).

293) Joseph S. Nye Jr., *Is American Century Over?*(New York: Polity, 2015).

294) 미국 항공모함의 주력 탑재기인 F-18 호넷 전투기들은 1983년 11월 이래 미국 해군이 34년이나 사용한 구형기종이며 아직 미국 해군은 이를 대체할 주력 전투기를 확보하지 못한 상태다.

295) The White House Office of the Press Secretary. March 02, 2017. Remarks by President Trump Aboard the USS Gerald R. Ford. Newport News, Virginia.

296) 2017년 당시 미국 해군의 항모 척수는 10척이었다. 포드함이 취역한 후 2025년 현재 11척.

297) *Op. Cit*. Gerald Ford 취역식 연설문.

298) 영문 원문을 인용한다. "Our military is building and is rapidly becoming stronger than ever before. Frankly, we have no choice!" Donald J. Trump@realDonaldTrump April.14.2017.

299) http://www.breitbart.com/national-security/2017/02/14/us-navy-planning-operations-near-chinese-claimed-islands/에서 인용함. 원문은 "We're not doing this because 'we don't like you, China. We're doing this because this is what we do."

300) 인공섬은 영해를 가질 수 없다는 것이 현재 해양법의 규약이다.

301) Mike Yeo, "US, Chinese aircraft in 'unsafe' encounter in South China Sea" The Defense Times Internet 판, February 9, 2017.

302) Sarah De Geest and Peter G. Cornett "Freedom of Navigation and the Liberal World Order." July 25th, 2016.

303) Pete Hegseth, *The War on Warriors: Uncovering The Cultural Chaos Threatening Our Military*(New York: Broadside Books, 2024).

304) The White House, National Security Strategy of the United States of America(November 2025), p. 8.

제11장 트럼프의 관세 및 무역정책

305) Robert Lighthizer, *No Trade is Free: Changing Course, Taking on China, and Helping American Workers*(New York: Broadside Books, 2023). 이 책의 한국어 번역판은 로버트 라이트하이저(저) 이현정(역) 《자유무역이라는 환상》(서울: 마르코폴로, 2024).

306) "Frozen out': Trade hawk Lighthizer unlikely to return for Trump's second term" POLITICO 2024. 12. 3

307) 2025. 1. 26 New York Post.

308) Robert Lighthizer, *Op. Cit.*, p. 7.(한국어판)

309) Lighthizer, Ibid. pp. 9-10.

310) Jeffry A. Frieden, *Global Capitalism: Its Fall and Rise in the Twentieth Century*(New York: Norton, 2006) pp.21-25.

311) Yoram Hazony, *The Virtue of Nationalism*(New York: Basic Books, 2018).

312) Robert Lighthizer, *Op. Cit.*, pp. 11-12.

313) Donald J. *Trump, Time to Get Tough: Making America # 1 Again*(Washington D.C.: Regnery, 2011), p. 48. 이 책은 2011년 초판이 간행된 이후 여러 번에 걸쳐 제목을 약간 수정하며 발간되었다.

314) 이 부분에 관한 상세한 논의는 이춘근, 《미중 패권 경쟁과 한국의 전략》(서울: 김앤김북스, 2016) 을 참고.

315)https://www.whitehouse.gov/presidential-actions/2025/01/america-first-trade-policy/

316) 최병일, 《트럼프 어게인》(서울: 책들의 정원, 2025), p, 37.

317) 최병일, *Op. Cit.*, p. 66.

318) James Fanell, Bradley Thayer, Stephen K Bannon(Foreword), *Embracing Communist China: America's Greatest Strategic Failure*(Canada: War Room Books, 2024).

319) 'America First Trade Policy' Section 2 (b) (January 20, 2025) Executive Order.

320) Wall Street Journal, 2024. 9. 19

321) Alexander Masters, *Tariffs and Trade Wars: A Historical Analysis of Protectionism*(Independently Published, 2025.2.18.).

322) Edward N. Luttwak, *The Rise of China vs. the Logic of Strategy*(Cambridge,MA: Belknap Press of Harvard University, 2012).

323) Steve Miran. *A User's Guide to Restructuring The Global Trading System*(Hudson Institute, November 2024).

제12장 트럼프의 대중국 정책

324) John J. Mearsheimer, *The Tragedy of Great Power Politics*(New York:WW.Norton, 2000).같은 제목의 개정판은 2014년 간행되었다. 개정판은 마지막 장만 바뀐 것인데 개정판 마지막 장의 제목은 '중국이 평화적으로 패권을 장악할 수 있는가?'이며 미어샤이머 교수의 답은 단호한 No였다. 이 책의 한국어 번역판 1판과 2판은 이춘근(역)《강대국 국제정치의 비극 》(경기: 나남출판, 2004), 이춘근(역)《강대국 국제정치의 비극: 미중 패권 전쟁의 시대》(서울:김앤김 북스, 2017).

325) Newt Gingrich, *Trump vs. China: Facing America's Greatest Threat*(New York: Center Street, 2019).

326) 미국인들의 대중국 낙관론은 이춘근,《미중 패권 전쟁과 한국의 전략》(서울:김앤김 북스, 2016).

327) 중국의 한국전쟁 인명피해는 최대 40만 명으로 추정된다. 중국은 한국전쟁 참전 20개 국가 중 북한과 더불어 가장 혹심한 인명피해를 낸 나라다. 부상자 역시 수십만 명 단위로 추정된다.

328) 등소평이 자신의 개혁개방 정책에 반대하는 사람들을 향해 고양이가 쥐를 잘 잡으면 되지 고양이의 색깔이 흰색이던 검은 색이던 무슨 상관이냐며 자신의 개방 정책을 옹호하며 비유했던 말에서 유래한 이론.

329) Robert Kagan, *The Return of History and the End of Dreams*(New York: Knopf, 2008).

330) Seymour Martin Lipset, "Some Social Requisites of Democracy: Economic Development and Political Legitimacy" The American Political Science Review, Vol. 53, No. 1(Mar., 1959), pp. 69-105. published by: American Political Science Association.

331) *China Crosses the Yalu* Hardcover-December 12, 1960 by A S Whiting(Author), Allen Suess Whiting(Author) Stanford University Press. *The Chinese Calculus of Deterrence: India and Indochina* Hardcover-January 1, 1981 by Allen Suess Whiting(Author).

332) Alastair Iain Johnston, *Cultural Realism: Strategic Culture and Grand Strategy in Chinese History*(Philadelphia: University of Pennsylvania Press, 1998).

333) Arthur Waldron, *The Great Wall of China: From History to Myth, Cambridge Studies in Chinese History*(New York: Cambridge University Press, 1990),

334) Chen Jian, *China's Road to the Korean War*(New York: Columbia University, 1996).

335) Ross Terrill, *The New Chinese Empire: Bejing's Political Dilemma And What It Means For The United States*(New York: Basic Books, 2003) 이 책의 한국어 번역판은 이춘근(역),《새로운 제국 중국》(파주:나남출판, 2005).

336) *The Coming Conflict with China* Hardcover-February 25, 1997 by Richard Bernstein(Author), Ross H. Munro(Author) Knopf.

337) *The Coming China Wars: Where They Will Be Fought and How They Can Be Won*, Revised & enlarged Edition by Peter Navarro(Author)New York: FT Press, 2006.

338) Edward Timperlake and William C. Triplett II, *Red Dragon Rising: Communist China's Military Threat to America*(Washingron D.C.: Regenry, 1999).

339) John J. Mearsheimer 교수는 유명한 자신의 교과서 개정판의 마지막 장 제목을 중국은 평화롭게 부상할 수 있는가?라고 부쳤다. 물론 답은 절대로 그럴 수 없다였다.

340) David J Lynch, *The World's Worst Bet: How the Globalization Gamble Went Wrong And What Would Make It Right*(New York: Public Affairs 2025).

341) Zachary Karabell, *Superfusion: How China and America Became One Economy and Why the World's Prosperity Depends on It*(New York: Simon and Schuster, 2009).

342) Zbigniew Brezezinski, *Game Plan: A Geostrategic Framework for the Conduct of the U.S.-Soviet Contest*(New York: Atlantic Monthly Press, 1986),

343) James Fanell and Bradley Thayer (authors), Stephen K Bannon (Foreword), *Embracing Communist China: America's Greatest Strategic Failure*(New York: War Room Books, 2014).

344) Francis Fukuyama, *End of History and the Last Man*(New York: Free Press, 1992).

345) Donald Trump, *Time to Get to Tough : How to Make America Great Again*(Washington D.C.: Regnery, 2011), p. 48.

346) Edward N. Luttwak, *The Rise of China VS Logic of Strategy*(Cambridge: Harvard University Press, 2012).

347) Joel Gerke, "State Department preparing for clash of civilizations with China", *Washington Examiner*, April, 2019.

348) This is a fight with a really different civilization and a different ideology and the United States hasn't had that before. 2019년 4월 29일 워싱턴에서 있었던 한 세미나에서 행한 스키너 국장의 언급.

349) Kiron K. Skinner(Editor), *Reagan, Stories In His Own Hand*(New York: Free Press, 2001).

350) Kiron K. Skinner, *Turning Points in Ending the Cold War*(Stanford: Hoover Institution Press Publication, 2007).

351) 물론 스키너 박사가 사용한 코커시언이라는 용어는 인종을 뛰어넘어 문화 사상도 의미한다. 많은 서양 사람들이 일본은 서구(The West)의 일원으로 생각한다. 그래서 중국의 도전을 처음으로 코커시언이 아닌 자에 의한 도전이라고 보는 것이다.

352) H. R. McMaster, *Dereliction of Duty: Johnson, McNamara, the Joint Chiefs of Staff, and the Lies That Led to Vietnam*(New York: Harper, 1997).

353) Daniel Quinn Mills and Steven Rosefielde, *Trump Phenomenon and The Future of US Foreign Policy*(New York: World Scientific Publishing Company, 2016).

354) 2025년 11월 근거가 전혀 없는 모함이었다는 사실이 공개되었지만 트럼프는 1기 임기 중 러시아와 결탁해서 대통령에 당선되었다며 민주당으로부터 심각한 공격을 받았다. 오바마가 주도한 것으로 알려졌고 미국 CIA 국장 브레난도 중요 음모자로 나타나고 있다. 트럼프는 2기 임기 중 소위 러시아 사기극(Russia Hoax)을 조작한 민주당의 정적들을 단죄하고자 벼르고 있다.

355)Alexander Masters, *Trade and Tariff Wars: A Historical Analysis of Protectionism*(Independently Published, 2025). 이 책에서 저자는 TRADE IS NEVER JUST ABOUT ECONOMICS; IT'S ABOUT POWER, POLITICS, AND PERSPECTIVES. 무역이 결코 경제적인 일이기만 한 적은 없었다. 무역은 권력, 정치 그리고 관점(Perspectives)에 관한 사안인 것이다 고 주장한다.

356) Edward N. Luttwak, *Rise of China Versus Logic of Strategy*(Cambridge: Harvard University Press, 2012).

357) Michael Mandelbaum, *The Four Ages of American Foreign Policy: Weak Power, Great Power, Superpower, Hyperpower*(New York: Ocford Univeraity Press, 2022).

358) Truth Soical, Trump 2024. 12. 26

359) BBC News. 4 May 2025. Retrieved 4 May 2025.

360) 이등휘(李登輝, 1923-2020)는 대만의 제7·8·9대 총통으로 대만 민주주의의 아버지'라 불리는 인물이다. 1984~1988년 중화민국 부총통, 1988-2000년 중화민국 총통(장징궈 사망 후 승계, 이후 직선제 선거에서 당선)을 역임했다. 1996년 대만 역사상 첫 직선제 총통 선거에서 압도적 승리를 거두었다.

361) VOA. 2020. 7. 30. 2025년 연말 현재 미국과 대만의 대사급 관계는 이루어지지 않았다.

362) 미국 의회와 언론 등은 대만의 RIMPAC 훈련 참여를 요구했지만 아직 성사되지는 않았다. 미국 의회는 계속 대만의 RIMPAC 훈련 참가를 요구하고 있다.

363) 저자가 트럼프의 국제정치적 목표를 표현할 적당한 말을 생각하다가 고안한 말이다. 가까운 도전자가 없는 유일한 초강대국이라는 말로 이해해 주시기를 바란다.

364) Robert Kagan, *The Return of History and the End of Dreams*(New York: Knopf, 2008)

365) 2021년 3월 25일 행해진 최초의 기자회견에서 언급.

366) Corrine@OopsGuess, Jeffrey Sachs 인터뷰 posted on X 7:42 AM · Nov 30, 2025. China's rise is structural. America's decline is structural. Japan's gamble is fantasy.

367) Gordon G. Chang, posted on X, 2025.12.1.

368) Hal Brands and Michael Beckley, "China is a declining Power-and That's the Problem" Foreign Policy 2021, September.

369) Hal Brands and Michael Beckley, *Danger Zone: The Coming Conflict With China* (New York: WW Norton Company, 2022). 이 책의 한글 번역본은 김종수(역)《중국은 어 떻게 실패하는가 미중 패권 대결 최악의 시간이 온다》(서울: 부키, 2023).

제13장 트럼프와 북한

370) CIA. *The CIA World Fact Book 2025-2026*(New York: Skyhorse Publishing, 2025), p.499.

371) Ibid.

372) 2025년 12월 베네수엘라의 마두로 정권은 미국에게 속수무책인 상황이다. 마두로는 중국, 러시아를 자신의 후원자로 믿었지만 두 나라는 미국에 대해 말로 경고하는 것 외에 아무런 실질적 행동을 취하지 못하고 있다. Ronny Reyes, "Why Venezuela's allies Russia and China are slinking away as Trump ramps up pressure on Maduro." *The New York Post,* November 30. 2025.

373) Konrad Lorenz, *On Aggression*(New York: Harvest Books, 1974.) 인용된 일화들은 모 두 로렌츠 교수의 책에서 인용한 것이다.

374) Konrad Lorenz, *Civilized Man's Eight Deadly Sins*(New York: Harcourt Brace Jova-novich 1974) 콘라트 로렌츠 저자(글), 양승태 번역,《현대 문명이 범한 여덟 가지 죄악》(서 울: 이화여자대학교출판부, 2002년 11월 30일).

375) Graham T. Allison, *Nuclear Terrorism: The Ultimate Preventable Catastrophe*(New York: Times Books, 2004), p. 68. 이 책의 한국어 번역본은 김태우, 박선섭(공역)《핵테러 리즘: 최후의 재앙 그러나 예방할 수 있다》(서울: 해양전략연구소, 2007).

376) David Frum and Richard Perle, *An End To Evil: How to Win the Wat on Terror*(New York: Random House, 2003), p. 99.

377) 이곳에서의 논의는 이춘근,《북한 핵의 문제: 발단, 협상과정, 전망》(서울:세종연구소, 1996) 참조.

378) Sarah Huckabee Sanders, *Speaking for Myself: Faith, Freedom, and the Fight of Our Lives Inside the Trump White House*(New York: St. Martin's Press, 2020), p. 133.

379) CNN, 2017. 4. 16

380) Todd Starnes posted on Twitter August, 8. 2017.

381) 조선일보 2017년 8월 10일 자 재인용.

382) 2017년 8월 11일자 National Security Briefing in Bedminster NJ. Donald J. Trump-2Verified account@real DonaldTrump· 11 Aug 2017.

383) Trump Truth Social 2025. 6 .13

384) 트럼프는 4월 22일자 트위터에 우리는 북한에 대해 결론을 내리기에는 아직 갈 길이 멀다. 실패할 수도 성공할 수도 있다 오직 시간만이 말해 줄 것이다… 그러나 지금 내가 하고 있

는 일은 이미 오래 전에 했었어야 할 일이었다는 글을 올렸다.

385) Wall Street Journal 2018. 6. 6

386) Jessica Kwong "Kim Jong Un Wants Hotel With $6,000 Per Night Suite for Singapore Summit and U.S. May Pay For It." Newsweek, June 2, 2018.

387) 이춘근의 국제정치 YouTube TV 79회, 2019년 2월 22일 '하노이회담 전망(분석적 해설)'

388) 싱가포르 회담이 열린 직후 트럼프가 김정은을 재능있는 청년이라고 말한 것을 들은 당시 상원의원 루비오가 트윗에 올린 글이다. 2025년 1월 루비오는 트럼프 2기의 국무장관으로 임명되었다.

제14장 트럼프와 한국

389) Mearsheimer Jr (Fan)@Real_Politik101라는 필명의 저자는 X에 게시한 글에서 한국인의 트럼프: 해리스 지지율은 19:78이었다고 말한다.

390) Ian Bremer, *Superpower: Three Choices for America's Role in the World*(New York: Portfolio, 2015)

391) Atlantic Monthly, 2016년 4월호, Obama Doctrine 특집 참조.

392) Gordon Chang, *Losing Korea*(New York: Encounter Books, 2019).

393) Henry A. Kissinger, *Diplomacy*(New York: Simon and Shuster, 1994).

394) Mike Pompeo, *Never Give an Inch: Fighting for the America I Love*(New York: Broadside Books, 2023).

395) 이 부분은 미국 의회의 허락을 받아야 가능할 것이다.

트럼프 시대의 미국과 세계정치

초판 1쇄 2026년 2월 15일
　　2쇄 2026년 3월 15일

지은이 | 이춘근

펴낸곳 | 북앤피플
대　표 | 김진술
펴낸이 | 김혜숙
디자인 | 박원섭
마케팅 | 박광규

등　록 | 제2016-000006호(2012. 4. 13)
주　소 | 서울시 송파구 성내천로37길 37, 112-302
전　화 | 02-2277-0220
팩　스 | 02-2277-0280
이메일 | jujucc@naver.com

ⓒ 2026, 이춘근

ISBN 978-89-97871-74-2 03340